그리스도교는
어떻게 중국을
공략했는가

· 심장섭 편저 ·

天主實義

그리스도교는 어떻게 중국을 공략했는가

마테오 리치의 제국주의 기독교와 중국불교

자유문고

머리말

필자는 몇 해 전 우연찮게 조선 후기 실학자 성호 이익의 글을 보고
고개를 갸우뚱한 적이 있었다. 그것은 조선에 흘러 들어온 중국 서
적 가운데 이마두(利瑪竇, 마테오 리치)가 지은 『천주실의』에 관한 그
의 발문跋文 때문이었다. '피타고라스가 만든 윤회설을 석가모니가
새로운 교단을 세울 때 이어받았고, 한나라 명제明帝의 사신이 서방
(유럽)으로 절반쯤 가다가 잘못 인도에 도착하여 불교를 중국에 전
했다' 하고, '전생의 일을 기억한다면 마귀의 짓인데, 이는 불교가 중
국에 들어오고 난 이후의 일일 뿐이다'는 내용[1] 등이었다.

그 후 『천주실의』를 읽어보게 되었는데, 마테오 리치가 천주교 교
리를 서술하는 과정에서 일관되게 불교에 대한 왜곡과 비난을 많은
곳에서 행하고 있음을 발견할 수 있었다. 이러한 『천주실의』의 내용
을, 성호 이익은 별 문제의식 없이 그의 문집에 인용·소개하고 있었
던 것이다.

주지하다시피 성호 이익(星湖 李瀷, 1681~1763)은 조선 지식인 사
회의 선봉에 섰던 실학자다. 조선 후기의 실학파는 성호 이익을 근

---

1 "西國古有閉他臥剌者, 痛細民爲惡無忌, 作爲輪回之說 …… 其說遂泯, 彼時此語,
　忽漏外國, 釋氏圖立新門, 承此輪回. 漢明帝聞西方有教, 遣使往求, 使者半道, 誤
　致身毒之國, 取傳中華. 其或有能記前世事者, 魔鬼誑人之致, 是因佛教入中國之
　後耳." 李瀷, 「跋天主實義」『星湖先生全集』下, 卷55(景仁文化社, 1974).

원으로 하고 있다. 그만큼 비중이 큰 대학자였던 그가 ― 삼국시대 이래 조선 땅에 뿌리박고 있었던 불교에 대한 억불숭유의 국시國是로, 유학자로서 불교에 대한 의도적인 무시와 무관심을 백보 양보해 인정할 수 있다 하더라도 ― 이마두의 허황된 주장을 검증 없이 액면 그대로 소개하고 있는 점을 볼 때, 조선 유학자들의 불교에 대한 인식 수준과 함께 중국에서 수입된 서양인의 저술에 대한 순치적馴致的 자세를 읽을 수 있었다.

필자는『천주실의』의 문제점 외에도, 평소에 동서양의 부와 힘의 대역전이 일어난 원인과 과정, 그리고 중국에 들어왔던 예수회원들의 선교 과정에 대해 궁금증을 품어 왔었다. 전자는 오늘날 우리가 살아가는 세계의 기본 틀이 만들어진 역사적 현상에 관한 것이고, 후자는 외래사상으로서 중국문화에 결정적인 영향을 끼친 불교와 마르크스・레닌주의도 격의格義의 틀 속에서 수용되었기 때문에, 마테오 리치를 통해 그 적응 과정을 살펴보고 싶었다. 왜냐하면 마테오 리치는 동서양 두 문화가 만나는 접점에 위치하고 있어, 두 문화를 겹눈(複眼)의 시각으로 바라볼 수 있는 가교 역할의 역사적 인물이기 때문이며, 또한 신神을 영접할 목적으로 쓰인『천주실의』가 조선 사대부, 특히 권력에서 소외된 남인 계통의 유학자들에게 금과옥조와 같이, 서학西學이란 이름 아래 다산 정약용을 비롯한 실학자들에게 읽혀졌고, 또한 조선 후기 성리학의 병폐와 허점에 회의를 느꼈던 신진학자들에게 보유론補儒論으로서 자극을 주었던 책이기 때문이다.

집필의 큰 테두리, 즉 역사적 배경은 다음과 같다. 역사학자들은 1750년대부터 전 세계적인 부와 힘의 균형이 아시아에서 유럽으로 넘어가기 시작했다고 설명하고 있다. 즉 영국의 산업혁명을 계기로 서양이 동양을 추월하였는데, 경제적으로는 유럽이 아시아를 뛰어넘는 결정적인 시점을 18세기 후반이라고 추론하고 있다. 그 전만 해도 인도와 중국이 전 세계 경제 생산의 3분의 2를 담당하였다. 유럽은 신세계의 엄청난 부를 확보했음에도 18세기에 이를 때까지 세계 경제에서 아시아에 밀리고 있었다.

그러나 산업혁명을 일으킨 영국은 경제적으로 유럽 내에서 승리하고, 아메리카와 아프리카를 착취함으로써 산업혁명을 성공시켰고, 그 힘으로 인도와 중국을 점령해 갔다. 19세기에 들어와서 외국 세력에 유린당한 것은 중국이 조선보다 훨씬 심하였다. 워낙 대국이기 때문이기도 했지만, 서양의 열강들이 모두 중국을 향해 먹을 것을 찾는 이리떼처럼 몰려들었기 때문이다.

1840년 아편전쟁을 시작으로, 1900년 의화단 사건으로 8국이 연합하여 북경을 침공할 때까지 수차례에 걸쳐 전쟁을 했고, 그때마다 그들은 중국 땅을 한 조각씩 차지하였다. 중국이라는 나라는 존속은 했지만 사실상 반식민지의 운명을 면치 못하였다. 서양 열강들이 중국이 강해서 점령을 하지 않은 것이 아니라 중국 정부를 존속시켜야 이를 상대로 특권을 인정받았기 때문이다. 이 제국주의 대열에 일본도 끼어들었고, 우리 조선의 운명도 중국과 다를 바 없게 되었다.

종교현상도 마찬가지였다. 1920년대 중국 베이징대 총장을 지낸 장멍린(蔣夢麟)은 "석가모니 부처는 흰 코끼리를 타고 중국에 왔지만, 예수 그리스도는 대포를 타고 날아왔다"라고 말하였다. '대포 위의 예수'라는 비유는 기독교가 중국의 주권을 위협하는 제국주의적인 외래종교란 인식이 담긴 발언으로 볼 수 있다. 그의 눈으로 볼 때 가톨릭은 식민지 확대에 따라 아시아에 나타난 정복자의 종교이며, 프로테스탄트는 19세기 이후 영국의 제국주의적 발전에 따라 나타난 선진 자본주의 국가의 종교였다.

어떤 현상이 발생한다는 것은, 우리가 미처 인식하고 있지는 못하지만 물밑에선 오랜 시간의 태동이 꿈틀거리며 준비기간이 있었다는 것을 의미한다. 서세동점西勢東漸도 마찬가지로 오랜 시간의 준비 후에 찾아온 불가항력의 힘이었다. 눈뭉치를 예로 보면, 처음에 눈뭉치를 만드는 단계가 어려울 뿐, 그 눈뭉치를 굴려서 눈덩이를 계속 키우는 것은 상대적으로 쉽다. 유럽의 경제적·군사적 팽창이 그러했고, 가톨릭의 해외 선교도 마찬가지였다.

결핍은 의욕을 불태워 노력을 낳고, 노력에서 성취가 나온다. 살기 위해 바닷길을 찾아 나선 유럽은 치열한 상업적 경쟁으로 대서양으로 진출했고, 신대륙을 발견하여 제국의 확장을 이룰 수 있었다. 반면 동시대의 중국은 풍요와 번영에 겨워 외부세계에 관심 없이 자고자대自高自大의 자만심으로 동떨어진 쇄국정책을 펼친 결과, 중국 제국의 경제와 과학기술은 점점 세계의 발길을 따라 잡을 수 없게 되었고, 수많은 역사적 기회를 상실한 채 결국은 낙후되어 서구의 침략을 받게 된다. 유럽의 경쟁력 확보를 위한 노력은 군사 기술의 발달을 불러왔고, 확보된 식민지를 새로 건설하는 과정에서 진보된 정치체계와 새로운 공업, 금융시스템이 발달하였다.

중국이 마음만 먹었다면 서양보다 백여 년 앞서 대항해 시대를 열고 강력한 해상국가가 될 수도 있었을 것이다(1405년 정화의 대원정). 그러나 중국은 정화의 7차례 항해를 끝으로 바다에서 철수하였다. 근대 이전 오랫동안 이어져온 동양의 풍요는 바다에서 철수하면서부터 시들어 갔고, 이어진 해금海禁정책은 서양에게 날개를 달아준 격이 되었다. 유럽인은 운이 좋았다. 아시아의 바다에 진출한 서양은 거칠 것 없이 세계사의 주도권을 잡아가기 시작한다. 바다를 바라보는 관점의 차이가 훗날 동서양의 운명을 갈라놓게 된 것이다.

그런 역전 현상이 빚어지기까지는 이미 백여 년 전부터 그런 조짐이 보였으니, 그것은 대항해 시대의 개막이었다. 근대에 들어선 유럽은 우월한 군사 무기로 무장한 선박과 인력을 동원해 인도의 고아 Goa, 말레이반도의 말라카, 그리고 중국의 마카오에 식민 무역항을 확보하였다. 아울러 유럽에서는 마르틴 루터의 종교개혁 이후 프로테스탄트에게 잃은 교세를 만회하기 위하여, 가톨릭은 포르투갈이 확보한 이러한 식민 무역항을 해외로 나갈 수 있는 선교의 교두보로 활용하게 된다.

식민지의 확장과 가톨릭의 전파는 동전의 양면과 같이 한 세트로 움직였다. 지리상의 발견과 항해술의 발전은 유럽의 팽창을 가속화시켰고, 선두에 선 나라들은 교황으로부터 발견된 지역의 소유권과 무역권에 대한 독점적 권리와 그곳에 기독교를 전파할 의무를 함께 받았다. 점령 항구를 가톨릭 선교의 전진기지로 활용할 수 있었기 때문이기도 하지만, 무엇보다도 세상 끝까지 성경의 말씀을 전하겠다는 정신적 정복자로서의 자부심과 백인의 우월적 의무감이 세계

곳곳에 큰 파문을 일으켰다. 물론 교황청과 국왕의 치밀한 선교 프로젝트의 기획에 따라 물심양면의 정책적 지원도 당연히 뒤따랐다.

오직 신과 교황에게만 복종하겠다는 예수회원들은 자신들의 사명을 수도원의 텃밭이나 기도실에서 찾지 않았다. 그들의 시선이 향한 곳은 구원해야 할 타락한 영혼들의 도시였던 남아메리카, 인도, 중국, 일본 등이었다.

이런 대항해 시대에 — 마테오 리치가 중국에 건너와 선교 활동을 하기 이전에 — 이미 가톨릭은 종교개혁 이후 해외에서 선교 활동을 시작하고 있었다. 그 선두에 예수회 출신의 프란시스코 사비에르 Francisco Xavier가 있었다. 1541년 4월 7일, 생일을 맞이한 사비에르는 인도의 고아로 떠나는 배 위에 있었다. 예수회의 동아시아 전교는 이때부터 시작되었다. "두드려라, 그러면……" 이른바 선교의 세일즈맨 시대가 열린 것이다.

예수회의 중국 선교는 사비에르의 후임자들 가운데 한 사람인 마테오 리치에 의해 시작된다. 마테오 리치는 아리스토텔레스에서 토마스 아퀴나스에 이르는 당대 서구 지성사의 핵심을 전수받은 르네상스인이었다. 그와 예수회원들의 선교 활동은 그 후 전례논쟁으로 인해 예수회의 선교가 막을 내리기까지 백여 년 이상 계속되었다. 마테오 리치가 활약했던 시기는 명나라 말기의 정치적·사상적·도덕적 혼란상으로 국운이 쇠퇴하기 시작했던 시기였으며, 후임 예수회원들이 활약했던 시기는 여진족의 정복왕조로 교체되는 명말·청초 질풍노도의 격변기였다.

중국이라는 낯선 사회에서 지적·문화적 토대를 갖춘 지식인들 가운데로, 또 그 세계에서 오랫동안 축적되어온 전통의 한복판으로 뛰어 들어간 예수회원들의 선택과 실천은 단순한 신앙의 표현이라기보다는 일종의 사상적 결단에 가까웠다. 그들의 사명은 신의 빛을 전하고 불멸하는 영혼을 이식하는 것이었지만, 그들이 택한 방법은 토마스 아퀴나스Thomas Aquinas의 『신학대전』을 바탕으로 한 스콜라 신학과 철학을 중국 언어로 번역하고 중국 전통사상과의 대결을 통해 지식인들 사회에 논쟁거리를 만드는 것이었다.

마테오 리치는 중국의 신국화神國化라는 거대 목표를 위하여 중국의 사서四書를 비롯한 중국문화 전반에 대한 깊은 연구도 게을리 하지 않았다. 그는 신의 인격성을 부정했던 태극太極·이理의 신유학新儒學을 배제하고, 상제上帝 신앙이 등장하는 고대 유학儒學에 시선을 돌렸다. 그는 옛(古) 유학과 신유학의 틈새를 비집고 들어가 전통(정통)으로서의 유학에 기독교 이론을 삼투시키는 전략을 취하였다. 그는 위로부터의 개종을 위해 중국 권력층에 접근하여, 기독교적 이론으로 유학을 보완할 수 있으며 고대에 존재했던 상제에 대한 잃어버린 신앙을 복원할 수 있다고 역설하였다. 그리고 유가를 도와주면서 불교의 자리를 빼앗는다는 보유척불론補儒斥佛論의 선교 전략을 세운다. 선교 전략의 윤활유로써 서구의 과학기술을 적절히 활용하는 치밀함도 잊지 않았다.

마테오 리치는 유대·기독교적 유일신의 인격성을 입론立論하기 위해, 『시경』과 『서경』 등 공자 이전의 고대 경전에 등장하는 천天이나 상제上帝는 기독교의 하느님과 동일한 존재였는데, 후대 송명이학宋明理學의 무신론적 경향과 불교와 도교의 우상숭배의 악영향을 받아서 무신론으로 왜곡됐다고 비판하면서, 옛 경전(古經)에 등장하는 상제를 데우스Deus=천주天主로 치환하여 인격신으로의 착근着根을 시도하였다. 그러나 마테오 리치의 인격적 유일신의 입론 시도는 한마디로 중국인들의 의식 수준의 퇴행을 부추기는 일이며, 공자의 근본사상을 훼손하는 일이었다. 왜냐하면 공자는 결코 영혼의 죄의식이나 신神의 부재不在에 대한 불안을 말하지 않았기 때문이다.

공자는 "사람도 섬기지 못하면서 어찌 귀신을 섬길 수 있겠느냐", "인간의 도리에 힘쓰고, 귀鬼와 신神을 경이원지敬而遠之하면 지혜롭다"라고 하였다. 인간 세상은 인간의 책임 아래 있다는 메시지다. 섬기는 대상도 인간이 우선이며, 탐구하는 대상도 인간의 삶이 우선이라는 것이다. 공자는 괴력난신怪力亂神을 말하지도 않았다. "아는 것을 안다고 하고 알지 못하는 것을 알지 못한다고 하는 것, 이것이 앎(지혜)이다(知之爲知之 不知爲不知 是知也)"라고 하였다. 불가지론의 입장에서 귀신·천명·천도·성性에 대해 캐묻고 논하는 것을 절제했던 공자였다. 그리하여 공자는 상(은)나라의 수호신인 상제의 뜻을 정사에 반영하는 갑골甲骨의 점복占卜문화와 또한 자의적이고 신빙성이 없는 천명사상을 극복하고, 인간에 공통적으로 내재된 인仁을 구현하는 군자의 길(君子之道)을 설파하였던 것이다. 탐구와 의지의 대상이 초월적 존재에서 인간으로 바뀐 것이다. 인간이 세상의 주인임을 자각하고 주인으로서의 책무를 요구했던 것이다. 공자에 의해 철학, 즉 인문학이 중국 역사에 최초로 그 모습을 드러낸 것이다.

실유론적實有論的 사고에 묶여 있는 마테오 리치는 유무상생有無

相生의 상호의존적 관계로 이 세계가 이루어져 있다고 하는 노자의 무無와 붓다의 연기무자성緣起無自性의 공空사상을 허무주의라고 비난하였다. 또한 심오한 무아윤회설無我輪廻說을 알 수 없었던 마테오 리치는 윤회가 허위라는 비방과 함께 불교를 우상숭배로 몰아붙였다. 또한 고정관념의 우상(我·人·衆生·壽者의 四相)을 타파하는 선종의 사상을 허무적멸의 도道로 몰아세웠다. 또한 정토교의 내세론인 극락왕생 사상이나 신앙 귀의의 관념, 계율의 봉행 등 가톨릭 못지 않게 체계적인 의례를 두루 갖춘 불교를 마치 종교적 숙적처럼 적대감으로 일관했고, 명말明末 4대 고승을 비롯한 불교계 교단에 대한 근거 없는 비난과 비방을 퍼부었다.

마테오 리치는 신을 영접하는 데 장애가 되는 성리학에 대한 비판과 함께 특히 불교에 대한 공격에 온 화력을 집중하였다. 이에 황정黃貞을 비롯한 유교의 사대부들과 주굉袾宏을 비롯한 불교계가 이를 좌시할 리 없었다. 천주교에 대한 반격, 곧 벽사론闢邪論이 제기되어 교난敎難이 발생하기도 하였으며, 파사破邪의 필전筆戰을 위한 승·속의 수많은 논고가 출간되어 『성조파사집聖朝破邪集』이 편찬·간행되기까지 이른다. 마테오 리치 사후에는 후임자에 의해 보유론적 해석에 불만을 갖는 전례논쟁이 제기되었고, 청대淸代에 들어 로마 교황청에 의해 예수회가 해체되기에 이르러 선교 활동이 막을 내린다. 한편 유럽에 전해진 마테오 리치의 선교 보고서는 의도와 달리 유럽 내에서 중국 붐이 일어나는 물꼬를 트게 되고, 중국의 학문적 전통을 소개한 예수회원들의 저술은 유럽에 계몽주의를 촉발시키는 계기를 만들어 주게도 된다.

필자는 중세 스콜라 신학과 철학으로 무장한 중세 기독교적 세계관의 대변자인 마테오 리치의 불교에 대한 비판과 비난을 논파하기 위해 공空·가假·중도中道의 중관논리中觀論理의 측면에서 가유론假有論과 실유론實有論이라는 상반되는 개념을 사용하고자 한다.

불교는 다양한 원인(因)과 조건(緣)의 화합에 의해 생성·소멸하는 유위법을 불연속의 연속으로 끊임없이 변화하면서 상속하는 무상無常한 존재로 본다. 모든 것은 변화 중에 잠시 존재하는 가유假有이기 때문에 공空이며 중도中道인 것이다. 실체(自性)가 없는 공이기 때문에 가유론적 세계관을 지닌다. 이에 반해 실유론은 불변·불멸하는 궁극적인 본질(실체, 自性)을 주관적으로 고집·집착하는 실체론적 세계관이다. 그리고 이 책에서 말하는 기독교는 구교·신교 구분과 관계없는 보편적 의미로서의 기독교(christianity)를 말하며, 역사적·상황적 맥락에 따라 가톨릭, 천주교, 그리스도교 용어를 혼용했음을 밝힌다.

필자는 음수사원飮水思源을 생각해 보며 머리말을 마친다. 물을 마실 때 어디서 흘러왔는지 그 근원을 생각하며 마시면 인식의 지평이 넓어지고 시선이 새로워진다는 비유의 얘기일 것이다. 아쉬움을 느끼는 것은 필자의 공부량이 적고 구상력이 빈약하기 때문에 보다 깊고 넓게, 그리고 정미精微롭게 이들을 분석하고 파악하지 못했다는 점이다.

그리고 이 책의 내용은 필자가 독창적으로 연구한 성과물들이 아님을 밝힌다. 필자의 구상에 맞춰 선학先學의 관련 저술과 자료 가운데 필요한 부분을 활용해 패치워크patchwork한 후, 필자의 견해를 서술하여 정리한 결과물이다. 따라서 저작이라고 말할 수 없으며, 편저라는 말이 적당할 것이다.

이 책이 나오는 데 도움을 주신 분께 감사드린다. 불교의 사회적 기능에 대한 문제의식을 자극하고 핵심 주제의 방향성을 열어 준 차차석 교수와, 쉽지 않은 희귀 자료를 애써 구해 주고 이슈에 대한 고심을 함께 해준 이송곤 박사에게 감사를 표한다. 그리고 어려운 여건을 무릅쓰고 흔연히 출판을 맡아준 운주사 김시열 대표와 정치精緻하게 교정을 보아준 임헌상 편집장, 그리고 직원 여러분께 감사드린다.

2018년 3월

법제法諦 심장섭

제1편

대항해 시대

1. 유럽의 해상 팽창

현대 역사는 유럽의 신대륙 발견 이후 식민개척 시대의 연장선상에 있다. 15~18세기는 오늘날 우리가 살아가는 세계의 기본 틀이 만들어진 시기이다. 현재 인류사회는 자본주의라는 경제 시스템으로 유지되고 있다. 그러나 사실은 이 시스템도 역사적인 현상이며, 산업혁명을 계기로 전 세계로 확대된 것이다. 근현대의 역사적 전개는 세계 자본주의라는 경제 시스템과 국민국가 체제가 지구 전체로 확산되고 모습을 바꿔 나가는 세계화 과정이었다.

세계화는 유럽인의 상업적인 열망으로 이뤄졌지만, 그 원동력은 다른 대륙의 노예와 자원을 착취하면서 얻어진 것이다. 서유럽 국가들은 16세기 이후 아메리카 대륙과 동유럽을 자신의 '주변부'로 삼고, 그 후 아프리카와 아시아를 식민지로 만들어 '주변부'에 가담시켜 세계 경제의 '중심부'로서 부富를 모으고 구미(유럽과 미국) 중심의 세계를 구축해 왔다. 중심부의 풍요와 주변부의 빈곤은 동전의 양면이었다. 금·은과 노예, 향신료, 이 세 가지가 바로 15세기부터 서양이 바다로 팽창하는 원동력이 되었다. 금과 은만 있으면 식량과 노예, 향신료, 사치품 등 모든 것을 가질 수 있었기에 유럽인들은 미지의 바다에서 일확천금을 꿈꾸며 나아갔던 것이다.

신대륙이라는 유령 경작지에서 나온 식량과 부가 유럽 세계로 흘러 들어가 서구인들을 살찌우기 시작하였다. 신대륙이 발견되고 돈의 제국이 확장되면서 유럽의 부는 크게 증가하게 되었고, 그에 따라 서구 세계는 인간 에너지원을 더욱더 필요로 하게 되었다. 신대륙에서 상업 활동을 전개하면서 사탕수수나 커피, 담배, 면화를 재배하고 가공할 인력이 필요했기에 노예의 수요가 엄청났다. 노예무역은 서구 세계가 오랫동안 끊지 못한 마약과도 같은 것이었다.[2] 군사 공격, 질병, 학살, 혹사 등으로 중남미의 원주민 인구가 격감하여 노동력이 부족해졌고, 16세기부터 19세기에 이르기까지 무려 1천만 명에 이르는 노예들이 아프리카에서 징발되어 신대륙으로 수송되었다.

---

2 서구 문명은 주로 상업 위주로 전개된 문명이어서, 농경 위주의 동양보다 노예의 필요성이 더 높았다. 그리스-로마 시대에 식량을 자급자족하기보다는 교역을 통해서 확보하는 경우가 많아 농장 경영에 필요한 노동력이 항시 필요했고, 지중해를 오갈 때 배를 움직일 수 있는 동력, 조선, 광산 채굴, 전쟁용병, 석조 건축 등 인간 에너지원으로 노예가 필요했던 전통을 전수해 왔으며, 그 후에는 석탄, 석유의 화석 에너지를 확보하기 위한 투쟁의 역사가 서구의 역사라 할 수 있다.

유럽인들이 전 세계를 식민지로 만들면서 세계 경제는 유럽으로 빨려 들어갔다. 포르투갈, 스페인, 영국은 아메리카에서 착취한 부를 바탕으로 세계를 하나의 경제권으로 연결하였다. 돈의 마법으로 유럽은 세계적인 제국으로 발돋움하게 되었고, 세계의 바다를 무대로 돈과 노예, 향신료가 오고 가는 제국을 건설하였으며, 확보된 식민지를 새로 건설하는 과정에서 이를 뒷받침하는 학문과 진보된 정치 체계와 새로운 공업, 금융시스템이 발달하였다. 유럽인들의 탐욕과 경쟁은 세계화를 가속화시켰고, 마침내 서양은 동양을 추월하게 된다.

동서양 역전의 단초를 연 것은 15세기 포르투갈과 스페인의 해상 루트 개척에서 시작되었다. 유럽 대륙의 끝, 포르투갈은 세계 팽창의 뇌관 역할을 하였다. 지금은 유럽연합에서 가장 가난한 나라 축에 들지만, 포르투갈은 한때 스페인과 더불어 전 세계 3대륙을 손에 넣겠다는 야심을 지녔던 식민국가였다. 이베리아반도의 두 나라, 포르투갈과 스페인의 슬로건은 각각 '황금과 향신료, 신의 영광, 그리고 복음'으로 압축될 수 있었다.

1) 상업혁명 – 산업혁명의 토대를 다지다

로마가 무너진 후 중세 유럽은 암흑기라고 불릴 정도로 정체되었던 시기였다. 의식주, 1인당 식량, 보건 수준, 주거 문화 등이 오랜 기간 발전 없이 정체되고 있었다. 중세 암흑시대의 혼란과 무질서가 휩쓸고 지나간 11세기 말엽부터 유럽 세계는 서서히 자신의 테두리를 벗어나 넓은 외부 세계로 진출을 꾀하기 시작하였다. 당시 최대의

13세기 말 베네치아에서 아시아를 횡단하여 몽골 제국을 방문했던 마르코 폴로

세바스티아노 델 피옴보가 그린 콜럼버스 초상화(1519)

지식 보유지는 이슬람권과 중국 문명권이었다. 지구에 관한 중세 유럽인들의 지식은 보잘것없고 부정확하였다. 유럽인들의 탐험심을 자극한 책은 13세기 말 아시아를 횡단하여 몽골 제국의 황실까지 방문하였던 마르코 폴로(Marco Polo, 1254~1324)의 『동방견문록』(원제는 *Description of World, Divisament dou monde*)이었다. 그는 아시아가 문명이 발전된 매우 풍요롭고 살기 좋은 대륙이라는 확신을 유럽인들에게 심어 주었다. 그의 여행기는 후일 포르투갈의 항해왕 엔히크 Henrique와 콜럼버스를 감동시켰다.

그러던 유럽이 십자군 원정을 계기로 교역이 활성화되면서 베네치아, 피렌체 등 지중해 연안의 이탈리아 도시들을 중심으로 비약적으로 성장하게 되었다. 베네치아와 제노바 등 이탈리아 도시들은 지중해를 중심으로 하는 동서양의 교역을 중개하며 막대한 부를 축적하였다.[3] 이때부터 비롯된 상업의 발달은 경제의 성장과 동서의 패권 경쟁에서 동서 간의 우열을 바꿔놓는 매우 중대한 사건이었다. 역사가들은 이를 '상업혁명'이라 부른다. 그만큼 상업은 경제성장을 견인하는 데 선도적인 역할을 하였다.

마르코 폴로가 동방을 여행하고 나서 감옥에서 루스티첼로란 인물을 통해 구술했다는 『동방견문록』

13세기 후반부터 18세기 초까지 유럽을 주도했던 상업혁명은 유럽의 근대화를 촉진하였다. 지리상의 대발견을 계기로 서유럽 국가들은 16세기에 신대륙(아메리카 대륙)으로부터 막대한 양의 은을 싼값에 사들였다. 그들은 이것을 이용하여 경제규모를 확대하였고, 17·18세기에는 환대서양 세계에 광활한 상업권을 출현시켰다. 세계 자본주의는 대양을 이용하여 대규모 무역이 이루어진 환대서양 세계에서 성장을 이룩하였다. 광산·플랜테이션 경영, 그리고 유럽으로부터의 이주민이 주축을 이

---

3 로마 시대 이후로 15세기까지 유럽 세계의 경제적 중심은 항상 이탈리아였다. 특히 제노바와 베네치아가 지중해 무역을 주도하였다. 두 도시는 콘스탄티노플과 함께 동방 무역을 주도하면서 후추, 향신료, 귀금속, 비단, 모직물, 노예 등을 매매하였다. 이들의 배는 흑해에서 시리아, 아프리카 연안까지 두루 다니면서 고대부터 존재해 오던 지중해 항로를 유지하였다.

루었다. 특히 아메리카 대륙 각지의 원자재와 식량을 대규모 농장에서 생산·가공하는 플랜테이션은 거대한 부를 본국에 가져다주어 자본주의 경제 성장에 크게 기여했으며,[4] 이것이 산업혁명의 밑거름 역할을 하게 되었다. 후발주자인 영국이 스페인·네덜란드·프랑스와의 경쟁에서 이기고 환대서양 교역권에서의 주도권을 장악함으로써, 후에 대영제국의 번영을 구가하는 토대가 되었다.

2) 향신료를 필요로 한 유럽

당시 유럽에서는 후추나 향신료의 수요가 많았다. 북부 유럽에서는 토지에 비해 인구가 적었던 탓에 대부분의 토지는 목초지로 사용되었고, 척박한 토지를 개간하기 위해 말을 사육하였다. 유럽의 농민

---

4 플랜테이션에서 중심 작물이 된 것은 사탕수수였다. 설탕은 세계 자본주의 성장과 깊이 관련된 역사적 작물이다. 유럽에는 커피나 홍차를 마시는 문화가 보급되었고, 그와 더불어 설탕 수요가 급증하여 중요한 국제상품이 되었다. 설탕의 대중화를 지탱해 준 것은 바로 흑인 노예였다. 열대지방에서는 1년 내내 사탕수수 재배와 수확이 가능하였다. 그러나 수확 후에는 사탕수수의 단맛이 급속히 떨어지기 때문에 재빨리 정제해야만 했다. 그래서 강도 높은 노동력이 필요했고, 여기에 흑인 노예를 투입하였다. 혹사로 죽는 노예가 허다했기에 일회용처럼 사용하고 죽으면 새로운 노예로 대체하였다. 또한 설탕 외에 면화, 담배, 커피 등 농장에서 재배되는 품목이 늘어나면서 흑인 노예의 수요도 점점 커졌다. 이 노예무역을 주도했던 나라가 영국이었다. 영국은 스페인 식민지에 대한 독점적인 노예무역권을 획득하고, 나아가 노예의 대량 수송 방식을 개발함으로써 다른 나라 노예 상인을 능가하였다. 宮崎正勝, 『하룻밤에 읽는 세계사 2』, 오근영 역(알에이치코리아, 2015), pp.30~31.

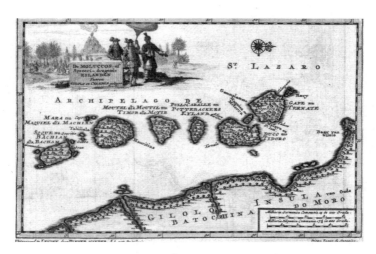

향료군도

들은 다양한 문제들로 고심했지만, 특히 춥고 긴 겨울 동안 가축을 먹일 사료가 부족했기 때문에 부득이 많은 가축들을 도살해야만 했다. 그래서 유럽인들은 고기가 상하지 않도록 저장할 수 있는 방법을 찾아야만 했는데 이때 가장 중요한 것이 바로 소금과 후추였다. 소금은 유럽에서도 구할 수 있었지만 추운 유럽에서 후추나 향신료를 생산할 수 있는 식물은 자랄 수 없었다. 후추가 나는 곳은 인도나 동남아시아였고 유럽인들은 후추를 오직 아시아에서 수입해야만 했기 때문에 대단히 가격이 비쌌다.

수입한 향료 중에서 가장 인기가 있던 것은 말라카를 통해서 유럽시장으로 공급되던 클로브(Clove, 丁香)와 후추였다. 당시 인도네시아 동부의 몰루카 제도에서 산출되는 정향과 수마트라산 후추, 그리고 역시 인도네시아 군도의 여러 곳에서 생산되는 육두구(nutmeg)와 양질의 각종 열대작물은 유럽시장에서 매우 좋은 가격을 형성하

고 있었다. 그러므로 유럽의 선두주자였던 포르투갈은 이른바 향료
군도香料群島를 그들의 주된 정복 목표로 삼게 되고, 이를 통해 확고
부동한 향료 공급선을 장악하려 하였다. 그것은 베네치아(베니스)에
서 중개인을 통해 유럽시장으로의 향료 공급을 독점하고 있던 아랍
무슬림(이슬람교도) 상인들의 무역망을 차단하고 아시아로 향하는
정기 항로를 확보함을 의미하였다. 그런데 당시 유럽에는 후추와 거
래할 만한 것이 거의 없었다.

　　15세기의 국제무역은 사실 이슬람·인도·중국을 잇는 거대한 벨
트를 형성하여 번창하였다. 해양무역에서 유럽은 이 벨트의 바깥 변
두리에 있었다. 유럽은 자급자족적인 장원경제를 유지해 왔기 때문
에 국제무대에 내놓을 만한 교역상품이 사실상 거의 없어 당시에는
세계인의 관심을 끌지 못하였다.

3) 유럽인의 전쟁 DNA와 대포의 출현

유럽 문명권의 정신적인 본질은 폭력적이고 파우스트적이라 할 수
있다. 유럽 문명은 기독교의 전파, 식민지 개척, 그리고 무역 이익 쟁
취를 위한 경쟁에서 언제나 폭력을 사용해 온 것이 그 특징이다.[5] 유

---

5 폭력을 위주로 한 파우스트 정신과 적극적 감성 문화의 법적 표현이 바로 19세
　기 유럽 공법(European public law)이었다. 유럽 공법은 우선 '문명국 간의 법'으
　로 인식되었으며, 유럽 이외의 국가들은 반半문명국, 야만국으로 간주하여 국
　제법의 주체가 아닌 제한된 의미의 주체로만 간주하였다. 19세기 유럽의 공법
　은 세계의 모든 정치집단을 위와 같이 세 가지로 구분하고 반문명 국가들에 대
　해서는 불평등 조약으로 연결하여 정치적·경제적 착취를 자행하고, 야만 국가

럽의 역사 속에서 각 문명권 간의 관계는 평화적이라기보다는 폭력적이었다. 그리고 그 뿌리는 그리스와 로마 문명에 있다. 그리스나 로마 시대는 무역과 약탈, 전쟁이 빈번하였고 상업과 돈을 중시하여 전쟁의 승패에 따라 전쟁배상금과 노예를 지불하는 시스템이 발달하게 되었다.

그리스가 자리한 발칸반도는 화폐(금·은)경제와 도시 제도, 노예 제도가 발달하기에 최적의 조건을 갖춘 지역이었다. 좁은 국토에 농토가 부족하다 보니 인구 압력 때문에 바다(지중해)를 통한 해외식민지 개척이 활발히 일어났고, 대규모 선단을 만들어 흑해에 식민지를 개척하면서 노예제도 덩달아 발전하였다. 그리스인들은 흑해에 있는 식민지에서 이민족 노예를 잡아서 대신 농사를 짓게 하였다. 지식 계층이 형성되기 위해서는 일을 대신해 주는 농민이나 노예 계층이 필수였다. 아테네 민주정이 발전하면서 시민들은 정치와 군사를 전담하느라 생산에 시간을 할애할 수 없었다. 반면 귀족들은 도시에 모여서 신화와 철학을 창조해 냈다. 아테네가 발전하면 할수록

들은 침탈과 점령의 대상으로 여겼다. 이러한 인식이 유럽 공법 속에 제도화되었다. 유럽 공법은 유럽 국가들의 세계 팽창을 합리화하고 부추기는 법적 도구였다. 어떠한 정치집단이 문명국이냐 아니냐를 판단하는 것은 기존 문명국가들, 즉 유럽 국가들의 권리라는 것이 팽창에 적합한 법적 도구였다. 유럽 공법은 "지리적인 기초(그것은 유럽의 공법이고), 종교적-윤리적 영감(그것은 기독교 법이며), 경제적인 동기(그것은 중상주의 법이고), 그리고 정치적인 목적(그것은 제국주의적인 법이다)을 가진 일련의 규칙들"이라고 특징지을 수 있다. 김용구, 『세계관 충돌과 한말외교사』(문학과지성사, 2001), pp.62~64.

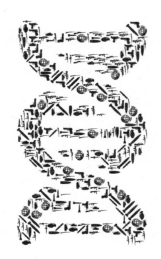
전쟁 DNA를 형상한 문양

노예제가 발달하였다. 민주정과 노예제, 화폐경제는 함께 성장하였다. 인간이라는 에너지원을 확보한 가운데 고급문화 창조에 힘을 쓰는 폴리스나 국가가 학문과 상업에서 우위를 점하게 되었다. 노예무역은 그리스인들에게 인간 에너지원도 확보하고 상업도 활성화시키고 돈(금·은)도 벌 수 있게 해 주었다.

그리스 문명은 후에 지중해 전체를 지배했던 로마 제국으로 계승되었다. 로마는 정복과 식민지 건설로 제국을 만들어 갔다. 끊임없는 전쟁으로 제국의 영토를 확장하였다. 세계 역사를 통틀어 유럽처럼 빈번히 그리고 장기간에 걸쳐 전쟁을 한 지역은 드물었다. 한 번 전쟁이 일어나면 백 년, 30년, 가장 짧은 것이 7년이었고, 유럽 역사에서 전쟁은 꼬리에 꼬리를 물고 일어났다. 유럽인들에게 전쟁은 일상화되었고, 그것은 전쟁 DNA라는 걸 형성했다.

유럽인들은 아시아의 향신료를 구할 수 있는 이탈리아 북부의 도시국가이며 항구를 보유하고 있는 베네치아와 제노바를 점령하기 위해 끊임없이 전쟁을 벌였다. 수세기에 걸쳐 베네치아와 제노바는 유럽에서 거래할 수 있는 아시아의 물자를 서로 확보하기 위해 끊임없이 경쟁을 벌였다. 그들은 경제적인 측면뿐만 아니라 군사적인 측면에서도 경쟁을 벌였다. 또한 서로 치열하게 싸우면서 북아프리카 해적으로부터 자신들의 상선을 호위해 줄 수 있는 전함을 개발하기 시작하였다. 그때부터 전함의 호위를 받지 않고서는 단 한 척의 배도 항구를 떠나지 않았다. 지중해 무역은 무력을 동원한 무역이 되고 말았다.

전쟁에서 우월한 위치를 차지하고자 하는 노력은 새로운 무기의 발달을 촉진하였다. 화약 자체는 중국에서 발명되었지만, 그것을 파괴적인 목적으로 처음 사용한 것은 중세 말 서유럽이었다.

또한 서구 문명의 특징은 분열적이다. 중세의 유럽은 베네치아, 제노바 같은 도시국가로부터 왕국, 공국, 공작령, 교구, 심지어 이베리아반도에 이르기까지 수많은 정치적 단위로 분열되어 있었다. 그들은 서로를 경계하며 끊임없이 전쟁을 벌였고, 항상 적국의 침략에 대비하여 높은 성을 쌓았고 군대를 양성하였다. 중세 유럽에서 비옥한 계곡이 내려다보이는 높은 언덕에 돌로 쌓은 성은 당시 가장 강력한 무기로 손꼽히던 칼, 창, 활만 갖추면 그 안에서 충분히 방어할 수 있었다. 전쟁의 승리는 적군이 주둔하는 성을 함락하는 것이다. 끊임없는 전쟁으로 높은 성과 요새를 갖춘 도시가 증가하다 보니 14세기 후반에는 마침내 새로운 무기, 즉 화약을 이용한 대포가 등장하였다.[6] 유럽인들은 재빠르게 대포의 성능을 개선하기 시작하였다. 부단한 노력 끝에 작고 가볍고 강력한 위력을 지닌 대포를 제작

---

6 이후 대포는 성능이 개선되어 난공불락의 콘스탄티노플의 방어선을 돌파하여 1453년에 역사의 흐름을 바꿔 놓았다. 이후로 대포는 성 안에 은신하여 방어전을 펴는 영주에게 은신처를 빼앗아 국민적 군주 국가를 강화시켜 주게 된다.

오스만에 의한 동로마 제국의 수도 콘스탄티노플의 함락

하였다. 마침내 한층 이동성이 개선된 대포가 탄생된 것이다. 후에 대포를 장착한 전함은 해외 식민지를 점령하는 데 결정적 역할을 하게 된다.

4) 오스만 제국의 등장

오스만 제국은 1453년 20만 명의 육군과 400척의 군함으로 비잔틴 제국(동로마 제국)의 수도 콘스탄티노플Constantinople을 공격하여 함락시킨 후 수도를 이곳으로 옮기고 이름을 이스탄불Istanbul이라 고쳤다. 330년부터 1,100년간 이어온 로마 제국의 수도가 함락된 것이다. 오스만 제국(1299~1922)은 13세기 말 몽골인의 지배를 피해 소아시아로 이주한 투르크인들이 세운 나라다. 한때 동쪽에서 발흥한 티무르 제국에게 참패를 당한 뒤 세력이 약화되었으나, 티무르 제국의 쇠퇴로 세력을 회복하게 된다.

비잔틴 제국이 무너지자 아시아(중국과 인도)의 물품이 오가는 무역로(실크로드)를 오스만 제국이 차지하게 된다. 이슬람 세계는 유럽이 아시아의 향신료와 제조품에 접근하는 것을 원천봉쇄하였다. 그동안 유럽 상인들은 향신료나 비단 같은 아시아의 진귀한 물품을 지중해 동쪽에 있는 비잔틴 제국에서 들여왔었다. 비잔틴 제국의 상인들은 인도와 중국을 오가는 이슬람 상인에게 물건을 사들여 유럽 상인들에게 다시 팔았던 것이다.

유라시아 대부분을 통합한 몽골 제국(1206~1368)은 육상과 해상의 교통로를 하나로 묶어 유라시아 대 교역망을 활성화시켰으며, 유럽에서는 몽골 네트워크와 연결된 이탈리아와 북유럽의 상업이 활성화되었는데 특히 이탈리아 상인들은 지중해 무역을 통하여 막대한 부를 축적하였다. 이제 생명줄 같았던 그 무역로가 원천봉쇄된 것이다. 그때까지 이용하던 교역로를 통과하기 어려워지자 이탈리아 상인들은 대서양 연안 여러 지역과의 교역에서 활로를 찾으려 하였다.

1750년 이전의 세계 경제는 사상과 문물의 교역을 포함한 세계 무역을 주도하는 경제적 근원이 아시아에 있었다. 아마도 11세기 중국의 경제와 인구의 성장은 유라시아 대륙 전체를 자극했을 것이다. 그리고 다시 한 번 거대한 물결이 1400년대부터 시작되어 1800년대까지 이어졌다. 아시아는 중국과 인도의 경제 성장으로 엄청난 양의 은銀을 소비했고, 전 세계에서 가장 많은 양의 물자(특히 직물과

도자기)와 향신료를 생산하였다. 세계사적 관점에서 중요한 또 하나
는 7세기부터 17세기까지 일어난 이슬람의 탄생과 확장일 것이다.
이슬람 제국은 서쪽으로 지중해와 동쪽으로 인도양 너머 인도네시
아까지 진출하였다. 아시아가 유라시아 대륙 전역의 무역상들에게
관심의 대상이었다면, 이슬람 제국은 이처럼 엄청난 부를 지닌 아시
아에 대한 유럽의 접근을 차단함으로써 인도양과 중국에 이르는 새
로운 항로를 개척하려는 유럽인들의 욕망을 자극하였다. 이와 같은
상황에서 대서양 항로를 개척하려는 새로운 움직임은 이베리아반
도 서쪽에 있는 작은 나라 포르투갈에서 일어났다.

5) 포르투갈의 해외팽창 정책

14~17세기의 해외팽창은 먼저 포르투갈과 스페인이 시작했고 뒤
이어 영국, 네덜란드, 프랑스가 참여하면서 더욱 적극적인 국면에
들어서서, 유럽 세계의 정신적이고 공간적인 해외팽창 사업이 진행
되었다. 세계사는 이것을 '발견의 시대'라고 일컫는다. '발견'은 무엇
보다도 유럽 문명의 식민주의적 제국주의의 팽창 움직임이었다. 유
럽 팽창주의의 근본적인 동인動因과 본원적 충동이 처음으로 나타
난 곳이 포르투갈이었다. 그 이유는 이베리아반도가 당시로는 가장
적합한 팽창 요인을 갖추고 있었기 때문이었다.

  포르투갈은 지리적으로나 역사적으로 볼 때 육로나 해로로 아프
리카와 대서양을 유럽과 연결 짓는 고리와도 같은 곳이었다. 유럽
대륙 남서쪽의 땅 끝에 위치하며 또한 동북부의 무역풍과 카나리아
군도의 조류에 의해 형성된 해상통로의 어귀에 자리 잡고 있는 것이

다. 또한 유럽에서 사회적·경제적으로 빈국의 위치에 있었기 때문에 유럽권을 벗어나려는 팽창심리가 가장 팽배했던 곳이기도 했다.

정치적·경제적 상황 또한 팽창정책을 뒷받침한 필수적 요인이었다. 1411년 포르투갈과 스페인과의 사이에 평화협정이 체결되고 국경선이 확정된 이후, 이베리아반도 내에서 영토 확장의 가능성이 사라지자 전쟁 귀족들은 실직상태에 놓였고 경제적 불황으로 귀족들의 소득이 크게 타격을 받았다. 13세기 초부터 상업 보호정책이 시행되면서 수도 리스본을 중심으로 강력한 유산자 계급이 출현하였다. 이들은 포르투갈 제2왕조의 성립과 함께 동 주앙 1세를 적극 지원했던 사회계층이었기에 국왕의 비호 아래 크게 세력이 부상했으며, 해상교역의 발전을 위한 공헌도와 시민혁명(1383~1385: 동 주앙 1세의 아비스 왕조)에서 수행했던 역할로 경제적·정치적 비중이 점차 강조되고 있었다.

한편 무어인(이베리아반도의 무슬림) 지배 시기부터 이미 포르투갈인들은 기술적으로도 준비를 갖추어 왔다. 포르투갈인들은 지중해의 항해기술과 천문학의 지식을 발전시켜 새로운 방위 측정 방법을 발견하고 이를 토대로 항해술과 선박 건조술을 향상시켰으며, 후일 동양과 신세계로의 장거리 항해를 실현시켰다. 뿐만 아니라 사정권이 상당히 긴 대포를 장착하고 적지 않은 교역품을 적재하고도 오랜 항해에 견딜 수 있는 기동력 있고 빠른 전투·무역 겸용선도 만들어냈다. 동 주앙 1세의 셋째 아들인 항해왕 엔히크 왕자는 항해실습학교를 설립하고, 리스본 대학에서 수학과 천문학 강좌를 개설하여 저명한 천문학자·지도 작성술가·항해자들을 초빙하여 공해상에서

안전하게 항해하기 위한 기술을 해결하였다.

이와 같이 유리했던 제반 조건 속에서 포르투갈은 해외팽창을 위한 결정적인 동기를 찾게 된다. 그것은 사회적·경제적·종교적 측면에서 찾을 수 있다. 우선 팽창의 사회적·경제적 동기로는 금金 부족으로 야기된 어려움을 극복하기 위해 아프리카의 금광을 지배하려는 의도가 가장 컸다. 아프리카 북부의 이교도 영토를 정복하고 북부의 주요 시장을 통제하면서 직접 금의 원산지로 접근하려는 계획은 귀족들과 유산자 계층을 동시에 끌어들였다.

종교적 동기로는 새롭게 부각된 십자군 정신의 계승이 가장 중요하였다.[7] 15세기의 십자군 정신의 실현은 11세기의 것과 비교할 때 목적이 더욱 다양하다. 물론 이교도들의 공격에 맞선 그리스도교 세력 방어가 주된 것이기는 했지만, 유럽 기독교 국가의 세력을 확장하는 데 필요한 경제적 기반을 획득하고 이슬람 세력 확산을 저지할 뿐만 아니라 불신자들을 개종시켜 그들의 영혼을 구제한다는 사명감이 포함되어 있었다. 마침내 포르투갈의 항해자와 모험가들은 황금 획득과 승전의 영광을 위해 무슬림 상인들의 무역항로를 차단하고자 아프리카의 서쪽 해안을 따라 남으로 긴 탐험의 항해를 시작하였다.

---

7 항해의 왕자로 불렸던 포르투갈의 왕자 엔히크(Henrique, 1394~1460)는 십자군 정신의 대표적 계승자로서 교황청의 지원과 절대적인 승인 아래 과업의 실천에 전념하였다. 이교도들을 그리스도교로 개종시키는 것을 사업의 목표로 내걸었던 엔히크의 선박은 모두 돛에다 적십자 표시를 새겼다.

| 십자군 | 항해왕 엔히크 |

6) 포르투갈의 항로 개척

그동안 베네치아가 독점하고 있던 향신료 무역에 뛰어들어 유럽 전역에 유통시키기 위함과 동시에 유럽 밖으로 그리스도교를 전파하고자 하는 바람이 있었던 엔히크 왕자는 아프리카 서안 탐험사업을 조직하였다.

　대서양 연안에 위치한 포르투갈의 선원들은 엔히크 휘하에서 이런 장애물을 우회하여 아시아에 이르는 또 다른 항로를 찾기 위해 1415년부터 대서양 남쪽을 탐험하기 시작했다. 엔히크는 지브롤터 해협에서 이슬람 해군이 순찰한다는 사실과 아랍인들이 아프리카의 최남단을 지나면 곧장 인도양으로 이어진다고 믿고 있다는 사실을 알고 있었다. 그는 베네치아와 이집트를 제치고 아시아에 대한 직접 무역을 확립할 수 있을 뿐만 아니라 지중해와 성지에서 이슬람 원정을 지속할 수 있는 거점을 마련하기 위해서 그 항로를 찾기로 결심하였다. 엔히크는 모로코의 이슬람교도와 전쟁을 유리하게 이끌기 위해 아프리카 내륙부에 존재한다고 여겨졌던 기독교국인 '성요한의 나라(프레스터 존의 나라)'와 제휴하기 위해, 그리고 서부 수단과 황금을 거래하기 위해 아프리카 서안 탐험을 추진하였다.

1415년 엔히크는 이슬람 세계에 대한 공격을 개시하면서 해마다 아프리카로 탐험대를 파견하였다. 포르투갈은 신세계를 발견하기 전부터 아프리카에서 노예에 기반을 둔 플랜테이션 제도를 운영하였다. 아시아로 가는 해상로를 개척하는 과정에서 정복한 아프리카 내륙지반에서 이 제도를 활용하여 사탕수수를 재배했던 것이다. 1420년부터 일어난 이러한 현상들은 후일 신세계에서 일어난 현상들에 대한 근거가 되었다.

1460년 그가 사망했을 때, 포르투갈의 탐험대는 적도 인근에 위치한 아프리카 서부 해안의 시에라리온에 도착하여 아프리카와 무역을 시작하였다. 포르투갈 사람들은 아프리카에서 면직물과 대포를 팔고 황금과 노예를 사들였다. 하지만 그들의 가장 큰 목표는 인도양을 경유한 아시아 항로를 개척하는 것이었고, 끊임없이 남쪽으로 항해한 끝에 1488년 바르톨로뮤 디아스(Bartolomeu Dias, 1451~1500)가 마침내 희망봉에 도착했다. 이제 아시아 항로는 거의 포르투갈의 차지나 다름없게 되었다. 그로부터 10년 후에는 바스코 다 가마의 함대가 희망봉을 돌아 인도 캘리컷에 이르렀던 것이다.

7) 포르투갈-대항해 시대를 열다

위에서 언급했듯이 포르투갈의 인도 진출 동기는 원래 상업적인 면이 강했지만 항상 종교적인 목적도 포함되어 있었다. 바스코 다 가마의 항해를 함께했던 포르투갈인들은 가톨릭 르네상스 시대의 사

리스본 해안에 위치한 신항로(신대륙) 발견기념탑

람들이었고, 그들 다음에 들어온 사람들은 반종교개혁의 영향을 받은 인물들이었다. 예수회 선교단은 종교개혁으로 유럽에서 잃은 많은 가톨릭 신도들을 동양에서 되찾고자 하는 사명감을 가지고 인도에 파견되었다.

그들의 신항로 개척의 동기는 '기독교인과 향료'였다. 후추를 비롯한 향료는 지중해를 통한 동방무역의 주요 상품이었고, 이것은 막대한 경제적 이익을 가져다주었다. 따라서 동방무역을 독점하고 있던 아랍 상인이나 이탈리아 상인을 거치지 않고 동방과 직접 무역한다면 엄청난 이익을 얻을 수 있었다. 포르투갈인들은 말라바르 지역이 동인도 제도에서 온 향수를 재수출하고 그곳에서 생산되는 일정량의 후추와 소구두(Cardamon)를 판매하는 데 매우 중요한 중심지가 될 것임을 깨달았다.

기독교인이 신항로를 개척하게 되는 동기는 그들의 역사를 통해 알 수 있다. 끊임없이 이슬람의 침입에 시달린 그들은 이슬람에 대한 적개심과 기독교 전파의 강한 열망을 간직하고 있었다. 따라서 프레스터 존Prester John이라는 사람이 다스리는 국가가 아시아 어딘가에 존재한다는 전설은 그들의 큰 관심 대상이었다. 만약 이 국가를 발견하고 동맹을 맺는다면 이슬람 세력을 협공할 수 있을 거라는 희망을 가진 것이다. 포르투갈인들이 염두에 두고 있던 기독교인들은 그들의 성전聖戰을 도와줄, 무슬림의 포위 속에서 구출해 줄 전설 속의 사람들이었다.

(1) 바스코 다 가마의 인도 발견

포르투갈 국왕 마누엘Manuel 1세로부터 동방에 있는 그리스도교 왕국을 발견하고 인도로 가서 향신료를 구해 오라는 명령을 받고 파견된 바스코 다 가마(Vasco da Gama, 1469?~1524)는 1497년 7월 8일 배 세 척에 승무원 약 170명과 함께 포르투갈의 리스본을 출항하여 11월 22일 아프리카의 희망봉을 넘어 1498년 3월 초순에 동아프리카 해안의 항시(港市: 항구도시) 모잠비크에서 총기를 휘둘러 물과 식량을 확보한 후, 인도로 향해 5월 20일 인도 캘리컷에 닻을 내림으로써 최초로 인도항을 개척하게 된다.

바스코 다 가마는 캘리컷 왕에게 자신이 포르투갈 국왕이 파견한

전설의 기독교 왕 프레스터 존Prester John과 그의 왕국

사신이며, 왕의 편지를 지참하고 있음을 알렸다. 알현을 허가받아 왕궁으로 향하는 자신들을 지켜보는 많은 군중이 무슬림이 아니라는 사실을 눈치 챈 가마 일행은 힌두교에 대한 지식이 없었기 때문에 그들을 그리스도교라고 착각했으며, 그들이 왕국으로 가는 도중에 지나친 힌두사원을 보고도 그것을 그리스도교 교회라고 생각했다고 한다.

　이미 그 당시 인도 남서부 해안의 캘리컷은 각국의 무역상들이 자유로이 드나들며 무역을 했던 유명한 항구도시였다. 캘리컷에 오는 외국인은 모두 상인이고 왕국의 수입은 대부분 그들이 마을로 가져와 파는 상품에 부과하는 관세였다. 왕은 바스코 다 가마와 포르투갈인들에게 가져온 물건을 모두 내려 팔 수 있을 만큼 팔도록 명하였다. 왕으로서 포르투갈인의 상품에도 관세를 부과하고 싶었던 것이다. 가마와 포르투갈인들은 아랍 무슬림 상인들이 자신들을 적대

바스코 다 가마Vasco da Gama

시하고 있다고 생각하였다. 그것은 확실한 증거도 없는 지나친 생각에 불과하였다. 오히려 그들이야말로 아랍 무슬림을 필요 이상으로 경계하고 있었다. 그것은 과거 역사적 사실에서 유래된 강박관념이었을 것이다.

1492년에 그라나다를 정복하고 무슬림(이슬람교도)의 왕을 이베리아반도에서 바다 건너로 추방한 지 — 이른바 레콩키스타(Reconquista: 국토 재정복)가 완료된 지 — 얼마 되지 않은 포르투갈인은 기묘한 망상에 사로잡혀 있었다. 그들에게 무어인이라고 불렀던 아라비아말을 하는 무슬림은 모두가 적이고, 자신들이 그리스도교도란 사실을 아는 순간 그들이 반드시 공격해 올 것이란 생각이 그것이었다. 이런 강박관념은 그 후 포르투갈인들이 인도와 동남아시아에서 잔혹한 살육행위를 주저 없이 저지르는 이유의 하나가 된다.

바스코 다 가마의 항해는 왕복에 2년이 넘게 걸렸고 약 170명의 승무원 중 생환자는 불과 60여 명뿐인 어려운 항해였으나, 함대가 가져온 인도산 후추는 항해 비용의 60배를 포르투갈 왕실에 가져다 주었다. 가마가 직접 인도로 가기 전까지 인도산 후추는 대부분 캘리컷에서 배로 페르시아 만이나 홍해 방면으로 보내졌다. 그 뒤 시리아나 이집트에서 지중해를 경유하여 베네치아로 가서 유럽 각지로 흘러들어갔다. 그 과정에서 몇 번이나 세금을 물어야 하였다. 더구나 베네치아 상인이 수입을 독점했기 때문에 후추가 소비자 손에 들어올 때는 이미 고가인 상태였다. 바스코 다 가마의 성공으로 인해 직접 가서 후추를 대량으로 구입하여 베네치아 상인보다 조금 싸게 팔면 왕복 항해에 소요되는 비용을 감안하고도 커다란 이익을 낳는다는 사실이 알려지면서 베네치아인들이 곤경에 처하게 됐던 것이다.

또한 가마 선단이 포르투갈로 가져온 동방에 관한 정보량은 압도적인 것이었다. 후추뿐만 아니라 고급향신료의 정확한 산지, 캘리컷에서 지중해에 이르는 향신료 교역의 실태, 가마 일행이 그리스도교 국가라고 믿었던 인도의 항시왕국港市王國 등에 대한 정보가 그것이다. 그리고 무엇보다도 인도양에는 대포를 가진 강력한 함대가 존재

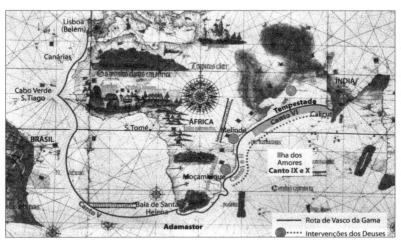

바스코 다 가마의 인도항로 개척

하지 않고, 연안지역에 총이 보급되지 않은 상태라는 정보가 중요하였다.

(2) 바스코 다 가마의 두 번째 항해

1502년 2월 바스코 다 가마 제독이 이끄는 20척의 대선단이 다시 인도를 향해 출발하였다. 지난번 항해의 경험을 통해 가마에게는 하나의 확신이 서 있었다. 그것은 무력으로 인도양을 제압해버리면 투자자금 회수는 물론 더욱 커다란 이익을 거둘 수 있다는 확신이었다. 같은 해 7월 12일 포르투갈 선단은 당시 동아프리카에서 가장 번영을 누리고 있던 항시港市 키르와 앞바다에 도착해서는 일제히 대포를 발사하여 항복을 받고 매년 포르투갈 왕에게 금을 공물로 바치도록 강요하였다.

가마의 폭력은 그 후에도 계속되었다. 9월 인도 서해안의 카나놀 해안에 도착한 가마 선단은 항구에 들어가지 않고 홍해에서 캘리컷으로 향하는 배 가운데 적으로 보이는 배를 모조리 약탈 대상으로 삼았다. 또한 메카 순례를 마치고 돌아오는 이슬람교도 240명(380명이었다는 설도 존재)의 남녀가 타고 있었던 배를 향해 대포를 발사해 멈추게 하였다. 순례자 가운데 한 부유한 상인은 돈을 지불하는 대신 풀어줄 것을 호소했지만 가마는 이를 허락지 않고 배를 샅샅이 약탈한 뒤 사람들을 태운 채 배에 불을 질렀다. 도움을 청하며 울부짖는 부녀자를 보면서도 가마는 얼굴색 하나 변하지 않았다고 한다. 이러한 행위는 일정한 돈을 지불하면 배와 사람을 풀어주는 해적들보다 더욱 죄질이 나쁘다. 일종의 십자군 정신으로 똘똘 뭉친 가마

인도양의 무법자 포르투갈 선단

와 포르투갈인들에게 이슬람교도를 가득 실은 배는 통째로 파괴해
도 상관없는 일이었다. 그들이 약탈한 재화의 총액은 포르투갈 왕실
의 연간 수입의 10분의 1에 해당하는 금액이었다고 한다.

　그 후 캘리컷에 도착한 가마 선단은 신중한 자세로 교섭에 임하는
캘리컷 왕의 제안을 일축하고 카브랄이 이 마을에 왔을 때 입은 인
적·물적 피해[8]에 대한 보상과 아랍인 이슬람교도를 마을에서 추방
할 것을 요구하였다. 왕이 응하지 않자 지나가는 무슬림 배를 차례

---

8 바스코 다 가마가 1차 항해를 마치고 귀국한 뒤, 반년 후인 1500년 3월에 마누
　엘 1세의 명령으로 카브랄이 캘리컷에 왔을 때 무력 분쟁을 일으켜 포르투갈인
　54명이 죽었다. 그리고 마을을 폭격하는 바람에 현지에 상관을 설치하는 데 실
　패하였다. 카브랄은 돌아오는 길에 브라질을 발견한다.

로 나포하고 일찍이 포로로 잡고 있던 이슬람교도를 처형하여 돛대에 걸었다. 그 숫자는 34명에 이르렀다고 한다. 그리고는 이러한 모습을 보기 위해 해변으로 모여든 사람들을 향해 갑자기 대포를 발사하였다. 포격은 2일간 계속되었고 400발의 포탄이 발사되었다. 해안 근처의 가옥과 건물은 완전히 파괴되었다. 가마는 캘리컷과 정치적으로 사이가 원만하지 못했던 코친과 카나놀에서 후추와 고급 향신료를 대량으로 구입하고, 또 몇 척의 배를 약탈한 뒤 1503년 3월 귀로에 올랐다. 엄청난 파괴와 약탈, 그리고 혼란은 일단 멈췄지만 포르투갈인이 인도양에서 완전히 철수한 것은 아니었다. 인도양에 남은 다섯 척의 배는 거점으로 설치한 코친의 상관과 함께 포르투갈의 권익을 지키게 되었다.

이 해 10월 24일까지 가마 선단 중 14척이 물자를 싣고 리스본으로 돌아왔다. 가져온 향신료의 양은 1,500톤이나 되었고 매각 대금은 막대한 것이었다. 가마는 포르투갈 왕에게 약속한 대로 항해에 필요한 자금 일체를 자신의 돈으로 충당하여 더욱 커다란 부와 명성을 획득하였다.

'용기 있는 모험가' 내지 '인도항로의 개척자'로 긍정적으로 회자되는 경우가 많은 바스코 다 가마의 실상은 이러한 것이었다. 그는 틀림없이 용맹한 선원이었다. 하지만 그가 획득한 부는 대부분 현지의 관습과 사정을 무시한 폭력적인 상거래와 인도양을 항해하는 배를 약탈하고 죄 없는 많은 사람들을 살해함으로써 얻어진 것이다. 가마는 이질적인 다양한 문화가 공존하는 인도양 해역질서의 파괴자였다. 1503년 이후 포르투갈 왕과 그 부하들은 바스코 다 가마가

개발한 '무력에 의한' 인도양 해역 제압이라는 방법을 한층 더 밀고 나가게 된다.[9]

8) 포르투갈의 고리 구축

바스코 다 가마의 포르투갈 선단은 대포와 화약을 장착하고 총을 지니고 있었다. 그 당시 유럽의 총과 대포의 기술 수준은 동양과 비교가 되지 않을 만큼 우수하였다. 유럽인들은 총과 대포가 교역을 효율적으로 만든다는 것을 잘 알고 있었다.

당시 인도양 해역은 이슬람계, 힌두계, 자이나교계, 유대교계, 아르메니아정교계, 인도의 그리스도교계 등 제각기 다른 종교를 믿는 다양한 민족 집단이 공존하면서도 무력에 의존하지 않고 서로 경쟁하며 무역활동을 전개하고 있었다. 아프리카의 다우선, 중국의 정크선, 인도와 아라비아의 상선들은 모두 해군의 호위를 받지 않고 항해에 나섰다. 모든 항구 도시들은 성벽도 쌓지 않았고 요새도 건설하지 않았다. 이렇게 무력에 의존하지 않고 평화롭게 바다를 이용하며 해상활동을 하고 있었던 아시아의 바다는 포르투갈의 등장 이후 그 성격이 변하게 되었다. 포르투갈 선단은 인도양 해역에서 폭력을 자행했고, 현지의 관습과 사정을 무시한 채 인도양 해역의 주요 항구 도시(港市)를 차례로 점령해 갔다.

아라비아 해에 접한 고아Goa의 경우를 보자. 고아는 1482년 바마

---

9 羽田正, 『동인도회사와 아시아의 바다』, 이수열 외 역(선인, 2012), pp.31~51.

알부케르케

니 왕국[10]이 분열된 후 이슬람 교도였던 비자푸르[11] 국왕 유스후 아딜 샤히의 세력 아래로 들어와 캘커타와 더불어 메카 순례를 위한 출발지로, 또 아라비아 말의 수입항으로 중요한 위치를 차지하고 있다. 포르투갈 세력이 고아에 진출한 것은 1510년의 일로, 유명한 지휘관 알부케르케[12]는 이곳을 공격해 곧 점령하였다. 그러나 이슬람교도에게 다시 빼앗기게 되자 알부케르케는 강한 병력을 이끌고 되돌아와 재점령에 성공한다. 그 후 그는 이슬람교도를 모두 죽이고 힌두교도를 그 지역의 총독으

---

10 바마니 왕국: 인도 데칸 지방 전역을 지배한 무슬림 왕국(1347~1527).

11 비자푸르국: 인도의 바마니 왕국이 분열하여 성립한 5왕국 중에서 가장 유력한 이슬람 국가(1490~1686).

12 알부케르케(Alfonso de Albuquerque, 1453~1515): 포르투갈의 제2대 인도 총독. 인도의 고아를 점령해(1510) 인도 식민의 근거지로 삼았고, 1511년에 말레이 반도의 말라카를 정복하였다. 고아는 그 뒤 포르투갈과 아시아 각국 사이의 무역 중계지 노릇을 하였다. 동양의 모든 주요 해상 교역로를 장악하고 항구적인 정착민 요새를 건설하겠다는 그의 구상은 포르투갈이 동양에서 패권을 장악하는 토대가 되었다. 포르투갈령 고아는 인도가 영국으로부터 독립되고도 한참 뒤인 1961년 말에야 인도에 편입됐는데, 450년 동안 포르투갈의 지배를 받은 나머지, 지금도 주민의 절반 가까이가 가톨릭 신도다.

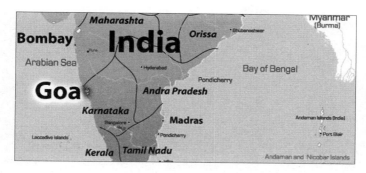
인도의 남서부 해안에 위치한 고아Goa

로 임명하였다. 포르투갈의 인도 점령은 말라바르 해안 소왕국들 사
이의 반목을 교묘하게 이용해 이루어진 거점 확보 정책이었으므로
그 지역 주민의 종교는 그다지 중요하지 않았던 것이다.

　포르투갈의 인도 침공을 본다면, 그것은 식민지주의의 대두이며
종교적 제국주의일 뿐임을 알 수 있다. 또한 우리는 알부케르케가
말라바르 해안을 탈환하기 위해 사용한 위협책의 잔학성에 놀라게
된다. 그는 본국에서 멀리 떨어져 있어 보급을 기대할 수 없으며 자
신의 병력이 수적으로 열세라는 이유로 적의 포로를 죽여 손과 발을
잘라 포탄의 형태로 만든 뒤 그 '인체탄人體彈'을 연안 도시에 투하
시킴으로써 심리적으로 적을 공황 상태에 빠뜨려 인도 연안 점거에
성공했던 것이다.

　군사적 폭력으로 획득한 고아는 후에 예수회 동방선교의 거점지
로 활용하게 된다. 1515년 무렵이 되자 인도양 해역의 많은 항시港
市들은 포르투갈의 지배하에 들어갔다. 그러한 항시들은 인도양 해
역에 늘어 있는 점들에 불과했지만 포르투갈은 이런 점들을 서로 연

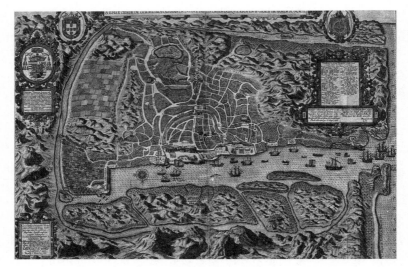
포르투갈의 고아 정복

결하여 선을 만들고, 그 선을 유지하기 위해 전력을 다하였다. 일련
의 점과 선으로 만들어진 세력 범위, 즉 '포르투갈의 고리'를 형성하
며 해상제국을 건설한 것이다. 포르투갈인은 인도양 해역에 진출했
을 당시 처음에는 인도양의 서쪽 해역 활동에 집중했는데, 후추 이
외의 고급 향신료나 침향, 중국산 견직물이나 도자기 등과 같은 매
력적인 상품은 대부분 동남아시아 방면에서 왔기 때문에 더 동쪽의
중국 해역으로 진출하였다.

9) 동서교역의 인후咽喉 — 말라카

당시 동아시아의 국제적 상거래의 중심지는 말레이반도 중남부의
말라카Malacca였다. 서아시아, 동남아시아, 그리고 동아시아 등 아
시아 전역에서 많은 상인들이 이 마을을 방문하여, 항구에서는 84개

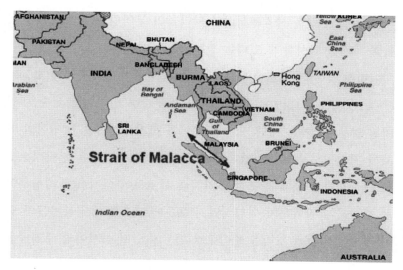

말라카 해협

의 언어가 사용되고 있었다고 한다. 말라카는 아시아 바다의 서반부인 인도양 해역과 동반부인 중국해 해역의 산물이 만나는 장소였으며, 바람을 기다리는 항구로서도 탁월한 입지조건을 갖추고 있었다.

　포르투갈인들은 자신들이 유럽시장에 판매하기를 희망했던 상품을 인도시장에서 구입할 경우, 말라카를 통해서 유입되는 같은 종의 상품과 경쟁할 수 없다는 것을 알게 되었다. 말라카 왕국이 말라카 해협을 중심으로 세력을 확대해 나가고 있던 15세기 초에 유럽은 지구상에서 가장 강력하고 가장 선진적인 지역이 아니었다. 당시 세계에서 가장 활발한 확장력을 가지고 있던 것은 바로 이슬람교 세력이었다. 오스만튀르크가 1453년에 콘스탄티노플을 정복했을 때, 이슬람 세계의 동쪽 끝이었던 말라카와 자바를 거쳐 인도네시아 동부 군도와 필리핀에서는 이슬람교가 빠른 속도로 전파되고 있었다. 결국 그들은 무력을 사용해서라도 말라카의 무역망을 장악해야만 그들의 목적을 달성할 수 있다는 점을 깨달았다.

이러한 첫 번째 시도에 대해 책임을 진 사람이 알부케르케(Afonso de Albuquerque, 1453~1515)였다. 포르투갈령 인도의 총독으로 임명된 알부케르케는 재임 기간 중 고아를 발판으로 말라카 정복의 확고한 전진기지를 마련하였다. 포르투갈의 고아 점령은 전략적으로 더욱 중요한 위치에 항구적인 기지를 확보하여 아시아의 해상무역을 확고하게 장악하기 위함이었기 때문에 포르투갈 정복자들의 당면 과제는 말라카 왕국을 중심으로 펼쳐져 있던 아시아의 무역망을 독점하는 일이었다.

말라카를 무력 점령하는
알부케르케와 포르투갈 군대

말라카의 거대한 무역망과 이에 연계된 방대한 교역 물자에 관한 소식을 접한 포르투갈의 동 마누엘Dom Manuel 왕은 말라카와 우호 관계를 맺고, 말라카 왕국을 포함한 인도의 동부 지역에서 자신의 대리인 역할을 할 사람으로 세케이라(Diogo Lopes de Sequeira)를 말라카로 보냈다. 그러나 1509년 세케이라가 말라카에 도착했을 때 모든 계획이 순조롭게 진행되지는 않았다. 처음에 그는 술탄 마

말라카 전경과 포르투갈 선단

흐무드 샤(Mahmud Syah, 재위 1488~1528)의 영접을 받았다. 그런데 당시 말라카에 상주하고 있던 여러 나라의 무슬림으로 구성된 무역 단체가 술탄에게 포르투갈의 내도來島가 말라카 왕국과 외국의 무슬림 상인들에게 심각한 위협이 될 것이라고 경고하였다. 이들의 경고를 받아들인 술탄은 세케이라와 그 부하들을 체포하라고 명하고 세케이라 일행의 배를 급습했으나, 그들은 이미 먼 바다로 달아난 후였다. 이러한 저항을 경험했기 때문에, 포르투갈인들은 무력 사용만이 말라카의 무역망을 장악하는 유일한 수단이라고 판단하였다. 이러한 판단에 따라 알부케르케는 1511년 4월 고아로부터 1,200여 명의 정예 병력과 17~18척의 군함을 앞세워 말라카로 진격해 들어갔고, 포르투갈인들의 우수한 화력과 결단력과 정복자들의 광적인 담력(마을에 있던 아랍인 무슬림 상인 전원을 살해)에 말라카는 무릎을 꿇지 않을 수 없었다.

선대 포격을 활용한 격렬한 전투 끝에 이 무역 중심지를 지배하고 있던 왕가를 몰아낸 알부케르케는 마을에 있던 무슬림 상인 전원을 살해할 것을 명령하였다. 다종다양한 민족과 신앙이 공존하는 땅에서 생활하는 데에 익숙한 아랍인 무슬림의 입장에서 볼 때 왜 자신들만 살해되어야 하는지 이해하기 어려웠을 것이다. 그러나 당시 포르투갈인의 입장에서 보면 아랍인 무슬림은 그리스도교도와 대립하는 무시무시한 이교도임과 동시에 향신료 무역을 독점하려는 이유 때문에 말살되었다.

말라카는 결국 포르투갈 군대에게 정복되었다. 알부케르케는 견고한 방어망을 구축하는 한편 그의 선단 일부를 자바해를 통해 동쪽으로 발진시켰다. 말라카 정복 후, 그들의 다음 목표지는 필리핀과 자바, 그리고 중국과 일본이었다. 말레이반도의 동쪽에는 인도양과는 또 다른 새로운 해역이 펼쳐져 있었다. 남중국해가 그것이다. 이 바다를 북상하면 동중국해를 지나 중국 연안, 류큐제도, 한반도, 일본 열도에까지 이르게 된다. 말라카를 손에 넣어 보급 거점을 마련한 포르투갈은 클로브와 같은 고급 향신료를 구하려 했을 때와 마찬가지로 견직물, 도자기와 같은 양질의 중국 제품을 입수하기 위해 점점 이 해역으로 진출해 갔다.

10) 중국과의 만남

포르투갈인과 중국인의 해상에서의 첫 만남은 1509년 세케이라가 말라카 항에서 중국 정크선의 선원들을 만나면서 이루어졌다. 1511년에는 알부케르케가 말라카 정복을 끝내고 인도양 상의 포르투갈

전략기지를 확보하면서부터 양국 상인들 간에 빈번한 접촉과 우호적인 분위기가 조성되었다. 말라카에 확고한 기지를 확보한 포르투갈은 즉각 극동 아시아를 향한 바닷길 개발에 착수하였다.

포르투갈인이 처음으로 중국 땅을 밟은 것은 그들이 말라카를 점령한 직후인 1513년의 일이었다. 화인(중국인) 정크에 동선한 포르투갈 상인 알바레스가 광주(廣州, 광저우)를 방문한 것이 바로 그것이다. 이때 알바레스는 일개 민간무역 상인에 불과했기 때문에 광주에서 조공무역을 할 수 없었다. 따라서 그는 주강珠江 하구의 타마오섬(屯門島)과 그 주변에서 밀무역을 했을 뿐이었다. 하지만 화인 상인들이 동남아시아로 가져간 비단과 도자기는 포르투갈인들도 꼭 손에 넣고 싶어 했던 상품이었고, 동남아시아의 향신료를 중국으로

토메 피레스

가져가면 커다란 이익을 낳을 수 있다는 사실을 알바레스는 곧 깨달았다. 동남아시아에 거점을 확보한 이상, 포르투갈인이 중국 무역에 관심을 가지는 일은 당연하였다.

화인 상인들과 공적으로 또 조직적으로 무역하기 위해서는 해금정책을 펴고 있는 명明의 방침에 따라 '조공'이라는 형식을 취해 사절을 파견할 필요가 있었다. 그래서 1517년 토메 피레스(Tomé Pires, 1465?~1524?)가 사절 자격으로 광주廣州로 가서 명明 제국과의 정식 국교를 요구하였다. 그는 말라카 동쪽 해역의 지리학적·민속학적 정보를 유럽 언어로 최초로 기록한 『동방제국기(東方諸國記, Suma Oriental)』의 저자로 잘 알려져 있다. 여러 수단을 동원한 결과 토메 피레스는 드디어 1520년 남경에서 당시 황제 정덕제(正德帝, 武宗)를 알현하고 황제를 따라 북경까지 동행하였다. 그러나 얼마 되지 않아 정덕제가 사망하자 궁정의 정치적 지도는 급변하였다. 망명 중인 말라카 왕이 파견한 사절이 말라카에서 저지른 포르투갈인의 만행을 전하자, 피레스 일행은 광주에서 투옥되어 재산을 몰수당하고 말았다.

더욱 사태를 악화시킨 것은 1519년 광주에 온 포르투갈 배의 선장 안델레데가 자신들이 인도양 해역에서 자행했던 것과 똑같이 무력을 사용한 무역 방법을 그대로 동아시아 해역에 적용하려 했던 일이다. 그는 타마오 섬에 요새를 만들고 연안 주민들을 노예로 삼았다. 또 광주 만에 입항하는 많은 선박을 공격하고 약탈하였다. 이러한 것은 말라카에 이르기까지 인도양 해역 어디서나 사용했던 방법이었다. 그러나 그들은 동아시아 해역에는 거대한 육지의 제국이 바다도 지배하고 있다는 사실을 아직 모르고 있었다.

11) 무역과 중국 선교의 전진기지 — 마카오

1521년 명明은 포르투갈의 퇴거를 명령하고 타마오 섬을 공격하였
다. 포르투갈은 인도양 해역에서처럼 격렬한 포격으로 명의 군대에
대항했지만 결국 식량과 탄약이 떨어져 철수할 수밖에 없었다. 포르
투갈은 그 뒤에도 몇 번이나 광주 만에서 무력에 의한 무역을 시도
했지만 실패하였다. 이렇게 계속된 폭력으로 명明이 그들에게 공식
적으로 조공무역을 허락할 가능성은 없어져 갔다.

이후 포르투갈인은 법을 어기고 절강(浙江, 저장), 복건(福建, 푸젠)
에서 광동(廣東, 광둥)에 걸친 연안이나 해상에서 밀무역에 종사하
게 된다. 그들은 대부분 '사적私的' 포르투갈인들이었다. 이익을 좇
아 유라시아 동방 해역으로까지 굴러 들어온 부랑자들이며 무법자
들이었다. 중국 상인과 결탁하여 밀무역이 극성해짐에 따라 1548년
명 조정은 밀무역 상인들을 토벌하였고, 포르투갈인은 명 군대에 무
력으로 대항하고 연안 각지를 약탈하기도 하였다. 일반적으로 이 무
렵을 후기 왜구의 최전성기라고 한다.

16세기 중엽이 되면 포르투갈의 바다 제국의 유력자인 고아의 부
왕이나 말라카의 장관도 동아시아 해역의 국제질서의 현실과 무역
을 통한 이익 규모를 충분히 이해하게 되었으며, 특히 매력을 지닌
것은 일본에서 중국으로 은을 들여와 중국산 생사나 도자기와 교환
해, 그것을 다시 일본으로 되가져가 비싼 가격으로 파는 무역이었
다. 그들이 이처럼 큰 이익을 낳는 무역에 가담하려 한 것은 당연한

마카오에 있는 마조묘. 19세기 영국인의 그림

일이었다. 그러기 위해서는 중국 연안에 상품 반입과 물자 보급을 위한 거점을 확보하여 명으로부터 승인을 받을 필요가 있었다.

1552년 왕실 함대의 사령관으로서 광주 만에 도착한 리오넬 데 소사는 그 일대에 날뛰고 있던 포르투갈 해적선과 밀무역 상인들을 평정하고 명으로부터 신임을 받았다. 그러한 행위는 질서를 중시하는 포르투갈의 바다 제국과 사적私的인 포르투갈인과의 차이를 주장하는 것이기도 하였다. 그 뒤 소사는 1553년 중국 광주 만 입구에 있는 마카오반도에 다가가 해도부사海道副使 왕백王柏에게 자신들의 상선이 폭풍우를 만나 화물이 젖었으니 오문(澳門, 마카오)에 정박하여 젖은 화물을 말릴 수 있도록 허가해 달라고 청하였다. 뇌물을 먹은 왕백은 이를 허락했고 그리고는 마카오에 눌러 앉았다. 마카오라는 이름은 그 지역 선원들의 신앙 대상인 마조묘媽祖廟를 마합묘(媽閤廟, 마꺼먀오. 마각묘媽閣廟라고도 함)라고 불렀던 것에서 유래한다.

포르투갈인의 체류가 기정사실이 되고 난 후 4년이 지난 1557년에 명明의 담당 관청이 잠정적으로 그들의 거주를 인정하였다.

명明은 1573년 정식으로 포르투갈인의 마카오 거주를 승인하였다. 매년 지조地租 500량을 바친다는 조건이 따랐다. 그러나 명은 마카오를 포르투갈인에게 할양한 것이 아니었다.[13] 어디까지나 그들이 그곳에 살 수 있도록 허락했을 뿐이다. 이런 점이 인도양 해역에 있는 포르투갈 거점과 다른 부분이다. 마카오가 발전함에 따라 화인들도 많이 거주하게 되었지만 그들은 포르투갈이 아니라 명나라의 법에 따랐다. 또 마카오에는 명나라의 출장 기관이 설치되었다. 반도와 본토를 연결하는 사주砂洲에는 포르투갈인이 마음대로 본토로 들어가지 못하도록 관문이 만들어졌다.

2. 프레스터 존(요한)을 찾아서

'사제왕 요한', 즉 프레스터 존Prester John 전설은 중세 시대의 동방東方 어딘가에 거대하고 풍요로운 기독교 왕국이 있다는 이야기이다. 당시 지중해 동쪽 지방에서 무슬림들과 힘겨운 싸움을 하고 있던 십자군은 동방의 기독교 군주 요한이 어서 빨리 와서 이슬람 세력을 물리쳐 주었으면 하고 고대했지만, 그는 끝내 나타나지 않았

---

13 마카오가 포르투갈 주권 하의 식민지가 되는 것은 영국이 아편전쟁을 계기로 홍콩을 획득한 후인 19세기 후반의 1887년이 되고나서였다. 羽田正,『동인도 회사와 아시아의 바다』(선인, 2012), pp.112~113.

동방의 사제왕 프레스터 존 상상도

다. 그렇다면 그들이 믿고 매달렸던 '요한의 왕국'은 한낱 허상에 불과했던 것일까?

결코 그렇지 않았다. 기독교인들이 동방에 살고 있었던 것은 분명한 사실이었고, 그들은 아시아 내륙 지방의 초원과 사막, 인도와 중국 등지에까지 널리 분포되어 있었다. 대표적으로 동방 기독교의 일파인 네스토리우스교(경교)가 그것이다. 다만 동방 기독교인들은 유럽인들이 희망했던 것처럼 이슬람 세력을 일거에 쓸어버릴 정도로 그렇게 강력한 왕국을 형성하지 않았을 뿐, 당시 유럽인들이 동방에 대해서 가졌던 생각이 근거 없는 환상이라고만 말하기 힘들다.[14] 중세의 유럽인들은 동방 기독교 왕국을 찾는 과정에서 인도로 가는 대항해의 바닷길을 발견하는 뜻밖의 결과를 낳는다.

터키 남동부에 위치한 샨리우르파(Şanlıurfa: 옛 이름은 에뎃사)는 아브라함의 성지로 알려져 있다. 아브라함은 이슬람에서도 선지자

---

14 김호동, 『동방기독교와 동서문명』(까치글방, 2002), p.7.

로 추앙받는 인물이다. 이곳은 원래 기독교들의 땅이었으며, 이슬람 세력을 막는 기독교들의 요새였다. 그러나 1144년 유럽의 십자군은 샨리우르파가 무슬림 군에게 함락되었다는 소식에 충격을 감출 수 없었다. 유럽에는 공포가 휘몰아쳤다. 샨리우르파 함락 후, 유럽에 프레스터 존Prester John의 이름이 등장하기 시작하였다. 중세 독일의 저명한 역사 철학자인 오토(Otto, 1111?~1158) 주교는 동방의 사제왕 프레스터 존의 존재를 유럽에 최초로 알렸다. 동방에 네스토리우스파가 세운 왕국이 있는데, 그 나라의 왕인 존이라는 사제인 그가 예루살렘을 돕기 위해 왔다가 티그리스 강에 막혀 돌아갔다는 것이다. 그는 복음서에 언급된 동방박사들의 후예로서 그리스도의 구유에 참배하러 왔던 그의 조상들을 본받아 그 자신이 직접 예루살렘으로 가려고 했지만, 앞에서 말한 이유로 성공하지 못하게 되었다는 것이다. 사제왕 요한, 즉 프레스터 존이 네스토리우스파라는 사실은 유럽을 놀라게 하였다.

주교 위고가 교황청에 보고한 그는 누구였을까? 후세의 사가들은 야율대석(耶律大石, 1087~1143)으로 해석하고 있다. 발해국을 멸망시킨 몽골계 거란족이 907년에 건국한 요遼나라는 1120년 여진족의 금金나라에 의해 수도가 함락된다. 거란족 황족 야율대석은 서쪽으로 도주해 옛 위구르 땅에 서요西遼를 세운다. 금나라를 쳐서 요나라를 부흥코자 했던 야율대석은 유목민을 규합하고 주변세력들을 복속시키고자 군대를 서쪽으로 돌려 중앙아시아의 오아시스 도시들을 확보하고자 하였다. 1132년 사해의 군주를 뜻하는 '구르 칸'에 오른 야율대석은 아라비아(大食)로 군대를 이끌고 가게 된다. 그러나 아라비아로 가기 위해서는 중앙아시아를 통과하지 않으면 안 되었고, 당시 그곳은 카라한 왕조가 지배하고 있었는데 12세기 전반에는 이미 셀주크의 부용국으로 전락한 상태였다. 야율대석이 이끄는 군대가 접근하고 있다는 소식에 셀주크의 군대는 그들과 대치하게 된다. 야율대석은 1141년 중앙아시아의 사마르칸트 북방에 있는 카타완 평원에서 이슬람권의 맹주 역할을 자처했던 셀주크의 군대를 괴멸시키고 사마르칸트를 점령한 뒤 회군했고, 그로부터 2년 뒤인 1143년에 사망하고 말았다. 이처럼 야율대석의 서방원정과 관련하여 소문에 소문이 보태지고 전달되어 위고 주교가 교황청에 보고하게 되었던 것이다.

그러면 네스토리우스파(Nestorianism)는 어떤 존재였을까? 당시

신의 어머니 마리아

네스토리우스

소아시아와 지중해 연안 지역의 주민들은 예수의 어머니 마리아를 '신의 어머니(theotokos)'라고 불렀는데, 이는 전통적인 지모신地母神 숭배의 영향을 받은 것으로, 동정녀의 몸으로 그리스도를 낳은 마리아에게 품고 있던 깊은 애정과 신앙을 반영하였다. 그녀에게서 출생한 예수가 바로 성부, 성령과 함께 삼위일체를 이루는 하느님의 아들이었기 때문에 마리아를 '신의 어머니'라고 부르는 것은 하나도 이상해 보이지 않았을 것이다. 물론 당시 동로마 제국의 수도인 콘스탄티노폴리스의 대주교였던 네스토리우스(Nestorius, 386?~451)도 마리아에 대해서 깊은 경외감을 품고 있었다. 그러나 그는 예수 그리스도가 동시에 지닌 두 가지 본성 가운데 마리아에게서 태어난 것은 신성이 아니라 인성이기 때문에, 그녀를 '신의 어머니'라고 부른다면 자칫 오해를 불러일으킬 소지가 있음을 경계했다. 따라서 그런 오해의 소지가 없는 '그리스도의 어머니(christokos)'라는 호칭을 사용하자고 제안하였다. 그러나 그를 반대하는 측에서는 그의 주장이 예수의 신성과 인성을 분리시키려는 음모일 뿐만 아니라 예수의 신성까지 부정하는 이단이라고 비판하기 시작하였다.[15] 즉 마리아를 신으로 볼 수 없다는 네스토리우스는 결국 431년 에페소스 공의회에서 이단으로 내몰려 파문되었고, 머나먼 동방으로 떠났다. 그런데 추방당한 지 700여 년 만에 제2차 십자군이 참담한 실패로 끝난 비관적인 상황에서 네스토리우스파인 프레스터 존이 유럽을 구하러 다시 왔다는 소문이 퍼졌다.

이러한 배경에서 나온 프레스터 존의 전설은 세 가지 매력을 가지고 있었다. 첫째, 그는 기독교를 믿는 왕이라는 점. 둘째, 그는 강했기에 이슬람 세력으로부터 유럽을 구원해 주리라는 환상을 만들었다는 점. 셋째, 그의 왕국이 유럽인들이 꿈꾸던 이상적인 왕국이었다는 점이다. 이런 매력을 지닌 프레스터 존의 소식에 교황청도 흥분하였다. 교황은 프레스터 존의 기독교 왕국을 찾고 싶었으며, 그들의 강력한 군사력을 지원받아 이슬람 세력을 공격하고자 하였다.

이 무렵 중앙아시아 초원에 몽골 제국이 등장하였다. 갑자기 역사에 등장한 이들은 이슬람 세력을 압박하고 있었다. 이에 교황은 몽골 제국이 동방의 기독교 왕국일지도 모른다고 생각하였다. 교황은 몽골에 사신을 보내 자신의 뜻을 전달했고, 교황의 사신이 몽골 제국으로부터 가져온 편지에는 다음과 같은 대답이 적혀 있었다. 칭기즈 칸의 손자이자 몽골의 3대 황제 구유크 칸(貴由, Guyuk Khan. 재위 1246~1248)은 자기만이 신의 은총을 독점하는 것처럼 자만하는 교

---

15 김호동, 위의 책, p.93.

황의 태도를 비난하면서 "해가 뜨는 곳부터 지는 곳까지, 모든 나라가 나에게 복종하고 있다. 만약 내가 신의 명령을 거스르는 자라면 과연 이렇게 할 수 있겠는가? …… 너 교황은 유럽의 군주들을 이끌고 직접 짐의 어전에 찾아와 머리를 조아리고 복속 의사를 충심으로 표시해야 한다."

이 편지는 몽골 제국이 유럽 기독교권에 대해서 어떻게 생각하고 있는지를 확실히 보여주었다. 교황의 기대와 달리 몽골은 단호한 명령조로 교황에게 복종을 요구하고 있었다. 몽골 제국은 유럽이 기대했던 프레스터 존의 기독교 왕국이 아니었던 것이다. 그런데 유럽의 몽골군은 1242년 봄에 갑자기 모든 군사 작전을 중단하고 철수하기 시작했고, 유럽은 절체절명의 위기에서 벗어나게 되었다. 몽골의 본토에서 대칸 우구데이(오고타이 칸, 1185~ 1241)가 사망(1241년 겨울)했다는 소식이 다음 해 봄 유럽 전선에 전해졌기 때문이다. 대칸이 죽은 후 후계자의 지명을 둘러싸고 치열한 대립이 벌어지기 시작하면서 한가롭게 유럽인들과의 전투를 계속할 수는 없는 노릇이었다. 이렇게 해서 유럽은 중국, 서아시아, 러시아가 겪었던 최악의 상황을 모면할 수 있었다.

숨죽이고 있던 유럽에 다시 이슬람의 공포가 찾아왔다. 기독교의 뿌리였던 콘스탄티노플Constantinople은 유럽의 정신적 고향이었다. 그러나 천년의 제국 비잔틴(동로마 제국)은 1453년에 끝내 함락되었다. 콘스탄티노플은 오스만 제국의 차지가 되었다. 유럽은 다시 공포에 떨었다.

충격에 빠진 유럽은 다시 동방의 사제왕 프레스터 존을 찾기 시작하였다. 그와 협공하여 이슬람 세력을 몰아내려 한 것이다. 1439년에 그려진 가브리엘 데 발세카(Gabriel de Vallseca, 1408~1467)의 지도地圖에는 프레스터 존의 왕국이 동방이 아닌 아프리카 동쪽 에티오피아에 있는 것으로 그려져 있었다.

　4세기경 시리아에서 건너온 기독교를 기반으로 에티오피아의 기독교는 시작됐다. 유럽과 단절된 상황에서 에티오피아는 그들만의 독자적인 기독교를 천 년 동안 지키고 있었는데, 지도에 따르면 유럽은 이 나라가 프레스터 존의 왕국이라 믿었다. 기독교 왕국을 찾는 데 가장 먼저 앞장 선 것은 이베리아반도의 포르투갈이었다. 포르투갈은 이슬람과의 투쟁 속에서 탄생한 나라다. 그리스도 기사단의 단장이었던 항해왕 엔히크 왕자(Henrique, 1394~1460)가 기독교

신기루에 불과했지만 대항해 시대를 촉발시킨
프레스터 존의 전설

왕국을 찾기 위한 원정대를 꾸렸다. 그는 다른 나라들처럼 육로를 통해서가 아니라 아프리카 해안을 따라 프레스터 존의 왕국에 도달하는 지름길을 찾고자 하였다. 마침내 포르투갈은 아프리카 남단을 돌아 에티오피아에 이르는 새로운 바닷길을 찾아냈다. 그러나 에티오피아의 기독교는 이슬람의 박해를 피해 어렵게 생존하고 있었다. 그곳에 강대한 기독교 왕국은 없었다. 유럽이 그토록 찾고자 했던 동방의 기독교 왕 프레스터 존, 그것은 한낱 신기루에 불과하였다. 프레스터 존을 찾아 항해에 나섰던 포르투갈은 그들의 목적을 이루지 못했지만, 대신 대항해의 시대로 들어가는 열쇠를 손에 넣을 수 있게 되었던 것이다.

이슬람 세력과의 싸움으로 지쳐 있던 유럽은 동방의 사제왕 프레스터 존이 자신들을 구원해줄 구세주라 여겼다. 결국 유럽이 애타게 찾았던 프레스터 존을 찾는 것이 유럽이 세계로 진출하는 동기가 되었던 것이다. 이슬람권 너머에 있는 동방세계에 대해서 아는 것이라고는 거의 아무것도 없었던 유럽인들은 이렇게 해서 요한의 왕국을 찾아 나서는 길고 험한 모색을 시작하게 되었다. 그 과정은 그들이 알지 못했던 세계에 대한 모험에 찬 탐색이었고, 암흑의 중세를 빠져나오기 위해서 필요한 시련이기도 하였다.[16]

동방 기독교의 일파인 네스토리우스파는 중세 서구인의 관점에서 보면 '이단'의 종교였다. 431년, 동로마 제국의 수도 콘스탄티노플의 총주교였던 네스토리우스가 이단으로 몰려 파문에 처해진 뒤, 그

---

16 김호동, 위의 책, p.16.

의 교리를 추종하던 사람들은 로마 제국의 박해를 피해 동방으로 올 수밖에 없었다. 그 뒤 그들은 놀라운 전파력을 발휘하여 아시아 각지에서 신자를 확보해나갔다. 네스토리우스파는 일찍부터 동방으로 전파되어 천 년의 세월 동안 생명력을 유지했으며, 중국에서 경교景敎라는 이름으로 활약하고 있었다. 이것이 프레스터 존의 전설을 낳았던 것이다.[17]

3. 예수회 창설과 해외 선교

1) 종교개혁에 휩쓸린 유럽

1517년에 마르틴 루터(Martin Luther, 1483~1546)의 '면죄부에 대한 95개조 반박문'이 선포되면서 가톨릭교회는 종교개혁의 충격 속에 뒤흔들리고 있었다. 교황청 중심의 가톨릭교회에 대한 오랫동안 누적되어 있던 불만이 1520년대에 들어서면서 봇물처럼 터져 나오기 시작했고, 1530년대에 접어들면서 종교개혁으로 인한 대규모의 정치적 탄압과 종교전쟁이 벌어지기 시작하였다.

정신적으로는 교회의 영적 권위가 손상되고, 물질적으로는 교회의 영향에서 많은 지역이 벗어났다. 가톨릭교회는 유럽의 북부에서 서부와 중부에 걸친 많은 지역에서 신자와 영향력을 빼앗기고 유럽

---

17 전설에 따르면 사제왕 요한(존)은 3명의 동방박사 중 1명의 후손이며, 관대한 군주이며 덕을 갖춘 사람이었다고 한다. 그의 부유한 왕국은 청춘의 샘 같은 온갖 신기한 것들로 가득하며 에덴동산에 맞닿아 있었다고 한다.

문명의 중심으로서의 위상을 크게 손상당하였다. 특히 가톨릭교회의 지도부로서 교황청의 권위는 엄청난 타격을 받았다. 보전된 가톨릭 지역에서도 교황의 힘보다는 세속 군주의 힘이 프로테스탄티즘과의 싸움에서 더 크게 작용한 때문에 교황과 교황청의 지도력은 더욱 힘을 잃었다.

이 위기를 극복하기 위해 가톨릭교회 안에서도 광범위한 변화의 움직임이 일어났다. 이 움직임에는 '반동 종교개혁(Counter-Reformation)'과 '가톨릭 종교개혁(Catholic Reformation)'이라는 두 가지 이름이 붙었는데, 두 가지 측면을 모두 가진 움직임이었다. 종교재판 강화 등 반동적 측면도 한편에 있었지만, 다른 한편에는 마르틴 루터의 문제 제기를 대부분 받아들이는 듯한 개혁적 측면도 있었던 것이다.

종교개혁에 대한 가톨릭교회의 능동적인 반응, 즉 가톨릭 개혁의 여러 명제들이 포괄적으로, 그리고 체계적으로 다루어진 것은 트리엔트 공의회(1545~1563)[18]에서였다. 그러나 넓은 의미에서 가톨릭교회의 움직임은 15세기 초부터 여러 가지 형태로 나타나고 있었

---

18 트리엔트 공의회(Council of Trient): 1545년부터 1563년까지 18년간 총 19차례에 걸쳐 북이탈리아 트리엔트에서 진행된 가톨릭 종교회의. 교황 바오로 3세의 제안과 신성로마 제국(독일) 황제 카를 5세의 동의에 의해 종교개혁에 따른 교회 분열을 수습할 목적으로 소집되었다. 정통 교리에 관한 분명한 해석 문제를 둘러싸고 격론이 벌어졌으나, 가톨릭 자체의 내부 분쟁과 외부의 위협이 겹치면서 중단을 거듭, 18년간 계속되었다. 이 공의회를 통해 로마 가톨릭은 프로테스탄트와의 분열이 심화되었다.

마르틴 루터

다. 사실에 있어서 가톨릭교회에 반발한 종교개혁의 움직임도 애초
에는 가톨릭교회에 대한 개혁 요구에서 출발한 것이었으니, 종교개
혁과 가톨릭 개혁은 동일한 배경에서 파생되어 나온 다른 줄기였다
고도 할 수 있다.

　교황청이 개혁의 자세를 본격적으로 갖추게 되는 것은 바오로 3
세(1534~1549)가 즉위하여 개혁 성향의 추기경들을 모아 개혁위원
회를 구성한(1536) 이후의 일이다. 그 이전의 개혁운동은 기성교회
의 극단적인 탄압에 부딪쳐 프로테스탄트의 깃발로 나아가는 경우
에서부터 개인의 경건한 신앙생활에 몰입하는 경우까지 여러 가지

트리엔트 공의회

형태를 취하고 있었다. 수도회를 둘러싼 개혁의 움직임도 이 가톨릭 개혁 초기운동의 중요한 한 부분이었다. 처음에는 여러 기존 수도회에서 원시회칙을 비롯한 개혁운동이 일어났고, 종교개혁의 갈등이 표출되기 시작한 1520년대 이후로는 테아티노회, 카푸치노회, 예수회 등 개혁 수도회들이 결성되었다.

예수회의 창시자인 이그나티우스는 두 가지 상이한, 서로 조화되지 않는 듯한 두 측면을 보여준다. 그 하나는 세태에 능통하고 유능한 전략가로서의 모습이고, 다른 하나는 독실하고 경건한 신앙인으로서의 모습이다. 개혁적 측면을 대표하는 '예수회'가 처해 있던 시대적 상황은 명백한 것이었다. 그리고 이 상황을 헤쳐 나가는 과정에서 예수회는 두 가지 측면을 그대로 이어받았다.

예수회의 시대적 과제는 타격을 입은 가톨릭교회의 권위와 세력을 회복하고 확장하는 일이었다. 1534년 7인의 창시자가 파리에서 결성한 예수회는 1540년 교황으로부터 헌장 인가를 받은 후 새로운 종교 사업을 활발하게 펼쳐나갔다. 가장 중요한 두 가지 주요사업이 교육과 해외 선교였다. 변화가 빨라지는 시대 상황 속에서 교회의 권위를 유럽인의 마음속에 지키는 것이 교육 사업의 목적이었고, 유럽에서 상실한 가톨릭교회의 세력을 — 항해 활동을 통해 — 넓어진 새로운 세계에서 만회한다는 것이 선교 사업의 목적이었다.

2) 예수회 창설

예수회(Societas Jesu, 耶蘇會)는 1534년 스페인과 프랑스의 접경지역인 로욜라 출신의 이그나티우스가 파리대학에서 만난 동료들과 함께 세운 단체였다.

서열이 낮은 귀족 신분으로 태어난 이그나티우스 데 로욜라(Ignatius de Loyola, 1491~1556)는 세속적인 욕망에 충실한 군인이었다. 그런데 프랑스 군과의 전투로 중상을 입고 오랜 병상생활을 하던 20대 후반에 무료한 시간을 달래기 위해 기사들의 사랑을 다룬 소설을 읽고 싶었지만, 마땅한 책이 없어서 집어든 예수의 생애와 여러 성인의 행적을 반복해서 읽으면서 기독교인으로서 새롭게 회심을 하고 순례자가 될 결심을 하였다. 기도와 금식, 고행과 걸식으로 이루어진 순례생활에서 그는 이름 없는 고행자가 아니라 시대의 영적 지도자가 될 체험을 한다.[19] 이러한 신비적 체험은 그로 하여금 "신앙에 관한 신비들을 가르쳐 주는 성경이 없다 하더라도 자기가 본 사실만으로도 신앙의 진리를 위해 죽을 각오가 되어 있음"을 자각하게 해주었다. 그는 후에 고행과 영적 체험의 경험을 "자기 영혼에서 무엇인가 발견하고 그것이 유익하다고 생각했

이그나티우스 데 로욜라

을 때에는 남들에게도 유익할 것이라는 생각"에서 기록으로 남기는데, 이것이 바로 예수회의 정신적 토대가 된 『영신수련(*Spiritual Exercise*)』이란 책이다.

그가 일반적 고행자와 달랐던 점은 뒤늦은 학업을 통해 자신의 체험을 다른 사람에게 전달하고자 했다는 점이다. 그는 성지 순례 후 스페인으로 돌아와 바르셀로나에서 뒤늦은 공부를 하는 한편 영신수련을 다른 사람에게 가르치기도 하였다. 그는 우여곡절 끝에 파리

---

19 수도원 성당에서 미사에 참석하던 어느 날, '새하얀 광선' 같은 것이 하늘 위에서 내려오는 것과 인간의 몸을 한 예수 그리스도를 심안心眼으로 보게 되었다고 한다.

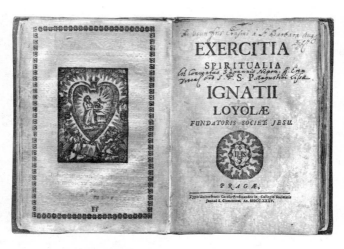

예수회 수련의 정신적 토대인 이그나티우스의
『영신수련(*Spiritual Exercises*)』

대학에서 공부하게 되고, 여기서 운명을 같이 할 동지들을 만나게
된다.

　1534년 8월 15일 아침, 그와 그의 동기 6명은 파리의 몽마르트 성
당 지하실에서 가난과 정결의 첫 서원을 했으며, 후에 총 10명의 공
동체가 된 이들은 1537년 겨울, 동료와 함께 예루살렘 순례와 사제
서품을 허락받기 위해 교황이 있는 로마로 출발한다. 로마에 도착한
이들은 원하던 사제 서품을 받았으나 성지순례는 불발에 그치게 된
다. 해산에 앞서 회합한 이들은 자신들의 이후 운명과 방향을 결정
할 중대한 결정을 내리게 된다. 그것은 자신들의 공동체의 이름을
짓는 것이다. 해산에 앞서 그들이 어떤 회에 속하는지 물어보는 사
람들에게 어떻게 답변하면 좋을까에 대하여 장황하게 토론하였다.
"그들 중에는 결정권을 행사할 우두머리가 없고 그들이 일편단심으

로 봉사하고자 하는 예수 그리스도보다 더 높은 존재가 없음을 알게 되었으므로 그들 생각으로는 예수회(la Compagnie de Jesús)라고 칭함이 적합할 것 같았다"라고 플랑코는 기록하였다. 교황의 직속으로서, 오직 신과 교황에게만 복종하겠다는 그들의 의지는 '예수회(the Society of Jesus)'라는 명칭을 통해 잘 드러난다.[20]

예수회가 활동할 16세기 중반 무렵은 이미 베네딕토회나 프란시스코회 등 전통적인 수도회들이 자리를 잡고 있던 때였다.[21] 특정한 지역에 공동생활의 터전인 수도원을 짓고 자급자족을 기반으로 한 철저한 공동생활을 하는 것이 중세 수도회의 보편적인 모습이었다. 이런 상황에서 탁발 수도회였던 프란시스코회나 도미니크회의 도시 진출은 수도회의 운동의 새로운 경향을 의미하는 것이었다. 당시 유럽 사회의 변화에 따른 도시로의 인구 이동은 전통 교구의 의미와 역할을 약화시켰고, 프란시스코회·도미니크회 같은 수도회, 그리고 새로 성립된 예수회는 그들의 사명을 도시 기반 위에 세우게 되었던 것이다. 10명 내외의 작은 조직으로 출발했던 예수회는 로마를 거

---

20 이는 창립자의 이름에 따라 수도회의 이름을 붙이던 중세의 전통, 즉 베네딕토회, 도미니크회, 프란시스코회라는 이름의 전례를 혁파한 것이었다.

21 중세 전성기 및 중세 말기의 철학과 신학 연구, 종교적 저술 및 영성, 신비주의는 13세기에 성립된 탁발 수도회에 의해 추진되었다. 프란시스코 수도회, 도미니크 수도회, 아우구스티누스 은수사회, 카르멜 수도회 등이 13세기에 성립된 대표적 수도회이다. 이들 탁발 수도회는 사유 재산을 부정하고 청빈을 이상으로 내세웠다. 이들은 설득력 있는 설교를 위해 학문을 연마하는 등 학문 연구에 관심을 돌리기 시작하였다.

점으로 삼은 뒤 교황청에 선교사 파견을 요청하는 주변 국가들의 부름에 따라 곳곳으로 흩어지기 시작하였다.[22] 남은 예수회원들은 로마를 거점으로 예수회를 운영해 나갔다. 예수회원들은 종교적 결사를 통해 신神의 기사騎士가 되기를 원한 사제들이었다. 그러나 그들은 자신들이 평생에 걸쳐 헌신할 공간을 수도원의 텃밭이나 독방에서 찾지 않았다. 이들은 구원해야 할 영혼의 소유자들을 향해 세계로 나갈 준비가 되어 있었다. 그들은 교황의 명령이라면 어떤 영적 전투도 마다하지 않을 '교황의 기사'들이었다.

초기 예수회원들은 세계를 기독교의 땅으로 만드는 사업[23]에 쓸 것을 예비하고 있었고 이교도들에 대한 사명을 결코 잊지 않았다. 그러나 이들이 보여준 이교도들의 외부 세계에 대한 강고한 사명감의 진정한 바탕은 식민지를 개척하고자 하는 이베리아반도의 국가들이나 교황청과 같은 예수회를 둘러싼 객관적 정세보다는 그들의 내면에서 찾아야 할 것이다. 그들을 예수회의 이름으로 묶은 동기 가운데 매우 중요한 한 축은 자신과 타인의 영혼을 구제하고자 하는

---

22 당시 예수회 설립에 참여한 6명 중 한 사람이자 로마 가톨릭교회 사제였던 프란시스코 사비에르 신부는 1549년 최초로 일본에 그리스도교를 전파하게 된다. 1540년 로마에서 교황 바오로 3세를 알현한 그는 이 수도회를 인정해 줄 것을 요청하였고, 바오로 3세는 '예수회'라는 이름을 내려 이 수도회를 승인하였다.

23 1547년 아프리카의 콩고, 1548년 모로코, 1549년 일본과 브라질, 1557년 에티오피아, 1560년대 멕시코·페루·캐나다 등 16세기 예수회의 활동 무대는 세계 전체였다.

강렬한 내면의 열망이었기 때문이다. 이러한 경향의 토대가 된 것은 이그나티우스가 자신의 고행 경험을 통해 만든 『영신수련』이었다.[24] 자기의 성숙뿐만 아니라 타인의 영적 성숙을 목표로 하는 『영신수련』은 자신의 죄와 결점들을 극복해서 외부의 문제 상황들을 해결해 나가려는 내면적 투쟁의 방법을 기록한 것이다. 탁발한 뒤 고행을 하는 다른 수도회와는 달리 이그나티우스는 다른 사람의 영혼에 대한 책무를 깨닫고 산속에서 수행을 마치고 도시로 내려온 인물이었고, 이 도시 체험은 보다 많은 이들에게, 보다 낯선 장소에서, 낯선 영혼들을 위해 계속되었다. 남아메리카, 인도, 중국, 일본은 그들이 변화시킬 새로운 영혼들의 도시였다.

　예수회는 반종교개혁[25]이 낳은 가톨릭의 정예조직이었다. 그렇다고 반종교개혁 시대, 트리엔트 공의회 시대에 조직된 이 교단이 단순한 보수적 반동세력이라고 볼 수만은 없다. 후에 예수회 선교사(제수이트Jesuit)가 중국에서 성공을 거둔 가장 큰 이유는 그들이 르

---

24 이그나티우스는 종교적 각성을 통해 회심에 이른 사람이었다. 그는 이 각성과 회심의 과정을 개인적 체험에 묶어두지 않았으며, 영혼을 훈련하기 위한 수련의 교본을 만들어 다른 사람들에게 교육하였다.

25 반종교개혁反宗教改革: 종교개혁에 대항하여 가톨릭교회 안에서 일어난 개혁운동. 또는 프로테스탄트에 대한 종교적 정치적 반격 운동. 가톨릭 측은 1545년에 트리엔트 공의회를 개최하였고, 스페인에서 결성된 예수회가 군대적인 조직과 규율로 적극적인 활동을 전개하였으며, 각지에서 종교전쟁을 일으키면서 해외 선교 활동도 강화하였다. 반종교개혁을 달리 가톨릭 종교개혁이라고도 한다.

네상스 시대의 여러 과학적 성과를 체득하고 있었기 때문임을 볼 때, 과학의 성과물을 가톨릭의 대립각으로 여겼던 로마 가톨릭교회 사제들과 달리 예수회의 제수이트들은 과학 이론과 과학문명의 이기利器를 수용하였으며, 이를 해외 선교 특히 중국에서 철저히 활용했다는 점이다.

1540년 공식적으로 허가받은 이 교단의 목적에는 예수회 선교사 자신의 정신적 완성뿐만 아니라 타인의 정신적 완성도 포함되어 있다. 이그나티우스는 젊은 시절 고행을 하다가, 혼자만 수행에 정진하는 것은 전도를 통해 선해질 수 있는 사람들을 외면하는 일이라고 생각해 산을 내려온 사람이다. 신부들이 해외에 나가 전도하고 교육 사업에 종사해야 한다는 논리도 이로부터 출발한 것으로 '하느님의 보다 큰 영광'을 목표로 한 사도 이그나티우스의 목표에서 출발한 보편주의(universalism)의 실천이었다. 예수회는 전통적으로 가톨릭교회에 대해서 가톨릭Catholic[26]은 곧 '보편적(universal)'이라고 하는 이념을 주장해 온 것이다. 그리고 그 실천에 있어서 사람과 사람이 직접 만나는 방식을 택했기 때문에, 예수회의 설교라든가 교육은 인문주의적 경향이 강하게 나타났다.

예수회는 후대 유럽에서 종교와 인문의 두 측면에서 이름을 떨치

---

26 '가톨릭catholic'이라는 말은 '전체와 연관된' 혹은 '보편'을 의미하는 그리스어 '카돌리코스katholikos'에서 유래된 것으로, 신약성서에는 사용된 적이 없다고 한다.

는데, 그 선교단이 극동으로 진출한 것은, 반종교개혁을 통해 새로워진 가톨릭의 인문주의가 명나라 말기 중국의 다소 노화된 인문주의와 접촉한 것을 의미한다. 예수회의 중국 활동은 타인의 영적 성숙을 도모하는 미시적 차원이 아니라 국가 권력을 움직이기 위한 거시적 차원으로 진행되었고, 개인적 결단에 바탕을 둔 신앙보다 사회적 실천을 이끌어내는 이성에 더 중점을 두었다.

3) 예수회의 교육체계와 사상적 풍토

16세기 유럽의 종교적 상황은 이그나티우스와 루터(Luther, 1483~1546)라는 상징적인 두 이름을 축으로 새로운 전기를 맞이한다. "루터는 혁명가이며 종교적인 개인주의자로서 자유로운 해석자였음에 대해, 이그나티우스는 권위와 규율의 선수였으며 '우리들의 거룩한 어머니인 교회'의 충실한 아들"이라는 평가를 받는다. 일반적으로 교황에 대한 순종의 서원으로 대표되는 예수회 조직의 엄격한 규율[27]의 측면은 루터파의 아나키즘과 반대되는 경향으로 이해된다. 그러나 예수회는 신앙의 회복을 목표로 하는 한에서 그 어떤 교파나 수도회보다 자유로운 적응성을 가진 집단이었다. 그들은 또한 회원들에게 다양한 성역聖役을 허용했으며, 동시에 회원들의 재능에 따

---

[27] 예수회의 조직은 군대와 같았다고 한다. 회會의 수장(generale)은 현재 총장이라고 번역되지만, 실제로는 대장이나 장군의 의미가 있다. 이들이 신의 군대로 불렸던 것도 이와 무관하지 않다. 이들이 종신제의 총장 아래 위계적인 구조로 편재되어 있었다는 점에서 철저한 복종과 엄격한 규율을 중요시했음을 이해할 수 있다.

른 여러 방면의 학문 연구를 독려하였다.

이그나티우스는 이교도를 전도하기 위해서 뿐만 아니라 세력이 점차 확대되고 있는 개신교도들에게 이론적으로 맞서기 위해 수준 높은 교육이 필요하다는 사실을 절감했다.[28] 그의 사명 중 하나는 대학을 비롯한 교육기관과 과정의 체계를 설립해 나가는 일이었다.[29]

이그나티우스는 1529년부터 3년 동안 공부했던 파리대학의 커리큘럼을 따라 고전적 스콜라 철학과 자유 학예를 바탕으로 한 예수회 교육에 관한 지침을 마련하였다. 이것이 예수회 교학 규범(Ratio Studiorum)이다. 예수회 교학 규범에 따르면 마테오 리치가 교육받았을 당시 교육 체계는 라틴어·희랍어 문법 및 수사학을 배우는 하급 과정의 문학과 철학(논리학, 자연학, 형이상학, 기하학, 윤리학 등)·

---

28 이런 다양한 학문 연구를 독려하는 지적 개방성의 가장 밑바닥에는 이그나티우스의 경험과 활동이 깔려 있다고 말할 수 있다. 전쟁에서 부상당한 퇴역 군인이었던 그가 대학에서 라틴어와 철학, 토마스 아퀴나스의 신학을 배우기 시작한 것은 서른이 훨씬 넘은 때였다. 만학도로서 종교적으로 각성한 이그나티우스는 자신의 학문이 깊지 않다는 약점을 충분히 인식했고 1524년에 라틴어를 배우기 위해 바르셀로나로, 1526년에 철학을 공부하기 위해 알칼라 대학으로, 그리고 1528년에는 파리로 떠나는 등 정식으로 사제 서품을 받기까지 학문적 훈련을 계속한다.

29 1552년 교황 율리우스 3세(Julius III)로부터 학교 설립과 학위 수여에 관한 권한을 인정받은 예수회는 16세기 후반부터 18세기 전반에 걸쳐 이탈리아, 스페인, 포르투갈은 물론 인도, 중국, 일본에까지 예수회의 대학 체계를 이식하였다. 미국의 조지타운 대학교, 대한민국의 서강대학교 등이 예수회에서 운영하는 대표적인 교육기관이다.

법학·의학·종교학·신학으로 짜인 상급 과정으로 이루어져 있었다. 이 학문들은 자연 세계부터 인간 세계, 그리고 신의 세계를 망라하는 그들의 세계관을 집약한 체계이면서 동시에 전교의 실질적 도구들이기도 하였다.[30]

4) 해상 루트를 이용한 해외 선교

15세기의 유럽은 대체로 세 곳의 지역에서 불꽃 튀는 경쟁을 벌이고 있었다. 동유럽에서는 오스만튀르크의 공세로 동로마 제국이 멸망하고(1453), 계속되는 유럽 정복을 막기 위해 헝가리·오스트리아와 교황령·베네치아 등이 힘을 합치고 있었다. 서유럽에서는 영국과 프랑스가 백년전쟁(1337~1453)의 아수라장 속에서 치열하게 부딪히는 한편 각각 중앙집권적 국가의 틀을 잡아가는 중이었다.

그리고 그보다도 서쪽, 이베리아반도에서도 두 나라의 경쟁이 열띠게 펼쳐졌다. 그러나 그 경쟁은 성격이 좀 달랐다. 다른 유럽 국가들이 유럽 안에서의 패권과 이익을 위해 다투고 있었다면, 스페인과 포르투갈은 먼 바다 건너, 아직 지도에도 표시되지 않은 광활한 신세계를 두고 경쟁하기 시작하였다.[31]

---

30 김선희, 『마테오 리치와 주희, 그리고 정약용』(심산출판사, 2012), pp.56~64.

31 1492년 콜럼버스의 항해는 아메리카 대륙의 원주민에게 재앙을 초래했지만, 유럽에도 혼란을 가져왔다. 에스파냐의 가톨릭 공동 국왕(이사벨 여왕과 페르난도 왕)의 후원을 받아 떠난 항해였지만, 경쟁국 포르투갈은 눈앞에 펼쳐진 신천지가 더해 줄 막대한 국력 신장의 잠재력을 묵과할 수 없었다. 포르투갈 국왕은 콜럼버스가 발견한 땅은 포르투갈의 영토라는 위협조의 편지를 에스파

이 경쟁에서 먼저 앞섰던 쪽은 포르투갈이었다. 스페인은 1492년 그라나다 왕국(1238~1492)을 함락시킬 때까지 이슬람을 상대로 국토회복운동(레콩키스타Reconquista)을 벌이고, 또한 카스티야와 아라곤을 통일시켜 스페인 왕국의 모습을 갖추느라 15세기 내내 바빴다.

그에 비해 포르투갈은 이미 1249년에 오늘날의 국토를 갖추고 14세기에는 내실을 기하며 절대왕권을 발전시킬 수 있었다. 그리고 15세기가 되자, 주앙 1세의 아들인 엔히크 왕자는 '대서양에 면해 있는 포르투갈의 미래는 해외에 있다'는 신념 아래 1415년에 북아프리카의 세우타를 점령하고, 대서양의 카나리아·아조레스·마데이라

냐에 보냈다. 당시에는 교황이 국제적 분쟁의 중재자로, 신을 대신하여 그리스도교 국가는 물론이고 비그리스도교 국가에 대해서도 직권을 행사할 수 있다고 여겨지고 있었기 때문이니, 1479년 양국이 맺어 교황청이 승인한, 카나리아 제도 남쪽의 모든 땅은 포르투갈에 속한다는 조약이 그 근거였다. 포르투갈은 함대를 파견해 그 지역을 점령하겠다고 선언하였다. 당시 포르투갈에 대적할 군사력이 없었던 에스파냐의 공동 국왕은 외교력에 의존하기로 결정하였다. 그리하여 에스파냐 출신 교황 알렉산데르 6세의 주재로 맺어진 것이 토르데시야스 조약이다. 카보베르데 제도 서쪽 370해리에 그어진 가상의 선을 기준으로 서쪽은 에스파냐가 차지하고, 동쪽은 포르투갈의 소유가 된다는 것이다. 교황청에서는 막강한 두 경쟁국가의 지지를 모두 얻기 위해 세계를 나눠줬던 것이다. 그리하여 아메리카 대륙은 에스파냐의, 동방의 향신료 교역로는 포르투갈의 몫이 되었다. 그러나 당시 유럽인들은 그들의 '새로운 세계'에 대해 잘 알지 못하였다. 1500년 포르투갈인 카브랄이 인도로 향하다가 표류하여 브라질에 도착하였다. 그런데 이곳은 그 경계선의 서쪽에 있었다. 남아메리카 대륙에서 브라질이 유일하게 포르투갈의 식민지가 되었던 연유다.

제도에까지 손을 뻗치기 시작하여 70여 년 동안 인도항로를 개척하였다. 그리하여 마침내 바르톨로뮤 디아스Bartolomeu Dias는 1487년에 아프리카에서 희망봉을 발견하였다. 이로써 이 길을 돌아 인도로 갈 수 있다는 희망을 얻게 되었으며, 그리고 희망봉 항로를 따라 인도 항로까지 개척한 바스코 다 가마로 인해 포르투갈은 유럽과 인도의 무역항로를 확보할 수 있었다.

15세기 말에서 16세기 초에 걸친 지리상의 대발견은 기독교 세계 선교의 길을 열어 놓고 있었다. 기독교 선교사의 관점에서는 초기 교회가 유태인 사회의 울타리를 벗어나 그리스-로마 문명의 세계

희망봉을 발견한 바르톨로뮤 디아스

로 뛰어들던 시절 이후 가장 큰 선교의 시대가 열리게 된 것이라고 한다.

가톨릭 국가였던 스페인과 포르투갈은 종교개혁으로 프로테스탄트(개신교)들이 유럽에서 광범위하게 확산되는 상황에서 새롭게 가톨릭 신도를 확보해야 했고, 그 대상을 아시아에서 찾았다. 따라서 바스코 다 가마의 내항 목적 중 하나는 동방에 존재하는 그리스도교도의 왕을 찾는 일이었다. 그의 배에는 성삼위일체회聖三位一體會에 소속된 수도사 2명이 타고 있었다. 그리스도교도인 이상 선상에서도 예배를 게을리 할 수는 없었다. 만일의 죽음에 대비한 도유塗油 의식에도 성직자는 꼭 필요하였다. 그러한 이유로 해서 동인도로 가는 배에서는 그 뒤 반드시 그리스도교 성직자의 모습이 보였다. 그들은 가톨릭교도로서 포르투갈 사람이 일상생활에서 필요로 하는 여러 가지 의식을 주재했을 뿐만 아니라 현지 사람들을 교화시키는 데도 적극적이었다. 프란시스코회, 도미니크회 등의 수도사가 차례로 인도를 찾아 가톨릭의 가르침을 선교하였다. 이미 15세기경에 로마 교황은 아프리카로부터 인도에 이르는 신발견지의 그리스도교 선교를 장려하며 선교 보호자로서의 권리를 수여하는 내용의 칙서를 포르투갈 국왕에게 하사하였다. 그들은 이 칙서에 따라 동인도로 향했던 것이다.

일반적으로 교회와 수도원을 건설하고 이를 유지·운영하기 위해서는 일정한 토지와 수입이 필요하다. 당시 유럽의 가톨릭 문화권에서는 토지의 제공, 교회의 건축과 유지, 그리고 담당 성직자의 생계를 돌보는 사람이 그 교회의 보호자가 되었다. 이를 새롭게 획득한 해외 영토에 적용한 것이 선교 보호자라는 발상이다. 포르투갈이 동인도에서 획득한 영토에서 국왕은 선교 보호자로서 그리스도교 선교에 필요한 여러 조건을 완비하고, 성직자는 포르투갈 국왕의 비호 아래 선교 사업에 종사하는 것이다. 동인도의 그리스도교 선교의 거점으로 1534년 포르투갈 국왕이 영유하는 고아Goa에 사교구司教區가 만들어진 것은 그러한 사정에 의한 것이다. 마카오가 선교사들의 선교 거점으로 활용된 것도 마찬가지이다. 동인도 및 중국에서 그리스도교 선교가 포르투갈의 영토 획득과 한 세트가 된 점은 잊어서는 안 될 역사적 사실이다.

5) 포르투갈과 스페인의 전도 방식

근대 유럽문명은 곧 기독교 문명이다. 근대 초 유럽인들의 해외 팽창 역시 기독교 세계의 확대라고 해도 과언이 아니다. 해상 팽창의 전위에 있던 유럽 국가들은 기독교 전도를 가장 중요한 목표로 내세우곤 했고, 자신들의 사업이 곧 신의 부름에 응답하는 것이라고 확신하였다. 다른 문명권 사람들에 대한 정치적·군사적 혹은 경제적 정복은 '영혼의 정복'과 떼려야 뗄 수 없는 관계에 있었다.[32]

유럽인들은 지리상의 발견을 통해 유럽 사회 전면에 등장한 비기독교도들을 '악마의 작품(work of the devil)'으로 간주하였고 이러한 인식은 유럽인들에게 모종의 운명, 즉 자신들이 '선택받은 인종, 고귀한 사제, 성스러운 국가, 특별한 백성'이라는 우월감에 대한 믿음

---

32 주경철, 『대항해시대』(서울대학교출판문화원, 2008), p.421.

과 중세 유럽 세계에 알려지지 않은 존재들을 정복하고 개종시키겠다는 의지를 심어주었다.

(1) 사제들은 남아메리카의 기독교화를 '영혼의 정복'이라는 관점에서 보았다. 사제들은 강압적인 방식을 사용하는 데 전혀 주저하지 않았으니, 인디언의 우상과 신전 때려 부수기, 매질, 감금, 추방 같은 야만적인 방식이 일상적으로 사용되었다. 이전의 종교를 지키려는 귀족은 화형에 처해졌고, 미신적인 요소들과 섞인 절충주의를 발견하자 수백 명을 감금하고 고문하는 야만적인 탄압을 가하였다. 이런 방식으로 대규모 강제 개종이 실시되었다.

(2) 최종적으로 중국을 개종시켜 전 세계의 기독교화를 완성하는 것이 목표였다. 프란시스코 사비에르(Frantzisko Xabier, 1506~1552)로부터 시작된 예수회의 해외 선교는 유럽의 입장에서는 십자군 정신의 실현이며 이교도를 신 안으로 끌어들이는 교회의 영광스러운 확장이었지만, 동양의 입장에서는 종교 이면에 버티고 선 제국주의와의 조우였다.

예수회의 동아시아 선교의 첫 발자국은 식민지를 개척하고 거주권을 확보하기 위한 포르투갈의 식민지 개척 사업의 일환으로 시작되었다. 역사에 '예수회'라는 서명이 남겨지기 시작한 것은 인도를 점령한 포르투갈인들이 현지인들에게 유럽 옷을 입히고 포르투갈식 성을 사용하게 했던 방식을 그대로 적용할 수 없었던 중국, 일본 같은 '문명국가'와 대면한 이후였다.

예수회의 선교 노선에는 기존의 기독교 선교와 다른 점이 있었다. 전통적 선교 노선은 개인의 구원에 목적이 집중된 것이었다. 한 사람씩 붙잡고 "예수 천국 불신 지옥"을 설득하는 식이었다. 그런데 예수회는 개인이 아니라 사회를 선교 대상으로 잡았다. 개인이 자기 사회를 이탈해서 기독교로 건너오게 하는 것보다 사회 전체가 기독교에 접근해 오도록 하는 길을 찾기 시작한 것이었다. 이런 입장에서 '적응주의

프란시스코 사비에르

(accommodationism)'라는 체계적이고 조직적인 새로운 선교 노선이 개발되었다.

적응주의 노선 형성에 가장 큰 역할을 맡은 사람이 스페인 바스크 지방 출신의 사비에르였다. 예수회 창시자의 한 사람인 사비에르는 1542년 인도의 고아에 도착한 이후 중국 광동성(廣東省, 광둥성) 해안 밖의 상천도(上川島, 상촨다오)에서 1552년에 숨을 거둘 때까지 아시아 선교 사업의 길을 열었다.

사비에르는 아시아 선교 사업의 궁극적 무대를 중국으로 보았고, 그 후계자들은 이를 이어받아 중국 선교를 지상 과제로 삼았다. 사비에르가 죽은 몇 년 후 포르투갈이 마카오에 항구적 거점을 가지게 되자, 그곳은 중국 진출을 위한 선교사들의 전진기지가 되었다. 그러나 중국의 문은 쉽게 열리지 않았다. 1582년에야 2명의 선교사의

내지 일시 체류가 허용되었고, 그 이듬해부터 항구적인 선교소가 중국 안에 설치되었다.

6) 교황청의 막후 조종

유럽의 기독교 전파는 많은 경우 칼끝으로 이루어졌다. 유럽 대륙 내부든 외부든 간에 기독교 전파의 역사는 정복의 역사였다. 서유럽 중심부로부터 유럽 변방 지역, 그리고 그 너머로 지배권이 확대되는 과정은 우선 무력으로 정복하고 그 다음에 기독교를 강요하는 방식이었다. 샤를마뉴의 지배를 받은 작센족(색슨족: 옛 게르만의 연맹 부족색슨족), 독일 기사단(튜턴 기사단)들의 공격을 받았던 동유럽의 발트족(라트비아, 리투아니아의 주요 민족. 여기선 훗날 프로이센이 될 프루스인을 말함)이 모두 이런 식으로 기독교 문명권으로 흡수되었다.

칼과 십자가의 결합을 가장 잘 나타내는 말이 '십자군'일 것이다. 기독교 신앙을 지키고 확대하기 위해 칼을 휘두르다가 죽은 자는 곧바로 천국으로 가리라는 교황의 축복 아래 십자군들은 종교적 확신 속에서 무력을 휘둘렀다. 가장 대표적인 사례는 11~14세기에 예루살렘의 예수 성묘를 찾기 위해 이슬람권을 공격한 사건으로서, 이것이 우리가 통상 '십자군 전쟁'이라고 지칭하는 현상이다. 그러나 이 것만이 유일한 십자군 운동은 아니다. 예컨대 8세기에 이슬람 세력의 지배하에 들어간 이베리아반도를 공격하여 기독교권으로 회복하겠다는 스페인의 레콩키스타(Reconquista: 국토회복운동) 역시 같은 성격의 운동이다. 성스러운 칼끝은 '외부'만이 아니라 '내부'로도 향하였다. 알비파, 후스파와 같이 이단 판정을 받은 기독교 집단들 역시 십자군에 의해 가차 없이 진압당하고 죽음을 맞이하였다. 이렇게 보면 중세 유럽 사회에서는 동서 방향 모두, 또 유럽 내외로 모두 기독교의 이름으로 칼을 휘두르는 상태에 있었던 셈이다. 이 연장선에서 근세 초에 세계 각지로 나아가는 전도 사업에 피 냄새가 묻어 있는 것 역시 자연스러운 일이었다.

포르투갈이나 스페인 같은 가톨릭 국가의 해외팽창 사업은 흔히 교황으로부터 십자군으로 인정받는 칙서(Rex regum)를 받았다. 예컨대 1415년 포르투갈의 엔히크 왕자가 지휘한 세우타(Ceuta: 아프리카 서북부) 공략은 교황 요한 22세로부터 인둘젠시아(Indulgentia: 면죄부) 칙서를 받음으로써 공식적인 십자군이 되었다. 7월 28일에 포르투갈 함대가 라고스 항을 떠날 때 국왕의 고해 사제가 교황 칙서를 읽고 그에 따라 병사들 전체가 집단으로 죄의 사면(absolution)을 받았다. 다음 교황인 마르티누스 5세 역시 '무어인'을 공격하는 병사, 그리고 여기에 비용을 부담하는 모든 사람에

인둘젠시아(면죄부)

게 인둘젠시아를 허락한다는 칙서를 발표하였다. 이는 앞으로 계속 발행될 십자군 칙서의 모델이 되었다.

이런 식으로 유럽인의 군사적 공격은 종교적 성격을 띠고, 선교는 군사적 성격을 띠게 되었다. 예를 들어 1434년에 카나리아 제도를 공격하여 점령한 포르투갈인들은 그들의 행위가 전도 및 문명화 사업이라고 주장하고 곧 400여 명의 현지인들에게 세례를 주었다. 이를 피한 나머지 주민들은 산으로 도망갔다. 그러나 포르투갈인들은 보급이 바닥나자 곧바로 자신들이 세례를 준 주민들을 공격하고 약탈하였다. 이런 식으로 모순에 찬 전도-정복은 아시아와 아메리카에서도 반복되었다.

기독교와 무력이 연관된 이 시대의 해외 전도 사업은 자연히 국가와 연결된다는 특징을 띠었다. 이 시대 유럽의 해외 팽창은 국가가 주도하는 사업이었고 또 기독교 국가 이데올로기로서 작동한다는 점을 볼 때, 국가 주도 혹은 국가 후원의 해외 전도는 당연한 귀결이었다. 그 결과 해외 팽창에 앞장선 국가들이 곧 해외 전도의 주역이 되었다. 이 현상이 특히 현저하게 드러나는 사례로 이베리아반도의 두 국가인 포르투갈과 스페인을 들 수 있다.

우선 그 전면에 있던 포르투갈을 살펴보도록 하자.

포르투갈은 세속적 정복과 종교적 전도가 결합된 전형적인 사례이다. 연대기 작가 디오고 도 쿠토Diogo do Couto가 한 말을 옮기자면 "포르투갈 국왕은 언제나 동방의 정복에 대해서 영적인 힘과 세속적인 힘 두 가지를 결합하려는 목표를 가지고 있었으며, 이 가운데 한 가지는 다른 것 없이는 행사할 수 없다"라고 하였다. 이처럼 포르투갈인들에게는 자신들의 해외사업이 이방인들을 올바른 신앙의 품으로 인도하리라는 의식이 강하였다. 그리하여 '전도 국가' 혹은 '해외 교회의 보호자'라는 개념을 소중히 여겼다.

당시 교황청은 종교개혁 시기인 이 당시에 개신교의 성장에 대응해야 하는 초미의 문제, 그리고 오스만 제국으로 뒤바뀐(1453) 터키에 대항하는 문제 등에 주력하느라고 해외 선교 사업은 포르투갈과 스페인에 거의 위임한 상태였다. 두 나라 국왕은 교황으로부터 위임받은 이런 임무를 대단히 진지하게 받아들였다. 그 때문에 세속적인 힘인 군사력과 선교가 맞물리는 경향이 더욱 강화되었다.

이런 상황 속에서 각국 간에 치열한 선교 경쟁이 전개되었다. 해외 선교의 최전선에 포르투갈이 나가 있고, 이에 대해 스페인과 프랑스 등이 도전하는 양상이 벌어진 것이다. 그들이 중국, 인도, 아메리카 등지의 거대한 제국들을 기독교화함으로써 자신의 영향 하에 두려는 것은 순수한 의도와 불순한 의도가 뒤섞여 있었다고 하지 않을 수 없다. 그리하여 곳곳에서 전도의 주도권을 놓고 유럽 국가 간 충돌이 일어났다. 예컨대 1565년부터 필리핀에 스페인의 수사들이 도착했는데, 당시 필리핀은 중국과 일본 전도의 디딤돌로 간주되어 대단히 중요한 의미를 띠는 곳이었다. 스페인으로서는 아시아 전도 사업에서 포르투갈의 독점을 더 이상 방관하지 않겠다는 의도를 노골적으로 드러낸 것이다.

이런 국제적 경쟁의 이면에는 교황청의 막후 조종이 작동하고 있었던 것으로 보인다. 사실 그동안 포르투갈이 교황청의 동의 아래 해외 선교에 앞장섰다고는 하지만 그것이 지나쳐서 이제는 교황청의 권위마저 깎는 듯한 인상을 주던 터라 교황청이 스페인의 사업에 힘을 실어주기 시작했던 것이다. 1608년 교황 바오로 5세는 그동안 포르투갈에게 허락했던 아시아 전도의 독점을 철회하고 스페인의 탁발승단(Mendicant Orders)의 전도 사업을 인정하였다. 원래 포르투갈의 전도 사업은 전적으로 예수회에 맡겨져 있었다. 초기 해외 전도는 예수회가 주관하고 이를 포르투갈 정부가 뒤에서 후원하는 형태였다. 따라서 예수회 이외의 다른 교단들이 전도 사업에 나선다는 것은 곧 포르투갈의 독점체제를 공격하는 의미였다. 그런데 얼마 후 교황청은 포르투갈의 교회 보호(Padroada)만이 아니라 스페인의 교회 보호(Patronato) 역시 교황의 권위에 해롭다는 것을 인식하게 되었다. 그래서 이렇게 특정 국가의 힘을 빌려 전도 사업을 운영할 것이 아니라 전도 사업을 총괄하고 통제하는 교황청 산하 기관을 두고자 하였다. 이것이 선교성성(宣敎聖省, Propaganda Fide)이다.[33] 동

---

33 선교성성의 설립에 중요한 역할을 한 인물로서 안토니오 포세비노Antonio Possevino를 거론한다. 그는 전 세계를 가톨릭화한다는 야심찬 안을 구상하였다. 물론 그의 안案 자체가 너무 방대하고 너무 많은 희생을 필요로 하므로 어차피 실천은 쉽지 않은 안이었지만, 이 안을 통해 유럽인들이 가진 전도에 대한 인식을 잘 알 수 있다. 그는 자신의 안을 만드는 과정에서 당시 세계 여러 지역에 나가 있던 유명한 선교사들을 만나서 정보를 얻었다. 멕시코와 남아메리카에서 15년간 활동하다가 돌아온 호세 데 아코스타Jose de Acosta, 마테오 리치와 동행하여 중국에서 선교 활동을 하던 미켈레 루지에리Michele Ruggieri, 멕시코·필리핀·마카오·캉통 등지에서 선교 사업을 하던 알론소 산체스 Alonso Sanchez 등이 그런 인물이다. 특히 이 세 번째 인물은 세계 전도와 관련된 거대한 안을 마련해 놓고 있었다. 그는 스페인의 힘으로 십자군을 일으켜서

시에 이베리아 국가들의 독과점을 완화하기 위해 프랑스와 이탈리아의 교단들에게도 해외 선교에 나설 것을 부추겼다. 그 가운데 가장 중요한 단체 중의 하나는 프랑스의 파리외방전교회(Société des Missions Étrangères de Paris)였다. 이들은 1658년에 창설된 후 교황과 선교성성의 승인을 받아 아시아로 선교사들을 파견하였다.[34]

중국과 일본을 정복하고 기독교화하자는 생각을 가지고 있었다. 주경철, 앞의 책, pp.430~431.

34 파리외방전교회는 우리나라의 가톨릭 전도와도 깊은 관련이 있다. 1831년에 베이징의 브뤼기에르 주교가 조선 대목代牧으로 임명되었고, 1873년에 2대 대목인 앵베르 주교와 샤스탕 신부가 입국해서 1845년에 김대건 신부를 배출시켰다. 그러나 기해박해(1839)와 병인박해(1866) 당시 파리외방전교회 소속 선교사 24명이 순교하였다. 이들과 한국인 순교자들의 기념비가 파리의 외방전교회 본부에 세워져 있다. 주경철, 앞의 책, pp.424~428.

제2편

폐관자수閉關自守하는 중국

시대적 배경

전편에서는 유럽의 해상 팽창, 특히 포르투갈의 경제적·종교적인 동인動因과 대항해의 전개, 그리고 이에 동반한 예수회의 해외 선교 진출을 살펴보았다.

그렇다면 그 당시 중국의 사정은 어떠했을까?

예수회의 해외 선교는 유럽의 입장에서는 십자군 정신의 실현이며 이교도를 신 안으로 끌어들이는 교회의 영광스러운 확장이었지만, 아시아의 입장에서는 가톨릭의 이면에 버티고 선 제국주의와의 만남이었다.

예수회의 아시아 진출이 시작되고 있었던 시기와 함께 하고 있었던 명나라 중·후기는 정치적·사상적으로 혼란을 겪고 있던 시기였다. 이른바 만력萬曆 연간(1573~1619)의 정국은 장거정張居正이 시도한 개혁정책과 그 실패, 동림당東林黨의 등장과 당쟁 등 혼란의 양상으로 전개되었고 '양명말학陽明末學의 폐단'으로 불리던 양명좌파

명 신종 만력 연간에 개혁을
시도한 장거정張居正

陽明左派의 사회적 영향력이 최고조에 달하던 때이기도 하다.

이 시기에 중국에 도착한 마테오 리치는 각계각층의 중국인들이 자기 방식으로 시대적 교정을 시도했지만 확실한 탈출구를 차지 못한 채 정치적·학문적 레임덕 상태로 진입하고 있던 유동적인 담론 공간으로 찾아 들어간 셈이다.

마테오 리치가 마카오를 거쳐 중국에 처음으로 발을 디딘 것은 1583년이었다. 마테오 리치가 중국에서 활동했던 28년간은 만력 연간에 해당하는 때로, 16세기 초로부터 중국사회에 새로운 지류를 형성하던 양명학 운동이 극단에 다다른 시대였다고 말할 수 있다. 주자학의 문제의식과 체계 안에 있었지만, 번쇄한 지적 여정과 경전의 종속을 벗어나 일상적 경험(心)의 차원에서 우주적 원리로서의 도덕성을 체현하고자 했던 왕양명의 지적 혁신성은 여전히 주자학적 지향과 구분되기 어려운 모호성을 안고 있었던 그 자신보다 후학들에게서 더욱 발전되었다. 마테오 리치가 중국에 진출했을 때는 이들의 영향력과 반론이 극에 달했던 때다.[35]

---

35 김선희, 앞의 책, pp.75~76.

명 제국 초기, 해상 왕국의 위용을 자랑했던 정화鄭和의 남해원정과 리치가 중국에 들어왔을 당시의 명나라 말기 정치적 상황을 먼저 살펴본 후, 후편에서 명나라 말기의 종교 사상적 흐름을 개괄적으로 살펴보기로 한다.

1. 정화의 남해 원정과 해금정책

1) 중국의 조공무역과 책봉체제

중국은 일찍부터 '중국적인 세계질서'를 상정해 놓고 주변국에 이를 강요하였다. 스스로 세계의 중심에 서 있다고 믿었던 중국인들은 자신들만이 문명인이라는 강한 자부심을 가지고 있었으며, 주변의 미개인들은 궁극적으로 교화해야 할 대상으로 보았다. 물론 중국은 자주 자신의 영토를 침범하는 주변부 족속들을 군사적으로 물리치기도 했고 때로는 물질적으로 달래기도 하였다. 그러나 중국이 언제나 주변부 족속들에 대해 군사적 우위를 유지할 수 있었던 것은 아니었기 때문에, 골치 아픈 주변부 족속들을 평화롭고 효율적으로 다스려나갈 비무력적 방법이 필요하였다.

그래서 중국인들이 고안해낸 것이 조공무역과 책봉체제였다. 조공무역은 중국문명을 동경하는 주변국들에게 중국의 문물을 수출함으로써 그들에게 중국의 문화적 우월성을 확인시키기 위한 것이다. 또한 책봉체제는 중국의 황제, 즉 지상의 최고 지도자인 천자의 권위를 가지고 주변국 왕조들에게 정치적 정통성을 부여하기 위한 것이다. 다시 말해서 중국은 조공무역과 책봉체제를 통해 주변국들을 중국 중심의 위계적 국제질서 체제에 편입함으로써 이를 관리하려고 하였다.

중국에서 서양은 16세기 초까지는 현실적인 관심에서 직접 교섭에 관한 서술보다는 중화적인 전통 하에서 중국의 위력과 영향력이 미치는 가장 먼 지역이나 국가의 하나로서 중국 측 사료에 서술되고 있다. 명대明代 이전에 중국에 알려진 국가 가운데 가장 먼 지역의 국가로는 거의 유일하게 대진(大秦, 로마)이 있고, 명대에는 불랑기(佛郎機, 포르투갈)·화란(和蘭, 네덜란드)·의대리아(意大里亞, 이탈리아)가 있었으니, 명의 후반기에 들어 공식적으로 서양과의 관계를 갖기 시작한 셈이다.

명 왕조는 초기부터 내부지향적이었다. 시대의 흐름을 거스르는 척외정책으로 외국과의 교류를 닫으려 하였다. 명 왕조는 북방에 장성을 쌓아 유목민족과의 경계를 분명히 했을 뿐만 아니라, 바닷길에 있어서도 조공무역의 원칙을 엄격히 집행하였다. 중국과의 무역을 원하는 해외 나라들은 먼저 중국의 책봉을 받아 중국의 번신藩臣이 된 후에 중국으로부터 감합勘合이라는 일종의 허가증을 받아야만 교역을 할 수 있었다. 개인적인 무역은 일체 금지되고 국가가 정한 통상 단체만 허용되었다. 이로 인해 항해술과 배 만드는 기술은 위축되었고, 범세계적인 개방정책을 펼쳤던 당대唐代와는 뚜렷하게 구별되었다.

게다가 명 왕조 후기 혼군昏君들의 정치적인 혼란과 무능, 그리고 폐관자수閉關自守의 해금海禁정책은 수많은 해외 진출의 역사적 기회를 상실하고 낙후되기에 이르렀다. 이에 동양과 서양의 힘의 기울기가 서서히 역전되기 시작되었으며, 일단 우열이 뒤바뀌고 난 이후에는 급격하게 판세가 굳어졌다. '바다를 바라보는 관점의 차이'가 동서양의 역사를 역전시키는 결정적 계기가 됐던 것이다.

2) 대륙의식의 강화: 자고자대自高自大하는 중국

중국은 원래 하나의 거대한 대륙 국가이다. 이 때문에 중국은 농업에 절대적 가치를 두는 자기 충족적 고립주의로 나아갔다. 당시 명나라는 영토가 광활하고 자원이 풍부하여 외부와 물자를 주고받을 필요가 없다고 생각하였다. 중국 안에 모든 것이 넘쳐난다는 생각을 하고 있었던 그들은 자기들의 바다를 개방하고 싶지 않았다.

그런 중국이 해양으로 진출한 주된 목적은 생존환경의 개선과 상업이익을 추구하기 위한 것이 아니라, 천자국天子國의 부유함을 과시하고 주변국에 혜택을 주어 그들로 하여금 중국에 복종케 하려는 데 있었다. 영락 연간 정화鄭和의 남해 원정이 그 대표적인 사례이다. 그러나 그 이후로는 상황이 크게 변화되었다. 명조의 부유함은 동남 연해 일대에 왜구의 소란을 불러왔다. 왜구들의 소란은 일찍이 명 태조 주원장 시기부터 있어왔지만, 그 당시는 조선업이 발달되었고 수군이 강했기 때문에 효과적으로 제압할 수 있었다. 영락·선덕 연간 정화의 하서양(下西洋: 정화의 서양 원정을 이르는 말)으로 인하여 명나라의 해상역량은 더욱 강화되었으며, 해상에서의 소란은 완전히 소실되었다. 그러나 정화의 하서양이 끝난 뒤, 특히 1449년의 '토목지변土木之變'에서 영종제英宗帝가 몽골군대의 포로가 되어 서북변방에 긴장감이 감돌고, 북방민족의 침입으로 명나라가 멸망의 위기에 놓이게 되자 명나라 조정 관리들의 대륙의식은 더욱 강화되었다. 그들은 여전히 동남 연해를 장벽으로 생각하고 해금정책을 실시하였는데, 그 결과 해방海防이 황폐해지고 바다에서의 환란이 극심해졌으며, 국문國門이 열리고 국운이 날로 쇠락해갔다.

역대로 중국의 부유함은 대륙 자체의 자급자족적인 자연경제에서 형성된 것이다. 당대唐代 이래 비록 연해 항구 도시에 시박사市舶司를 설치하여 해상무역을 관장하였지만, 그 수입은 대륙 자체 수입에 더해졌을 뿐이며, 대부분의 봉건통치자들은 해상무역을 통하여 나라가 부유해질 수 있다는 점을 생각지도 못하였다. 연해에 이런저런 일이 발생하여 봉건제국의 생존환경에 위험이 초래되면 습관적으로 해금정책을 실시하고 국문을 닫았던 것이다. 바다에서의 환란은 봉건조정으로 하여금 해방海防을 강화하고 해군을 발전시켜 해상으로부터 오는 침입을 근본적으로 뿌리를 뽑게 한 것이 아니라, 반대로 대륙의식을 강화시켜 주동적으로 출격하여 해상의 적들을 소멸하지 않고 대륙으로 후퇴했기 때문에 수군의 기능은 나날이 쇠퇴해갔다.

청 왕조의 통치자들은 오랜 기간 동안 육지 변방만 중요시하고 해방海防은 뒷전으로 여겼기 때문에 동남 연해는 오히려 세계 제국주의가 중국을 침략하는 창구로 변하게 되었다. 명·청 이래 세계와 동떨어진 쇄국정책을 실시한 결과, 옛적에 강대했던 중국제국의 경제와 과학기술은 점점 세계의 발길을 따라 잡을 수 없게 되었으며, 결국은 낙후되어 서구의 침략을 받을 수밖에 없었던 것이다. 오랜 기간 동안 자급자족의 대륙환경은 중국인들로 하여금 현실에 만족하고 진취심이 없으며, 문을 닫아걸고 차를 끓이는 맹목적인 자고자대自高自大한 심리상태를 형성하게 한 것이다.

3) 정화鄭和의 남해 원정(1405~1433)

1398년 명 태조 주원장이 사망했을 때 그 뒤를 이은 후계자는 그의 아들이 아닌 손자였다. 애초에 태조는 장자 승계의 원칙이 후대에도 지켜지도록 하기 위해 장남에게 재위를 물려주려고 하였다. 그러나 불행히도 장남이 먼저 세상을 떠났고, 결국 장손을 후계자로 임명하였다. 하지만 이 결정은 태조가 세상을 떠난 지 불과 18개월 만에 황제가 된 조카를 폐위하기 위해 반란을 일으킨 다섯째 아들 연왕燕王에 의해 허사로 끝나고 말았다. 1399년 후반부터 1402년 중반까지 이어진 내란에서 연왕은 조카의 군대를 격파하고 마침내 제위를 찬탈한다.

새로운 황제가 된 연왕은 스스로 영락제(永樂帝, 재위 1402~1424)라 칭하고 중국의 권위와 세력을 사방으로 확장하려는 정책을 펼쳤다. 그는 북서쪽으로 몽골을 정벌하기 위한 원정에 나섰다. 한때 중국을 통치했던 몽골 사람들을 초원지대까지 몰아내어 다시는 중국을 위협하지 못하도록 하려는 시도였다. 영락제는 이 정책의 일환으로 수도를 양쯔강 유역의 남경(南京, 난징)에서 몽골의 침략에 대비한 최후 방어선인 만리장성에서 불과 160킬로미터 가량 떨어진 북쪽의 북경(北京, 베이징)으로 옮겼다. 수도를 북경으로 옮긴 다음에 남경도 그대로 수도로 남겨(留都라고 함), 황제만 없을 뿐 그 밖의 관료 기구는 북경과 같았다. 그는 또 멀리 중앙아시아까지 칙사들을

명 성조 영락제

파견하여 중국의 황제에게 조공을 바칠 것을 요구했고, 남쪽으로는 베트남의 진조(陳王朝)를 병합하였다. 또 세계사에서 전례를 찾아볼 수 없었던 대규모의 남해(인도양) 원정까지도 감행했다. 600여 년 전 아시아와 유럽이 거의 동시에 국가 주도로 대양 탐험에 나섰다는 사실은 흥미롭다. 그러나 서로 다른 행로는 후자에 의한 대항해 시대의 도래와 함께 유럽 중심 세계사의 성립을 가져왔다.

모두 일곱 차례에 걸친 원정대장 정화鄭和[36]의 남해 원정은 중화제국 명나라의 위용을 과시할 만했다. 각 원정은 약 2년간 지속되었으며, 수만 명을 실은 100여 척의 배로 수십 개의 선단을 이루었다.

1405~1407년의 첫 원정은 317척의 범선과 28,000명의 선원으로 구성되었다. 무적함대의 면모를 갖춘 정화의 함대는 베트남의 해안

---

36 정화(鄭和, 1371~1435?)는 본래 마씨馬氏이며, 자字가 삼보三寶이다. 운남 출신의 이슬람교도여서 이슬람의 예언자 무함마드의 중국식 한자인 마馬를 성姓으로 삼았는데, 환관이 된 다음 영락제로부터 정씨 성을 하사받았다. 아랍어를 이해했고 무역업에 종사함으로써 항해와 동남아, 중동의 지역사정에 밝았던 색목인(色目人: 눈이 파란 외국인 출신)의 후예라는 점이 고려되어 원정대장으로 임명되었다.

을 통과하여 자바·수마트라·스리
랑카를 거쳐 인도 서남부의 캘리컷
에 이르렀다. 4차 원정 때에는 함대
의 일부가 호르무즈해협까지 갔으
며, 5차 원정 이후로는 홍해 입구의
아덴과 아프리카 대륙 동북부의 소
말리아와 케냐 해안까지 진출했다.

정화

　그러나 정화의 함대는 전투·탐
험·통상 등의 목적을 추구한 함대
로는 지극히 비효율적인 것이었다.
중국 역대 왕조가 항상 그랬듯이 여
러 나라에 은혜를 베풀고 그들이 중화 중심 질서에 동참하도록 강요
하는 사신들의 행차에 지나지 않았다. 함대의 중심을 이루는 거함인
'보선寶船'은 각지의 지배자에게 사여賜與할 '황제의 하사품'과 각지
의 지배자가 황제에게 헌상하는 '보물을 싣는 배'였다. 요컨대 정화
의 원정은 중국 황제의 도량을 베푸는 데 주목적이 있었던 것이다.

　1435년에 이르러 중국은 유라시아 대륙과 인도와 아프리카를 연
결하는 해상로를 개척하고 세계의 해상을 주도하면서 인도양에서
막강한 세력을 구축하는 듯하였다. 그러나 일곱 번째 원정을 마지막
으로 중국은 급격히 모든 해상권을 잃기 시작하였다. 더욱이 1500
년대에는 인도양뿐만 아니라 근해에서조차 중국의 전함을 찾아볼
수 없게 되었다. 중국이 막강한 해군력을 인도양에서 철수한 것은
세계사에서 대단히 중요한 사건이었다.

인도양을 포기했던 이유는 중국 국내의 정치적인 분쟁 때문이었다. 당시 궁정에서는 해상 원정을 지속해야 한다는 파벌과 북방에서 위협하는 몽골에 맞서는 데 국력을 집중해야 한다는 파벌 간에 분쟁이 치열하게 벌어졌다. 그러나 1435년 황제(영락제)가 세상을 떠나면서 북방정책을 주장했던 파벌의 승리로 끝났다. 바로 그 시점부터 중국은 해상권을 포기하고 농업경제를 통해 더 많은 인구를 부양할 수 있는 방법에 관심을 두면서 북방의 초원지대를 누비던 유목 민족들을 가장 위험한 적으로 간주하였다. 중국의 황제들에게 만리장성의 재건과 증축은 보물선을 앞세운 해상 원정보다 훨씬 중요했던 것이다.[37]

정화의 원정 이후 중국이 해외 진출을 중단하고 내부로 돌아섰을 때에도 포르투갈의 해양 탐험은 계속되었다. 정화보다 10년 늦은 포르투갈의 항해왕 엔히크가 에티오피아의 사제왕 요한을 찾기 위하여 시작한 항해 탐험 사업은 엄청나게 발전하였다. 항해 탐험 활동

---

37 데이비드 랜즈David Landes는 명나라에서 정화鄭和 원정의 성과가 소멸된 주된 요인을 성리학의 상공업 멸시에서 찾는다. 정화가 환관 출신이었던 탓에 환관 세력과 유학자 관료들 간에 세력 경쟁이 계속되었다. 그러나 정화를 후원하던 영락제가 사망하자 권력투쟁에서 환관 세력이 밀리게 되었다. 유학자 관료들이 주도권을 갖게 되면서 유학의 원리에 집착해 상공업을 멸시하는 풍조가 확산되었다. 북경에 새 수도를 건설하면서 막대한 재정 수요가 발생하고 재정난이 계속되며 백성의 원성이 높아지자, 관료들은 갑자기 정화의 원정을 매도하며 극단적인 폐쇄정책으로 선회하였다. 그 결과 일체의 대외원정과 대외무역을 금지하게 되었다. 결과적으로 세계 해양의 무대에서 동양이 퇴조하는 중대한 정책의 실패였다.

정화의 남해원정 기념우표

이 발전함에 따라 포르투갈은 황금, 노예 및 기타 상품에 대한 약탈을 자행하여 막대한 상업적 이익을 얻었으며, 이는 포르투갈의 항해 탐험 활동을 더욱 고취시켰다. 또한 그들의 영토 확장에 대한 야심도 커져 갔고, 그에 따라 포르투갈의 항해 탐험은 점차 무역을 목적으로 하는 해상 원정으로 바뀌었다.

엔히크에 이어 실제로 포르투갈의 대탐험 시대를 연 바르톨로뮤 디아스(Bartolomeu Dias, 1451?~1500)는 1488년, 아프리카에서 희망봉을 발견하였다. 이로써 이 길을 돌아 인도로 갈 수 있다는 희망을 얻게 되었으며, 디아스의 뒤를 이어 포르투갈의 군주 마누엘의 명을 받아 1497년 리스본을 떠난 바스코 다 가마 일행이 12,000마일의 항해 끝을 따라 남쪽으로 항해하던 끝에 인도의 캘리컷 인근에 도착한 것이 1498년 5월이었다.

1415년 항해왕 엔히크가 항해를 시작할 무렵 중국의 정화는 이미 인도양을 장악하고 있었다. 만약 중국이 희망봉을 지나 아프리카 해안을 따라 북쪽으로 항해했다면 — 그것도 불교의 포교승과 함께 —

아마도 1420년대에 아프리카 해안을 따라 항해하던 포르투갈 선단과 접촉했을 수도 있을 것이다. 그들은 상당한 기술과 아프리카 해안의 바람을 파악할 수 있는 능력이 있었기 때문에 충분히 그렇게 실현될 가능성이 있었다. 당시 포르투갈 선단은 중국 함대에 위협적인 존재가 될 수 없었다. 따라서 아시아와 유럽을 직접 연결하는 항로를 확립하는 것은 포르투갈이 아닌 중국이 되었을 터였고, 결국 유럽은 외부로 진출하지 못하고 중국은 무역을 통해 막대한 이익을 거두었을 것이다. 그러나 현실에서 중국은 해군을 철수시키고 인도양을 평화로운 무역 지대로 방치하였다. 덕분에 1498년 포르투갈은 막강한 중국 해군과 충돌하지 않고 인도양까지 항해하여 전함도 거의 없고 방어도 허술한 항구들에 무사히 입성하게 된다. 이러한 유럽의 반사적 행운은 훗날 동서양의 운명을 뒤바꿔 놓게 된다.

영락제가 죽자 그 계승자들은 영락제와 정화가 개척한 위대한 사업을 계승하지 못했고, 이로써 중국의 역사는 완전히 상반된 방향으로 전개되어 갔다. 그들은 기회를 잘 포착하고 장단점을 분석하여 형세의 흐름에 따라, 이미 인도양을 통제하고 있던 정화 함대를 활용하여 대규모적인 해상무역 활동을 전개하지 못함으로써 명나라 초기에 나타난 상품경제를 발전시키지 못하였다. 도리어 정화의 인도양 항해는 영락 연간의 실정失政으로 간주되어 전면적으로 부정되었다. 나아가서는 해금과 쇄국정책을 실시하였는데, 그 결과 해양방어 능력이 쇠락하고 조선과 해운업이 점차로 쇠퇴해 갔다. 결국 중국은 쇠락하여 서양과 일본 제국주의의 침략을 받게 되었고, 땅을 떼어주고 배상금을 지불하는 대가를 치러야만 했으며, 중국 민족은 전례 없는 치욕과 재난을 당하였다.

　16~18세기의 유럽은 살기 위해 바닷길을 찾아 동양과 여타 세계에 많은 관심을 두고 도처에서 문물을 받아들이는 개혁개방의 길로 나섰던 반면 중국은 16~18세기 동안 번영과 풍요에 겨워 외부 세계에 관심이 없었다. 과거 찬란한 문명과 경제력을 과시하며 모든 나라 위에 군림하며 서양인을 양이洋夷, 즉 서양 오랑캐로 취급했던 자만심과 폐쇄성이 19세기와 20세기 전반에 걸친 약 170년 동안 중국과 동아시아를 서양에 뒤떨어지게 만들었던 것이다.

4) 중국의 해상 후퇴와 유럽의 해상 팽창

정화의 항해가 끝나갈 무렵 명 조정은 '국고가 이미 비어 있었으므로' 영락제가 죽자 홍희제洪熙帝는 조서를 반포하여 "하서양下西洋하는 제번보선諸番寶船은 모두 중지하라. 복건과 태창 등에 정박한 선박은 모두 남경으로 돌아오라. …… 여러 곳에서 하서양용下西洋用 해선의 건조를 모두 중지하라"고 하였다. 그 후 정화의 항해 치적은 대표적인 폐정弊政으로 비판받았으며, 그 결과 대형 해선의 출항을 금지하였고, 중국의 원양 항해활동은 이로써 중단되고 말았다. 중국 해선이 서양 항로에서 급속히 철수하게 되었으며, 그 후부터 중국 해선은 기본적으로 말라카 서쪽의 서양 해역을 넘어간 적이 없고 동양 해역에서만 활동하였다.

　포르투갈인들의 원양 선박이 정화의 항해 시대가 끝난 뒤 점차 동방항로로 깊이 들어왔지만, 중국인들은 이와는 반대로 한 걸음 한 걸음씩 뒤로 물러났다. 그 결과 원래 정화의 인도양 항해 때 이미 근접했었던 양국의 선박은 거리가 더욱 멀어졌으며, 100년 후에야 포르투갈 항해자들이 급속히 후퇴하는 중국의 해선을 따라 잡을 수 있었던 것이다. 그 후부터 포르투갈인들은 동·서방을 하나로 묶어놓았으며, 세계는 새로운 시기로 들어섰다.

만약 명 조정이 정화의 항해 때 건립된 국외 무역기지를 기초로 해상무역에 종사하는 하나의 정예한 선대를 계속 유지하고 서양으로 진출하였더라면 중국의 선대는 일찍이 포르투갈 선대와 만났을 것이다. 그렇게 되었다면 포르투갈이 거리낌 없이 동방의 재부財富를 약탈하는 것을 막을 수 있었을 것이며, 또한 포르투갈이 마카오(Macao, 奧門)를 강점하는 일도 없었을 것이고, 세계의 역사는 다시 쓰였을 것이다.

2. 명말의 정치 동향

1) 명 왕조 말기의 쇠란

중국의 정치사에서 서민 출신으로 제위에 오른 사람은 한漢 고조 유방 이후로는 명 태조 주원장뿐이다. 그에 의해 세워진 명 왕조 294년 동안은 다만 몽골족에 의한 통치를 한족漢族 자신들의 통치로 되돌렸을 뿐, 나라와 민중에 대하여 기여한 바는 근소하다고 하지 않을 수 없다. 또 태조의 개국부터 남명南明[38]의 멸망에 이르기까지의

---

38 1644년 이자성李自成의 농민 반란군에 의해 명나라가 멸망한 이후, 왕족 계통이 중국 남부 각지에서 명조의 유신들에게 옹립되어 세운 지방 정권을 남명南

19제帝 중에서 태조를 제외한 영주英主로서 칭송받을 자격을 지닌 자는 제3대 성조(成祖, 1403~1424)와 제9대 효종(孝宗, 1488~1505)이라고 할 수 있으며, 이 이제二帝 시대가 비교적 평온한 시대였다.

무종(武宗, 1506~1521)은 환관 유근劉瑾을 신임하고, 연이어 세종(世宗, 1522~1566)도 환관 엄숭嚴嵩을 신뢰하여 20여 년간 정사를 돌보지 않았고, 이를 틈타 엄숭이 권력을 자행했다. 또한 신종(神宗, 1573~1619)도 재위 기간 동안 정사를 돌보지 않았다. 게다가 희종(喜宗, 1621~1627)도 환관 위충현魏忠賢과 희종의 유모였던 객씨客氏를 총애하여 정치부패를 초래하였다. 이와 같이 군주의 무능과 부패 때문에 초래된 위기는 계속되었고, 정부의 고위 관료인 문관들의 무능과 무장武將들의 무절無節도 나라의 운명을 재촉하였다.

이러한 명나라 말기의 혼란한 시대적 분위기 속에서 대포와 성경을 양 손에 끼고서 서양문명이 점차 동점東漸하여 동양보다 우위를 점하기 시작하였던 것이다.

2) 무능하고 부패한 황제들

명나라는 이어진 혼군昏君들의 실정으로 서서히 망했던 대표적인 왕조이다. 명의 정치를 제대로 이끈 황제다운 황제는 태조와 성조, 그리고 효종뿐이다. 이들 황제를 제외하고 대부분이 정치를 직접 살피지 않았다. 헌종憲宗부터 희종 때까지 황제와 대신이 만났던 횟수는 손가락으로 헤아릴 수 있을 정도였다. 헌종 성화제(成化帝,

---

明이라고 한다.

환관 위충현

1465~1487)는 재위 23년 동안 대학사 만안萬安을 한 번 만났을 뿐이며, 무종 정덕제(正德帝, 1506~1521)는 재위 16년 동안 한 번도 대신을 만난 일이 없었으며, 세종 가정제(嘉靖帝, 1522~1566)도 45년의 재위 기간 중 20년 동안은 대신들을 만나지 않았다. 환관들에 의해, 특히 무종 때는 팔호八虎라 하여 8명의 환관에 의해 정치가 어지럽혀졌다.

신종 만력제(萬歷帝, 1572~1619)·희종 천계제(天啓帝, 1621~1627)를 거쳐 마지막 의종 숭정제(崇禎帝, 1628~1644)까지 명나라 역사 절반인 139년 동안 민생은 피폐해질 대로 피폐해졌으며, 끝내 농민 반란군에 의해 멸망하고 말았다. 군주들은 대체로 잔혹하지 않았지만 다양하게 어리석은 방식으로 나라를 망쳤다. 이 중 으뜸으로 꼽히는 이가 신종 만력제다.

3) 토지 겸병과 민초들의 고통

명대 후기에 들어오면서 토지의 겸병이 날로 격심해졌다. 황실과 공신은 물론 관료와 환관들까지 갈수록 토지를 겸병하였다. 이 가운데 황실이 점거하고 있는 토지를 황장皇莊이라고 하였다. 헌종 때 경기지방 다섯 곳의 황장에 1만 2천여 경, 무종 때 경기지방에 다시 수십여 곳의 황장을 두어 3만 7천여 경이나 되었고, 이후에도 약 3백여 곳으로 더 늘어나 얼마나 많은 토지를 점유하였는지 알 수 없을 정도였다. 이 외에도 크게 불어난 것은 번왕藩王[39]의 토지 점유였다. 만력제(신종) 시절, 복왕福王 주유송朱由松은 하남의 번왕이었는데, 신종이 한 차례 하사한 전지가 무려 200만 무畝에 달하였다. 하남의 토지만으로 부족하자 산동과 호광(湖廣, 호남과 호북)의 토지까지 주었고, 촉왕 주자주朱自澍는 사천에 300여 개의 장원을 점유하였고, 천계天啓 시절 명 희종憙宗은 계왕桂王, 혜왕惠王, 서왕瑞王 3명의 왕과 두 공주에게 장원을 하사했는데, 작은 곳이 70~80만 무, 큰 곳은 300만 무에 달했다. 각 주현에는 이미 더 이상 빼앗을 전지가 없었다. 그런데도 억지로 백성들에게 은조銀租를 징수했는데, 이를 무지지조無地之租, 즉 토지가 없는데 징수하는 조세라 불렀다. 이는 일찍이 없었던 일이다.

관료 지주의 토지 겸병도 상당히 심각하였다. 토지가 황족과 관료 지주의 수중에 집중되면서 명대 후기 악성 대토지 소유제가 이루어졌으며, 이는 농민의 파산뿐만 아니라 일반 지주들도 조세 면제특권이 없었기 때문에 결국 파산에 이르는 결과를 가져왔다.

명말 백성들의 부역도 상당히 무거웠다. 만력 46년(1618), 명 정부는 요동遼東 전쟁(후금을 세운 여진족과의 전쟁)의 긴급성을 핑계로 백성들에게 요향(遼餉: 요동으로 보내는 군비)을 전후 3차례나 부가하여 전체 은 520만 냥을 징수하였다. 이는 한 해 전체 세금의 3분의 1

---

[39] 황제가 자신의 자손들에게 중앙정부의 행정력이 미치지 못하는 곳에 파견하여 국경지방을 다스리는 왕으로 봉했는데, 이를 번왕藩王이라고 한다.

이 넘는 액수였다. 이후에도 각종 명목을 부가하여 토지의 비옥도나 수확량에 상관없이 일괄적으로 토지에 따라 은냥을 부과하고 다시 인두세로 정은丁銀을 징수했으며, 차역을 남발하였다. 결국 빈곤에서 벗어날 수 없는 농민들은 그나마 있는 작은 토지조차 포기하고 지주의 소작농이 되거나 고용노동자, 노비, 심지어 유민이나 기민饑民으로 전락하고 말았다.

전농(佃農: 소작농)에 대한 착취가 특히 가혹하였다. 정조(正租: 규정된 조세) 외에도 소작농은 각미脚米·곡면(斛面) 등 별도의 세금을 내야 할 뿐더러 닭이나 소·술 등을 지주에게 바쳐야 했다. 지주는 저울을 속이는 방식으로 착취를 일삼고, 차역이나 부세를 소작농에게 전가했으며, 고리대금으로 마지막 고혈을 빨았다. 이는 당시 지주계급이 전농, 즉 소작농을 얼마나 악착같이 착취했는가를 보여주는 실례다. 이처럼 잔혹한 착취로 인해 전농들은 생계를 유지하기 힘들었고, 1년 내내 힘들게 농사를 지어도 추위와 배고픔에서 벗어날 수 없었다.

4) 저물어 가는 제국

마테오 리치가 중국에서 활약했던 16세기와 17세기의 교체기인 신종神宗 만력萬曆 연간은 군사적·정치적·경제적 여러 모순이 일제히 표면화되어 명나라의 쇠퇴는 결정적인 시기로 접어들었다. 후세 사가들이 "명이 망한 것은 숭정崇禎 시대가 아니라 만력萬曆 시대였다"라고 평할 정도이다. 만력제의 후견인 역할을 수행하여 재정을 충실히 했던 걸출한 명재상 장거정張居正이 죽은 뒤 국가재정은 극도의 궁핍에 시달리고 있었다. 화폐 경제에 휘말려 사치스러운 궁정의 소비생활, 이른바 '만력삼대정萬曆三大征'[40]으로 인한 군사비의 급증과 공교롭게도 소실된 궁궐의 재건을 위한 지출이 그 주된 원인이었지만, 말년에는 다시 요동 방면에서 일어난 여진족(후금)을 방비 하기 위한 전비戰費가 더해졌다.

신종 만력제

이 사태에 대응하기 위해 조정은 증세를 실시하였다. 주요한 유통 수단인 은을 입수하고 재원으로서 상품 유통 과정을 장악하기 위해 광세鑛稅와 상세商稅의 징수를 계획하여 환관을 각지에 파견하였다. 그런데 환관은 권력을 등에 업고 칙지의 이름을 빌려 모든 수단을 동원해 수탈을 했기 때문에 피해를 당한 곳에서는 예외 없이 반세민변反稅民變이 일어났고, 환관들의 폭압에 반대하는 성난 백성의 의거 는 민란으로 이어지게 되어 국운이 급속히 기울게 된다.

---

40 명 신종 만력 20년부터 28년(1592~1600) 사이에 서북, 동북, 서남 변경지역에 서 발생하였던 3개의 전쟁을 말한다. 이는 몽골족 보바이(哱拜)의 반란, 조선에 서 일어났던 임진왜란, 묘족 양응룡楊應龍의 반란이다. 명나라는 비록 3개의 전 쟁에서 모두 승리하였지만 그 과정에서 국력을 소모하여 왕조의 멸망을 재촉 하였다.

5) 북로남왜의 화

북로北虜란 북방으로부터의 몽골족 침공이고, 남왜南倭는 남쪽 연안에 대한 일본 해적의 약탈인데, 명의 지배체제는 이로 인해 중대한 위기에 직면하게 되었다. 명 중기 이후는 효종 때 잠시 정치다운 면모를 보였을 뿐, 환관 때문에 정치적으로 문란해졌다. 이때 북방 변경에서는 새로운 움직임이 나타났다. 오이라트부(몽골 서부 알타이 산맥 인근에서 살던 몽골화된 튀르크 부족)에게 병합되었던 타타르족(韃靼人: 몽골 고원의 주요 다섯 부족연맹체 — 몽골·케레이트·메르키트·나이만·타타르 — 중 한 부족)이 다시 일어나 영종英宗 복위 이래 계속해서 하투河套 지역을 침략해 왔다. 이 때문에 당시 이를 '투구套寇'라고 불렀다.

홍치 초에 타타르부의 다얀 칸(Dayan Khan, 達延汗: 北元의 대칸, 재

다얀 칸

위 1480~1543)이 오이라트부와 올량합兀良哈부(흥안령興安嶺 동쪽에 살던 몽골계 부족)를 통일하여 몽골 각 부족을 통일하였다. 그 후 가정 초에 다얀 칸이 죽고 다시 부족 내분이 재발되었지만, 가정 중정 중기에 다얀 칸의 손자 알탄 칸(Altan Khan, 俺答汗: 튀메드 몽골 부족의 군주, 1507 ~1582)의 세력이 다시 일어나 가정 21년(1547)에 명을 침략하

여 10위 18주를 유린하고 20여만 명을 살해하였다.

이 지경에 이르자 변방의 장수인 증선曾銑이 변무18사邊務十八事를 올렸으나, 오히려 공을 탐낸다는 죄명으로 몰려 환관 엄숭에게 살해되었다. 이로써 변경의 화는 더욱 극성을 부리게 되었다. 가정 29년(1550)에 알탄 칸은 대대적으로 남침을 시작하였다. 엄숭에게 뇌물을 바치고 대동大同 총병이 된 구란仇鸞은 알탄 칸에게까지 뇌물을 주고 대동을 침범하지 말도록 구걸하였다. 그리하여 알탄 칸은 방향을 돌려 동쪽으로 진군하여 고북구古北口에서 바로 내지로 들어와 수도인 북경의 군대가 붕괴되고, 성 밖이 약 8일 동안 약탈당하였다. 이 해가 경술년이어서 이 사건을 '경술지변庚戌之變'이라 부른다.

왜구는 태조 때에도 있어서 산동·강남북·절동浙東의 59개 성에 비왜행도사備倭行都司를 두고 막았다. 영락제 때는 일본과 사신 왕래를 하면서 통호通好했음에도 불구하고 왜구의 화가 끊이지 않았다.

알탄 칸

왜구와 명나라 수군의 전투

다행히 무로마치 막부(室町幕府, 1336~1573)가 들어서면서 면허를 가진 사람에게 무역을 허락하여, 이른바 감합무역勘合貿易이 이루어져 왜구는 한동안 조용하였다. 그러나 세종 때 왜구의 소요가 재연되었다. 당시 일본은 전국시대로, 군웅이 할거하여 중앙이 통제력을 잃고 있었다. 따라서 파산한 봉건 지주나 무사와 낭인들이 상인들과 해적 집단을 형성하여 중국 연해를 소란스럽게 하였다. 특히 가정 초에 명이 시박사市舶司[41]를 폐쇄하였기 때문에 왜인들 가운데 귀국하지 못한 자들이 해도海盜로 변하여 중국 해적 두목인 서해徐海, 왕

---

41 중국에서 당대唐代부터 명대明代에 걸쳐 설치되었던 해상 교역 관련 사무를 맡아 보던 관서. 주요 업무는 중국을 방문한 시박(외국 선박)과의 무역을 관리하고 외국 상인들에게서 세금(관세)을 거두는 것이었다.

직汪直 등과도 결탁하여 중국 연해 지방을 약탈하였다.

가정 32년(1553)에 왜구는 절강浙江 연해를 대대적으로 약탈하였으며, 이후 10년 동안 그 범위가 복건, 광동 등지까지 확대되었다. 이에 호종헌胡宗憲에게 절강의 군무를 맡겨 서해와 왕직을 평정하고, 다시 척계광戚繼光과 유대유兪大猷가 적극적으로 평정에 나서 가정 45년(1566)에 비로소 동남 연해의 왜구

왜구 소탕을 위해 척계광이 지은 병법서인 『기효신서』

를 평정하게 되었다. 이때 척계광은 『기효신서紀效新書』를 지어 왜구와의 작전에 관한 병법을 남겼는데, 이는 임진왜란 때 조선에서 응용되기도 하였다. 이처럼 북쪽에 있었던 타타르족의 침략, 남쪽에 있었던 왜구의 약탈을 가리켜 북로남왜北虜南倭라고 한다.

6) 장거정張居正의 개혁 실패

세종에 이어 목종(穆宗, 隆慶帝)이 즉위하면서(1567) 가정 43년(1564) 이전에 미납된 전부田賦를 면제하거나 절반으로 감해주고 일체의 낭비를 없애도록 하였다. 그러나 목종은 여전히 환관을 총애하였으며, 서계徐階·고공高控·장거정張居正과 같은 인물을 등용하였으나 알력이 끊이지 않았다. 융경隆慶 2년(1568)에 장거정은 의론을 줄이고 기강을 진작시키며, 황제의 명령을 중히 알고, 나라의 근본을

튼튼히 하자는 치국 방침을 상주하였다. 목종은 이를 받아들이고자 하였으나 조정의 알력으로 받아들여지지 않았다. 마침내 장거정은 환관 풍보馮保의 도움을 받아 고공 일파를 제거하고 내각의 우두머리가 되었다.

융경 6년(1572)에 신종神宗의 계위로 장거정은 목종과 신종 두 태후의 신임을 얻고 신상필벌의 깨끗한 정치를 펴 나가게 되었다. 장거정은 우선 어린 황제를 교육시키고, 환관의 정치 간섭을 억제하였으며, 또 관리를 정돈하고 재정도 정리하여 점차 면목을 일신하게 되었다. 특히 호강豪强의 토지 겸병을 방지하고, 토지 장량을 실시하여 만력 9년(1581)에 끝냈는데, 그 결과 경지가 홍치 때보다 300여 만 경이나 늘어났다. 그리고 이를 근거로 산발적으로 각 지방관에 의하여 실시되어 오던 새로운 세법인 일조편법一條鞭法을 전국적으로 실시하여 세수를 늘렸다. 일조편법이란 역역力役을 전부田賦에 포함시켜 은으로 징수하는 것이었다. 즉 세목을 간소화하여 한 항목으로 정한 것이다. 그 결과 역역을 전부에 포함시켜 전지가 없는 농민의 부담이 없어졌고, 또한 역의 속박에서 벗어나게 되었으며, 은으로 징수하여 상품 경제의 발전을 촉진시켰다. 또 황하와 회수의 수리 시설을 정비해서 황하의 물이 회수로 들어가지 못하게 하여 수재를 감소시켰으며, 농업 생산을 보장하였다. 그리고 사회의 모순을 해결하기 위한 조치를 취하고 중앙 집권을 강화시키고자 하였다.

대외적으로는 적극적인 국방 정책을 실시하였는데, 서북 변방에 척계광을 발탁하여 군사 훈련을 책임지게 하고, 만리장성의 보수와 방어 시설을 보강하여 변경의 화를 대비하였다.

장거정의 개혁으로 재정 형편이 융경 시대보다 크게 호전되었다. 그러나 장거정은 무고와 모함에 의하여 관직이 삭탈되고, 끝내 세상을 떠났다. 이후 명의 정치는 더욱 혼란에 빠지게 되었다.

동림당의 거두 고헌성

7) 동림당과 비동림당의 당쟁

신종은 장거정 사후에 친정 체제로 들어 갔으나 정치에 관심이 없었다. 여기에 조정의 신하들은 각기 붕당을 만들어 서로 배척하였다. 즉 올시교兀詩敎의 제당齊黨, 관응진官應震의 초당楚黨, 탕빈이湯賓伊의 선당宣黨, 고천준顧天俊의 곤당崑黨, 요종문姚宗文의 절당浙黨이 있었다. 그리고 재야에는 동림당東林黨이 있었다. 동림당이란 이부吏部 문선사랑文選司郎이었던 고헌성(顧憲成, 1550~1612)이 파직당하고 고

고헌성과 함께 동림서원 을 세운 고반룡

향인 무석無錫으로 돌아가 고반룡高攀龍 등과 함께 동림서원東林書院을 세워 거기서 강의하였는데, 시정時政도 함께 논하여 조정 안에도 이에 호응하는 무리들을 가리킨다. 따라서 당시 조정의 정치 세력은 자연히 동림당과 비동림당의 두 파로 분열되었다. 그런데 신종·광종·희종 사이에 공교롭게도 궁 안에서 정격안挺擊案·홍환안紅丸案·이궁안移宮案, 즉 이른바 '3대안大案'이 일어났고 이를 기화로 당쟁이

강소성 남부 무석無錫에 자리한
동림서원

동림당의 양련

일어났다.[42]

이와 같이 어수선한 시기에 환관 위충현魏忠賢이 나타나 희종의
유모 객客씨와 결탁하여 희종의 총애를 받으면서 병필태감秉筆太監
이 되고, 또한 정보기관인 동창東廠마저 감독하여 전권을 장악하였

---

42 정격안은 태자궁에 장차張差란 남자가 막대기를 들고 들어간 사건으로, 그 배
후를 밝혀야 한다는 주장을 동림당이 했으나, 장차는 미친 사람이므로 배후를
밝힐 필요가 없다고 비동림당이 주장하여 결국 비동림당의 뜻대로 되었다. 홍
환안은 광종이 즉위한 다음 병이 나 홍환, 즉 붉은 환약을 먹고 그 다음날 죽은
사건이다. 이에 동림당은 원인 규명을 주장하였고, 비동림당은 광종의 몸이 허
약해서라고 원인 규명에 반대하였다. 이궁안은 광종이 죽자 총애를 받던 이선
시李選侍가 수렴청정하려고 건청궁에 그대로 머물고 있었는데 동림당이 그녀
를 다른 궁으로 옮기도록 한 사건이다. 비동림당은 이궁을 반대하였는데 결국
동림당의 뜻대로 별궁으로 옮기게 되었다.

다. 여기에 비동림당은 위충현과 연합하여 동림당에 대항하였다. 따라서 위충현을 비롯한 엄당(閹黨, 환관)의 세력은 더욱 커졌고, 동림당에 대하여 무자비한 탄압을 가하였다. 천계天啓 4년(1624)에 동림당의 양련楊漣이 먼저 위충현의 죄상 24개 항목을 들어 탄핵하자 많은 사람들이 이에 호응하였다. 그러나 다음 해 위충현이 반격을 가해 동림당의 중요 인물들을 무고하여 죽이거나 동림당인의 명단을 발표, 금고에 처하였다. 그리고 서원도 철폐하였다.

동림당이 진압된 이후로 강남 지방에서는 일부 지식인들이 결사하여 정치 혁신운동을 전개하였다. 그 가운데 문학적 학술 결사의 성격을 띤 복사復社에는 강남의 저명한 결사들이 참가하여 소동림小東林의 칭호를 들으면서 부패한 정부를 비판하였다. 이 때문에 복사를 이끌었던 인물들이 당을 결성하여 정치를 어지럽힌다는 이유로 또 탄압받았다.

8) 유구流寇와 명의 멸망

환관의 정치 간여로 역대의 황제들은 정치에 흥미를 잃었으며, 명중엽 이후 황실의 사치, 특히 과도한 토지 집중, 부역의 번잡함 때문에 생활이 갈수록 어려웠다. 여기에 소작농의 지주에 대한 부담도 갈수록 늘어났다. 때문에 이미 정통 연간에 섭종유葉宗留와 등무칠鄧茂七의 반란을 비롯하여 성화 연간에는 유통劉通·이원李原의 반란이 일어났고, 정덕 연간에는 유육劉六·양호楊虎의 반란이 일어났다.

이러한 사회적 혼란을 바로잡기 위하여 장거정의 개혁이 있었지만, 그것도 잠시뿐이었고 환관들의 정치 간여는 여전하였다. 또한 임진왜란 때 조선으로 출병하여 재정적 지출이 더욱 커졌으며, 이후에 동북 지방에서 일어난 여진족에 대항하기 위하여 '요향遼餉', 각지의 민란을 평정하기 위하여 '초향剿餉', 군대를 훈련시키기 위하여 '연향練餉'이라는 이른바 '삼향三餉'을 징수함으로써 재정의 어려움을 해결하고자 하였다. 따라서 백성의 부담은 날로 늘어났다.

명 말기의 민란은 섬서 지방에서 시작되었다. 천계天啓 7년(1627)에 왕이王二가 농민들과 함께 현의 관리인 징성澄城·지현·장두요張斗耀를 죽이면서 시작되었는데, 이후 고영상高迎祥·이자성李自成·장헌충張獻忠 등이 참여하였다. 이들은 군대의 도망병, 반란을 일으킨 변병, 파직된 역졸驛卒, 기민饑民 등의 유민으로 유구流寇 또는 유적流賊이라 불렸다. 이들의 활동은 처음에 섬서와 산서 일부로 한정되었고 명확한 정치 목표도 없었으나, 숭정崇禎 6년(1633)부터 하남·

이자성의 난

호광(호남 호북)·남직예·사천 등으로
활동 구역이 확대되었다.

장헌충이 사천에서
발행한 대순통보

이 가운데 틈왕闖王 고영상의 세력
이 제일 컸다. 그러나 숭정 9년(1636)
에 고영상은 포로가 되어 살해되고, 이
자성이 틈왕으로 추대되었다. 그런데
명군의 진압이 확대되자 이자성은 패
하고, 장헌충은 위장으로 투항하여 잠시 잠잠해졌다. 숭정 12년에
장헌충이 다시 반란을 일으키고, 이자성도 재기하여 반란 세력이 다
시 확대되었다. 특히 이자성은 숭정 14년에 하남 낙양으로 들어가
그 세력이 새로운 국면을 맞게 되었다. 한편 장헌충은 사천으로 들
어갔다가 동쪽으로 향해 호광으로 진입하였다.

장헌충은 숭정 16년(1643)에 호북 황주(黃州, 황강)를 점령하고 스
스로 서왕西王이라고 칭하면서 한양과 무창을 연달아 함락하였다.
그리고 대서왕大西王이라 칭하면서 관제를 정하여 약 30여 개의 주·
현을 지배하였다. 그런데 명군이 대대적으로 무창을 공격하자 장헌
충은 이곳을 포기하고 남쪽으로 도망, 숭정 17년에 사천으로 들어가
성도를 점령하고 국호를 대서大西, 연호를 대순大順이라고 하였다.
그리고 관제를 정비하였으며, 대순통보大順通寶를 주전하기도 하였
다. 하지만 그가 비록 정부를 세웠다 해도 유구의 탈을 벗지 못하였
다. 결국 2년도 안 되어 청군에 의하여 장헌충은 포로가 되고, 그가
세운 대서도 와해되었다.

한편 숭정 16년에 이자성도 형양荊襄을 근거지로 양양襄陽을 양경

으로 고쳐 정권을 수립하고, 신순왕新順王이라고 칭하였다. 다음 해 장안을 서경西京으로 고치고, 국호를 대순大順이라고 하였다. 그해 2월에 이자성은 장안을 출발하여 황하를 건너 산서로 들어가 태원·대동·하북 선부宣府를 경유, 거용관居庸關으로 들어와 명明 12릉陵의 향전享殿을 불태워 파괴하고 3월 17일에 북경으로 들어갔다. 결국 명의 마지막 황제 숭정제崇禎帝는 19일 매산(媒山, 경산)에서 자살하여 명은 멸망하였다. 그러나 이자성도 청군의 공격을 받아 북경을 떠나지 않으면 안 되었고, 결국 청군의 추격을 받아 구궁산(九宮山, 호북 통성)에서 향민에게 살해되었다.

제3편

기독교의 중국 전래와 예수회

1. 기독교의 중국 전래

중국에 기독교가 전래된 것은 네 차례나 된다.

첫 번째는 당대唐代의 경교(景教, Nestorianism), 두 번째는 원대元代의 에르케운(也里可溫教, 福音教), 세 번째는 명말明末의 천주교天主教, 네 번째는 청대淸代의 개신교改新教이다.

1) 당·원나라 때의 실크로드 그리스도교

중국의 그리스도교 역사는 당나라 때로 거슬러 올라간다. 17세기 초에 발견된 서안西安의 대진경교유행중국비(大秦景教流行中國碑, 781년 건립)에 따르면 이 그리스도교는 '네스토리우스파'[43]로서, 중국 문

---

43 네스토리우스파(Nestorianism)는 콘스탄티노플의 대주교인 네스토리우스 (Nestorius, 386~451)에 의해 생긴 기독교의 한 교파다. 네스토리우스는 당시

헌에서는 경교景教라고 불렸다. 이 비석에는 알로펜(Alopen, 阿羅本)이 이끄는 페르시아의 시리아 교회 선교단이 635년에 당나라의 수도 장안에 도착하여 선교 활동을 전개했다고 기록되어 있다. 중국 측 문헌에 의하면 처음에는 파사경교波斯經教, 파사사波斯寺로 불렸으며, 현종 때에 이르러 대진사大秦寺로 개칭되었다. 파사경교는 페르시아에서 유래한 경전의 종교임을 나타낸다. 현종이 대진사로 개칭한 이유는 페르시아 제국이 651년 이슬람 군대에 의해 멸망당함으로써 경교가 그 본거지를 상실한 것과 무관하지 않다. 대진大秦은 일반적으로 로마 제국을 가리키는 명칭이므로 대진사는 경교의 근원지를 가리킨다. 이후의 중국 측 문헌에는 늘 대진사大秦寺라는 명칭이 사용되었다.

당시 아시아와 서역의 많은 나라들과 더불어 평화적인 교역을 행하고 있던 당나라는 외래 종교에 대해 비교적 관용적인 입장을 취하고 있었다. 알로펜은 '정관貞觀의 치治'를 이루었던 당 태종(재위 626~649)의 명으로 장안의 의녕방義寧坊에 절(교회) 하나를 건립하

교회가 예수의 어머니 마리아에게 '하느님의 어머니(theotokos)'라는 칭호를 붙이는 것을 반대하여 인간으로서의 예수의 어머니일 뿐이라고 주장했다. 또한 그리스도론에 있어서도 예수의 신성과 인성을 구분해야 한다고 주장하여 알렉산드리아의 대주교 키릴로스와 대립하였다. 이에 431년 에베소 공의회에서 그는 이단으로 정죄되고 주교직에서 파면되었다. 로마에서 이단으로 몰린 네스토리우스의 가르침을 따르던 네스토리우스파 기독교인들은 박해를 피해 북아프리카(이집트)와 아랍 지역 일부로 도망치게 되었고, 페르시아를 거쳐 중국의 당에까지 진출해 '경교'라는 이름으로 유행하였다.

네스토리우스파

였는데, 승(僧: 네스토리우스 사제)이 21명이었다. 태종에 이어 집권
한 고종(재위 649~683) 때에는 사원(네스토리우스 교회)이 "수많은
성읍에 사원이 넘쳐났다(寺滿百城)"고 기록될 정도로 큰 발전을 이
루었다. 그러나 이 교회는 685년부터 704년까지 섭정했던 측천무후
則天武后에 의해 큰 탄압을 받기도 했다. 그러나 현종(재위 712~756)
때에는 네스토리우스 교회에 대해 우호적인 입장을 취하였다. '대진
경교유행중국비'에 따르면 현종 치세에 아라비아로부터 수라함(首
羅含, Abraham)과 급렬(及烈, Gabriel)이 파송되어 당나라에 입국하였
으며, 744년에는 길화(佶和, George)라는 이름의 사제가 추가로 입
국하여 네스토리우스 교회의 새로운 발전의 터전을 마련하였다. '대
진경교유행중국비'는 이 시기의 네스토리우스 교회에 대하여 "잠시
무너졌던 가르침의 기둥은 다시 높이 숭상되었고, 잠시 기울어졌던

대진사의 경교탑

도道의 반석은 다시 굳건하게 세워졌다(法棟暫橈而更崇, 道石時傾而復正)"고 기록하고 있다.

안녹산安祿山의 난(755~763)이 일어났을 때 이를 정벌(756)한 당나라 장군 곽자의郭子儀의 참모는 네스토리우스교도였던 동삭방절도부사同朔方節度副使 이사伊斯 장군이었다. 안녹산의 난 때 혁혁한 무공을 세운 이사 장군은 대종(代宗, 재위 762~779)이 티베트 군의 공격을 받고 위기에 처했을 때 또다시 황제를 위기에서 구함으로써 당나라 황실이 네스토리우스교에 대해 우호적인 입장을 취하는 데 결정적인 공헌을 하였다. 이사의 무공 덕분에 당 황실은 "매년 성탄절이 다가오면 뛰어난 향품을 내려 무공을 격려하셨고 황제께서 음식을 하사하여 네스토리우스 교도들을 환대(每於降誕之辰, 錫天香以告成功, 頒御饌以光景衆)"할 정도였다. 이사는 781년 1월 7일자로 비석을 세우고 이를 '대진경교유행중국비大秦景教流行中国碑'라 하였다. 비석의 내용은 당시 대진사 주교였던 경정景淨이 기술하였다.

그러나 네스토리우스교는 9세기 중엽부터 중국 종교사에서 서서히 종적을 감추게 된다. 네스토리우스교가 소멸된 이유에 대한 학자들의 다양한 분석이 시도된 바 있는데, 가장 결정적인 동기는 무

종(武宗, 재위 840~846)이 845년에 일으킨 회창폐불會昌廢佛 사건이
었다. 무종은 도교 도사인 조귀진趙歸眞의 설득으로 불교 사찰을 파
괴하고 26만 명의 불교 승려들을 환속시키는 대대적인 법난을 일으
켰다. 이때 네스토리우스교도 이슬람교・마니교・조로아스터교(拜火
敎) 등과 함께 직접적인 피해를 입었으며, 878년의 황소黃巢의 난으
로 또다시 큰 타격을 입고 중국 본토에서는 거의 멸절된다. 네스토
리우스 교도들은 당나라의 정치권력이 미치지 않는 서아시아 초원
지역으로 이주하였다.

　중국 역사에서 네스토리우스교는 중앙아시아 부족의 발흥과 더
불어 다시 한 번 역사에 등장하게 된다. 위구르족에 이어 몽골 평원
의 강자로 떠오르기 시작한 케레
이트(Keraits, 돌궐족 계통의 몽골
유목민 부족. 客烈亦, 恠烈 등으로 불
림)와 나이만(Naimans) 부족의 등
장은 중앙아시아에서 네스토리
우스 교회가 확장되는 새로운 전
기를 마련해 주었다. 비록 이설
이 있지만, 케레이트족의 지도자
들은 대부분 네스토리우스교를
신봉하고 있었다. 또한 13~14세
기경에 케레이트족과 함께 중앙
아시아의 군사적 패권을 장악했
던 옹구트(Onguts)족 또한 네스

대진경교유행중국비

토리우스교를 믿는 유목민 부족이었다. 옹구트족은 튀르크어를 공식어로 사용하였고, 중국인들은 이들을 '백달단白韃靼'으로 부르며 경계하고 있었다. 이들은 845년 회창폐불의 법난이 일어났을 때, 내몽골 지역으로 도피한 네스토리우스 교도에 의해 그리스도교로 개종되었을 것으로 추정된다. 중앙아시아 평원에서 출발하여 아시아와 유럽을 무력으로 제패했던 몽골의 영웅 칭기즈 칸(Genghis Khan, 1162~1227)은 1203년 가을에 케레이트와의 전투에서 승리함으로써 중앙아시아의 패권을 장악하였다. 칭기즈 칸의 세력 확장과 권력 세습은 몽골과 중국에서 네스토리우스교가 부활하는 데 직접적으로 기여했다. 케레이트 부족장이었던 토오릴은 원래 칭기즈 칸의 의부義父였다. 그러나 칭기즈 칸의 무리한 혼인 요청으로 둘 사이의 관계가 악화되었고, 결국 칭기즈 칸의 승리로 둘 사이의 무력 충돌은

칭기즈 칸

쿠빌라이 칸

종결된다. 이 사건을 통해 케레이트의 네스토리우스교는 몽골 제국의 종교로 편입되기에 이른다.

칭기즈 칸은 케레이트족의 지도자 토그릴(Toghrul, ?~1203: 케레이트족의 마지막 칸. 옹 칸이라고도 함)의 동생 자아 감보(Jakha Gambhu)의 세 딸을 각각 자신과 첫째 아들, 그리고 넷째 아들의 아내로 삼았다.

이 가운데 막내아들 툴루이의 부인은 소르칵타니 베키라는 이름을 가졌고 독실한 그리스도교(네스토리우스교) 신자로 알려졌다. 그녀에게서 네 아들이 태어났는데, 큰아들 몽케(Mongke Khan, 蒙哥汗, 재위 1251~1259)와 둘째 아들 쿠빌라이(Kublai Khan, 忽必烈, 1215~1294)는 제4대와 제5대 대칸이 되었고, 셋째 아들 훌라구(Hulagu Khan)는 서아시아 원정을 주도하여 후일 일 칸국의 창시자

훌라구 칸과 네스토리우스 교도인 그의 왕비

이자 초대 칸이 되었다. 넷째 아들 아리크부가는 큰형 몽케가 죽은 뒤 계승 문제를 둘러싸고 쿠빌라이와 다투었던 인물이다.

그런데 툴루이와 소르칵타니 베키 사이에서 출생한 아들이 결국 몽골 제국의 대권을 장악하게 된 것이다. 당초 칭기즈 칸 사후 군주의 자리는 그의 셋째 아들인 우구데이(오고타이)에게로 계승되었고, 그 뒤를 이어 우구데이의 아들인 귀위크가 즉위하였다. 그러나 귀위크가 사망한 뒤에 정변이 일어나 몽케가 권력을 장악함으로써 그 뒤로 대칸의 지위는 우구데이 가문이 아니라 툴루이 가문이 독점하게 되었다. 몽케의 집권에 가장 결정적인 영향력을 발휘한 인물은 물론 러시아에 주둔하고 있던 바투였지만, 몽케의 모친 소르칵타니 베키의 공로도 적지 않았다.[44]

---

[44] 소르칵타니 베키의 남편 툴루이는 금나라와의 전쟁을 마치고 귀환하던 중 급사하였다. 칭기스칸의 셋째 아들 우구데이(太宗, 1186~1241)는 카라코룸으로 수도를 옮기고 대대적인 국가 정비 사업을 추진했으며, 유럽을 원정하여 오스트리아 비엔나 교외까지 진격하였다. 그러나 유럽 원정에 나선 우구데이가 1242년경에 사망하자, 대권은 툴루이 가문으로 넘어가고 소르칵타니 베키의 정치적 영향력은 더욱 강력해진다. 툴루이가 죽은 뒤 그녀는 일족과 친척들에게 선물을 나누어 주고 군인과 이방인들에게도 아낌없이 베풀어줌으로써 모든 사람의 호감을 샀다. 그래서 모두 그녀의 뜻에 복종심을 가지도록 만들었고, 모든 사람의 마음과 영혼 속에 그녀에 대한 애정을 심어주었다. 그런 연유로 귀위크 칸이 사망하자 대부분의 사람들은 합심하여 왕국의 열쇠를 그녀의 아들인 몽케 칸에게 맡기기로 한 것이다. 그녀의 지혜와 신중함에 대한 소문, 그녀의 통찰력과 현명함에 대한 명성이 온 사방으로 퍼졌기 때문에 아무도 그녀의 말을 거역하지 못했던 것이다. 김호동, 『동방기독교와 동서문명』(까치글방, 2002), pp.191~192.

그리스도교도였던 그녀가 자식들에게 끼친 영향 역시 심대했고, 몽케·쿠빌라이·훌라구 등이 모두 그리스도교를 적극적으로 보호하거나 적어도 관대한 정책을 취했던 것도 이와 무관하지는 않다고 볼 수 있다. 소르칵타니 베키가 그리스도교도였던 것은 사실이지만 그렇다고 해서 다른 종교를 배척하거나 탄압하려고 하지는 않았던 것 같다. 그녀는 무슬림 지도자들에게 선물과 시주를 내렸고, 무함마드의 가르침을 존중하였다.

이 중 첫아들 몽케가 남송南宋과의 전투에서 사망하자, 둘째 아들인 쿠빌라이가 몽골 제국의 패권을 장악하고 원元나라 시조인 세조世祖가 되었다. 네스토리우스 교도였던 소르칵타니 베키의 아들이 중국의 새로운 왕조를 창건하고 황제로 등극함으로써 네스토리우

몽케 칸

스교는 중국에서 최고의 전성기를 맞게 된다. 소르칵타니 베키의 아들들은 비록 공개적으로 그리스도교를 신봉하지 않았지만 네스토리우스교에 대해 최대한 관용을 베풀었던 것을 볼 때 어머니 소르칵타니 베키의 종교적 영향력을 짐작할 수 있다. 그녀는 큰아들 몽케와 셋째 아들 훌라구가 네스토리우스 교도인 아내를 맞이하도록 주선하였다. 훌라구의 아들 아바카(Abaqa, 阿哈哥, 1234~1281)는 비잔틴 제국의 왕녀 마리아를 아내로 맞아들였는데, 1281년 아바카가 암살당한 후 마리아는 콘스탄티노플로 돌아가 수녀가 되었다. 그녀는 '몽골인의 성모 마리아 교회'를 설립한 것으로도 유명하다. 또한 몽골의 권력을 보좌했던 신하와 장군 가운데서도 네스토리우스 교도들이 많았다.

2) 몽골 제국을 방문했던 프란체스코 수도회 선교사들
13세기 중엽 유럽에서 십자군 운동이 한창 진행되고 있을 무렵, 일단의 프란체스코회 선교사들이 실크로드를 따라 몽골 제국을 방문하였다. 그들은 처음에는 '황색 공포'를 야기한 몽골인의 유럽 침공을 무마시키기 위한 정치적인 목적을 갖고 있었지만 점차 선교적인 목적을 갖게 되었다. 유럽의 프란체스코회 사제들은 중앙아시아와 몽골 제국에서 우연히 네스토리우스 교도를 발견했지만, 서방교회를 대표했던 그들은 동방교회의 네스토리우스교를 이단시하는 입장을 취하였다. 1246년 교황 이노센트 4세가 파송했던 프란체스코회 선교사 피아노 카르피니(Giovanni de Piano Carpini, 1182~1252)와 1253년 몽골에 파송되었던 뤼브뤼키(Guillaume de Rubruquis,

아바카

1220~1293)가 남긴 기록과 마르코 폴로(Marco Polo, 1254~1324)의
『동방견문록』에서 네스토리우스교에 대한 언급이 나온다. 원나라
의 문헌에서는 네스토리우스 교도들이 에르케운(也里可蘊)으로 불렸
다. 몽골어 에리케운Yelikeun을 한자로 음사한 야리가온은 복음福音
의 음역이다. 즉 복음교福音敎의 의미가 된다. 그러나 이 문헌에서는
네스토리우스교도, 이슬람교도, 조로아스터교도, 마니교도, 유대교
도의 신앙적 차이점에 대해 특별한 관심을 보이지 않는다. 중국에서
는 사람에 따라 이들 여러 종교를 지칭하는 용어를 별다른 기준 없
이 뒤섞어 쓰기도 했다.

　1240년대부터 1340년대까지의 약 100년에 걸쳐 가톨릭교회
는 몽골 제국과 중국으로 정치사절단과 선교단을 파송하였다. 당
시 교황청은 1230년대 말 몽골의 바투 칸(Batu Khan, 1207?~1255)

피아노 카르피니

오도릭

이 동유럽과 키예프를 초토화시키며 지금의 러시아 지역에 킵차크한국을 세웠던 정치·군사적 위기 아래에서 어떤 방식으로든지 몽골군의 서진西進을 막아야 할 형편에 처해 있었다. 교황청은 이러한 외교적 협상과 더불어, 유럽과 몽골 사이에 놓여 있는 공동의 적인 이슬람 제국을 협공하자는 제안을 몽골 제국의 지도자들에게 전달하고자 하였다. 이러한 정치·군사적 배경 가운데 프란체스코회 사제인 피아노 카르피니, 뤼브뤼키, 몬테 코르비노(Giovanni da Montecorvino, 1247~1328), 그리고 오도릭(Odoric of Pordenone, 1265~1331) 등이 유럽과 몽골 제국을 오가며 중요한 정치적·종교적 역할을 함께 수행하였다. 마르코 폴로는 첫 번째 중국 체류 시에는 선교사 없이 활동했으나 두 번째 여행(1271~1295)에서는 마르코(Marco) 선교사와 동행하였다. 앞에서 말한 대로 1246년에 교황 이노센트 4세가 파송했던 피아노 카르피니는 프란체스코회 사제로는 최초로 중국에 도착한 인물이다. 그는 폴란드의 베네딕트와 함께 키예프 인근에서 바투 칸에게 체포되어 칭기즈 가문의 세 번째 칸으로 선출되기 직전인 귀위크 칸(Güyük Khan, 貴由汗, 몽골의 3대 대칸인 정종定宗. 재위 1246~1248)의 막사로 압송되었는데, 귀위크 칸이 대관식을 하고 난 뒤 오랜 대기 상태를 거친 다음 교황의 친서를 전달했고, 귀위크 칸의 회신이 피아노 카르피니에게 전달되었다. 이때 전달된 귀위크 칸의 친서는 교황청의 비밀문서로 보관되어 있다가 20세기에 이르러 그 존재가 알려지게 되었다.

1253년 몽골에 파송되었던 뤼브뤼키는 로마 교황청이 두 번째로 파송한 프란체스코회 선교사이다. 피아노 카르피니에게 친서를 전달했던 귀위크 칸은 곧 사망하고, 칭기즈 칸의 다른 아들 툴루이와 그의 아내 소르칵타니 베키 사이에서 태어난 몽케가 네 번째 칸으로 선출되었다. 앞에서 언급했듯이 소르칵타니 베키는 케레이트족 출신으로 네스토리우스 교도였다. 소르칵타니 베키는 첫째 아들 몽케 칸의 뒤를 이어 쿠빌라이가 다음 칸으로 추대되는 데 결정적인 역할을 하였으며, 쿠빌라이는 송나라를 정복하고 원나라를 창건하면서 몽골의 중국화를 추진한다. 뤼브뤼키는 몽케 칸의 궁궐이 있던 카라코룸(和林, Karakorum: 현 몽골의 으브르항가이 주의 오르혼 강 계곡에 위치. 12세기에 약 30년간 몽골의 수도)을 향해 가면서 불교 사원과 이슬람 모스크, 그리고 네스토리우스 교회를 방문하였다. 그는 몽케 칸의 어머니 소르칵타니 베키, 중신인 불가이Bulgai, 칸의 첫 아내인 쿠툭테이Kutuktei, 막냇동생 아리크부가Arikbukha 등이 네스토리우스 교도임을 알게 되었다. 또한 중앙아시아의 나이만족, 위구르족, 메르키트족, 그리고 소르칵타니 베키를 배출한 케레이트족이 모두 네스토리우스 교도들이란 사실을 그의 여행 기록에 남겼다. 1254년 뤼브뤼키는 카라코룸에서 서방 그리스도교의 대표로 네스토리우스교·이슬람교·도교·불교 대표 간의 종교 논쟁에 참여하기도 하였다. 프랑스의 프란치스코회 선교사이자 탐험가인 뤼브뤼키 Rubruquis가 남긴 몽골 여행기는 마르코 폴로의『동방견문록』과 함께 13세기의 동서 문화교류사를 이해하는 데 매우 소중한 사료이다. 뤼브뤼키는 선교를 목적으로 활동하였지만, 몽골 사람들에게 그리스도교를 전파하는 데 성공하지는 못하였다.

피아노 카르피니와 뤼브뤼키가 교황의 친선 대사에 가까운 역할을 수행했다면, 1289년 교황 니콜라오 4세(Nicholaus Ⅳ, 재위 1288~1292)가 파송한 몬테 코르비노(John du Monte Corvino)는 원나라에서 활동한 프란체스코회 최초의 공식 선교사이다. 그는 중국을 포함한 아시아 선교를 위하여 인도를 거치는 해상로를 통해 1294년경 북경에 도착하였다. 당시는 세조 쿠빌라이의 손자인 성종(成宗, 테무르)의 통치기였다. 몬테 코르비노는 1299년 북경에 가톨릭 성당을 설립하였고, 1305년에 이르러 6천여 명을 개종시켰다.

이러한 소식이 유럽으로 전해지자 교황 클레멘스 5세(Clemens Ⅴ, 재위 1305~1314)는 1307년 그를 북경 대주교로 임명하고 1313년경에 7명의 주교를 추가로 중국에 파송하였다. 그러나 7명의 주교 가운데 4명은 도중에 무슬림에 의해 살해당하고 3명만이 중앙아시아에 도착하였다. 주교 가운데 대표는 페루기아의 앤드류Andrew였으며, 그는 복건성 천주泉州에서 주교로 정식 취임하였다. 1322년에는 오도릭이 인도를 거쳐 남중국의 여러 도시를 방문하고 마르코 폴로

몬테 코르비노

의 여행기에 버금가는 중요한 방문기(『오도릭의 동방기행』)를 남기기도 하였다. 그러나 14세기 중엽 명나라를 창건한 이후부터 네스토리우스교와 프란체스코회 선교사들이 이끌던 그리스도교는 중국에서 서서히 자취를 감추었다. 명나라 말기에 중국 선교를 시작한 예수회 선교사 마테오 리치는 교황청과 예수회 총장에게 보낸 보고서에서 네스토리우스교와 프란체스코회의 중국 선교가 자취를 감췄다는 기록을 남겼다.

431년 정통 기독교로부터 파문되어 이단으로 낙인찍혀 버린 뒤, 동방으로 진출하여 천 년 가까운 세월 동안 유라시아 대륙 및 중국 곳곳에 선교의 근거지를 세우며 복음을 전파했던 동방 기독교는 사람들의 기억 속에서 사라지고 말았다.[45]

---

45 楊光先 外, 『不得已』, 안경덕 외 역(일조각, 2013), pp.18~25 참조. 726년 동로

3) 명말 예수회의 중국 선교

이탈리아 출신의 예수회 선교사 마테오 리치가 1583년 중국 본토로 입국함으로써 중국과 유럽, 유교 문화와 기독교 문화가 본격적으로 접촉하기 시작하였다. 네스토리우스 교회가 중국에 처음 소개된 지 948년 만에, 그리고 교황 이노센트 4세가 파송한 피아노 카르피니

마 황제 레오 3세의 우상파괴령은 로마 교회와 콘스탄티노플 교회, 즉 가톨릭과 그리스 정교회를 갈라놓는다. 콘스탄티누스 대제 시절 로마의 수도를 로마에서 콘스탄티노플로 옮기고, 395년 동·서로마 제국의 분열과 476년 서로마 제국의 멸망으로 야만족으로부터 위협을 보호받기 위해서 프랑크 왕국과 로마 교회가 가까워지고, 그에 반비례하듯 비잔틴 제국이 약화되면서 둘 사이의 관계는 점차 멀어져갔다. 독자들의 도움을 위해 교회 분파도를 도시圖示해 본다.

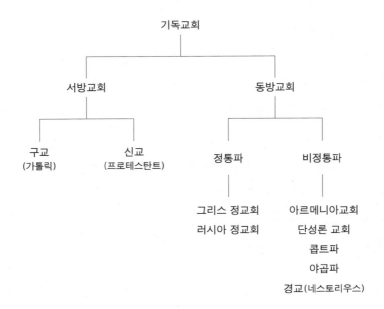

오도릭의 동방기행을 묘사한 그림

가 몽골 제국을 방문한 지 337년 만에, 반종교개혁의 기수이자 16세기 그리스도교 선교 운동의 견인차였던 예수회에 의해 중국 선교가 재개된 것이다.

경교, 즉 네스토리안 교회는 로마 및 비잔틴 교회의 눈에는 분파주의자요, 이단자였다. 네스토리우스는 교회 정치 싸움에서 불운한 희생자였다. 경교 선교사들이 당唐에 들어가서 동양 종교와 접촉하게 되었을 때 그들은 로마인들처럼 타종교에 대해 자기 종교의 우월성을 주장하지 않았다. 그러나 마테오 리치의 선교 경우는 경교의 선교사와 달리 서방의 정통 로마가톨릭이었다. 그렇다면 다음으로는 제수이트(예수회회원)들이 중국으로 들어온 과정을 살펴보기로 하자.

2. 예수회의 선교전략

1) 예수회 선교사의 입국 및 선교전략

(1) 정신세계의 정복자 – 예수회의 해외에서의 발전

프랑스 시인, 극작가이자 외교관인 클로델(Paul Claudel, 1868~1955) 이 지은 극시 「비단구두(Le Soulier de satin)」의 무대는 르네상스 시 대를 배경으로 한 작품으로 16세기 말에서 17세기 초에 걸친 스페 인과 보헤미아이며, 그 시야는 다시 남쪽 바다로 펼쳐진다. 그것은 유럽 대륙에서 프로테스탄트와 싸우고 남아메리카와 아시아에서 선교하는 예수회(Jesuit) 선교사의 세계, 그 역사를 시로 재현한 것이 다. 작가 클로델은 가톨릭 시인이며 외교관으로서 예수회가 세계 각 지로 진출한 것에 열렬한 공감을 느꼈을 것이다. 파리에서 쓰기 시 작해 5년 뒤 도쿄에 있는 대사 공관에서 끝맺은 이 극시에 등장하는 총독 돈 로드리게스Don Rodrigues는 다이부쓰라는 이름의 일본인을 향해서 말하였다. 이교도인 일본인에게 붙여진 이름이 다이부쓰(大 佛)라는 것에서도 작자의 시각이 매우 종교적임을 알 수 있다.

> 내가 가톨릭을 믿는 것은, 모든 인류가 하나의 신앙 아래 모여 누 구 하나도 이단 속에 살 권리가 있다고 믿게 하지 않고, 누구 하 나도 다른 모든 사람으로부터 벗어나 다른 모든 사람과 상관없이 살 권리가 있다고 착각하지 않도록 하기 위한 것이다.

이 자기중심적인 단정의 말 속에는 동양에서 상식화되어 있는 관용의 정신이 전혀 보이지 않는다. 작가 클로델은 기질적으로나 성격적으로 이 절대주의적 신앙에 경도되어 있었으며, 예수회 선교사 역시 '하느님의 군대'라는 전투적인 확신에 가득 차 있었다. 이것은 '예수회'의 명칭을 보아도 알 수 있다. 예수회의 '회(會, societas)'는 스페인어 '꼼빠니아compania'를 이그나티우스가 라틴어로 옮긴 것인데, '꼼빠니아'란 원래 군軍의 부대를 뜻하기 때문이다.

제수이트들은 정신세계의 정복자로 자신들의 종교야말로 보편주의적이며, 세계의 다른 종교를 제압해 자신의 종교를 넓히는 것을 고상한 사명이자 백인의 우월적 의무라고 생각하고 있었던 것이다. 그 종교의 사명이 선교이며, 그렇기 때문에 그들 선교사는 아시아에 온 것이라 굳게 믿었다. 그들의 믿음에 다르면 세계를 그리스도교화하는 것은 바른 일이고, 이를 위해서는 다른 나라를 식민지로 만드는 것도 용서받을 수 있다는 대의명분을 만들어 냈던 것이다.

폴 크로델의 희극시 「비단구두」 연극의 DVD 자켓

선교사의 이미지는 정신계의 정복자로서 19세기 서양의 그리스도교 신자들이 좋아하는 이상형이었던 것이다. 그리고 그것은 분명 그리스도교 자체에 내재하는 성격이기도 하였다. 16세기는 정치적으로는 서양사의 중심이 지중해 주변 도시에서 대서양에 면한 국민국가로 이동한 시기였고, 정치체제로서는 도시국가를 대신해 전제군주 체제가 나타나 활동을 개시한 시기였다. '하느님의 군대'인 예수회도, 비교적 민주적인 구성을 지닌 중세 기원의 다른 교단과는 달리 실제적이고 능률적인 구성을 채택하였다. 전제군주와 비슷한 체제 안에서 예수회원 대다수는 교단의 운영에 관해 평생 아무런 발언권도 갖지 못하였다. 총장은 종신제이며 그 이름도 '제너럴(general, 장군)'이라 불렸고, 총장에 대한 철저한 복종과 엄격한 규율이 조직적인 선교 활동의 효과적 실행을 위해 요구되었다. 그러나 예수회는 중세적인 관념적 규율의 준수를 요구하지는 않았으므로 복장에 관해서는 뜻밖에도 제복을 채택하지 않았다. 그러한 창설자 이그나티우스의 현실적 태도는 후일에 마테오 리치가 승복僧服을 둘렀다가 곧 선비의 옷으로 바꾸는 등의 중국 적응주의의 여러 조치에까지 반영되는 것으로 나타난다.

예수회가 나타나자 유럽에서는 프로테스탄트에 대한 가톨릭의 반격이 점차 강화된다. 그 주요한 노력으로는 가톨릭을 믿는 여러 나라에서 꼴레지오나 세미나리오 등의 교육기관을 강화하는 것이었다. 이것이 외국에서는 선교 활동으로 나타난다. 그리고 그 선교 활동의 1인자가 되어 후일 선교사의 전형으로 추앙된 사람이 1541년 인도 남부에 근거지를 두고 활동했던 사비에르(F. Xavier)였다.

예수회의 발전을 연대순으로 간략히 살피면 다음과 같다. 예수회
는 1547년에 콩고로, 1548년에 모로코로, 1549년에 일본과 브라질
로, 1557년에 에티오피아로, 1560년에는 멕시코와 페루와 캐나다
로 각각 나아가는 전 지구적 약진을 보이고 있었다. 예수회 총장은
로마 본부에서 지구의地球儀를 곁에 두고 세계 각지에서 온 보고서
를 읽으며 지령을 내렸을 것이다. 실제로 총장은 해외의 선교사들에
게 보고문 안에 발신지의 위도와 경도를 기록하라는 명령을 내렸다.
가톨릭을 믿는 남유럽 사람들에게 이 장대한 움직임은 이교도를 항
복시키고 신앙을 넓히는 일대 서사시로 비쳤을 것이다. 항해 기술의
발달은 상업적인 발달과 더불어 이러한 정신적 고양이 바탕이 되어
그들의 가슴을 뜨겁게 달구고 있었던 것이다.[46]

1578년 3월 말, 마테오 리치는 리스본 항에서 출발했는데, 대서양
에서 남쪽으로 항해해 적도를 넘고 인도양에서 다시 북쪽으로 넘어
오는 항해에서 자칫 전염병과 해적의 출몰은 두려운 적이었다. 리스
본·희망봉·모잠비크를 경유하는 데 6개월이나 걸린 이후에 마테오
리치 일행은 9월 13일 인도의 중서부 해안인 고아Goa에 도착하게
된다.

이미 앞서 서술했듯이 아라비아 해에 접한 고아는 1510년 포르투
갈의 유명한 지휘관 알부케르케가 이곳을 공격해 점령한 곳이다. 그
후 포르투갈은 고아를 발판으로 말레이반도의 말라카와 중국의 마
카오를 획득하게 되면서 '포르투갈의 고리'를 형성하며 해상제국을

---

46 平川祐弘, 『마테오 리치』, 노영희 역(동아시아, 2002), pp.59~60.

건설하게 된다. 군사적 폭력으로 획득한 점령지 고아를 포르투갈은 동방경영의 중심지로, 예수회는 동방선교의 거점지로 활용하게 된다. 이처럼 점령과 선교는 한 세트로 움직였던 것이다.

(2) 발리냐노의 적응주의 전략

포르투갈 국왕 마누엘Manuel 1세로부터 동방에 있는 그리스도교 왕국을 발견하고 인도로 가서 향신료를 구해 오라는 명령을 받고, 바스코 다 가마가 1497년 7월 8일 리스본을 출발, 무력으로 인도양 해역을 제압하여 해상제국을 건설한 이래 마침내 포르투갈인이 1557년에 마카오에 근거지를 마련한다. 마카오는 고아와 말라카에 이어 포르투갈이 가장 동쪽 끝의 기지로 확보한 곳이었다. 포르투갈인들은 1511년 인도양과 남지나해의 길목인 말라카를 점령한 후부터 남지나해의 활동을 시작했으며, 1517년 처음으로 광주(廣州, 광저우)에 기항해 교역을 시작했다. 중국 관헌은 처음 이들을 다른 조공국 사절들과 마찬가지로 대접해서 교역을 허락했으나 그 관계는 오래가지 못하였다. 중국과의 관계에 익숙지 않은 포르투갈인들은 지나친 욕심과 난폭한 행동으로 중국인들의 반발을 불러일으켰고, 또 중국에 조공을 바쳐 온 말라카가 이들에게 정복된 것이 알려지면서 중국 관헌은 이들의 내왕을 금지시켰다.

그러나 포르투갈인들은 당시의 국제무역을 확장하고 있었고, 중국 측에서도 교역의 이익을 위해 이들을 차츰 포용하게 되었다. 때에 따라서는 정해진 기일에 광주에 입항을 허용하기도 하고 때에 따라서는 상천도(上川島, 상촨섬)에서만 교역을 허용하기도 하다가,

1557년부터 마카오의 반도 끝에 근거지를 만들도록 허락함으로써 도시가 조성되기에 이르렀다.

마카오에 있던 포르투갈의 상인은 교황의 교서에 따라 포르투갈 국왕이 새로 발견한 여러 나라에서의 정치적·상업적 권리를 장악하는 대신, 그 나라들에서 가톨릭교회의 세력을 신장시킬 의무를 지고 있었으므로 일본과의 중개무역 이익 중 일정 부분을 예수회에 제공하고 있었다.

중국을 지도하는 문화적 엘리트, 즉 유림들이나 관료들은 화승총 火繩銃을 들고 해안을 노략질하는 포르투갈인이나 왜구들 모두를 야만인으로 취급하여 포르투갈인이나 기타 서구의 스페인이나 네덜란드 상인들의 활동을 제약하여, 마카오에서 광주로의 접근은 처음에는 연 1회, 이후에는 연 2회 정도 교역을 위해 광동에 가는 것이 허락되어 있을 정도로 철저한 감독을 받고 있었을 뿐, 중국 내륙 전역에 대한 그들의 접근은 거의 완전 봉쇄되어 있었다.

포르투갈 상인은 마카오에서 이틀 정도 배를 몰아 광동이 열려 있는 기간 동안 그곳에 정박했는데, 상륙하는 것은 허가되지 않아 배에서 잠을 자야 했다. 또한 1564년에서 1565에 걸쳐 포르투갈이 명과의 외교관계 체결을 위해 벌인 교섭이 광동에 있는 중국 당국을 통해 행해졌으나 결국 이루어지지 못하였다. 그렇지만 이로 인해 포르투갈인은 '말라카의 상인'으로 중국에 알려지게 되었다고 한다.

그들은 중국 본토 안에 정주하여 그리스도교를 전파할 수 있는 허가를 신청한 적도 있었지만(1565), 프란체스코 피레스가 포정사布政司와 통역을 두고 문답한 결과 서양인은 중국어를 할 수 없다는 이유로 요청이 묵살되었다. 이로 인해 예수회 동방선교의 순찰사 발리냐노(A. Valignano)[47]가 중국의 언어, 관습과 세계관을 철저하게 습득한 탁월한 인재를 통하여 당시 폐쇄된 중화제국을 복음화하려는 야심찬 계획을 수행하게 된다. 그는 먼저 고아에 있던 미켈레 루지에리(Michele Ruggieri, 1543~1607)를 1579년 마카오로 불렀다. 그리고 그에게 3년여에 걸쳐서 중국어와 한문을 열심히 배우게 하면서 중국인들과의 몇 가지 예비적인 접촉 시도를 해 보게 하였다.

1582년 3월, 일본으로부터 마카오에 돌아온 발리냐노는 중국 선교의 기반으로서 마카오의 선교 분위기를 일신하는 여러 가지 조치를 취하였다. 먼저 일본과 마카오의 선교단장을 교체하고 중국 선교 요원들을 일상적인 업무 부담에서 일체 제외시켰다. 그리고 중국인 개종자들을 포르투갈화化시키는 것을 억제하고 선교사들로 하여금 중국화하도록 요구했다. 그는 이 여러 가지 조치가 지속적으로 보장되도록 예수회 총장 아콰비바에게 직접 편지로 탄원하기도 하였다.

마테오 리치의 기록을 보더라도 발리냐노가 적응주의 노선을 고

---

47 알렉산드로 발리냐노(Alessandro Valignano, 范禮安, 1539~1606): 중국과 일본을 선교의 큰 일터로 본 사비에르의 통찰은 발리냐노에 의해 계승되었다. 발리냐노는 27세의 나이에 예수회에 입회한 후 로마대학의 생도부장, 마체라타의 신학교장 등 교육 계통의 일을 맡고 있다가 1573년, 34세의 나이에 인도 순찰사(관할구역이 인도양 이동을 모두 포괄하기 때문에 '동방'순찰사라고도 함)의 대임大任을 맡았다. 유럽에서 오는 선교사들은 단순히 그 지역의 풍속과 관습만을 따를 것이 아니라 '배우기 시작하는 아이들처럼' 모든 행동의 근거를 습득해야 한다고 하여 적응주의 노선의 철저성을 강조하였다.

취시키기 위해 얼마나 교묘한 방 법을 썼는지 여실히 알 수 있다. 그 는 「예수 성명聖名 교우회」라는 단 체를 만들었는데, 이 단체는 새로 개종한 사람들의 정신적 훈련에 적합한 방향으로 운영되었다. 그 리고 그는 이 단체의 운영을 중국 선교 요원들에게 맡겼다. 그렇게 함으로써 그는 마카오의 선교 분 위기를 바꿔 나가는 구체적인 근

프란시스코 사비에르를 계승한
알렉산드로 발리냐노

거를 만드는 동시에 중국 선교 요원들에게 중국 내지선교內地宣敎를 위한 적절한 연습 기회를 만들어 주었던 것이다.(『중국지』, p.135)

이때 발리냐노가 특이한 기회를 하나 찾아냈다. 이 해(1582) 4월 복건성 해안에 무단 상륙한 스페인 선원 일행이 5월에 광주로 압송 되었다. 광동과 광서, 양광 겸임 총독 진서陳瑞는 이 문제를 처리하 기 위해 마카오 시장과 주교가 총독부 소재지인 조경(肇慶, 자오칭) 의 아문에 출두하도록 요구했는데, 발리냐노는 루지에리를 주교 대 신 보냈다. 중국어와 중국 교양을 얼마간 익힌 루지에리에게 좋은 인상과 좋은 예물을 받은 진陳 총독은 그에게 조경에 와서 살도록 허락하였다. 발리냐노는 파시오(Francesco Pasio)를 루지에리와 함 께 조경에 자리 잡도록 하고 고아로 떠났다.[48]

---

[48] 이때 마테오 리치 대신 파시오를 보낸 것은 일본 선교에 배정되어 있던 파시오

(3) 서양 승려(西僧) - 루지에리와 마테오 리치

이런 시도를 통하여 중국 관헌들의 호의를 얻게 된 후, 발리냐노는 마침내 루지에리 그리고 로마와 고아Goa에서 함께 배운 마테오 리치를 마카오로 불러서(1582. 8. 7), 이 둘로 하여금 중국 선교 사업을 맡게 하였다. 루지에리는 현지 관리의 호의에 힘입어, 비록 시장이 열리는 기간에 한정되기는 했지만 서양인 신부가 광동시 내부에 머물 수 있는 허가를 받게 되었으며, 루지에리는 광동 시민의 호기심을 자극하는 인물이었다. 미숙하기는 하지만 중국어를 할 수 있었던 루지에리는 중국인 관리 가운데 아는 사람을 조금씩 늘려가고 있었

미켈레 루지에리

다. 그는 자신의 학문 덕분에 중국 관리 사이에서 '쓰푸(shīfu)', 곧 사부(師父 혹은 師傅)라고 불렸다고 한다.

그러나 중국 정착을 위한 이 기회는 오래지 않아 도로 무산되었다. 1583년 초 진陳 총독은 소환되었는데[49], 떠나기 전에 서양인들을 조경肇慶에서 떠나게 하였다. 서양인들의 내지內地 거

를 임시로 보내고, 마테오 리치는 마카오에서 준비를 더 한 뒤 장기계획에 임하도록 한 조치로 보인다.(『중국지』, pp.136~139)

49 진서陳瑞는 장거정張居正 사건에 연루되어 체직遞職되었다.(明『神宗實錄』권132)

주를 허용한 것이 자신의 정치적 입장에 불리하게 작용하지나 않을까 두려워한 것이다. 파시오와 루지에리는 광주廣州에라도 자리 잡을 수 없을까 시도해 보았지만 결국 실패하고 마카오로 돌아왔다. 그 뒤 파시오는 원래의 임지였던 일본으로 떠났다. 새 총독이 부임한 후 이 기회를 되살리기 위해 루지에리와 마테오 리치가 광주에 가서 해도海道에게 탄원하였으나 아무런 효과 없이 돌아왔다. 그들이 모든 희망을 잃고 마카오에 돌아온 지 불과 1주일이 안 되어 그들의 거주 청원을 받아들일 듯한 소식을 조경肇慶으로부터 받았다. 1583년 9월 초순에 다시 조경으로 간 루지에리와 마테오 리치는 지부知府 왕반王泮 앞에 무릎을 꿇고 앉아서 그들의 신분과 출신을 밝히고, 조경에 살고자 하는 이유를 묻는 질문에 다음과 같이 답하였다고 한다.

우리는 천주님을 유일신으로 모시는 종교에 몸 바친 사람들의 단체에 속하는 사람들입니다. 우리가 출발한 곳은 서쪽으로 아득히 먼 곳이며, 중국의 위대한 명성과 광영을 흠모하여 3년에서 4년에 걸친 여행 끝에 이곳에 이르렀습니다. 마카오에서 우리의 종교생활을 방해하는 상인들의 소란한 왕래와 세속의 번잡을 떠날 수 있는 곳에 몸담을 수 있는 작은 집과 예배를 위한 작은 건물을 짓도록 허가하여 주시기 바랍니다. 우리의 목적은 여기에 있으며, 이곳에 거처를 만들어 우리의 여생을 모두 지내고자 합니다.(『중국지』, p.147)

그들은 지부가 이 청원을 들어줄 것을 간곡히 빌며, 들어줄 경우 그 은혜를 영원히 잊지 않을 것이며, 중국의 법을 어기지 않고 아무에게도 폐를 끼치지 않을 것을 다짐하였다. 지부 왕반은 신부들에게 호의적이었고, 드디어 1583년 9월 10일(후에 중국 선교사의 기념일이 됨)에 그곳 조경에 정착하게 되었다. 지부知府는 루지에리와 마테오 리치에게 원하는 장소를 찾아보도록 허락했고, 선교사들이 이튿날 한 장소를 결정, 지부에게 알리자 지부도 이 장소를 좋게 여겨서 자리 잡는 일이 순조롭게 진행되었다고 한다.(『중국지』, pp.148~149)[50] 당초 신부들은 발리냐노의 지령으로, 그리스도교를 설파하지 않고 먼저 말을 배우고 글자를 외우며 예의범절을 몸에 익히는 모범적인 생활을 함으로써 중국인의 마음에 들려고 노력하였다.

이들 최초의 두 예수회 선교사 루지에리와 마테오 리치의 최대 과제는 결국 자신들이 노략질이나 폭력을 일삼는 포르투갈이나 카스틸리아(스페인)에서 온 상인(즉 야만인)이 아니라는 점을 강조하는 일이었다. 그들은 사실 언제라도 중국의 관헌들에 의해 가차 없이 추방당할 수 있는 불안과 악몽에 시달렸기 때문에, 한편으로는 열심히 중국의 경전들과 관습들을 배우고 이해하고자 했으며, 그리고 다른 한편으로는 기회가 있을 때마다 당시 서방의 최고 명품들을 지부나 총독에게 선사함으로써, 그리고 동시에 중국의 지식인들에게 새로운 서방의 우수한 기기器機를 제시함으로써 자기들이 결코 야만

---

50 김기협, 「마테오 리치의 중국관과 보유역불론」(연세대학교 대학원 박사학위논문, 1993). pp.26~27.

인이 아님을 입증하고자 했다. 지부 왕반은 부하들을 데리고 자주 신부들의 집으로 왔고, 신부들 또한 매월 초하루에 지부 관저로 인사차 방문하게 된다. 물론 시계와 프리즘 등의 선물과 함께.

그리고 두 사람은 중국인들로부터 이상한 혐오감을 사지 않기 위해 우선 일본에서의 성공적인 선교 경험을 토대로, 소매가 길고 옷자락이 쳐진 수수한 승려의 복장과 삭발을 한 서방의 승려(西僧)로 행동을 하고 있었다. 이것이 사람들의 호기심을 끄는 원인의 하나였지만, 신부들은 가톨릭 신부의 복장과 별로 다르지 않다고 생각하고 있었다. 따라서 그들은 조경에서 중국 총독의 윤허와 도움으로 최초로 세운 천주교회의 이름을 선화사僊花寺라고 하였다.

(4) 서양 승려의 선교소 – 선화사 서래정토

중국에 온 뒤의 마테오 리치의 활동을 연대순으로 살펴보면 다음과 같다. 마테오 리치는 1582년(만력 10년) 3월 발리냐노가 마테오 리치에게 마카오로 올 것을 명령하였고, 그 해 8월 7일에 마카오에 도착하였다. 그는 다음 해인 1583년 선배 루지에리 신부를 따라 조경으로 들어갔고, 그곳에서 6년 동안 머물렀다. 그동안 마테오 리치는 총 순찰사 발리냐노의 명령에 따라 오직 중국어와 중국문화 학습에 열중하였다. 1585년 11월 10일의 편지에서 그는 다음과 같이 쓰고 있다.

우리들은 중국인을 그리스도교로 개종시키려는 시도는 하지 않았습니다. 그 같은 일은 명나라 관리에게 우리를 이곳에서 추방

할 구실을 주는 것이기 때문입니다.

이러한 소극적인 태도를 취한 것은 중화사상의 나라 중국의 경우,
외국 사람은 외부의 가르침을 전하기 위해서가 아니라 중국의 가르
침을 받으러 오는 경우에만 입국이 가능했기 때문이다. 마테오 리치
는 1589년 소주(韶州, 사오저우)로 옮기고 나서도 조경肇慶 시절과 마
찬가지의 노력을 거듭하고 있었다. 그리고 개종에 관한 고심을, 혹
은 개종이 가져오는 결과를 다음과 같이 보고하고 있다. 1594년 10
월 12일 편지이다.

개종한 소수의 사람들도 이교의 우상을 파괴하지 않는다면 진정

선화사 유적지

한 그리스도교 신자라 할 수 없을 것입니다. 그러니 그 (파괴의) 일이 알려진다면 우리들은 이 땅에서 쫓겨나게 되겠지요. 그래서 개종을 하고서도 그것을 밖으로 드러내고 싶지 않은 사람은 비밀스럽게 그리스도교를 믿고 있습니다. 어떤 사람은 우상을 파괴하기도 하고 우상을 태우거나 땅에 파묻어 버리기도 합니다. …… 이런 점에서 확신할 수 있는 것은, 만일 이 나라가 그리스도교로 개종한다면 일본도 우상 숭배를 하지 않게 되리라는 점입니다.

그가 중국어와 중국문화 학습에 치중했지만, 그렇다고 해서 일상적인 선교 또한 규모는 작았을 뿐 소홀했던 건 아니었다. 그런 가운데서도 루지에리는 조경에 정주한 지 1년 후인 1584년에 중국어에 의한 교리문답서 『천주성교실록天主聖敎實錄』(이하 천주실록)을 간행한다. 이 책에 관해 마테오 리치는 다시 다음과 같은 흥미로운 일화를 전하고 있다.

영서도는 이 지방에서 다른 누구보다도 우리에게 관심을 가져준 사람이므로 우리들은 그에게 교리문답을 보내 이 책을 칭찬하는 일종의 서문을 써달라고 부탁했습니다. 그것이 중국의 관습이기 때문입니다. 그에 대해 영서도는 "그런 것을 쓸 필요는 없다. 교리문답을 읽어 봤더니 참 좋은 책이었다. 중국 안에 퍼뜨려도 별 지장이 없을 것이다"라고 말해주었습니다. 이처럼 교리문답을 배부하도록 허가해 준 것에 우리들은 서문을 받은 것 이상으로 기뻤습니다. 교리문답이 유포되는 동시에 그리스도교 신앙도 확대되는 것이니까요. 우리는 중국의 교의에 반대하는 듯한 책이 유포되는 것을 영서도가 원치 않을까 염려하고 있었습니다만, 중국인은 자신들의 교의에 그다지 집착하지 않는 듯합니다. 그뿐이 아닙니다. 영서도는 우리 집을 방문할 때 가끔 다른 대관들을 데리고 오는 경우가 있는데, 우리들이 가만히 서 있기만 하면 자신이 도리어 재촉하여 모두에게 교리문답을 보여줄 정도입니다.

영서도란 광동과 광서 양 지방을 통치하는 총독의 관직명이며, 그 관청은 조경(자오칭)에 있었다. 그리고 1584년 그 지위에 오른 사람이 바로 이전까지 조경의 지부였으며 예전에 예수회 선교사들을 환영해준 왕반王泮이었던 것이다. 게다가 그는 교회의 입구에 '선화사僊(仙)花寺 서래정토西來淨土'라는 편액을 걸어 주었는데, 이 편액은 조경의 백성이 예수회 선교사들을 존경토록 하는 데 큰 도움이 되었다. 영도서와 같은 고관이 보호자로서 배후에 있음을 보인 이상 백

루지에리가 지은 『천주성교실록』

성이 그들을 함부로 대하지 못하게 된 것이다. 그러나 '절(寺)'이라는 말이나 '서래정토'라는 표현으로 볼 때 중국인에게 우선 연상된 것은 불교가 아니었을까? 영서도 왕반이 흥미롭게 읽은 『천주실록』은 1584년 루지에리(중국명 羅明堅)가 쓴 것인데, 혹시 이것 또한 중국 고관에게는 불교의 한 종파를 알리는 글로밖에 비치지 않았던 것은 아닐까?

이런 생각이 드는 것은, 우선 조경에 있을 당시 예수회 선교사들이 승복을 걸치고 있었고, 『천주실록』 서문에도 '만력 갑신년 가을 8월 18일에 천축국의 승려가 씀(天竺國僧輯)'이라고 나와 있었으므로 루지에리나 마테오 리치가 천축이라는 정토에서 온 승려처럼 여겨졌을 것이기 때문이다.

한편 이렇게 한문으로 된 저술을 읽은 영서도 왕반이 과연 그리스도교의 실체를 어느 정도 인식했을 것인가 하는 문제에 이르면 의문의 여지가 참으로 많다. 다만 확실하게 말할 수 있는 점은 외국인의 손으로 쓰인 한문 저술이 학문을 숭상하는 중국 고관의 호기심을 불러일으켰고, 이에 경의를 표하게 했다는 점이다. 코친차이나(Cochin China: 인도차이나반도에 있는 베트남 남부의 옛 이름)의 중국 대사도 베이징에서 자국으로 돌아갈 때 영서도를 방문한 후 예수회 선교사의 집에 들렀기 때문에 신부들은 기뻐서 『천주실록』을 몇 부나 주었다고 한다. 마테오 리치는 뒤에 루지에리가 쓴 이 『천주실록』에 대해 부정적인 평가를 내리게 되지만(1593년 12월 10일 편지), 일단 1585년 11월 22일의 편지에서는 다음과 같이 쓰고 있다.

이 교리문답(『천주실록』) 덕분에 우리들은 중국인 사이에서 많은 신용을 얻게 되었습니다. 많은 사람들이 이 책을 구하러 옵니다. 광동 지방에서 두 번째로 높은 직위의 관리가 아주 정중하게 사자를 보내 이 책 한 권을 부탁했습니다. 또 다른 남자는 회개하기 위해 오랫동안 고기나 달걀, 우유도 거부하는 생활을 하다가 이 교리문답을 읽고 곧 우리에게 우상과 책을 가지고 달려와 그것을 태워 달라고 부탁했습니다. 그는 곧 신앙 개조箇條와 「주기도문」 및 「십계」를 배웠습니다. 이런 것도 미리 중국어로 인쇄해 두었지요. 우리는 성 바오로 축일(6월 29일)에 그에게 세례를 주고 세례명을 바오로라고 했습니다.

중국의 호기심 어린 반응과 함께 상대의 흥미와 관심을 부추기면서 중국 사회의 내부에 뿌리를 내리려고 한 예수회 선교사들의 고심 어린 활동을 엿볼 수 있다.[51]

(5) 루지에리와 마테오 리치의 조경 생활

조경(자오칭) 정착 이래 여러 해 동안 선교소를 지탱한 것은 루지에리와 마테오 리치 두 사람이었지만, 적응주의 노선을 중심으로 중국 선교의 방침을 형성해 나간 주역은 마테오 리치였던 것 같다. 루지에리는 중국어의 학습을 마테오 리치보다 먼저 시작했으면서도 1588년 중국을 떠날 때까지 중국어를 제대로 습득하지 못하고 있었

---

51 平川祐弘, 『마테오 리치』, 노영희 역(동아시아, 2002), pp.201~202.

던 것과 마찬가지로, 마테오 리치보다 중국에 먼저 들어왔으면서도 중국의 풍토에 맞는 선교 자세를 다듬어내지 못한 것으로 보인다. 루지에리는 1585년 왕반王泮의 고향인 절강성浙江省의 소흥紹興에 초대받아 머무를 때도 무리하고 무모한 행동을 저질러 왕반과의 관계를 악화시킨 일이 있으며, 1587년에 다시 광서廣西 지방을 여행하면서 황족을 방문하겠다고 고집을 피워서 물의를 일으키는데, 이것이 그를 중국에서 철수시키는 결정적 계기가 되었던 것 같다.(『중국지』, pp.182~183) 그는 명나라의 황족이 어떠한 위치에 있는 존재인지 이해하지 못한 채로, 그를 통해 황제에게 선을 대어 볼까 하는 헛된 희망에 불타서 광서廣西 순무(巡撫: 지방장관)를 비롯한 관리들을 모두 찾아다니며 소란을 피운 것이다.

이 일이 조경에 알려지자 영서도윤嶺西道尹과 지부知府 등 선교사들과 관계를 가졌던 관리들이 모두 난처한 입장에 빠졌다. 여기에 겹쳐서 루지에리가 억지로 찾아가 좋지 않은 인상을 주었던 광서 순무가 얼마 후 양광(兩廣: 광동·광서) 총독으로 오게 되었으니, 그 휘하에 들어갈 관원으로서 선교사들의 존재에 대해 책임을 져야 할 위험이 이들에게 닥친 것이다.

이에 겹쳐서 선교사들의 조경 정착에 문제를 일으킨 것은 주민들과의 충돌이었다. 그 예로 1585년 봄에 돌팔매질을 한 아이를 붙잡았다가 납치 혐의로 고발된 일이 있었고, 1588년 봄에는 군중의 선교소 난입이 있었고(홍수 피해의 복구에 협조하지 않는다는 이유였음), 여름에는 광주廣州 장로長老들이 선교사들을 찰원察院에 고발한 일이 있었다.

마테오 리치는 중국인들, 특히 조경의 주민들이 선교사들에게 반감을 가진 이유로 몇 가지를 제시하였다.(『중국지』, pp.160~162)[52] 먼저 관리들과의 우호관계에 대한 질투심, 그리고 일반 중국인들이 내재적으로 가진 외국인에 대한 불신과 두려움이 변방에 위치해 있고 포르투갈인의 활동을 보게 된 광동 사람들에게 특히 심하다는 사실, 거기다가 조경 사람들은 선교소와 비슷한 시기에 지어진 11층탑과 선교사들과의 관계에 대해 의심을 가지고 있었다고 한다. 사실 왕반이 선교사의 편액에 "선화사僊花寺"라고 써준 것은 이런 의심을 뒷받침해 주는 것이 아닐 수 없었다. 또 선교소에 일반의 자유로운 출입을 막은 것도 불만의 원인이 되었다고 하는데, '사寺'라고 이름 붙여진 장소가 주민들에게 유원지의 역할을 거부한 것은 중국사회의 관습으로 보아 불만스러웠을 것이 당연한 일이다.

결국 선교사들은 1589년 여름에 조경에서 추방되었다. 신임 총독 유계문劉繼文이 조경에 부임하기 전부터 선교사들을 축출하도록 명령한 동기를 마테오 리치는 선교소의 건물을 뺏기 위한 욕심으로 설명해 놓았지만, 이것은 악의적인 비방으로 보인다. 그는 선교사들을 소주韶州의 남화사南華寺로 옮겨서 살도록 명령했는데, 그동안 조경에서 몇 차례 선교사들로 인한 소동이 있었던 일을 생각하면 선교사들의 공식적인 거주 이유에 적합한 조치를 취한 것으로 이해할 수 있다.

이주 명령에 대해 마테오 리치 자신은 따를 생각이었으나, 마카오

---

52 김기협, 앞의 논문, pp.45~46.

에서 보고를 받은 발리냐노가 절대 다른 곳으로 옮기지 말고 부득이하면 차라리 중국을 포기하고 나오라, 다른 곳에도 선교사가 필요한 곳은 얼마든지 있다고 하고 극한투쟁을 지시했다고 마테오 리치는 기록해 놓았다.(『중국지』, pp.206~207) 중국 선교에 오랫동안 정성을 들여온 발리냐노의 지침으로는 도저히 이해할 수 없는 내용이다. 이 지침으로 인해 중국 선교가 거의 파멸에까지 이른데 대한 책임관계로 왜곡된 내용을 적은 것인지, 그렇지 않으면 조경과 마카오 사이의 통신 문제로 무언가 잘못된 일이었는지 판단을 도울 다른 자료가 없었다.[53]

　조경을 떠나라는 명령에 강경하게 저항한 결과, 마카오로 축출당하는 최악의 사태에 이르렀다. 마테오 리치 일행이 광주까지 나왔을 때 총독이 다시 불러서 마지막 절충을 한 끝에 소주(韶州, 사오저우)로 향하게 된다.(『중국지』, pp.208~221) 이 경위에 대한 마테오 리치의 기술에는 석연치 않은 점이 많지만, 전체적인 윤곽으로 볼 때 기왕 거주를 허가받고 있던 외국인을 굳이 국외로 추방하지는 않더라도 그 공식적인 거주 이유(조용한 종교생활)에 적합하면서 말썽을 일으킬 소지가 적은 곳으로 보내려는 총독의 뜻이 관철된 것으로 대략 이해된다. 아무튼 선교사들에게는 이로써 정착의 첫 단계가 마무리된 셈이고, 소주로 옮긴 뒤로는 그 활동범위에 상당한 변화를 겪게 된다.

---

53 이때 루지에리는 마카오에 나와 있었는데, 조경의 사태 악화에 책임이 컸던 그가 조경의 상황을 잘못 전달했을 개연성을 상정할 수 있다.

이때 루지에리도 중국 현장에서 물러났다. 마테오 리치보다 앞서서 중국 선교에 투입되었던 루지에리는 끝내 마테오 리치만큼 현지에 적응하지 못하였다. 선교소를 증설하기 위한 목적으로 루지에리는 절강성과 광서성을 여행했지만, 두 번 다 선교소에 해로운 결과만 가져왔다. 그는 결국 1588년 초 마카오에 다니러 간 길에 선교단장 산데의 결정으로 그곳에 머물러 있다가 발리냐노의 도착 후 유럽으로 송환되어 선교현장에서 은퇴하였다.[54]

그동안 중국 선교단에는 마테오 리치와 루지에리 외에 선교단장 산데(Duarte de Sande, 孟三德, 1547~1599)를 비롯하여 알메이다(Antonio de Almeida, 麥安當, 1557~1591)와 페트리스(Franceco de Petris, 石方西, 1562~1593)가 임명되어 있었다. 그러나 중국 관헌이 처음 들어온 두 사람 외에 다른 사람들의 거주를 허가하여 주지 않으려 했기 때문에 산데와 알메이다가 잠깐씩 들어갔다가는 형편이 여의치 않아 되돌아 나오고, 페트리스는 조경에도 가보지 못하고 있었다.

유劉 총독의 부임을 계기로 조경을 포기하는 대신 보다 내륙에 위치한 소주에 새 터를 잡게 된 것은 전화위복의 결과였다. 소주는 조경보다 내륙에 위치했기 때문에 포르투갈인들의 활동이 확대되는 데 대한 주민들의 반감이 별로 없었다. 그리고 양광兩廣 지방 행정의

---

54 발리냐노가 교황으로부터 중국 황제에게 사절을 보내도록 주선하는 임무를 루지에리에게 맡겼다고 하지만, 정황으로 보아 루지에리가 중국 선교에 적합지 않다는 판단을 내린 결과인 것 같다.

중심지인 조경에 비해 선교소에 영향을 끼칠 수 있는 관리들의 수도 적고 상대하기가 쉬웠다. 또 루지에리를 대신한 알메이다가 전임자보다는 차분하게 한몫을 한 것 같다. 그러나 무엇보다도 소주에서의 활동을 한 단계 끌어올릴 수 있었던 중요한 조건은 앞 단계에서의 경험을 통해 선교사들의 적응력이 강화되고, 그동안의 준비를 통해 더 적극적인 활동이 가능하게 된 것이었다.

조경(肇慶, 자오칭) 시절(1583~1589) 선교사들의 가장 중요한 후원자가 왕반이었다면, 소주(韶州, 사오저우) 시절(1589~1595)의 가장 중요한 친구는 구태소(瞿太素, 본명은 汝夔, 太素는 雅號)였다.

구태소는 강소성 소주(蘇州, 쑤저우)의 명문 출신으로 타락한 생활을 하고 있었다. 일찍이 연금술로 가산을 탕진한 뒤에는 관명이 높던 부친의 명성을 팔아먹으며 강호를 주유하고 다니다가 마카오의 포르투갈인들이 수은으로 은을 만드는 연금술을 가졌다는 소문에 이끌려 선교사들에게 접근하게 되었다.

마테오 리치는 자기로부터 연금술을 배우겠다고 찾아온 구태소를 최초의 천주교 교화인으로 만드는 데 성공하였다. 마테오 리치는 그에게 천주교의 교리 외에 서양의 수학·기하학·역학 등을 가르쳤으며, 동시에 그로부터 사서오경四書五經을 배우면서 그것을 라틴어로 번역하고 주해하기 시작하였다. 특히 구태소의 제안에 따라 당시 중국 사회의 지도층인 유림儒林들과의 자유로운 접촉과 교류를 위하여 불교식의 승복을 벗고, 중국에 온 지 12년 뒤인 1594년부터는 로마 본부의 허락을 얻어 유림의 복장을 하고 '이마두(利瑪竇: 마테오 리치의 漢音譯)'라는 이름 외에 별도로 문인들의 관습에 따라서, 호號

를 서태西泰라 짓고 서방에서 온 학자(西士)의 신분으로 중국 문인들과 본격적인 교류를 시작하였다. 마테오 리치는 이들 중국 문인들에게 정밀한 지도, 지구의, 천체의天體儀를 제작해 보이는 일 외에 그의 한문 지식이 발전되어감에 따라 한문으로 저술함으로써 그의 선교 활동을 더욱 발전시켰다. 이런 학문과 저술 활동을 통하여 마테오 리치는 많은 중국 문인들을 지기로 만들 수 있었다. 구태소는 비록 퇴폐적인 생활을 하고 있었지만, 교유의 범위가 넓고 재간이 좋은 사람이어서 마테오 리치의 명성, 특히 수학자로서의 명성을 넓히는 데 막대한 공헌을 하였다.

소주韶州에 있는 동안에도 주민들과 심각한 분쟁(돌팔매질을 고발하여 인근 주민들을 위압한 사건)을 겪었는데, 이것은 입교자들의 '우상파괴' 행패가 주민들의 반감을 일으킨 때문이었던 것 같다. 마테오 리치의 기록에 의하면, 분쟁의 실마리가 된 것은 1591년의 신년 축제 때 마테오 리치가 소중하게 보관하고 있던 성상聖像 하나를 제단 위에 설치한 일이었다고 한다. 입교자들의 우상파괴를 방조 내지는 사주해 온 것으로 주변에 비쳤을 선교소에서 자기네 우상을 자랑스레 내어놓은 것이 누적된 반감을 폭발시켰을 것으로 생각된다.[55]

---

[55] 선교소에 입교자들을 살게 한 것은 숙식을 빌미로 해서 의탁할 데 없는 사람들을 끌어들인 것으로 보이는데, 이들이 빈 절과 사당을 습격해서 우상을 파괴하는 일에 열심이었다고 한다. 선교사들은 이를 말렸다고 기록해 놓았지만 그렇게 열심히 말린 것 같지도 않고, 결국 우상파괴 행위는 선교사들이 원하는 마음에서 연유했다고 볼 수밖에 없다. 당시 주변의 주민들도 당연히 그렇게 생각했을 것이다.(『중국지』, pp.247~248)

또한 이듬해 여름 선교소에 야간 주거침입 사건으로 주민들과의 불화가 극심하여 — 선교사들이 처음 활동한 조경의 선교소는 이미 폐쇄되었거니와 — 그 다음 활동 장소인 소주의 선교소도 10여 년 후에 폐쇄의 운명에 처하게 되는 것은 광동성에서 선교사들의 적응수준이 아직 미숙했던 때문이라고 할 것이다. 그 미숙성이 가장 뚜렷이 드러난 것이 주민들과의 관계를 통해서였으며, 마테오 리치가 소주를 떠난 뒤로는 서사(西士, 서양선비)로서 새로운 적응수준에 도달, 이런 문제를 벗어난 것으로 보인다.

2) 서사西士 신분의 확립 — 승복僧服을 벗고 유복儒服으로

초기 선교사들은 중국에 들어와 외래종교인 불교가 민중 가운데 광범히 보급되어 있는 것을 보고, 자신들의 종교적 입장을 중국인에게 인상적으로 심어주기 위해서 처음에는 승복僧服을 착용하고 천축국(天竺國: 인도)의 승려라고 자칭하면서 불교적 용어로 교리를 설명하였다. 루지에리(羅明堅, Michael Ruggieri)가 1584년에 교리문답서 『천주실록天主實錄』을 쓸 때, 불교적 어휘를 많이 활용한 것도 바로 이러한 입장의 반영이었던 것이다. 그러나 이들은 중국에서의 생활 경험을 통하여 중국 사상 중에 유교의 비중이 지대함을 점점 깊이 인식해 감에 따라 불교 색을 일소하고 유교 색을 취해가기 시작했다. 『천주실록』의 저술(1584년 刊印)에 참여했던 마테오 리치가 이를 개보改補, 수정에 착수하여 유교와의 타협적인 『천주실의天主實義』(1596년 稿本完成, 1603년 初刻)를 집필한 의도도 거기에 있었다.

마테오 리치가 소주韶州에 처음 왔을 때부터 그를 보좌하던 알메이다는 1591년에 병사하고, 그 뒤를 이은 페트리스도 1593년 역시 병사하였다. 중국 선교단장으로 마카오에 주재하고 있던 산데는 1591년에 소주를 한 차례 시찰했고, 마테오 리치는 1593년 초 조경에 출두한 길에 마카오에 나가서 일본에서 막 돌아온 발리냐노와 중국 선교의 방향에 대한 광범위한 의논을 나누었다. 이때 논의된 중요한 내용은 승려의 복장에서 유사儒士의 복장으로 바꿀 것과 새 기지를 개척하는 일이었다.

예수회의 순찰사 신부가 일본으로부터 중국 마카오로 돌아왔을 때, 마테오 리치 신부는 중국 선교를 반석 위에 올려놓고 전파하고자 하는 복음의 위대함에 걸맞도록 넓고도 튼튼하게 만들 계기를 만들고자 하였다. 그는 이미 선교소에서 신부들의 호칭으로 '승僧'이라는 부끄러운 말을 쓰지 않도록 하고 있었다. 그러나 일반인들에 대해서는 이것이 쉽지 않은 일이었다. 신부들은 승려들과 같이 독신생활을 하고, 절에서 살고, 정해진 시간에 기도를 올리기 때문이었다. 그 호칭 자체가 어떤 뛰어난 성취를 이루는 데도 장애가 되었다. 신부들과 중국 승려들의 기능 몇 가지가 비슷하기 때문에 사람들은 전혀 다른 대상을 같은 이름으로 부르게 되는 것이었다. 그래서 마테오 리치 신부는 순찰사 신부에게 수염과 머리카락을 기르게 함으로써 우상숭배자들과 구별되도록 하는 것이 기독교의 신앙을 위해 좋은 길이라 생각한다고 이야기했다. 그들에게는 면도를 깨끗이 하고 머리를 짧게 치는 것이 정해진 규칙임을 설명하였다. 그는 또한 경험을 통해서 신부

들로 하여금 교육받은 중국인들과 같은 복식服飾을 하도록 건의
했는데, 왜냐하면 중국 관리들을 방문할 때 비단 두루마기를 입
지 않으면 관리들이나 지식층과 동격으로 인정될 수가 없다고 보
았기 때문이다. 끝으로 마테오 리치 신부는 자기 자신이 가능한
한 빨리 새로운 기지를 열도록 노력하겠다는 것을 순찰사 신부에
게 설득하였다. 그가 이같이 제시한 이유는, 짧은 기간에 두 선교
사의 목숨을 앗아간 소주韶州의 불결한 환경, 이것으로 충분한 이
유가 되지 않는다면, 또 하나의 기지를 가지는 장점은 선교 사업
의 안전성을 늘려주고, 한 기지에 불운이 닥치는 경우에도 전체
사업의 성패가 결정적인 위협을 받지 않으리라는 점이다. 순찰사
신부는 이 청원들이 매우 합리적이라고 생각해서 그 모두를 승인
해 주고, 요청 하나하나에 대한 정식의 보고서를 로마의 예수회
총장 신부와 교황 성하께 보낼
일을 스스로 맡았다.(『중국지』,
pp.258~9)

이 새로운 방침을 실천하기
위해 약 2년의 준비기간을 가진
후, 소주韶州의 선교사들은 1594
년 말부터 유삼儒衫을 입기 시작
했다. 마테오 리치는 1595년 봄
에 처음으로 광동성을 떠나 남
경으로 길을 떠났다. 이제 중국

유교복장을 한 마테오 리치

선교는 마카오와 직접 관련이 없는 내지로 무대를 넓히게 되면서, 복식을 비롯한 문화적인 면에서도 중국 현장의 고유한 상황에 적응하는 새로운 단계로 접어든 것이다.

예수회 선교사들이 중국에 들어가기 몇십 년 전부터 활동했던 일본에서는 불교 승려들이 민간에서 상당한 권위를 누리고 있었으므로 중국도 이와 비슷한 것으로 추측하고 종교인의 신분을 밝히는 복장을 처음부터 채택했던 것인데, 실제로 겪어보니 중국에서는 일본에서와 달리 민간에게 승려의 권위가 아주 낮다는 것을 알게 된 것이었다. 뿐만 아니라 마테오 리치는 조경과 소주에서 약 10년의 기간을 지내는 동안에 보유척불론補儒斥佛論, 즉 불교의 영향을 받아 타락한 유가를 도와주면서 불교의 자리를 빼앗는다는, 오랫동안 중국에서 예수회의 기본전략으로 채택될 방침을 대략 형성하고 있었으므로 불교와의 차별화를 또한 필요로 하고 있었다. 그러나 선교사들이 그동안 활동해 온 광동 지역에서는 복식을 바꾼다고 해서 일반의 인식이 하루아침에 달라질 수가 없었다. 활동영역을 광동성 밖으로 넓힐 필요는 이런 측면에서도 시급하게 제기되고 있었던 것이다.

소주의 신부들은 점차 이 새로운 복식에 익숙해졌고, 그 중국인 친구들은 이것을 무척 좋아하였다. 왜냐하면 그들은 이제 자기들의 격식에 따라 신부들을 자기들과 동격으로, 그리고 더 편안하게 대할 수 있게 되었는데, 우상에게 희생을 바치는 자기네 승려들에게는 그렇게 대할 수가 없는 것이었다. 관리들과 상류층 중국인들은 언제나 신부들에게 경의를 가지고 대했었는데, 이것은 신부들이 자기네 성직자들과는 달리 뛰어난 학식과 덕성을 갖추고 있다고 생각한 때문이었다. 반면 이런 점을 알아볼 줄 모르는 어리석은 평민들은 승려란 다 똑같은 것이라고 생각하였다. 따라서 상류층 사람들로 하여금 관습에 어긋나는 복장을 한 사람들과 어울림으로써 예절과 품위에 벗어나는 일이라도 없을까 하는 걱정으로 신부들을 동격으로 대하지 못하게 한 데는 신부들 자신의 책임도 없지 않았다. …… 학인, 즉 지식층은 그 사는 곳이 어디든 신분에 어울리도록 그 나라의 관습을 따르고 그 관습이 정해주는 복장을 취해야 한다는 보편적인 생각을 중국인들은 가지고 있다. 유감스럽게도 광동성의 영역 안에서는 '중'이라는 지긋지긋한 딱지를 신부들이 떼어버릴 수가 없었다. 다른 성省에서는 도착하면서부터 학인 계층과 같은 신분으로 인정받을 수 있었던 것은 다행하고도 유용한 일이었다.(『중국지』, pp.259~260)

1595년 봄에 마테오 리치는 병부시랑으로 임명되어 북경으로 가고 있던 석성石星의 일행에 끼어 마침내 광동성 밖으로 여행할 기회를 맞는다. 석성이 마테오 리치를 일행에 끼워 준 동기는 그 아들의 병에 도움을 얻기 위한 것이라고 한다. 마테오 리치는 석성의 일행에 끼어 남경까지 가서 면식이 있는 남경 공부시랑 서대임徐大任에게 의지하려 하였으나 서徐는 마테오 리치를 엄하게 꾸짖어 남경에서 쫓아냈다.(『중국지』, pp.260~272)

서대임의 노여움을 피해 남경을 떠난 마테오 리치는 소주韶州와 남경의 중간에 있는 강서성江西省의 성도省都 남창南昌에 자리 잡았다. 그의 남창 정착을 도와준 사람은 석성 관계로 알게 된 왕계루王繼樓라는 의원이었다. 그는 상류층 인사들과의 교분이 넓어서 마테오 리치를 많은 사람들에게 소개시켜 주고, 여러 사람이 있는 자리에서 석石 시랑이 마테오 리치의 남창 정착을 도와주라고 자기에게 여러 번 편지를 보낸 것처럼 거짓 선전을 하기도 했다고 한다.(『중국지』, p.276) 하지만 왕 의원의 영향력에도 한계가 있어서 마테오 리치는 다시 관리들에게 줄을 댐으로써 남창의 거주 허가를 받으려 애썼으나 일이 그리 쉽게 풀리지 않고 있었다. 그런 중에 외국인의 존재에 대한 이런저런 야릇한 소문을 남창 성내에 뿌리게 되었는데, 이 소문을 들은 강남 순무 육만해陸萬垓가 마테오 리치를 찾아 관아로 불러들였고, 마테오 리치는 육陸 순무의 호의를 얻어 남창에 자리를 잡기에 이르렀다. 남창에서의 3년(1595. 6.~1598. 9.) 동안 유사儒士의 복장을 취하는 것을 비롯해서 여러 가지 새로운 방법들이 갖추어지고 익숙해진 것으로 보인다. 조경이나 소주에서와 같이 주민들과 싸우는 일이 없었다.[56]

조경에서 활동을 시작할 때 선교사들이 중국인들의 관심을 끌어모은 것이 시계, 미술품, 악기 등 신기한 물건들을 통해서였던 데 비해, 남창에서 마테오 리치가 과시한 것은 수학의 지식과 해시계를 만들고 다루는 기술, 기억술 등 지적인 면으로 바뀌었다. 신기한 물건들의 효력이 그동안 없어진 것이 아니겠지만, 마테오 리치의 중국어 실력이 향상하고 중국문화에 대한 이해가 깊어짐에 따라 물질 쪽

---

56 그동안 소주紹州에서는 또 한 차례의 분쟁이 있었다.(『중국지』, pp.287~289)

에서 지식 쪽으로 비중이 옮겨진 것으로 이해할 수 있다. 여기서 더 나아가 『교우론交友論』과 『서국기법西國記法』을 지음으로써 지적, 도덕적인 면에서 중국의 기준에 따라 인정받고자 하는 노력도 남창에서 시도된 일이다. 이 저술들을 통해 마테오 리치는 복장뿐만 아니라 하나의 선비, '서사西士'로서 완전한 자격을 갖추게 된 것이다.

1597년 여름, 고아Goa에서 마카오로 온 발리냐노는 환 다 로챠(Joao da Rocha, 羅如望, 1566~1623)와 니콜로 롱고바르디(Niccolo Longobardi, 龍華民, 1559~1654)를 중국으로 투입하였다. 이로써 중국 선교단은 소주를 지키고 있던 라자로 카타네오(Lazzaro Cattaneo, 郭居靜, 1560~1640), 1595년 이래 마테오 리치를 따라다니고 있던 환 소에리오(Joao Soerio, 蘇如望, 1566~1607), 그리고 마테오 리치까지 5명이 되었다. 그리고 선교단장인 산데가 마카오에 머무르고 있던 상태 그대로는 선교단의 원활한 활동이 어렵다고 판단하여 마테오 리치를 중국 선교단장으로 임명, 현지상황에 적응하기 위한 재량권을 늘려주었다. 이렇게 소주와 남창의 선교소를 지킬 인력이 확보되고 선교단의 틀이 잡힌 뒤, 지금까지 정비된 새로운 적응방법을 가지고 마테오 리치는 1598년 가을부터 중국의 중심부를 향해 다시 움직인다.

1598년 6월, 마테오 리치는 카타네오와 함께 이부상서(南京) 왕홍회王弘誨의 일행으로 남창을 떠나 남경으로 향했다. 이런 기회를 얻게 된 것도 구태소를 통해 선전된 과학지식 덕분이었다. 왕홍회가 북경으로 돌아가는 길에 마테오 리치 신부를 황도皇都로 함께 데리고 가 중국 천문학자들이 고쳐내지 못하고 있는 역법曆法의 별자리에 관한 착오 몇 가지를 바로잡는 일을 맡기겠다고 약속했던 것이다.

일단 남경에 도착하였지만, 일본의 조선 재침(정유재란)으로 인해 여행에 좋지 않은 상황이 전개되었다. 또한 보호자로 믿고 따라온 왕홍회조차 마테오 리치와의 접촉을 꺼리는 형편이었다. 그러나 마테오 리치는 포기하지 않고 북경으로 가는 길을 여러 방향으로 시도해 보았고, 결국은 황제의 탄신을 경하하러 북경으로 가는 왕홍회의 짐을 호송하는 하인들 틈에 끼어서 북경행에 동참하게 되었다.

그러나 이 여행에서 아무런 성과도 거두지 못하고 11월 초에 북경을 떠난 마테오 리치 일행은 한 달 후 임청(臨淸, 린칭)에서 운하의 빙결凍結로 발이 묶였다. 마테오 리치는 하인 둘만을 데리고 육로로 먼저 남하하고, 카타네오가 다른 사람들과 함께 그곳에서 짐을 지키며 겨울을 나기로 하였다. 마테오 리치는 구태소의 고향인 소주蘇州로 향했다.(『중국지』, pp.315~316) 구태소는 그 무렵에 몹시 형편이 궁색했다. 당시 그는 고향인 소주에 있지 않고(빚쟁이들을 피해?) 부근의 단양丹陽이라는 마을의 절에 비좁은 숙소를 가지고 있어서 마테오 리치는 바닥에 누워서 잘 수밖에 없었다. 노독路毒이 병이 되어 한 달을 앓고 난 후 마테오 리치가 구태소의 정성스런 간병에 보답하기 위해 프리즘을 비롯한 몇 가지 선물을 주었다고 하는데, 이 지역에서의 활동을 위해 구태소의 협조를 확실히 하려는 목적도 있었을 것 같다. 구태소는 이 프리즘을 예쁜 은제銀製의 작은 상자(匣)에 넣어 하늘의 조각이라고 선전, 오백 냥이 넘는 값에 팔아 "그 돈으로 그는 많은 빚을 갚을 수 있었으며, 이 일을 그는 내내 잊지 않고서

선교 사업에 대한 그의 열성을 북돋워 주었다"고 마테오 리치는 기록했다.(『중국지』, p.318)

마테오 리치는 남경에 자리 잡고 싶은 미련이 있었지만, 몇 해 전 서대임에게 쫓겨나던 기억이 생생해서 구태소의 권유에 따라 소주에 자리 잡기로 마음을 먹었다. 그런데 재미있는 것은, 남경을 꺼린 가장 중요한 이유가 남경에는 관리들이 많기 때문에 그중의 누구에게라도 미움을 받아 쫓겨나게 될 위험이 많다는 것이었는데, 몇 주일 후 남경에서 만난 한 사람은 바로 그 이유를 들어 남경이 더 안전함을 주장한 것이다. 남경에서는 관리 한 사람의 미움을 받아도 다른 관리 열 사람의 도움을 받을 수 있는 데 비해, 지방도시에서는 몇 안 되는 관리 가운데 하나라도 비위를 거스르면 만회할 길이 없다는 것이었다.(『중국지』, p.323)

마테오 리치와 구태소는 이부상서 왕홍회의 추천서를 얻으면 소주 정착에 큰 도움이 되리라고 생각해서 1599년 2월 초에 남경으로 갔다. 그런데 막상 남경에 가 보니, 왜란倭亂의 종결로 몇 해 전의 불안한 분위기가 깨끗이 가셔져 있을 뿐만 아니라 왕王 상서도 남경에 정착할 것을 강력히 권유해서 소주 정착의 계획을 버리고 남경에 눌러앉게 되었다고 한다.(『중국지』, pp.319~322)

남경에서 마테오 리치는 상당한 명사로 통하게 되었다. 구태소를 만난 무렵부터 계속해 온 중국 고전의 공부도 상당히 진척되었고, 세계지도의 제작자로, 『교우론』과 『서국기법』의 저자로서의 명성도 쌓였다. 불교에 대한 공격도 소주韶州에서 우상파괴를 방조하던 수준보다 더 많이 진전되어 남경 불교계의 일류 논객인 삼회三淮 화상

마테오 리치가 지은 『교우론』

마테오 리치가 지은 『서국기법』

을 맞아 당당한 논설을 편 것을 자랑스럽게 기록해 놓고 있다.

　남경에서 1년 남짓 지낸 뒤 물자의 보급을 위해 마카오로 보냈던 카타네오가 새 선교사 디에고 판토하(Diego Pantoja, 龐迪我, 1571~1618)와 함께 돌아오고 남경의 선교소도 자리가 잡힌 상황에서 선교사들은 재차 북행北行을 계획하였다. 제일 먼저 책략에 능한 구태소와 이심재李心齋라는 인물과 더불어 방안을 의논한 다음, 어사 축세록祝世祿을 찾아가 의논과 도움을 청하였다. 그로부터 여행 허가에 대한 확약을 받은 후 북경에 가져갈 진공품進貢品을 최종적으로 정리하였다. 이 여행을 서두르게 된 데는 남경에서의 가장 유력한 후원자였던 이부상서 왕홍회가 퇴직하고 해남도의 고향으로 돌아가는 참이었으므로 그의 영향력이 남아 있는 동안 소개장을 얻을 필요도 있었던 것 같다.

카타네오로 하여금 남경을 지키도록 하고 마테오 리치는 판토하와 함께 1600년 5월 18일에 길을 떠났다. 이 여행 도중 마테오 리치 일행은 관리와 환관들 사이의 알력에 말려들어 많은 위험을 겪고 천진에서 태감太監 마당馬堂에게 억류된 채 새해를 맞았다. 이 최악의 시련을 넘기고 1601년 1월 24일에 북경에 입성함으로써 마테오 리치는 그 가장 화려한 활동 무대로 들어선다.[57]

마테오 리치는 그가 중국에서 활동한 지 9년 만에, 그의 나이 49세에 마침내 그와 예수회가 간절히 목표하던 북경에 입성하여 신종神宗 황제(萬曆, 1573~1619)를 알현하게 된다. 마테오 리치는 중국 황제에게 정교한 자명종, 프리즘, 클라비어 코드, 원색의 천주상과 성모상 등등 당시 진귀한 서방의 진품들을 조공하고 결국 자명종의 수선이나 클라비어 코드의 교수, 또는 천문 역학에 관한 일로 인해 명나라 황궁(자금성)에서 일을 하게 되면서 북경에서의 거주를 허락 받게 되었다.

마테오 리치의 이런 남경에 이은 북경의 "정복"에 대하여 발리냐노는 너무나 환희에 찬 보고의 편지를 로마의 예수회 본부에 올렸

---

57 김기협, 앞의 논문, pp.35~41.

다. "이런 행운이 백 년 안에 우리에게 오면 좋겠다는 것이 그때까지 우리들이 꿈꾸어 오던 일이었다."

마테오 리치는 북경에서 많은 중국의 최고급 문인들과 교류하면서 서양의 수학과 천문 지식뿐만 아니라 중국 문명에 이미 훈습된 필치로 서양의 그리스도 교리를 전파하였다. 그리고 유교 경전이나 효孝 관념에 근거하여 중국 전래의 천天 또는 상제(上帝, 하느님) 관념과 연관하여 천주교의 하느님을 천주天主라 설명하였다. 그는 천주교의 교리란 중국의 전통적인 유교적 세계관과 윤리관에 적대적 모순적인 것이 아니라 오히려 그런 유교적인 관념을 더욱 완전하게 하는 것이라고 하는 보유론補儒論을 강하게 표명하였다. 이와 같이 유교적 세계관에 타협적인 그리스도교 호교론을 폄으로써 중국 지식인(士大夫)들의 일부를 그리스도교에 귀의시킬 수 있는 대단한 호응을 얻기 시작하였다. 대표적으로 당대 중국을 대표하는 지성인인 서광계(徐光啓, 1562~1633)나 이지조(李之藻, 1565~1630) 등을 천주

서광계

이지조

교로 개종시킨 것이다. 당시 자아 독존적인 중국인들의 세계관에 전혀 생소한 서방의 그리스도교 진리를 성공적으로 선교한 마테오 리치의 업적은 기독교사 속에서 사실 초대 교회 사도들의 선교 활동만큼이나 지난한 업적으로 평가받을 만한 것이다.

특히 마테오 리치가 중국을 중심에 두고 새롭게 제작해 낸 곤여만국전도坤輿萬國全圖(일명 산해만국여지전도山海萬國輿地全圖 또는 여지전도)는 종래의 중국 중심의 천하관天下觀을 허물기 시작한 것이며, 중국의 문화와 위치를 서양의 그것에 대해서 상대적으로 생각할 수 있게 하는 새로운 세계 인식의 지평을 제시하는 첫발이었던 셈이다. 사실 이로부터 중국 전통문화 속에 서학西學이 발붙일 수 있는 최초의 계기가 마련되었다고 하겠다.

바로 이 점에서 이지(李贄, 1527~1602), 황종희(黃宗羲, 1609~1695), 왕부지(王夫之, 1619~1692) 등과 같은 명말明末의 대표적인 탁월한 철학자들은, 그의 교설에 우호적이든 혹은 비판적이든 모두 서방학자 마테오 리치의 이와 같은 학문적 업적을 증언하고 있다.

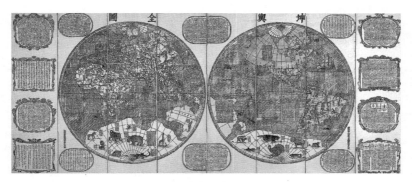

곤여만국전도

다른 한편 북경에 자리 잡은 그의 위치가 각 지방의 활동에 영향을 끼쳤다. 그 사례를 살펴보면, 남창에서 1607년 큰 집을 사서 선교소를 옮기려 할 때 지방의 수재(秀才, 가장 낮은 단계의 과거시험인 院試에 합격한 인재)들이 기독교의 창궐을 지부에 고발했지만 북경에서 마테오 리치와 교유한 바 있는 지부는 이를 묵살했다고 한다.(『중국지』, p.523) 뒤에 이 문제가 악화되어서 관아에서 다루지 않을 수 없게 되었을 때도 지부는 우매한 백성에게 사교를 전파한 죄를 따지는 수재들에게 "아니, 우리가 우리 백성을 두려워해야 할 이유가 어디에 있단 말인가? 아마 당신들은 마테오 리치 일행이 북경에서 모든 사람에게 존중을 받고, 황실에서 경비까지 지급받고 있다는 사실을 모르는 모양이지? 황도皇都에서도 거주를 허가받고 있는 사람들을 어떻게 관리들이 감히 다른 도시에서 쫓아낼 수 있단 말인가?" 하고 반박하였다 한다.(『중국지』, p.527) 수도 북경에 자리 잡았다는 사실의 영향으로 인해 몇 해 사이에 선교단의 위상이 크게 안정되었으며, 그 결과 기독교의 신앙이 이곳저곳에서 불타오르기 시작했다고 기록하고 있다.(『중국지』, p.441)[58]

마테오 리치가 58세의 나이로 북경에서 사망하자(1610. 5. 11) 신종 황제는 그에게 북경성 밖에 장지를 하사하고 그의 덕을 기렸다.

3) 중국의 기독교화를 위한 선교 전략 – 위로부터의 개종
예수회는 최종적으로 중국을 개종改宗시켜 전 세계의 기독교화를

---

[58] 김기협, 앞의 논문, pp.35~41.

완성하는 것이 목표였다. 일본에서 예수회 선교사들이 다이묘(大名: 일본의 지방영주)들을 포섭함으로써 짧은 기간 동안에 적어도 겉보기에는 엄청나게 많은 수의 신자들을 확보할 수 있었던 경험이 중국 선교에서도 "위로부터의 개종" 방침을 세우는 근거가 되었다. 마테오 리치를 위시한 중국 선교사들은 북경에 입성하여 황제에게 접근하는 데 최대의 목표를 두었다. 그들은 만력 황제(신종)가 제2의 콘스탄티누스 황제가 되기를 바란 것이다

명 제국의 완벽한 통치체제는 예수회 선교사를 감탄하게 만들었습니다. 중국인은 계급에 따라 상사에게 복종하고, 그 상하 관계는 궁극적으로 황제에게 이르고 있습니다. 따라서 계급이 낮은 사람을 개종시키는 것은 별 효과가 없으며, 선교의 핵심은 중국 황제가 황궁에 신부를 부르고 싶다는 마음이 들게 하는 것입니다. 그 이유는 황제가 신부에게 설교 허가를 내주고, 황제가 (그리스도교 교리를 채용해) 그 가르침을 빠짐없이 들려준다면, (불교) 종파를 하찮게 여기는 중국인들은 곧 그리스도의 가르침에 기울어질 것입니다. 중국의 관리는 종교와 관습을 바꾸는 데 황제의 허가가 필요하다고 말합니다.

이는 루지에리가 이미 1580년 11월 12일의 보고서에서 내린 판단이었다. 상층 계급의 개종을 목표로 하여 명의 수도 북경(베이징)으로 가고자 했던 그들에게는, 총독에게 준 선물이 조정에 전달되어 황제의 호기심을 불러일으킬 수도 있지 않을까 하는 희망이 싹트고

있었던 것이다. 그리고 20년 뒤 시계를 가진 마테오 리치가 만력제가 있는 궁궐에 모습을 드러내게 되었던 것이다.

제4편

명말 유불儒佛 사상계의 동향

1. 명말의 주자학과 양명학

마테오 리치가 중국 선교의 꿈을 안고 천주교 선교 활동에 매진하고 있었던 명대 말, 그 시대 중국의 주류 사조를 이루고 있었던 신유학 (新儒學: 주자학과 양명학)의 사상적 분위기를 살펴보는 것은 천주교 와의 대비 면에서 의미가 있다. 일반적으로 명·청 시대의 사상은 이 학理學인 주자학朱子學으로부터 심학心學인 양명학陽明學을 거쳐 청 대淸代 고증학考證學으로 전개된 것으로 본다. 본서에서는 우선 주자 학은 어떠한 시대적 배경을 안고 탄생했는가를 살펴보고, 명대 말기 에 양명학이 일어났던 시대적 상황을 고찰하기로 한다.

1) 송대 신유학의 탄생

5대10국五代十國의 분열의 혼란을 끝내고 조광윤趙匡胤이 960년 북 송 정권을 세운다. 북송北宋 당시 일반 서생들의 의식 속에는 당대唐

代에 불교와 도교가 유가보다 더욱 흥성했던 기억이 깊게 남아 있었다. 그래서 그들은 이런 상황을 바꾸고자 했고 유가 학설의 위엄과 지위를 다시 새롭게 세우고자 하였다. 그중 소수의 사람들은 옛 유가의 사상만을 고집하고 불가·도가를 배척했지만 절대 다수의 유생들은 공개적으로 또는 은연중에 불가나 도가의 이치를 최대한 흡수하여 유가의 학설을 보강함으로써 불가·도가와 맞서고자 하였다.

송대宋代는 국방력의 약화로 이민족과의 끊임없는 충돌이 발발하여 지식인들의 사회적 책임감과 정치 참여 의식을 고취시켰다. 송대 지식인들은 유가의 사회에 대한 책임과 우환 의식을 가지고 있었다. 그들은 벼슬길에 오르기 전부터 천하를 걱정했으므로 관직에 나가서도 자신들의 뜻을 펼치려 했고, 책임감 또한 이전 시대 지식인들과는 달랐다. 이러한 송대 지식인들의 정신은 학술 사상에 그대로 반영되어 송대 학풍을 열었다. 그들의 주장은 기존의 문화 업적을 기초로 하였지만, 학문 연구의 기본정신은 이러한 기초 위에서 새로 세우려는 적극성이 있었다. 따라서 송대 학풍은 유가 사상의 새로운 탄생이라고 할 수 있다. 유가 사상에 대한 관심이 다시 일어나게 된 원인은 이렇다.

무엇보다도 북방 이적夷狄과의 오랜 싸움의 실패가 중국인들의 시선을 안으로 돌리게 하였다. 송나라 태조는 군웅을 평정했으나, 태종은 요遼 정벌에 실패했고, 진종眞宗 때는 굴욕적인 전연지맹澶淵之盟[59]이 있었다.

---

59 1004년에 요遼나라의 침입에 송나라가 요나라와 형제가 되기로 약속한 조약.

더구나 관료제 국가가 부활되면서 교육받은 관료가 필요했고, 이들을 선발하는 과거제도는 유교 경전이 중심이 되었다. 경전 지식에 대한 존경은 송대 유학 부흥 운동의 상당한 성공을 의미한다.

송대 유학의 학적 성취는 경전의 의미에 대한 새로운 해석이다. 송대 유학자들은 기존의 혼란은 경전 자체에 문제가 있기 때문이 아니라, 이전 사람들이 경전 문구의 주석에만 집착하여 성인의 미언대의微言大義를 깨닫지 못했기 때문이라고 생각하였다. 그들은 유학의 부활만이 중국문화의 근본을 공고히 할 수 있는 길이라고 믿었다. 그들은 과거시험을 목적으로 공부했지만, 제자들에게 개인적인 도덕 수양과 지적 연마에 관심을 가지도록 가르치는 스승 또한 적지 않았다. 또한 일부 사상가들은 불교의 도전에 대항할 수 있는 사상적 틀을 마련해 보려고 하였다.

이런 과정을 거쳐 탄생한 신유학新儒學은 주대周代나 한대漢代에 있었던 유가적 관념의 단순한 연장은 결코 아니다. 한대부터 당대唐代까지 유생들이 중시했던 번쇄하고 잡다한 장구章句나 훈고訓詁, 전주箋注를 과감하게 버렸다. 경제의 중심이 남쪽으로 옮겨짐에 따라 남방 사람들은 점차 잘살게 되었고, 이로 인해 독서의 기회가 생겨 북송 초기 남방에서는 경세치용經世致用으로 발전해 나갔던 것이다. 신유학 발전기의 대표적 인물인 범중엄范仲淹·구양수歐陽脩·왕안석

이 화의로 송나라는 9대에 걸쳐 매년 요에게 은 10만 냥과 비단 20만 필을 줌으로써 우호적 관계를 지속시켜 나갔다. 일반적으로 공납貢納이 이웃나라로부터 중국의 궁정으로 바쳐졌으나, 이 세폐歲幣는 역방향을 취하여 만족蠻族에게 보내는 공납형식으로 결정되었다.

王安石·호원胡瑗·손복孫復 등은 당시 사람들에게 수양의 중요성을 강조하고, '격물格物, 치지致知, 성의誠意, 정심正心, 수신修身, 제가齊家, 치국治國, 평천하平天下'의 규율을 따를 것을 주장함으로써 신유학의 틀을 다시 세웠다. 또한 송대 정치개혁 운동을 이끌었고, 중국의 전통 사대부 문화를 민간에까지 보급시키는 데 상당히 이바지하였다.

신유학은 북송 중기에 주돈이周敦頤·소옹邵雍·장재張載·정호程顥·정이程頤 등이 뒤이어 발전시켰으며 주희(朱熹, 朱子, 1130~1200)가 집대성하였다. 그들은 공자와 맹자를 종주宗主로 삼고, 『주역』·『논어』·『맹자』·『대학』·『중용』 등에 의거하여 수·당 이래 공무空無로써 본체를 삼던 불교와 도가 학설을 비판하였다. 그들의 관심은 사회 현실에 있었으며, 이른바 도덕성명道德性命의 학문을 주장하여 우주와 인생 문제를 토론하였다. 신유가들은 경전에 기록된 사회와 자신들이 몸담고 있는 사회가 아주 다르다고 인식하고, 이상적인 사회를 찾으려 노력하였다.

유학을 성리학으로 집대성한 주희

송대의 정치·문화의 새로운 분위기 아래 유학을 비판적으로 재해석하려는 새로운 시대정신을 기반으로 하여 나온 것이 주자학이다. 이 주자학은 '정학正學'의 발흥을 외연外緣으로 하고 있다. 송대 주자학은 주로 사회적 수요와 불교와 도교의 영향을 많이 받왔다. 당대 이후부터 불교가 중국화되기 시작하였다. 따라서 신유가 가운데 상당수가 불교나 도교 사상을 공부한 사람들이었으므로 불교적 관념에 강한 영향을 받았다. 신유가는 유교의 형이상학적인 면을 발전시키기 위해 불교적 개념과 도가적 용어를 이용하였다. 주자학은 우주와 존재에 관한 지적 인식의 단계에 머무르지 않고 개인의 도덕과 사회 질서의 수립을 목표로 하는 강한 실천성을 지니고 있다. 오히려 이러한 실천성을 바탕으로 하여 우주론과 존재론이 형성되었다고 해도 지나치지 않을 것이다.

주자학을 대표하는 주희朱熹는 이정(二程: 정호·정이)의 제자들에 의해 크게 번성한 북송시대의 유학을 종합하여 계통을 세운 인물이다. 주희의 자는 원회元晦이고, 회암선생晦庵先生이라고 불렸으며, 그의 학파는 민학閩學으로 불렸다. 그는 신유학을 생활화했으며, 자신의 언어나 행동 또한 그에 맞추려 했다. 그의 주요 수양방법은 거경궁리居敬窮理이다. '거경'이란 일이 있을 때는 물욕에 따라 행동하지 않고, 일이 없을 때도 도의를 잃지 않는 것이다. 그리고 '궁리'는 천하 만물의 궁극적인 뜻을 꼼꼼히 살피는 것이다. 주희는 이理를 사회·역사에까지 연결시켰다. 그는 모든 종류의 사물은 형식의 기본원리인 이理와 질료라고 할 수 있는 기氣를 가지고 있다고 보았다.

신유학자들의 사서四書 중시는 유교를 철학화, 내면화하고 이러한 성격을 유교의 윤리 질서와 연결시키고 조화시키려 한 데서 찾을 수 있다. 이러한 의미에서 주자학朱子學은 사서학四書學의 수립을 통해 한당漢唐의 경학과 구별되는 새로운 사상의 경전적 기초를 확립할 수 있었다.

또 유가사상의 분명한 특징 중 하나는 맹자의 고전 심학心學을 새롭게 드러내는 것이다. 그들은 의식적으로 인성에 하느님처럼 창조성을 부여하려고 하였다. 육구연(陸九淵: 陸象山)은 선禪 불교처럼 개인의 직관을 강조하였다. 다시 말해 육구연은 유가의 학풍과 불교의 선종을 결합시켜 심心의 작용을 강조하였기 때문에 그의 주장은 심학心學이라고 불렀다. 육구연은 주희의 주장에 동의하지 않고 이리와 물物은 모두 인간의 마음속에 있다고 보고, 심즉리心卽理를 말하였다. 그리고 왕안석은 유교의 실용적인 면과 실천적인 면을 강조하였다.

이들의 주장이 특히 이리理를 중시했기 때문에 이학理學이라고 하는 것이다. 이학의 주요 이상은 지식인 계층의 주체 의식의 이론적 표현인 것이다.

2) 주자학의 논리

주자학은 이전의 유교 사상을 체계화한 것으로 우주와 인성을 관통하는 완결된 형이상학 체계이다. 그 기초는 주렴계周濂溪의 『태극도설太極圖說』에 있다. 그러나 주렴계가 태극만을 말한 데 대하여 주자는 태극을 천지만물의 이리理라고 하여 이리와 동일시하였다. 주자가 말하는 태극=이리는 만물에 초월하여 독립 자존적으로 존재하고, 또 영원히 존재하면서 만물의 변화에 있어서 그 근본이 되면서도, 다른 한편 기氣와 함께 개물個物에 내재하여 만물의 성性으로 된다. 그리고 태극=이리는 2개의 원동력을 가진다. 즉 태극은 움직여서 양을 생기게 하고, 정지하여 음을 생기게 한다. 음양은 기氣이지만 이것을 생기게 하는 것은 이理이다. 바꾸어 말하면 이理는 음양의 소이연(所以然, 그러한 까닭)의 궁극적 근거=원리이지만 기氣는 음양 그 자체이다. 그러면서도 음양은 현상이고, 태극은 사물(物)로 불리고 있어서 실체적인 성격을 가진다. 이 때문에 주자학의 특징은 '초월성과 내재성, 실체성과 원리성이 즉자적卽自的으로(an sich) 무매개적無媒介的으로 결합되어 있다'고 말해지기도 한다.[60]

육구연

여기에서 이理와 기氣는 개개 사물에서 보면 서로 떨어질 수 없다는 것이다. 즉 기가 형체를 이루고 이가 그에 부착하여 이 외에 기가 없고 기 외에 이가 없어 이기理氣가 한 가지이다. 하지만 천지가 형성되기 이전으로 소급하면, 이가 먼저 있고 다음에 기가 생겼다(理先氣後)라고 한다. 여기에 주자학의 존재론을 이기이원론理氣二元論 또는 이일원론理一元論으로 보게 하는 애매성이 있다.

주렴계

60 丸山眞男, 『日本政治思想史硏究』, 김석근 역(한국사상사연구소, 1995), pp.124~126.

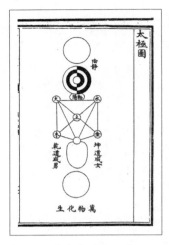

주렴계의 태극도설

어쨌든 주자에 의하면 천지만물은 다 같이 태극=이理를 근원으로 하고 있다. 이러한 의미에서 만물은 평등하다. 그러면서도 만물은 기氣의 정조精粗에 의해서 차별상이 있게 된다(理一分殊). 이러한 평등과 차별상의 관계는 인간을 포함한 모든 자연물 사이에 존재하고 인간 상호간에도 존재한다.

태극=이理는 사람에 깃들어 성性이 된다. 이 성은 내용적으로는 인仁, 의義, 예禮, 지智, 신信의 오상五常에 지나지 않는 것인데 인간이 본래부터 가지고 있는 '본연本然의 성性'이 그것이다. 여기에 청명이나 혼탁의 차이가 있는 기가 인간에게 부여되어 '기질氣質의 성性'으로 되고, 이것의 작용에 의해서 인간은 성현聖賢이나 암우暗愚의 다름이 생긴다. 본연의 성性은 미발未發이고 정靜이며 체體로서 천리天理에 속한다. 때문에 지선순일至善純一, 즉 절대적인 선善이다. 이것이 이발已發로 되고 동動으로 되면 기질의 성性으로 되어 정情과 욕欲이 나타나 선악의 구별이 있게 된다. 그러나 본연의 성性은 기질보다도 근원적이기 때문에 인간성의 선은 악보다도 근원적이라고 주자는 말한다.

이리하여 주자학은 인욕人欲의 근원인 기질의 성을 천리天理인 본연의 성에 돌아가 머물도록 하는 것을 윤리적 과제로 삼게 되고, 그에 따라서 실천논리로서 학문의 방법(聖人이 되는 방법, 存天理去人欲

의 방법)이 제시되며, 거경居敬과 궁리窮理에 의해서 자신의 안에 있는 욕망을 없이 하여 본연의 성에 돌아가 밖에 있는 이법理法과 합일하게 되면 성인의 경지에 이르게 된다. 이것이 개인에 있어서 도덕적으로 정진하는 구극의 목표가 되고, 개인의 이러한 도덕적 정진이 또 일체의 정치적·사회적 가치의 전제조건이 된다.

3) 주자학적 사유구조의 치명적 문제점

일본 사회과학의 텐노(天皇)로 불리는 마루야마 마사오(丸山眞男, 1914~1996)는 주자학의 논리=사유구조는 다음과 같은 특성을 가지는 것으로 날카롭게 지적하고 있다.[61]

첫째, 이理의 성격이 사물에 내재하면서 그 움직임과 머묾, 변하고 합해짐(動靜變合)의 원리가 된다는 의미에서 자연법칙이지만, 본연의 성으로서 인간에게 내재될 때는 오히려 인간행위를 규율하는 규범=오륜오상五倫五常이 된다. 즉 주자의 이理는 물리(物理: 사물의 이치)인 동시에 도리(인간의 도리)이고 자연(스스로 그러함)인 동시에 당연(마땅히 그러해야 함)이다. 여기서 자연법칙은 도덕규범에 이어져 있다. 그러나 우주론의 태극=이理가 무엇보다도 '성誠'이란 윤리성을 본질로 하기 때문에 물리가 도리에 종속하는 연속이다. 이리하여 주자학의 연속성=주자학적 합리주의는 자연을 도덕에 종속시키고, 그 추상적인 합리주의가 역사적 개성의 의미를 인정치 않고 역사적 발전의 다양성을 일개의 이성적 규준에서 초월적으로 판단하

---

61 丸山眞男, 위의 책, pp.130~137.

는 결과, 역사도 도덕성을 본질로 하는 이理에 종속시키게 됨(名分論)으로써 그런 규준으로부터 벗어나 역사적 '현실'의 독자적 가치는 인정되지 않는다. 따라서 주자학의 '합리주의' 내지 '주지주의'는 일체의 자연, 문화, 역사를 도덕적 지상명령(定理) 아래에 세우려는 것을 기본성격으로 한다.

둘째, 주자학의 인성론은 도덕이 동시에 물리라고 함으로써 당위적 이상주의적 구성을 가지는 것이 아니라 오히려 자연주의적 낙관주의가 지배적으로 된다. 이 낙관주의는 동시에 준엄한 엄격주의를 포함하고 있다. 실현되어야 할 규범이 자연=본연으로 되어 있으므로 낙관주의지만 보통의 자연성, 즉 일체의 자연적 욕망이 그대로 기질의 성性에 속하고 있기 때문에 천리는 구체적 실천적으로는 모든 자연성을 잃고 절대적 당위로서 인욕에 대립한다. 여기에 일념으로 정리定理에 따라 인욕을 억압하려는 엄격주의가 있게 된다. 주자학이 인간의 행위를 관찰하는 데 항상 흠집을 추구하고, 움직였다 하면 인간을 각박하게 책責하는 것[62]이 바로 인간을 천리와 인욕이 싸우는 전쟁터로 보기 때문이다. 이와 같이 주자학적 인성론에는 자연주의적 낙관주의와 극기적 엄격주의가 하나의 추상적 이론 구성으로서, 다른 하나는 구체적인 실천의 귀결로서 공존하고 있다.

이러한 공존은 이윽고 주자학적 사유의 전개과정에서 2개의 방향으로 분열되어 갔다. 하나는 유교의 정리적定理的인 규범주의를 자

---

62 주자의 『자치통감강목資治通鑑綱目』을 보면 역사상의 인물에 있어서 폄하가 많고, 칭찬하는 바가 적은 것만 보아도 이 점을 알 수 있다.

연주의적 제약으로부터 순화하는 방향이고, 다른 하나는 거꾸로 '인욕人欲'의 자연성을 용인하는 방향이다.

　이상에서 지적된 주자학의 논리구조와 그의 특성은 원대元代 이후, 특히 명대明代에 있어서 그 구체적인 전개과정에서 보면, 먼저 정리적인 규범주의를 자연주의적 제약으로부터 순화함으로써 엄격주의의 강화 내지 외향주의의 강조로 형식화, 형해화形骸化하는 제일의 방향이 지배했다고 할 수 있다. 즉 주자학의 실천논리는 주관적 방법과 객관적 방법이 합일되어야 하는 것이면서도 그것이 위에서 지적한 바와 같이 물리가 도리에, 자연법칙이 도덕규범에 전적으로 종속하고 있기 때문에 구체적, 실천적으로는 절대적 당위로서의 도덕적 규범에 순종하고 그것을 내면화함으로써 천인합일의 경지(聖人)에 도달한다고 본다. 여기에 명교名敎로서의 도덕규범이 지표가 되어 탐구되어지는 것이다. 주자학적 연속관에 있어서는 모든 사물의 이理가 명교로서 기성도덕과 합체合體 정서整序되어 있기 때문이다. 그런데 기성의 도덕규범은 일단 성립하면 가능한 한 그 체질을 그대로 유지하려는 경향이 강하고 그만큼 안정된 가치체계가 형성되기 쉽다. 이러한 정리적定理的인 가치체계에 있어서 격물치지의 실행이 있게 될 때, 거기에는 기성 질서규범에 습관적으로 순봉할 것이 강요되고, 결국 정리定理=명교名敎를 따르기만 하면 선미善美하다고 하는 안이한 실천주의가 지배하고 또 형식주의, 위선주의가 사람들을 지배하게 됨으로써 고정적·도학적 인간상이 판을 치게 된다. 게다가 그 이理는 '천하일리天下一理', '이일분수理一分殊'라고 하는 것처럼 만인공유의 것, 환언하면 만인에게 동일한 가치의식, 정리인식을 요구하는 것이다.

이렇게 되면 이제 이理 그 자체 때문에 인간이 자승자박하게 되고 정리定理에 의해서 좌우되는 결과로 될 것이다. 사고의 패턴이 미리 정해져 거기에서 일보도 벗어날 수 없고, 조금이라도 벗어나게 되면 곧 선禪이나 이단이라고 비난하는 풍조가 있게 된다. 이것이 명대 주자학의 현실이었다. 이렇기 때문에 사상으로서의 주자학은 역사적 사상을 매개로 하여 자신을 개변하면서 발전하는 것이 거의 기대될 수 없었을 뿐만 아니라 인간성을 고갈시키는 결과로 되었다. 청나라 때 학자인 대진(戴震, 字는 東原, 1723~1777)은 "사람이 법을 위반하여 죽는 경우에는 이를 불쌍히 여기는 자가 있으나 이理에 위반되어 죽는 경우에는 이를 슬퍼하는 자가 단 한 사람도 없다"라고 이理의 냉혹・무자비한 비인간적 성격을 비판한 것이 주자학의 그러한 성격을 단적으로 표현한 것이다.

여기에서 원래 거경居敬의 주관적 방법과 궁리窮理의 객관적 방법이 함께 도달되는 일치(無內外, 合內外)는 현실적으로 불가능하게 되고, 오히려 안(內)과 밖(外)은 모순 갈등을 보이게 될 수밖에 없었다. 이러한 형식주의 내지 외적인 이理의 각박화는 그 반동으로서 인욕人欲의 긍정과 내면주의의 철저한 강조를 요구하고, 그럼으로써 현실 가운데서 이理의 활성화를 기하게 된다는 것은 거의 필연적인 논리라 할 수 있다. 이러한 역사적 요구에 답하고 나선 것이 주자학 전개의 제2의 방향이고, 그 귀결이 심학(心學, 양명학)의 성립이었던 것이다. 때문에 양명학의 성립은 명대에 지배한 주자학 논리 그 자체 가운데서 준비되어 온 것이라고 할 수 있겠다.

따라서 양명학은 명대의 전제주의적 정치체제와 그 사상정책을 배경으로 하고, 주자학적 논리를 그 사상적 전제로 하면서 준비되어진 것이라고 할 수 있고, 그것이 명 왕조의 체제적 위기가 심화되는 것을 계기로 하여 대두하였던 것이다.[63]

4) 명대의 주자학 — 과거를 위한 도구로 전락한 체제 교학

명 왕조는 거의 1세기에 가까운 이민족 정권인 원나라를 멸망시키고 한족에 의해서 세워진 왕조이다. 특히 황하를 중심으로 하는 화북지방에서 보면 250년 만에 이적夷狄의 지배로부터 벗어난 것이 된다. 이와 같이 면모를 일신한 왕조이었기 때문에 역사의 새로운 발전이 이룩될 것으로 보였고, 특히 학술사상 방면의 융성이 기대되었다. 그러나 사실은 명대 중기에 이르기까지 원대元代에서와 별로 다름없는 학술사상의 불모성이 연속되었고, 오히려 학풍에서 본다면 원대보다 못하였다고 할 수 있다.

원대의 학자들은 송유의 학풍을 계승하여 실천적인 방면에 힘을 쓰면서도 오징(吳澄, 號는 幼淸, 1249~1333)과 같은 경전 학자에서 보는 것처럼 지적인 탐구심, 즉 학술적 연구의 태도를 잃지 않았다. 그런

청대를 대표하는 철학자 대진

63 裵永東, 『明末淸初思想』(민음사, 1992), pp.21~27.

데 명대에 이르러서는 단지 전통을 지키는 데 집착하였다. 그 학문 규모가 송대나 원대에 비하여 협애하였고, 따라서 많은 서적을 섭렵하여 박학하려는 자세나 즉물궁리卽物窮理하는 지적 탐구심이 부족하였다. 단지 경서의 일언일구를 완미하고 그것으로 일생을 수양하려는 태도로 일관하였기 때문에 오직 실천궁행만이 중시되었다. 이러한 안이한 실천주의는 필연적으로 이론이 단순화되고 일면적으로 강조될 수밖에 없었다. 명대에 들어서 조금의 의심도 없이 받아들여진 주자학은 그것에 아울러 존재하는 이기일체理氣一體의 사고가 배제되고 이선기후理先氣後의 사고만이 강조됨으로써 주자학은 이理의 절대화에 의해서 교조주의화되어 갔다.

이와 같이 명대 초기에 사상의 침체를 면치 못했던 원인은 두 가지 면에서 찾아볼 수 있다. 그 하나는 명 왕조의 정치체제와 사상정책 등 외재적 계기에서 찾을 수 있고, 다른 하나는 학술의 내재적 계기로서의 관학인 주자학 자체의 논리 가운데서 찾을 수 있다.

먼저 첫째로 정치체제 면에서 보면 학술 진흥에 적합지 못한 명 왕조 전제주의 체제가 학술사상의 발전을 억압하였다는 점이다.

명 태조(주원장)에 의해서 확립된 전제주의는 군軍·정政·형刑의 삼면에 걸쳐 정치의 대권을 군주가 장악하는 것이었고, 그것은 중앙과 지방을 통하여 이미 태조 때에 거의 완성되었다. 이러한 전제주의 하에서의 관리의 직분은 극도로 세분되었기 때문에 관리는 정치를 통합적으로 판단하는 능력을 상실할 수밖에 없고 다만 행정 직무를 과실 없이 처리할 뿐이며, 따라서 정치에 대한 책임감을 가지지 않았다. 이 점이 명 왕조의 정치가 황폐하게 된 원인이 되었는데,

학술사상의 발전도 저해하는 원인으로 작용하였다. 전제주의는 황제에게 과중한 임무가 주어지지만 황제의 능력에는 한계가 있기 마련이다. 여기에 황제의 대권은 그것의 심사를 맡은 측근의 관리에게 옮겨지게 되고, 결국은 측근의 관리나 환관의 전횡을 불러일으키게 되었다. 황제가 무능하거나 무력한 경우에는 더욱 그러하였다.

이러한 명 왕조의 전제주의는 2대의 건문제를 몰아내고 제위에 오른 성조(영락제)에 의해서 결정적인 것으로 되었다. 특히 성조는 천하의 여망을 한 몸에 지닌 대학자 방효유(方孝孺, 1357~1402)를 참살하고 그의 문인 등 지식인 870여 명을 그의 왕위 찬탈을 비판한다는 이유로 사형에 처함으로써 전제주의의 반지성주의를 노골화하였다. 이로써 학술사상이 얼마나 위축되었는가를 짐작할 수 있다. 학자들의 지지를 잃는 대신 환관에의 의뢰가 심화됨으로써 환관이 전횡하여 부패와 살육이 판을 치게 되었다.

무자비하고 부패한 전제주의 하에서는 지식인의 지식이란 것이 한갓 전제정치의 결과를 합리화하는 데 불과하게 되는 것이지만 그러면서도 전제권력이 절대화하면 할수록 공인의 관학을 필요로 하게 되고, 그 공인의 관학은 그만큼 비판을 수용할 줄 모르는 절대적인 권위를 요구하게 된다. 명 왕조 전제권력의 절대화와 관학인 주자학의 권위화(교조주의화), 그리고 그에 따른 형해화라는 표리일체의 관계가 있었다.

여기에서 유학은 그 본래의 경세적 정신을 상실하고 자사자리自私自利를 위한 수단으로 전락하였다. 일반 사대부, 특히 언관言官 중에는 기절氣節을 중히 여겨 환관이나 권신의 전단과 부패를 공격하고 비판하는 일도 가끔 있었지만 대개는 화를 면치 못하였고, 그렇지 않은 경우에는 문제로 삼는 것이 고작 지엽말단의 문식文飾이나 의식에 얽매인 저급한 논쟁이나 붕당의 알력에 지나지 않았다.

둘째로 명 왕조가 취한 사상정책이 바로 사상의 자유로운 창달을 억제하는 것으로 작용하였다는 점이다.

태조 주원장은 명나라 개국공신인 유기劉基의 협력으로 과거의 시행방법을 엄밀하게 하여 그 출제를 사서오경에 국한시키고 그 해석에는 주자학을 채용하였다. 명 왕조의 지속을 기도한 태조는 군주권력의 절대성을 조금이라도 제약하는 사상은 그것이 경서에 있는 것이라 할지라도 배제하려고 하였다. 역성혁명 사상을 비롯하여 왕조권력에 마땅치 않게 생각되는 87개조를 삭제하여 『맹자절문孟子節

명나라 성조成祖의 명을 받아 호광胡廣 등 42명의 학자들이 송나라 때 성리학설을 집대성하여 편집한 『성리대전』

文』을 만들도록 한 것 등이 그 예이다. 이러한 사상정책은 성조成祖 영락제에 이르자 더욱 철저하게 이루어졌다. 성조는 호광(胡廣, 1370~1418) 등에 명하여 『오경대전五經大全』, 『사서대전四書大全』, 『성리대전性理大全』을 편찬케 하여 관학에 반포하였다. 이것은 주자 및 그 일파에 속하는 사람들의 전주傳注를 집성한 것으로 과거시험에는 일체 이에 의거하도록 하고, 어긴 자는 불합격 처리하였다. 『대전大全』이 일단 성립하자, 단지 이를 익히면 되었고 다른 서적은 읽을 필요가 없게 되었다. 따라서 이『대전』의 편찬이야말로 명대 학술사상의 진보를 크게 저해한 것이었다.

이른바 국정교과서인 여러『대전』에 의해서 과거시험 답안의 내용이 규제되는 동시에 답안의 문장형식까지도 자세히 규정되어 갔다. 송대부터 이미 과거에서의 시문試文은 일정한 격식이 있었다. 명태조는 宋의 경의經義에 기초하여 따로 대구對句를 주로 하는 나름대로의 격식을 설정하였다. 이것이 문체는 물론 서술의 순서까지 규격화한 이른바 팔고문八股文 또는 제예制藝 또는 시문時文이라 하는 것이다. 이것은 헌종 연간 이후로 더욱 엄밀하게 되었다. 과거에서는 이 격식으로 경전 또는 전주의 의미를 부연하는 것인데, 이 격식이 엄밀하게 되면서 그 내용은 고려되지 않고 외형에만 주력하는 형식주의가 지배하게 된 것이다.

그리하여 과거에 의해 등용된 관료는 본래의 지식인이 아니라, 단지 그 규정된 팔고八股라는 문장에 있어서 내용·운율·형식의 모의模擬를 기억하는 것일 뿐, 그들은 정치·문학·철학·경제·군사 등에 관한 학문을 갖추고 있지 않았으므로 하등의 정치사상이나 정치이상도 지니지 않았던 것이며, 이러한 형식주의는 주자학을 형해화시키는 원인이 되기도 하였다. 이것이 이후 학술의 발전을 몹시 저해하였는데, 이에 대하여 청나라 초기의 고염무(顧炎武, 1613~1682)는 진시황의 분서와 같은 것이라고 비난하였다.[64] 이리하여 과거를 위

---

64 愚以爲, 八股之害 等於(秦始皇之)焚書, 而敗壞人材, 有甚於咸陽之郊.(『日知錄』 卷十六「擬題」)

고염무

한 공리적功利的인 학문을 부정한 주자학이 역으로 '과거를 위한 도구'로 전락하게 되었다. 이것이 명대 주자학의 비극이고 학술사상을 침체케 한 원인이었다.

또 명대의 학술사상이 침체하게 된 데는 관학인 주자학 자체의 논리로부터 오는 필연적인 성격, 즉 체계의 완결성, 외면주의로의 기울어짐, 이리理의 각박성刻薄性 등도 원인으로 작용하였다.[65]

5) 명조明朝 체제의 위기 심화와 양명학의 대두

명 왕조의 전제주의는 중기에 이르자 정치적·사회적 모순이 극에 달하였다. 조정에서는 환관이 전횡하여 부패와 살육이 판을 치고, 농촌에서는 대토지 소유제가 진행되면서 농민의 유망流亡이 광범하게 나타났다. 황실 소유지인 황장皇莊이 급격히 증대하였고 이에 따라 황족, 대관, 환관 등의 사유지도 함께 늘어났다. 이들 사유지는 무력한 농민의 토지를 침탈하여 확대한 것인데 토지를 잃은 농민은 유망하거나 열악한 조건하의 소작인으로 전락할 수밖에 없었다.

또 과세를 면하는 전지田地의 증가에 따라 오히려 일반 농민의 부담은 배로 증가하였다. 여기에 토지를 잃은 농민들이 빈번한 농민폭동을 일으킨다는 것은 필지必至의 일이었다. 게다가 관직에 나아가기 위해서는 환관에게 많은 뇌물을 바치지 않으면 안 되었고, 이렇

---

65 裵永東, 『明末淸初思想』(민음사, 1992), pp.17~21.

게 해서 취직한 관리는 이를 벌충하기 위해 여러 가지 명목으로 백성을 수탈하였다. 때문에 그러한 부담에 견딜 수 없었던 농민이 도당을 만들어 반란을 일으켰으며, 이들 세력은 하북·산동·하남·호북·호남 각지에 확대되었다. 이러한 상황에서 또 황족 내의 질서도 문란해져 황족 안화왕安化王 치번寘鐇이 감숙 영하에서 거병하였고(1510), 영왕寧王 신호宸濠는 남창에서 난을 일으켰다가(1519) 왕양명에게 포로가 되었다.

이러한 명조 체제의 부패와 그에 따른 지방 방비체제의 이완은 중기, 말기에 들면서 북방에서는 타타르족(Tatar, 韃靼族: 元 멸망 후 흥안령 서남지방에 北元을 수립한 몽골족의 일파), 남방의 연안지방에서는 왜구의 극심한 침해를 가져와 대외적인 위기도 가중되었다. 이와 같은 명조 체제의 위기의 심화는 바로 명 왕조가 중기 이후 질적으로 다른 역사적 변화를 경험하고 있었다는 것을 보여주는 것이었다.

중국 사회는 16세기 이후 이미 지배와 피지배 관계, 즉 지주와 전호佃戶 관계가 동요 내지 붕괴되고 있었다. 한편으로는 당말唐末 이래 강남에서의 현저한 산업의 발전을 가져와 마치 서양의 근대 초기를 방불케 하는 상공업의 진흥을 보면서도, 다른 한편으로는 항조抗租·노변奴變 등의 민란이 격발하고, 특권적 대지주의 겸병에 의해서 재지在地의 중소지주가 어렵게 되거나 쇠락하였으며, 과세의 가렴주구로 중인층이 몰락하는 등 제반 모순이 격화되어 이른바 명대 사회체제의 근간인 전래의 이갑제里甲制[66]가 동요 해체되고 있었다. 이러

---

[66] 명 태조 홍무 14년(1381)에 전국적으로 시행한 이갑제里甲制는 조세 징수와 치

한 역사·사회의 질적 변화 가운데서 정치적·사회적 갈등이 드러나게 되었고, 그것은 바로 사대부의 위기의식을 자극했던 것이다. 그런데 전제권력의 전횡, 그리고 그의 필연적인 결과로서의 부패와 표리일체가 된 주자학은 위기의 타개는 고사하고 오히려 이를 심화시키는 것으로 작용하였다.

이와 같이 역사적인 기반 사회 변화로 인해서 주자학은 이제 지배이데올로기로서의 정당성을 상실하고 말았다. 즉 이미 사회의 기본구조가 변화하였는데 주자학은 그러한 변화에 따른 지배나 피지배의 역사구조를 정당하게 파악할 수 없다는 한계성이 갈수록 두드러지게 드러난 것이다. 그럼으로써 주자학은 피지배층은 물론 새로운 역사구조에의 재편을 희망하는 지배자 측으로부터도 더 이상 자연스러운 것, 합리적인 것으로 받아들여질 수 없었던 상황이 되었다.

여기에서 왕양명의 주자학에 대한 회의와 좌절, 그리고 '주자학 비판'이 있게 된 것이다. 명조 체제의 위기의 심화와 주자학의 한계성 노출이야말로 대표적인 지배자 계층에 속하는 왕양명으로 하여금 그의 학문 성립의 도덕적 충동인 경세의식經世意識을 가지게 한 것이다. 그리고 그러한 상황이 존속 심화될수록 양명학은 지식인 계급 가운데 더욱 설득력을 가질 수밖에 없었다. 양명학은 명대의 전제주의적 정치체제와 그 사상정책을 배경으로 하고 주자학적 논리를 그 사상적 전제로 하면서 준비되어진 것이라고 할 수 있고 그것이 명조의 체제적 위기가 심화되는 것을 계기로 하여 대두하였던 것

안 유지를 목적으로 지역 공동체 원리에 입각하여 편성한 향촌 조직이다.

이다. 이 점이 바로 양명학 융성의 원인이 된 것이다.

6) 양명학의 성립

양명학은 순수하게 이론적 차원에서만 주자학의 한계성에 대한 반성으로 제기된 것이라고 볼 수는 없다. 양명학은 양명陽明 개인의 개성적인 이론 구성이면서도 그보다 더욱 중요한 것은 앞에서 언급한 바와 같이 명대 중기의 절박한 정치적·사회적 문제에 대한 해결의 요구에 답한다는 일반적·역사적 계기가 관철되어 있는 것이다. 즉 양명학은 전래적인 질서가 동요 내지 붕괴되어 가고 있고, 그러한 체제 붕괴의 현실에 대한 인식에서 오는 위기의식이 밑바탕이 되어 있다. 또 거기에는 전래적으로 받아들여져 오던 세계관에 대한 본질적인 회의가 깔려 있고 이理가 이理로서 역할하기보다는 오히려 사람의 마음을 위축시키고 풍속을 타락시켜 민생을 고통스럽게 하고 있는 현실로부터 촉발된 절박한 심정(위기의식)이 있다. 양명의 사상(학설)이야말로 바로 그러한 심정에 의해서 도덕적으로 충동되어진 것이다.

이러한 위기를 타개하지 않으면 안 된다는 충동이 그로 하여금 현실과 이론의 괴리를 방치하지 못하게 한 것이다. 보통의 사대부 자제와 같이 주자학을 배우고 익힌 그가 주자의 격물론에 좌절하고 방황한 것은 바로 이 때문이다. 이와 같이 그의 사상 구성을 가능케 하는 추진력이 바로 현실로부터 오는 절박한 위기의식이었기 때문에, 그의 여러 학설은 당시의 정치적·사회적 현실에 대한 사대부로서의 양명 자신의 위기의식에 의해서 지배되고 있는 것이다.

7) 주자학과 양명학의 대립과 전개

명대의 지식인들은 대체로 명조를 옹호했지만, 명나라 왕실은 한족의 역대 정권 가운데 지식인들을 홀대했다고 할 수 있다. 이에 지식인들은 스스로 국외자局外者로 느끼게 되었다. 명 왕조는 고압적인 수단으로 표현의 자유를 막고 문인들을 이단異端으로 내몰기 위해 문자옥文字獄을 일으켰다. 그리고 명대 초기에는 정주이학程朱理學을 크게 제창하여 지식인들의 지적활동을 제한하였다. 이로 인하여 시문을 비롯한 전통적인 문학 형식의 창작도 약 100년 동안 침체기에 빠지게 되었다.

명대 중·후기의 사상과 문화의 비약적인 발전의 계기는 왕명학의 흥기에서 찾을 수 있다. 송대의 대표적인 학술사상이 주자학이라면, 명대를 대표하는 사상은 양명학이다. 명대 사상가들 중에서 후기 중국과 일본에 가장 많은 영향력을 끼치고, 송대 신유가 학파의 심학心學을 계승 발전시킨 이는 왕양명(王陽明, 1472~1529)이다.

양명학을 창시한 왕양명

왕양명은 성리학적 사상 풍토에서 심즉리心卽理를 표방하고, 이어 '지행합일'과 치양지致良知를 제시하여 명대 사상계에 커다란 변혁을 일으켰다. 왕양명은 격물치지格物致知의 설을 궁구하여 '심즉리'에 이르렀다. 이것은 '격물치지'의 의미가 '심즉리'라는 말이다. 그는 '격물치지'에 대해서 주자가 격格을 지至라고 해석한 것과 달리 정正이라고 풀이하였다. 그리고 물物은 맞닥뜨린 상태이며 의지가 지향되어 있는 곳이고, 치致는 『논어』「자장」편에서 "장례에서는 슬픔을 지극히 한다(喪致乎哀而止)"라고 할 때의 致(치)이며, 知(지)는 양지良知라고 하였다. 그러므로 '격물치지'란 의미의 발현을 바르게 함으로써 '양지'를 실현하는 것이라고 보았다. 왕양명에 의하면, '치지'는 지식을 닦는 것이 아니고 '지'를 실현한다는 의미이다. 이런 점 때문에 양명학을 지행합일知行合一의 학문이라고 한다. '만물일체'설은 양명의 심즉리, 지행합일, 치양지致良知 설의 기초가 된다. 그리고 '양지'는 만물일체의 '인'과 합치되면서 '지행'의 통일, 자타의 통일로 진전되는 동시에 스스로 생겨나면서 그치지 않는(生生不息) 것이다. 왕양명의 '양지'는 이러한 정신사적 동향을 집약한 것이라고 할 수 있다. 이 때문에 양명학은 흔히 육상산陸象山의 학문의 연장 혹은 부흥으로 일컬어지기도 하고, 또 육왕陸王의 심학心學으로 칭해지기도 한다. 분명 양명의 '심즉리'는 육상산의 '심즉리'를 본뜬 것이라고 할 수 있다. 그러나 그 당시는 주자학의 시대였으므로 그 또한 주자학에서 출발하였다. 다시 말해서 그는 처음에는 주자학에 몰두했지만 그 한계에 부딪히게 되자 '심즉리'라는 원리를 창출하게 된다.

왕양명의 가르침은 개인적인 명상과 직관적 지식 및 사회 구성원으로서의 윤리적 행동을 보다 더 강조했다는 점에서 유교의 범주 안에서 일어난 선종의 반란과 같은 의미를 갖는다. 이것은 대부분의 학자들이 주희가 종합한 유학을 정통으로 여겼던 것에 대한 도전으로서 광범위한 지적 논쟁의 막을 여는 시발점이 되었다. 왕양명의 정통 유교 사상에 대한 도전은 그 당시 권력을 쥐고 있던 환관의 부패를 비판했다가 유배를 갔던 시기에 형성된 것이다. 주자와 그의 제자들이 위학僞學의 금禁이라는 정치적 문제를 일으킨 것과는 달리, 양명학파는 사회적인 문제를 일으켰다. 양명학파 중에서 어떤 학자들은 사회적 통념과 권위에 도전하여 기존 도덕을 극단적으로 부정하고 도덕적 혼미, 사회적 불안과 퇴폐 등을 초래하기도 하였다. 그들은 이론이나 실천 모두 급진적이었다.

이러한 대립의 발단은 왕양명의 사구결四句訣을 둘러싼 논쟁이었다. 56세 때 묘족苗族이 반란을 일으켜 왕양명은 병든 몸으로 출전하여 진압한 후 돌아오는 길에 병사하였다. 이 반란을 진압하기 위해 출전하기 전날 사구결을 남겼는데, 그 사구결이란 "선도 없고 악도 없는 것이 마음(心)의 본체이며, 선이 있고 악도 있는 것은 뜻(意)의 움직임이며, 선을 알고 악을 아는 것은 곧 양지良知이고, 선을 행하고 악을 제거하는 것이 격물格物이다(無善無惡是心之體, 有善有惡是意之動, 知善知惡是良知, 爲善去惡是格物)"(『전습록』 권하)라는 명제를 말한다. 흥미롭게도 양명 좌파는 대부분 왕양명의 주장을 선전했으나, 오히려 우파가 왕양명의 주장에 대해 의식적으로 비판하고 수정을 덧붙였다. 그 비판과 수정은 주자학에서 양명학으로 나아가는 데 대한 제동이었다.

양명학은 풍습이 세속화되고 민간화되어 가는 사회적 경향의 영향으로 등장했으며, 왕양명의 문인 왕간(王艮, 1483~1541)이 이 사상을 더욱 확대시켰다. 왕간이 처음 제창한 태주학파泰州學派 및 약간 뒤의 이지(李贄, 호 卓吾, 1527~1602)의 사상은 대체로 평민화한

유학 사조이다. 이러한 조류 속에서 불학 또한 세속화되었다.[67]

2. 명말 불교계의 동향

1) 명말 불교계의 대세

중국불교는 대체적으로 수·당시대에는 교학상 제종諸宗이 굴기崛起하고, 송대宋代에는 교단적으로 고정되고, 원대元代에는 라마교의 수입에 의해 타락하고, 명대明代에는 다시 결속을 잃고 근근이 타성적으로 존재하고 있었다. 사상적으로는 주자학의 배불론排佛論에 대응하여 제종융합諸宗融合적 일치의 경향으로 향하였다. 이것은 한편으로는 불교학의 자주성 상실을 의미하는 것으로, 사실 명대明代에서는 참신한 학설을 주창하는 자는 거의 없었다.

양명좌파인 태주학파의 창시자
왕간

봉건적 유가체제에 반기를 든
혁명가적 인물 이탁오

---

67 김원중, 『중국문화사』(을유문화사, 2006), pp.277~279.

명대의 불교는 송·원 불교의 계승이며, 교리사상 면에서 보더라도 거의 송·명 유교의 발전과 마찬가지로 기본적으로는 그다지 변화가 없는 가운데 진행되어 왔다. 송대 이래로 중국불교의 기반인 선종은 명과 청을 거쳐 현대에 이르기까지 거의 변함이 없다. 선사禪寺 출신의 선승에서 교리 연구 및 교학의 선양을 위해 나아간 인물이 있었음에도 불구하고 여전히 선 중심의 불교 형세는 변함이 없었다. 선사에서 천태·화엄 또는 율사律寺로 전환하는 경우도 별로 이상할 것도 없고, 또 다시 선사로 돌아오는 것도 가능하였다. 시종일관해서 천태·화엄·율사로써 지속하며 불변하는 사찰은 실로 극소수였다.

　　명대 유교의 대표자로는 왕양명의 학파가 있다. 이 학파는 송의 정주程朱 사상보다도 좀 더 불교에 접근하고, 이단배척의 색채가 적었기 때문에 삼교동원三敎同源의 환경을 조성하게 되었다. 그리고 명대의 불교는 명초와 명말 두 단계로 분할된다. 명초는 명의 태조 홍무제(재위 1368~1398)부터 성조 영락제(재위 1402~1424)까지의 60년간으로, 정부 통제 아래 불교에 관한 사건은 대단히 많았지만 이 기간에 있어서 사상의 전환은 보이지 않는다.

　　뒤이어 선종 선덕제(재위 1425~1435)부터 목종 융경제(재위 1567~1572)에 걸쳐 100여 년간은 명대 불교의 암흑시대라고 하지 않을 수 없다. 선승과 장례식에만 관계하는 유가교승瑜伽敎僧만이 중심으로, 불교사로서는 극히 쇠미衰微한 단계를 보여주는 것이었다.

　　이처럼 활기 없는 명대의 불교계였지만, 말기 즉 천주교가 전래된 만력萬曆·천계天啓 무렵이 되면 조금씩 활발한 움직임을 나타내고 있어 그런 의미에서는 결코 새로 전해진 종교에 무기력한 모습으로 있었던 것은 아니었음을 다음과 같이 살펴볼 수 있다.

첫째, 다양한 인재의 배출을 들 수 있다.

양명학의 홍기와 함께 쇠락해가던 명대의 불교는 다시 중흥기를 맞게 되는데 정토교에서의 운서 주굉(雲棲袾宏, 蓮池大師, 1535~1615), 선과 화엄종에서의 감산 덕청(憨山德淸, 1546~1623), 정토교와 천태학에서의 우익 지욱(藕益智旭, 1599~1655) 등이 잇달아 출현하였다. 그들은 중국 불교사상 최상급의 고승은 아니었더라도 그 학식과 덕행, 그리고 기혼정열氣魂情熱에 있어서 한 시대를 비췄던 한 줄기의 빛이었다.

그 밖에도 황벽산에서 선을 제창한 밀운 원오密雲圓悟·비은 통용費隱通容·은원 융기隱元隆琦가 있고,『방책장경方冊藏經』을 발원하여 각성한 자백 달관紫栢達觀 및 그의 제자인 밀장密藏·환여幻餘 등 비중 있는 인물이 나타났다. 그들의 시대는 만력(萬曆, 1573~1619)·천계(天啓, 1620~1627)·숭정(崇禎, 1628~1644)·영력(永曆, 1647~1662)의 무렵으로, 불과 100년 정도 사이의 일이었다. 활약 지역은 대개 절강·복건·광동을 중심으로 했기 때문에 시기적·지리적으로 보아 새로 들어온 천주교와 대면할 기회를 가졌던 것이다.

운서 주굉

둘째,『방책장경』의 개판開版을 들 수

감산 덕청

있다.

명의 태조와 성조 때에 남경과 북경에서 대장경이 간행되었는데 보급이 충분치 않았기 때문에 열장閱藏의 간편함과 비용의 저렴함을 고려하여 획기적인 『방책장경』의 개판이 계획되었다. 소위 만력판 또는 능엄판, 가흥판 등으로 칭하는 장경이 이것이며, 처음에는 북방의 오대산에서 간행되었지만 머지않아 강남으로 옮겨져, 절강의 경산徑山과 그 다음에 가흥嘉興의 능엄사楞嚴寺에서 간행되었다. 그리고 이 사업이 국가의 지원사업으로 이루어진 것이 아니라 감산 덕청, 자백 달관 등을 비롯하여 민간승속의 원력에 의해 달성한 점은 주목된다. 이 장경藏經은 구래전승舊來傳承의 정장正藏만으로 그치지 않고, 오히려 그곳에서 누락되었던 것을 새롭게 수록하고, 그 수록한 속장續藏을 간행하는 것이 이들 당사자들의 커다란 염원이었던 것이다.

이 장경이 거의 완성되었을 무렵인 청조淸朝 강희康熙 초년初年에 지욱智旭이 방대한 내용을 지닌 장경에 대해 세목해제細目解題를 저술하여 『열장지진閱藏知津』의 이름으로 간행하였다. 이 간행작업의 완수는 명말 불교의 명예라 할 수 있으며, 불전의 보급과 유통에 기여한 공적이 매우 컸다.

이와 관련하여 이보다 앞서 정통 연간(正統年間, 1436~1449)에 도장道藏이 개판되고, 만력 35년(1607)에는 속입도장續入道藏이, 천계

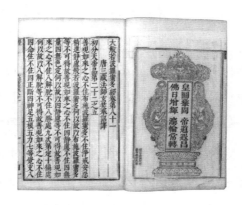

방책장경(가흥장)

연간(1626)에는 백운재白雲齋의 찬술과 관련된 도장목록주해道藏目錄註解가 출현하게 된다. 이렇게 해서 명나라 말末에는 불교와 도교 모두 성전 연구의 기초적 업적이 이루어진다.

셋째, 호법적護法的 기운氣運의 발현을 들 수 있다.

마테오 리치가 처음 북경에 들어왔던 만력 29년(1601)을 사이에 두고, 그 전년(1600)에는 명나라 초기에 승려 심태心泰가 편성한 『불법금탕편佛法金湯篇』 16권이 승려 여성如惺에 의해 거듭 간행되고, 1602년에는 거사 도융屠隆이 찬술한 『불법금탕록佛法金湯錄』 2권이 세상에 나왔다. 그 취지는 주자학의 배불론에 대응하여 유석일관설儒釋一貫說을 내걸고, 불법에 있어서 금성탕지金城湯池의 자세로 임했던 것이었다. 따라서 그들에게 있어서 당면의 대상은 주자학이지만 유교의 진의가 불교와 배치되는 것이 아님을 옛 유학자의 언행에서 논급하고 또 주자학의 배불논거에 대해 논박하는 저술이 — 유교와의 명합冥合을 표방하여 불교를 억누르려는 책략을 지닌 천주교의 입경과 때를 같이하여 — 나온 것은 앞서 그 기선을 잡는 데 힘을 보탰던 것이다.

넷째, 불교의 외전外典 연구를 들 수 있다.

덕청德淸의 『논어』·『대학』·『노자』·『장자』에 대한 주석註釋과 지욱智旭의 사서四書 및 『주역』에 대한 주해註解(『주역선해周易禪解』)는 가장 현저한 것이다. 이와 같이 당시의 불가佛家로서 외전外典 특히 유서儒書를 공구攷究치 않은 자가 없었다.

외전 연구는 당대 사상계의 지배적 세력이었던 양명학이 불교에 매우 가까웠던 점에 영향을 받았으며, 게다가 당시의 승려들은 전대前代 주자학파에 의한 불교 배격에 맞대응할 필요가 있었던 것으로, 고루하고 독선적이며 고립을 자처한 승려들이 아니었다. 왕양명을 종조로 하는 요강학파姚江學派로부터 왕룡계王龍溪·왕심재王心齋 등 친불교적 학자를 배출하고, 또 임조은林兆恩과 이탁오李卓吾 같은 삼교융합三教融合의 경향이 있는 사상가가 출현한 시대에, 이들 불교 지도층이 외전 연구에 힘을 기울인 것은 당연한 추세였다. 그리고 이것이 또한 불교도로서 유자儒者의 거사居士들을 주위에 불러 모아 새로 들어온 천주교에 대하여 공동전선을 펼치려는 소지를 만들었던 것이다.

불교 승려로서는 유일하게
불교적 관점으로 『주역』을
주석한 지욱의 『주역선해』 서문

이상과 같이 개관해 보면, 불교로 서는 새로 들어온 천주교를 맞아 사 정邪正의 논단論端을 개시함에 있어 전혀 무방비 상태로 허를 찔렸다고 할 수는 없으며, 임전 태세를 갖췄다 고 볼 수 있을 것이다.[68]

2) 송·명 유학과 불교

삼교융합을 상징하는 부처, 노자, 공자의 만남을 그린 그 림(明 丁云鵬, 佛释人物画)

중국에서 유학은 주周·진秦 때 일어 나 한漢·당唐 때 크게 유행하였다. 또 수隋·당唐 불교의 사상에서 영향을 받아 송대宋代에는 불교의 여래장 사 상에서 설하는 상주진심常住眞心을 받 아들여 이학理學이라는 새로운 사상 으로 변화되었다.

송대 이학의 대표적 인물은 『태극도설太極圖說』을 저술한 주 돈이(周敦頤, 濂溪, 1017~1073)이며, 그의 문하에는 정호(程顥, 明 道, 1032~1085)와 정이(程頤, 伊川, 1033~1107) 두 형제가 있었다. 이로부터 1세기 정도 후에 이천파伊川派 중에서 주희(朱熹, 晦庵, 1130~1200)가 나타났고, 명도파明道派 중에서 육구연(陸九淵, 象山, 1139~1192)이 나타났다. 또 명대明代에 이르러, 진헌장(陳獻章, 石齋,

---

[68] 横超慧日,「明末佛教と基督教との相互批判」(大谷學報, 昭和 24), pp.2~4.

1428~1500)의 백사파白沙派는 이천伊川과 주희朱熹의 학풍에 가깝고, 왕수인(王守仁, 陽明, 1472~1528?)의 요강학파姚江學派는 육구연陸九淵의 학풍을 확대하였다. 따라서 세상에는 정주파程朱派와 육왕파陸王派라고 하는 두 가지 주된 유교학파가 확립하게 된다.

송宋·명明 유학이 진秦·한漢 유학과 다른 점은, 유학자가 불교 교리의 이념을 유학에 도입·소화해서 새롭게 그 교리를 조직했다는 점이다. 이것은 중국인이 중국 고유의 문화를 소중히 했던 나머지, 인도의 불교문화를 취사선택한 결과였던 것이다. 고대부터 근대에 걸쳐 중국 정치의 근간 역할을 했던 유학은 육조六朝와 수당隋唐에 걸친 5~6백 년 동안 위대한 사상가를 한 사람도 배출하지 못했으며, 인도에서 전래된 불교문화의 발전·성장에 따라 유학은 퇴조 혹은 정체 현상이 일어났다. 그 이유는 유학의 학문은 인간의 사회성에 관해 갖가지 가르침과 훈계를 설하고 있으므로 정치학과 윤리학의 견지에서는 대단히 수승하지만, 개인 각자의 고뇌에 대한 공맹孔孟의 교훈에서는 적절한 해답이 없었기 때문이다.

이에 반해 불교는 인간의 마음을 평온케 하는 신앙인 동시에 철학사상으로서 유학의 부족한 부분을 보완했던 것이다. 그리고 일류의 사상가, 예컨대 천태 지의天台智顗·가상 길장

천태 지의

嘉祥吉藏·현수 법장賢首法藏 및 현장玄奘과 규기窺基 등은 모두 불교의 고승임에 반해, 당시 유학에서는 뛰어난 인물이 한 사람도 배출되지 못하였다. 당나라 중기 산문가散文家였던 한유韓愈가 반불론反佛論을 제기했지만 그 이론적 기초가 심히 취약하였다.

그런데 이 같은 불교의 융성도 장기간 지속되지 않았다. 당나라 말기 회창會昌 연간의 폐불廢佛 운동에 의해 불교는 거의 멸하고 말았다. 그리고 산속의 선승들의 생활은 신자의 보시에 의존하지 않고 스스로 농사를 지어 "나무하고 물 긷는 일이 도다(搬柴運水皆是道)"라는 현실생활을 참선의 실천으로 삼았다. 또 남전 보원(南泉普願, 748~834) 선사의 "평상심시도平常心是道"의 설이 일시적으로 이 시대 불교의 기본자세로 되어 있었다. "평상심시도"의 이념은『능가

현수 법장

현장 삼장

경』의 '불심佛心' 및 『문수설반야경』의 '염불심시불念佛心是佛'을 원용한 것으로서 여래장如來藏의 이념 그 자체이다.

송나라 유학자는 이 같은 불교의 실천정신과 그 신앙의 형태를 지님과 동시에 폭넓게 불교 경전을 읽는 가운데 이학理學이라는 새로운 유학을 탄생시켰던 것이다.[69]

3) 불교의 불성론과 수행론이 이학에 끼친 영향

송대는 표면적으로 불교와 유·도 양가가 병립을 이루는 시기였지만, 실제적으로는 유가를 중심으로 하여 불·도의 사상을 융합하는 시기였다. 그 융합의 결과가 바로 이학理學이다. 달리 말한다면 이학은 형식적으로 유가를 기치로 내세웠지만 그 사상은 철저하게 삼교를 융합한 것이다. 또한 이학에서 공개적으로는 불·도를 비판하는 태도를 견지했지만, 이학이 불교의 사상을 흡수하는 데 전혀 지장을 주지 않았다. 이는 중국불교가 초기 전래로부터 유·도 양가와 끊임없이 교섭함으로써 이미 유가에 불교의 사상이 깊숙이 개입되어 있어 유가만의 독자적인 사상적 정체성을 주장할 수 없었기 때문이다.

이학에서 비판했던 가장 중요한 부분은 바로 불교는 출세出世를 제창하니 유가에서 중시하는 입세入世에 입각한 강상명교綱常名教에 정면으로 어긋난다는 측면이다. 이학의 기초를 다진 이정二程은, 불교는 윤리의 가르침을 끊으며 '치국평천하'의 도리를 밝히지 않는다고 하며, 결론적으로 "불교가 사라져야 비로소 천하가 다스려진

---

69 張聖嚴, 『明末中國佛教の硏究』(山喜房佛書林, 昭和 50年), pp.11~12.

다"(『二程遺書』권2)라고 하였다. 이학을 집성한 주희는 극단적으로 "불교의 학을 깊이 논할 필요도 없이 다만 삼강오상三綱五常을 폐하는 것만으로도 이미 극대한 죄명으로, 그 나머지는 다시 말할 것이 없다"라고 하였다. 이러한 비판은 물론 송대에 처음 나타난 것은 아니었다. 불교가 중국에 전래된 이후에 불교인들은 이를 희석시키려 많은 노력을 기울였다. 당대로부터 사상적으로 불교와 유학을 융합한 경우가 많이 출현하였으며, 송대에 있어서는 이미 사상적으로 불교와 유학을 일치시켰지만, 불교의 기본적인 정신인 '출세'의 틀은 여전히 남아 있었기에 계속해서 이러한 비판에 직면할 수밖에 없었다. 그러나 이학은 기본적으로 불교의 사상을 흡수하여 출현하였다. 송대에 출현한 이학이 불교로부터 흡수한 사상은 대체적으로 다음의 세 측면으로 정리할 수 있다.

①우선 이학理學은 바로 이치(理)에 대한 학學이라고 할 수 있는데, 이학에서 다루는 가장 핵심적인 명제는 '이치는 하나이지만 나뉘어 달라진다(理一分殊)'는 것이다. 그런데 중국 사상사에서 '이치'를 이른바 지존至尊의 자리에 올려놓은 이는 바로 남북조 시기의 도생(道生, 372~434) 스님이라고 할 수 있다. 일천제성불론一闡提成佛論과 돈오頓悟 사상을 최초로 제시한 것으로 유명한 도생의 사상적 핵심은 바로 '이치'에 있다. 도생은 제불여래가 바로 '이치'로부터 연緣하여 출현한 것이고, 부처는 바로 '이치를 깨달은 당체(悟理之體)'라고 규정하고 있으며, 나아가 돈오를 제창하는 근거로서 이치의 '나뉠 수 없는 성품(不可分性)'을 들고 있다. 이로부터 도생의 '이치'에

대한 극도의 중시를 엿볼 수 있다. 도생은 또한 "이치는 항상 하나이다. 마치 구름과 비는 하나이지만 초목은 여러 가지로 다름과 같고, 초목이 여러 가지로 다르다고 하여 어찌 비와 구름이 그러하겠는가?"(『법화경소』)라고 명확하게 설하고 있는데, 이로부터 이일분수理一分殊의 사상적 연원이 도생으로부터 비롯되었음을 알 수 있다.

도생이 이치를 중심으로 돈오 사상을 전개한 이후, 중국불교의 모든 종파에서 돈오론頓悟論을 채택하게 되는데, 그 가운데 도생의 사상을 직접적으로 받아들인 이가 바로 화엄종의 제4조인 청량 징관(淸凉澄觀, 738~839)이다. 징관은 "나뉜 수(分數)는 무수히 많지만, 이치(理)는 나눌 수 없으므로 일분一分이라고 칭한다"(『대방광불화엄경소』 권13), "하나의 이치로서 그를 꿰뚫는 것이 없다면 곧 혹업惑業이

돈오성불론을 제창한 축도생

여러 가지로 차별된다"(『화엄경수소연의초』 권29)라고 하며 도생의
돈오론을 인용하고 있다. 또한 송대의 조사선은 돈오론을 바탕으로
하여 화엄의 이른바 이사원융理事圓融을 받아들이고 있는데, 예를 들
어 법안 문익法眼文益 선사는 "이사理事가 둘이 아니고, 원융에 그 귀
함이 있음이다"라고 하여 "이치는 돈오를 밝힘이요, 현상(事)은 모
름지기 점수漸修이다"(『종문십규론宗門十規論』)라고 한 것과 같다. 이
러한 불교의 '이치'에 대한 사상은 그대로 '이학理學'의 핵심적인 '이
일분수理一分殊'의 명제에 흡수되었다고 할 수 있다.

이정二程은 "천하는 다만 하나의 이치"이며, "일물一物의 이치는
바로 만물의 이치"(『二程遺書』 권2)로서 "모든 이치는 하나의 이치
로 돌아옴"(권18)을 강조하고 있다. 또한 주희도 이정의 논리에 긍
정하며 "이천(伊川, 程頤)이 말하는 것이 옳다. 이치는 하나지만 나뉘
어 달라짐(理一分殊)으로 천지만물에 비춘다면 하나의 이치인 것이

청량 징관

법안 문익

다"(『주자어류』권1)라고 말한다. 이를 통해 볼 때 '이학'의 가장 핵심적인 명제는 명확하게 불교로부터 연원했다고 본다. 또한 그에 따라 그 외의 전체적인 사상적 틀에 있어서 불교와 매우 밀접한 관계가 있음을 쉽게 짐작할 수 있다.

②'이학'에서 불교의 사상을 흡수한 두 번째 측면은 바로 '인성人性·심성론心性論'이다. '이학'에서는 기본적으로 맹자의 인성론과 심성론(性善論)을 표방하지만, 그 내용에 있어서는 불교의 '불성론'을 원용하고 있다. 그러나 간과해서는 안 될 것은, 중국불교의 '불성론' 형성은 바로 유가의 인성론의 영향으로 비롯된 것이라는 사실이다. 하지만 불교에는 이미 부파불교 시대 이래로 '인성'과 '심성'에 대한 보다 구체적이고 체계적인 학설을 갖추고 있었기 때문에 중국불교

賢首五祖圭峰宗密禪師

규봉 종밀

의 불성론이 오히려 전체적인 중국 사상의 인성·심성론을 계발하고 발전시켰다고 보는 것이 옳다. 따라서 '이학'에서는 남북조와 수·당대를 거치면서 형성된 불교의 불성론을 전면적으로 받아들여 인성·심성론을 보다 치밀하게 발전시킨 것이다.

불교의 불성론은 이른바 '모든 중생에게는 불성이 있음'으로부터 상당히 복잡한 과정을 거쳐서 최종적으로 '여래장자성청정심如來藏自

性清淨心'으로 귀결시키고 있다. 예를 들어 규봉 종밀圭峰宗密 선사의 『원인론原人論』에서는 "모든 유정은 본각本覺의 마음을 갖고 있어 무시이래로 항상 청정하고 밝아서 어리석지 않으며, 분명하게 항상 알고 있어 불성이라고 하며 또한 여래장이라고 한다. 무시로부터 망상妄想이 그를 가려서 스스로 깨닫지 못하고, 다만 범부의 자질만을 알기 때문에 탐착하고 업을 지어서 생사의 괴로움을 받는다"라고 한다. 이와 주희의 "사람의 마음은 지극히 신령한데, 무슨 까닭으로 밝지 못한가? 기품氣稟이 치우쳐 있고 또한 물욕物慾에 혼란되기 때문이다"(『주자어류』권3), "이 마음은 본래 텅 비어 신령스러우며 모든 이치가 갖추어져 있어 사사물물事事物物을 모두 알지만, 사람들의 기질氣質이 치우쳐 있고 물욕에 가려지기 때문에 혼미하여 알지 못한다"(권48) 등의 말과 비교한다면 명확하게 불교의 불성론과 이학의 심성론의 관계를 짐작할 수 있다. 이학가理學家들의 인성·심성론을 중국불교의 다양한 불성론의 전개와 대비해 고찰한다면 용어의 차이만을 보일 뿐 그 사상적 내용은 거의 일치한다고 할 수 있다.

③'이학'에서 불교의 사상을 받아들인 세 번째 측면은 바로 '수양론'이다. '이학'의 수양과 불교의 수행은 그 목적과 의의에 있어서는 분명한 차이를 보인다. 앞에서 언급한 이학가들의 비판처럼 불교 수행의 궁극적인 목적은 생사의 윤회에서 벗어나 성불하는 이른바 '출세'에 있다고 할 수 있지만(佛國土의 완성이라는 입장에서 본다면 다른 결론이 나올 수도 있다), '이학'은 철저하게 '입세入世'에 그 뜻을 두어 '수신제가, 치국평천하'를 목적으로 하기 때문이다. 그러나 그 수양 방법은 역시 불교의 수행론을 원용했다고 볼 수 있다.

'이학'의 수양방법은 당시에 유행했던 선학적 방법을 주로 채택한 것이다. 이정二程은 불교의 계정혜戒定慧 삼학 가운데 정학定學을 특히 존중하여 "배우는 자가 반드시 해야 할 것은 마음의 뜻을 한결같이 하는 데 있다. 그 마음이 어지러울 때에는 마땅히 좌선하여 입정入定하라"(『이정유서』 권18)라고 하였다.

이러한 이정의 수양론은 주희가 상당히 불만스럽게 생각하여 "이정 문하의 뛰어난 제자들, 사상채謝上蔡·유정부游定夫·양귀산楊龜山 등은 점차 모두 선학에 들어갔다"(『주자어류』 권101)라고 비판하였다. 하지만 주희 역시 수양론에 있어서는 조사선의 방법론을 그대로 원용하고 있다. 주희는 "정靜에서의 체體는 대체大體가 아직 발하지 아니한 때에 기상氣象이 분명함을 아는 것이다"(권102)라고 설명하고 있는데, 이것은 조사선의 '반관심원返觀心源, 직지인심直指人心' 등과 매우 유사하다. 또한 주희가 제창한 "천리를 보존하고, 인간의 욕심을 멸하라(存天理, 滅人欲)"는 방법은 그대로 '번뇌를 떠나 진여 본성을 현현'시키는 선학과 동일하다고 볼 수 있다. 이러한 이유로 명·청대의 사상가들은 주희의 사상을 불교의 또 다른 하나의 학설로 평가했던 것이다.

4) 불교와 양명학

(1) 양명학의 흥기와 조사선

남송 시기에 주희에 의해 완성된 이학에 정면으로 도전한 이는 바로 육구연陸九淵이었다. 그는 주자학에 대하여 '첩상가옥(疊床架屋: 침대 위에 침대를 겹치고 지붕 위에 지붕을 얹다. 쓸데없이 중복하다는 뜻)'의 혐의가 있다고 하였는데, 이는 주희가 '마음(心)'과 '이치(理)'를 두 가지로 본 것을 가리킨다. 육구연도 "우주를 포괄하는 하나의 이치일 뿐이다"(『象山全集』권12)라고 하고, 이 이치는 "천하에 두루 가득 차 있어서 조금도 비거나 부족한 데가 없다"라고 하여 이치를 이른 바 본체로서 인정하고 있음은 주희의 이학과 차이가 없다.

그러나 주희는 이치를 성품과 일치시키지만(性卽理), 마음은 단지 인간의 몸을 주재하는 영명지각靈明知覺의 작용이 있는 인식 주체이지, 만물과 도덕의 본체적인 의미는 지니고 있지 않다고 보았다. 이에 반해 육구연은 "만사만물이 마음에 있다"(권34)고 하여 마음의 본체적 작용을 인정하고, 다시 "마음은 단지 이 하나의 마음이니, 누구의 마음, 내 친구의 마음, 위로 천백 년 성현의 마음, 아래로 다시 천백 년 성현이 있으니 그 마음 또한 이와 같다"(권34)는 주장을 펼치고, "심즉리心卽理"라는 결론을 도출한다. 이것이 바로 이학理學과 심학心學이 나누어지는 결정적인 분기점이다. 이학이나 심학이 모두 불교와 밀접한 관계를 지니고 있지만, 육구연으로부터 시작된 심학은 보다 더 조사선의 선사상에 가깝다.

송대에 발생한 이학과 심학은 격심한 논쟁을 통하여 원대元代에는 "반드시 국가를 위해 옳음이니, 학자는 존중하고 믿어 감히 의심하지 말라"(『道圓學古錄』권39)는 것과 같이 정주程朱 이학이 주도권을 차지하게 되었다. 명대에 이르러 민중의 사상 통제를 강화하기 위해 "주자학을 유일한 종宗으로 삼아 학자로 하여금 『오경』 공맹의 서적이 아니면 읽지 못하게 하고, 염계濂溪 주돈이周敦頤, 낙민洛閩학파의 학문이 아니면 강의하지 못하게"(『東林列傳』권2)하여, 점차 "주자는 옳고 육구연은 그르다"는 설을 정론화시켰다.

　그러나 명대 중기에 이르러 이학의 맹점이 점차 드러나기 시작하였다. 이에 따라 많은 지식인들은 점차 '심학'에 관심을 돌리게 되었는데, 그 대표적인 인물이 바로 왕수인(王守仁, 陽明, 1472~1529)이다. 왕양명은 오랜 기간 참선을 통해 조사선의 선리와 다양한 교학을 탐구한 인물로 유명하다. 실제적으로 제자들과의 토론을 모은 『전습록傳習錄』에는 자신의 학설이 불교로부터 왔음을 밝히는 내용이 상당히 나타난다.

　예를 들어 "양지良知의 체體가 명경明鏡과 같이 밝아 티끌의 감춤도 없이 곱고 미움 그대로 사물에 따라 형상을 보인다. …… 불가에 일찍이 이 말이 있어 그릇되지 않다", "선도 악도 헤아리지 않는 때 본래면목을 안다고 함은 부처님의 본래면목을 아직 알지 못한 자를 위하여 시설한 방편이다. 본래면목은 곧 나의 성문聖門에서 이른바 양지이다"(『전습록』 권중) 등으로부터 그의 사상에 농후한 불교적 색채, 특히 조사선의 흔적을 발견할 수 있다.

　왕양명은 육구연의 심즉리心卽理를 계승해 마음을 양지良知로 승화시키고 있다. 왕양명은 '양지'에 대하여 "양지는 천리天理의 밝고 신령하게 깨닫는 곳이다. 그러므로 양지는 곧 천리이다", "네가 지니고 있는 그 양지야말로 너 자신의 준칙이 되는 것이다. 너의 생각과 뜻이 미치는 바가 곧 옳음(是)은 옳음이고, 그름(非)은 그름이라고 알아 사소한 속임수도 용납하지 않게 된다"(권하) 등으로 설명하고 있다. 이로부터 '양지'를 그대로 본체의 자리로 설정하고, 나아가 그것을 절대적인 준칙으로 설명하고 있음을 알 수 있다. 더 나아가 왕양명은 "양지는 곧 아직 발하지 않은 가운데 있으며, 곧 밝아 크게 공정함이며 고요하여 움직임이 없는 본체이다"(권중)라고 설명하는데, 이는 분명히 조사선에서 설하는 '자성自性·불성佛性'과 조금도 차별이 없다. 이러한 왕양명의 학설에 대해 그의 후학인 유종주(劉宗周, 1578~1645)는 "양명 선생에 대하여 사람들은 선禪에 가깝다고 한다. 즉 옛날의 부처는 석가모니로서, 그것이 변하여 오종선(五宗禪: 潙仰·臨濟·曹洞·雲門·法眼의 禪宗五家)이 되었고, 다시 양명선陽明禪으로 변했음을 말한다"(『劉子全書』 권19)라고 평하였다. 이로부터 왕양명이 조사선을 답습했음을 충분히 짐작할 수 있다.

왕양명은 35세에 병부주사로 있을 때 환관 유근劉瑾의 정치적인 모함을 받아 귀주貴州 용장龍場으로 귀양을 간다. 그런데 이 시기에 수많은 선사들과의 교류를 통해 조사선에 심취하게 되면서 새로운 경지를 얻게 된다. 이른바 '용장의 깨달음(龍場悟道)'으로 칭하는데, 이때의 깨달음은 바로 '격물치지'의 내용을 담고 있다. 이를 왕양명

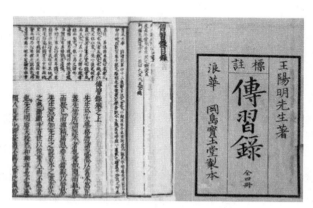

『전습록』

은 "물物의 이치는 내 마음의 밖에 있는 것이 아니며, 내 마음의 밖에서 물의 이치를 구하면 물의 이치는 없다", "사사물물에서 내 마음의 양지에 이르고, …… 내 마음의 양지에 이르는 것이란 앎에 이르는 것이다. 사사물물이 모두 그 도리를 얻는다는 것은 격물格物이다"(『전습록』권중)라고 표현하고 있으며, 스스로 "비로소 성인의 도를 알아내 성품에 자족한다. 사물에서 이치를 구한다면 그것은 잘못된 것이다"(『王陽明先生年譜』,『王文成公全書』권32)라고 밝히고 있다.

왕양명은 50세에 '양지'를 발전시켜 최종적으로 '치양지致良知'의 학설로 귀결시킨다. 왕양명은 '치양지'를 대단히 중시하였는데, 일찍이 "나는 평생 동안 단지 '치양지' 세 자만을 강의하였다(『왕문성공전서』권26)라고 하고, "치양지 세 자는 참으로 성문聖門의 정법안장正法眼藏이다", "치양지는 학문의 큰 두뇌이고, 성인 가르침의 제일의第一義이다"(『전습록』권중)라고 하였다. 이렇게 '치양지'를 무상한 지위에 놓은 것은 "양지는 능히 어리석은 사람과 성인을 같게 하나 다만 오직 성인만이 '양지에 이르고(致良知)', 어리석은 사람은 능히 이르지 못한다. 이것이 성인과 어리석은 사람으로 나뉘는 까닭이다"(『전습록』권중)라고 하여, '치양지'를 할 수 있는가 없는가에 따라 성인과 어리석은 사람으로 나뉜다고 보았다.

이러한 '치양지'의 수양방법은 선종의 '명심견성明心見性'의 수행법과 대단히 비슷하다. 선종의 기본 사상 가운데 하나는 '불성'은 본래 청정한데 다만 번뇌와 고뇌에 덮여 스스로 나타날 수 없게 되지만, 만약 상相을 여의고 무념無念하고 마음을 밝혀 성性을 본다면(明心見性) 자신의 본래면목을 알 수 있고 성불할 수 있다는 것이다.

혜능慧能 선사의 『육조단경六祖壇經』에서는 하늘이 항상 푸르고 해와 달이 항상 밝은데, 다만 먹구름의 가림으로 인하여 밝음을 얻을 수 없다는 비유를 통하여 청정한 불성과 객진번뇌의 상호관계를 설명하고 있는데, 왕양명도 또한 "성인의 양지는 푸른 하늘에 떠 있는 해와 같고, 현인의 양지는 구름 낀 하늘의 해와 같으며, 어리석은 사람의 양지는 음산한 날의 하늘에 떠 있는 해와 같다"(『전습록』 권하)는 설명이 있다. 이 두 가지는 사상이 서로 통할 뿐만 아니라 묘사한 용어도 같다. 이는 제자들과의 논의에서도 『육조단경』의 '본래무일물本來無一物'의 사상이 '양지의 지극至極'과 합치된다고 말하는 것처럼, 왕양명이 『육조단경』을 상당히 중시해 여러 차례 숙독했었다는 사실을 알 수 있다.

육구연의 '심학'이 왕양명이 제시한 '치양지'의 학설에 이르러 대체적인 완성을 보았기 때문에 후대에 '육왕심학陸王心學' 혹은 '양명학'으로 칭해진다. 이러한 '양명학'의 흥기는 명대의 쇠락해가는 불교에 상당한 반향을 일으키는 역할을 하는데, 왕양명이 세상을 떠난 이후 만력 연간(1573~1619)에 다투어 명대의 4대 고승(雲棲袾宏·紫柏眞可·憨山德淸·蕅益智旭)이 출현하였으며, 양명학과 관련되어 명대의 거사 불교에 새로운 전기를 마련하였다.

육조 혜능

(2) 태주학파의 거사들

왕양명의 '치양지'를 중심으로 하는 양명학은 '이학'의 한계로 오랫동안 고민하던 사대부들로부터 전격적인 지지를 받았고, 또한 그 사상적 유사성으로 승가에서도 상당한 반향을 불러왔다. 특히 자백 진가紫柏眞可와 감산 덕청憨山德淸 등의 선사들은 양명학을 극찬하면서 이를 무기로 정주 이학程朱理學의 교조주의적인 폐해를 공격하였다. 우익 지욱蕅益智旭 선사도

왕양명은 한대로부터 송대에 이르는 제유諸儒를 초월하여 직접적으로 공자孔子·안회顏回의 심학을 설파하였다. 일생동안 오직 '치양지'의 세 자만을 보였다. 양지는 성령性靈의 영명함의 본체이다.(『靈峰宗論』 권4)

라고 극찬을 아끼지 않았다.

왕양명의 사후에 양명학은 여러 학파가 동시에 일어나 명대 중·후기 사상계의 주류를 차지한다. 특히 그의 제자인 왕간(王艮, 心齋, 1483~1541)은 태주학파泰州學派를 창립했는데, 선학에 더욱 깊이 들어가면서 그 학풍이 더욱 격렬해졌기 때문에 세상에서 '광선狂禪'이라는 비판을 받았다. 이러한 태주학파는 바로 명대의 거사불교를 대표하는 이지李贄, 원굉도袁宏道와 상당히 밀접한 관계를 갖는다.

이지(李贄, 卓吾, 1527~1602)는 북경에서 임관했을 때 왕양명의 제자인 왕기(王畿, 龍溪)와 태주학파의 나여방(羅汝芳, 近溪)을 만났다. 또한 태주학파를 창시한 왕심재(왕간)의 아들 왕벽(王襞, 東崖)을 스

승으로 삼아 가르침을 받았으며, 이후 초횡(焦竑, 弱侯)·경정리(耿定理, 子庸) 등의 태주학파 학자들과 깊이 교류하였다. 이탁오(이지)는 태주학파의 사람들에 대하여 극찬의 평가를 아끼지 않았는데, 그의 『분서焚書』에는 다음과 같이 논하고 있다.

당시 양명 선생의 문도들은 천하에 두루 있었으나 오직 심재(왕간)가 가장 뛰어났다. …… 심재의 후예로 서파석徐波石, 안산농顏山農이 있었다. 산농은 포의강학(布衣講學: 신분의 귀천, 지위의 고하에 구애받지 않고 가르침을 폈다는 의미)하며 당당하게 한 세상을 풍미하다 모함을 받았고, 파석은 관리로서 군대를 지휘하다가 광남廣南에서 죽었다. 용이 구름을 부르고 호랑이가 바람을 일으키듯이 각각 한 세상을 누볐다. 심재가 참으로 영웅이니, 그 문도門徒들도 또한 영웅이로다. 파석의 후예로는 조대주趙大洲가 있고, 대주의 후예로는 정활거鄭豁渠가 있다. 산농의 후예로는 나여방과 하심은何心隱이 있다. 심은의 후예로는 전회소錢懷蘇와 정후태程後台가 있다. 이러한 한 세대의 학풍은 매우 비슷하게 다음 세대로 이어졌다.(『분서』권2)

여기에서 언급되고 있는 이들 모두 조사선에 깊이 매료되어 격렬한 학풍을 보이고 있기 때문에 불교의 거사라고 칭할 수 있다. 특히 이지와 친분이 두터웠던 왕기(왕용계)는 '양지'를 직접적으로 '불성'으로 보아 그 학설을 전개했고, 유가에서의 비판을 피하기 위해 양명학 정종正宗의 적전嫡傳에 이름을 넣지 않고 있다. 왕기王畿에 대하여 이지는 "성대聖代 유종儒宗에 있어서 인천안목人天眼目을 보임에 흠 하나 없는 백옥이요, 완벽하게 제련된 황금이다"(『분서』권3)라고 평하고, "세간에서 학문을 펼침에 있어 자고로 왕기와 같은 이가 없었다"(『분서』권2)라고 극찬하였다. 이지와 밀접한 관계를 가진 태주학파 가운데 나여방과 초횡焦竑 거사가 또한 유명하며, 이지를 스승으로 삼은 원굉도(袁宏道, 1568~1610) 역시 수많은 태주학파의 인물들과 교류를 했는데, 초횡 외에 도망령陶望齡·관지도管志道·구여직瞿汝稷 등의 인물이 있다. 팽제청(彭際淸, 1740~1796)의 『거사전居士傳』권44에는 이들을 비롯해 모두 15명의 거사들의 전기를 싣고 있는데, 대부분이 태주학파에 속한 이들이다. 양명학은 불교의 영향으로 출현한 것이지만, 또한 양명학의 흥기는 명대에 시들어가던 불교를 다시 부흥시키는 작용을 하였다.

이러한 불교의 부흥에 있어서 가장 대표적인 거사를 꼽으라고 한다면, 당연히 이지와 원굉도 두 사제라고 할 수 있다. 그러나 이지의

원굉도

팽제청

자살(1602)과 병약했던 원굉도가 사찰에서 병사(1610)하면서 명대 거사불교의 부흥은 오래도록 유지되지는 못했다.[70]

70 김진무, 『중국불교의 거사들』(운주사, 2013), pp.315~325

제5편

서양의 유사儒士 - 마테오 리치

1. 마테오 리치 - 동서양 문화의 가교

1) 마테오 리치의 수학修學, 예수회 꼴레지오Colegio

마테오 리치(Matteo Ricci, 利瑪竇)는 1552년 당시 로마 교황령에 속한 중부 이탈리아의 소도시 마체라타Macerata에서 9남 4녀 중 맏이로 태어났다. 신앙심이 깊은 어머니의 주선으로 그는 어렸을 때 벤치베니라는 이름의 신부에게 개인교수를 받았는데, 이 신부는 마테오 리치가 7살 때 예수회에 가입하기 위해 떠났다. 이것이 어린 마테오가 예수회와 가진 첫 인연이었다. 2년 후에는 마체라타에 예수회 학교가 생겼고, 마테오 리치는 이때부터 이 학교에 다녔다.

1568년 16세에 부친의 권유로 법학을 공부하기 위해 마테오 리치는 로마에 있는 라 사피엔자La Sapienza 학교로 유학을 갔다.[71] 이 학

---

71 오늘날 로마대학교 전신인 이 학교는 1303년 교황 베네딕도 8세에 의해 세워

교에 다니는 동안 그는 마리아 교우회에 참여하여 활동하였다. 이 동아리는 예수회원에 의해 처음 꼴레지오 로마노에서 조직되어, 당시 여러 학교로 확산된 신심활동 단체였다. 예수회 사제들에게 고백성사와 영적 지도를 받은 마테오 리치는 세상에서 봉사하는 길보다는 하느님께 봉사하는 길이 자신이 따라야 하는 길임을 깨달아, 아버지와 상의도 하지 않은 채 3년 과정의 법학 공부를 중도 포기하고 예수회 수련원 산트 안드레아Sant' Andrea에 들어갔다(1571). 예수회는 뛰어난 지성과 건강한 육체와 함께 매력적이고 헌신적인 성품을 지닌 당대 엘리트만을 엄선하여 가입시킨 조직이다.

로마 퀴리날레 언덕에 있는 산트 안드레아 수련소에 1571년 8월 15일, 새로 입회하는 19세의 마테오 리치를 맞이한 이는 바로 한 달 간 수련장을 대신하여 임시로 와 있었던 알렉산드로 발리냐노 Alessandro Valignano 신부였다. 훗날 중국 선교의 기둥인 두 사람의 첫 만남이 여기에서 이루어진 것이다.

예수회의 수련자들은 수도회의 기본 정신과 사도적 목적을 습득하기 위해 매우 엄격한 교육을 받는다. 연학은 잠시 미루어 두고 우선 기도생활과 수련소 내부의 잡다한 일들을 통해 순명과 겸손을 배워야 한다.

수련자들의 첫째 실습은 약 1개월 동안 자신의 양심을 성찰하고 과거의 생활을 반성하며, 자신의 죄에 대해 묵상하고 고백하여 예수

진 대학으로서 학문의 중심으로 특히 약학과 해부학으로 유명했고 역사학이나 인문학, 그리고 고고학 등에서도 명성을 지닌 학교였다.

의 생애와 죽음, 부활과 승천의 장면들과 신비를 관상하며 기도하고 수련하는 영신수련이다. 둘째 실습은 약 1개월 정도 병원에서 봉사하는 것으로, 환자를 돌보며 이를 통해 자신을 위해 십자가에 못 박혀 죽은 그리스도를 섬기고자 세상의 호사와 허영에서 멀리하는 교육이다. 셋째 실습은 대략 1개월의 기간 동안 불편한 숙식에 익숙해지기 위해 무소유와 구걸을 하며 하느님에 대한 사랑으로 순례를 행하는 것 등 예수회의 수련자들은 수도자로서 하느님과 교회에 봉사할 마음가짐과 겸손한 태도를 습득하여, 오랜 기간의 연학기 이후에 있을 사도적 활동을 위한 학문적 준비를 시작하게 된다.

수련기 교육을 마치고 예수회원으로서 첫 서원을 한 후 마테오 리치는 1572년 9월에 꼴레지오 로마노에 입학하였다. 자신의 삶을 미래의 사도적 활동에 투신할 젊은 예수회원들의 교육은 철저하게 계획된 교육과정에 따라 진행되었다. 예수회의 교육기관은 고등학교나 대학 혹은 대학교 등의 다양한 형태로 운영되었는데, 16세기 말까지 이미 유럽 전역에 500개 이상의 예수회 관련 학교나 기숙사들이 존재하고 있었다. 이들 기관에서는 이그나티우스 자신이 초안한 교육과정을 따랐는데, 문법·시·수사학·논리학·자연철학·윤리철학·형이상학·수학 등 학문의 제 분야 모두를 포함하는 교육을 제공하였다.

이그나티우스 로욜라 자신에 의해 1551년에 세워진 꼴레지오 로마노는 예수회의 가장 중요한 교육기관으로서 다른 모든 예수회 교육기관의 모범이었다. 예수회 신학생들의 교육과정은 2년의 수사학, 3년의 철학, 그리고 3년의 신학 연학기로 구성되어 있었다.

천동설에 근거한 우주관

첫 2년 동안 마테오 리치는 교회 공식 언어이자 강의 언어인 라틴어뿐만 아니라 희랍어와 히브리어를 배웠다. 교수들은 고전의 재발견이 유행하던 당시의 학문적 풍조에서 영향을 받아 주로 희랍고전이나 라틴고전을 공부토록 인도하였다. 물론 교회의 권한에 따라 적합하지 않은 부분들은 삭제되어 읽혀졌다.

3년의 철학 과정에서 마테오 리치는 논리학, 윤리학, 아리스토텔레스의 형이상학, 세네카Seneca와 에픽테토스Epictetus를 비롯한 여러 스토아학파의 윤리학을 공부하였다. 그리고 토론 기술을 습득하기 위해 정기적으로 교수들과 동료 학생들 앞에서 논쟁에 참여하여 논문을 발표하고 토론해야만 했다. 이러한 토론의 목적은 하느님의 보다 큰 영광을 위하여 지적 능력을 보다 더 배양하고, 과목들에 있어서 어려운 사항들을 해결하는 데 있었다. 마테오 리치와 같은 특별히 여러 분야에서 우수한 학생들은 특별반에 초대되어 학회활동을 하게 되는데, 이는 정신과 영혼의 단련 과정이기도 했다. 철학기 마지막 학년에 마테오 리치는 젊은 신학교수인 로베르토 벨라르미노(Roberto Bellarmino, 1542~1621)에 의해 시작된 고급과목인 '논쟁(Controversies)'을 수강하기도 했다.

예수회의 교육과정에서 수학적 지식은 신학 연학기에 진입하기 전에 반드시 이수해야만 하는 필수과목이었다. 왜냐하면 하느님께서는 수학적 법칙에 따라 세상을 기획하고 창조하였기에 우주를 지배하는 자연법칙을 탐구하는 것은 바로 종교적 탐구이기도 하고, 자연현상의 법칙을 수학적으로 탐구하는 것은 바로 하느님의 창조 업적의 위대함을 드러내고 경축하는 일의

클라비우스

일환이라고 믿었기 때문이다. 예수회의 교육과정에 대수학과 기하학을 포함시킨 것은 무엇보다도 독일인 예수회원 크리스토포루스 클라비우스(Christophorus Clavius, 1537~1612)의 영향이라 할 수 있겠다.[72] 수학이 자연과학의 시초라면, 천문학은 그 정점이다. 마테오 리치는 그의 과목들에 대해 성공적으로 좋은 성적을 받았으며, 클라비우스로부터 수재로 인정을 받았다고 한다.

마테오 리치가 꼴레지오 로마노에서 공부했고 훗날 중국에서 그가 가르친 우주관은 아리스토텔레스 시대에까지 거슬러 올라가는

---

[72] 클라비우스는 1563년부터 꼴레지오 로마노에서 수학과 천문학을 가르친 천문학자로서, 젊은 마테오 리치에게 가장 큰 영향을 끼친 인물이었다. 그는 기원전 3세기의 유클리드의 기하학을 희랍어에서 라틴어로 번역하여 주석을 달아 1574년에 출판하였기에 '16세기의 유클리드'라 불렸다. 갈릴레오(1564~1642)는 클라비우스의 가까운 친구였다.

그레고리력

우주관으로서, 2세기의 클라디오스 프톨레마이오스(Klaudios Ptolemaios, AD 100~170)의 천동설과 토마스 아퀴나스(Thomas Aquinas, 1224~1274)의 교의에 의해 보충 설명된 우주관이었다.

마테오 리치가 꼴레지오 로마노에서 공부하던 무렵은 코페르니쿠스의 『천체의 회전에 관하여(*De revolutionibus orbium coelestium*)』(1543)가 발표된 지 이미 30여 년이 지난 시기였다. 즉 천문학자에 의해 천동설을 부정하고 지동설을 주장하는 시기였기에 코페르니쿠스의 책이 꼴레지오 로마노에서 읽혀졌는지 아닌지에 대한 정보는 알 수 없으나 가톨릭 교리와 어긋난 지동설을 받아들이지 않았다고 추측된다.

천문학과 수학적 지식은 그 응용이 즉각 달력의 계산에 영향을 미친다. 마테오 리치는 당시 클라비우스에게 부여된 그레고리력(Gregorian Calendar)의 계산과 제작에 참여했을 것으로 짐작할 수 있다. 오늘날까지 사용하고 있는 그레고리력은 1582년에 비로소 발표되었기에 이미 마테오 리치가 동양으로 파견되어 떠나간 후이지만, 그가 1589년에 그레고리력 중국판을 만들었다는 것을 상기한다면 이 달력 제작 초기에 이루어진 주요 계산 작업에 직접 참여했을 것으로 추측할 수 있다.

마테오 리치는 지리학과 지도 제작에도 관심이 있었는데, 자신이 꼴레지오 로마노의 학생시절에 이 기술을 온전히 연마하였다. 이러한 지도 제작 기법을 습득한 마테오 리치는 훗날 중국에서 크나큰 업적을 남기게 된다. 마테오 리치는 조경(肇慶, 자오칭)에서 1584년에, 남경(南京, 난징)에서 1600년에, 북경(北京, 베이징)에서 1602, 1603, 1608, 1609년에 각각 지도를 제작하였다. 마테오 리치는 클라비우스에게서 해시계의 원리와 그 제작법을 배웠으며, 자명종 시계의 원리를 터득하여 기계를 제작하는 기술까지 익혔다. 이러한 지식들이 마테오 리치로 하여금 선교 활동에 엄청난 효과를 발휘하게 했다.[73]

2) 해외 선교 지원

마테오 리치가 철학 3년 과정을 마칠 무렵인 1576년 인도 선교구의 총책임자였던 포르투갈인 마르티노 다 실바Martino da Silva 신부가 로마에 왔다. 이를 계기로 신학생들 사이에 선교사로 파견되고자 하는 열정이 불처럼 타올랐고, 마테오 리치 역시 선교사로 지원하였다. 1577년 다 실바 신부는 최종적으로 선발된 지원자들의 명단을 예수회 총장에게 제출했고, 그 명단에 철학 과정을 이제 막 마친 마테오 리치도 포함되어 있었다. 교황 그레고리오 13세의 축복을 받은 후, 당시 인도로의 정기 항로는 일 년에 단 한 번 오직 포르투갈의 리스본에서만 있었기에 1577년 5월 8일 일행은 제노아를 거쳐 리스

---

73 심종혁, 「초기 예수회의 교육과 리치의 선교활동」(신학과 철학 제18호, 2011), pp.78~85.

본에 도착하였다. 동방의 파드로아도인 포르투갈 왕이 교황과의 협정을 통해 동방으로 떠나는 모든 선교사들을 지원할 의무와 함께 그들을 관할할 권리를 가지고 있었기 때문이었다. 그리고 다음 해 봄 출항할 때까지 리스본의 코임브라Coimbra 대학에서 공부를 계속하며 배편을 기다리던 마테오 리치는 다음 해 3월에 13명의 동료 예수회 선교사들과 함께 인도행 항로에 나섰다.

그중에는 3명의 이탈리아인 동료들이 있었는데, 이들은 모두 마테오 리치의 이후 활동에 상당히 중요한 관계를 가졌다. 같은 배에 탔던 루지에리(M. Ruggieri)는 1583년에 마테오 리치와 함께 중국 선교를 시작하게 된다. 파시오(Francesco Pasio, 1551~1612)는 중국 선교에 가담하려다가 일본으로 옮겨졌지만, 중국 선교까지 포괄하는 일본 관구장, 그리고 극동 순찰사가 되어 마테오 리치의 노선을 옹호하는 후원자가 된다. 아콰비바(Rodolfo Aquaviva, ?~1583)는 무굴제국 선교에 활약하다가 일찍 순교하였지만, 1581년 이래 예수회 총장으로 재임한 클라우디오 아콰비바(1543~1615)의 조카여서 마테오 리치와 총장 사이를 가깝게 이어주는 고리가 되었다.

6개월의 항해 끝에 마테오 리치 일행은 1578년 9월 인도의 고아 Goa에 도착하였다. 포르투갈 동방경영의 중심지인 이곳은 가톨릭 동방선교의 중심지이기도 했다.

마테오 리치는 건강이 악화되어 코친Cochin으로 요양을 떠나는 1580년 초까지 그곳에서 라틴어와 희랍어를 가르쳤고, 1580년 7월 25일 사제서품을 받은 후에 1580년 9월 고아로 돌아왔다. 그리고 신학과정을 그곳에서 마무리하였다. 마테오 리치가 인도에서 보낸 시간은 모두 4년이었는데, 꼴레지오 로마노에서 배운 과정이 주로 인문학과 철학 그리고 자연과학이었다면, 인도의 고아에서는 주로 신학이 중심이었다. 그동안 사제서품을 앞서 받았던 루지에리는 1579년부터 발리냐노에게 마카오로 불려가서 중국 선교에 대비하기 위해 중국어를 공부하고 있었다.

마테오 리치는 파시오와 함께 1582년 봄 발리냐노의 부름을 받아 고아를 출발하여 8월 초에 마카오에 도착하였다. 2년 반의 일본 체류를 마치고 마카오로 돌아온 발리냐노는 일본에서의 경험을 통해 적응주의 노선에 대한 구상을 더욱 구체화시켜 놓고 있었다. 그동안 준비를 해온 루지에리만으로는 중국진출 계획에 부족하리라고 판단한 발리냐노는 고아에 연락해서 마테오 리치와 파시오를 중국 선교 요원으로 불러온 것이다.

마테오 리치가 마카오에 도착했을 때, 만들어진 지 20여 년의 이 신흥도시에는 1만 가량의 인구가 살고 있었다. 대부분은 중국인이었으며 포르투갈인은 1천 명 이내, 그리고 포르투갈인들이 데려오거나 이곳의 상업을 찾아온 말레이인·인도인·흑인 등이 약간 있었다. 고아와 말라카, 그리고 일본의 나가사키를 연결하는 정기항로가 이 도시의 생명선이었다.

고아의 경우와 마찬가지로 마카오에 와 있던 선교사들은 포르투갈인 사회 안에서 종교적 기능을 수행하고 시내에 거주하는 현지인들에게 강압적으로 포교하는 정도의 활동에 머무르고 있었다. 그들은 포교를 위한 조건이 (그들의 표준으로 볼 때) 갖춰져 있지 않은 중국 본토 선교를 불가능한 일로 여기고, 그 준비를 위해 중국어 학습

에 선교사의 시간을 쓰는 것이 낭비라고 생각해서 발리냐노의 중국
선교 프로젝트에 비협조적이었다. 발리냐노가 일본에 가 있는 동안
루지에리의 준비에도 많은 장애가 있었던 것을 알고 마테오 리치와
파시오를 마카오로 불러들였던 것이다.

3) 이마두

서기 1600년, 중국의 명대 만력 28년, 르네상스 유럽의 자연과학적
지식과 중국 사서오경의 학문을 한 몸에 갖춘 인간이 인류 문화사가
시작된 이래 처음으로 중국에 모습을 드러냈다. 그가 바로 북경(北
京, 베이징)의 명 궁정으로 들어가 만력제萬曆帝를 알현하려 했던 이
탈리아인 예수회 선교사 마테오 리치다. 중국명으로는 이마두(利瑪
竇, Li Mǎ Dòu)인데, 여기서 리利는 리치Ricci의 '리'이고, 마두瑪竇는
마테오Matteo라는 음에 한자를 붙인 것이며, 자字는 서태西泰, 호號
는 대서역산인大西域山人, 의례상 경칭은 서대(西臺, Hsitai)라고 하였
다. 그는 서양 문화와 동아시아 문화를 처음으로 한몸에 갖춘 '최초
의 세계인'이라 할 수 있다. 마테오 리치는 르네상스 시대의 서양 인
문학자가 서양 고전을 해독한 것과 마찬가지로, 열성적으로 그리고
서양인으로는 처음이자 본격적으로 중국의 고전을 배우고 그 자신
이 한문으로 책을 몇 권이나 저술한 인물이다. 또 그는 마카오에서
중국어 학습 등 1년 남짓의 준비를 거쳐 이후 1610년(만력 38년, 59
세) 북경에서 객사하기까지 30년 가까이 중국에서 지냈고, 명말明末
에 야소회(예수회) 선교의 중심적인 추진자로 활약한 인물이다.
　그의 중국에서의 선교 활동은 1583년(만력 11년, 32세)에 선임先任

야소회사耶蘇會士 루지에리를 도와 광동성의 조경肇慶에 최초의 기지를 획득한 것을 비롯하여, 1588년에는 루지에리가 유럽으로 돌아간 뒤에는 스스로 수무자首務者로서 광동성의 소주(韶州, 1589), 강서성의 남창(南昌, 1595), 뒤이어 남경(南京, 1599)에서 선교기지를 개척하고, 1601년(만력 29년, 50세)에는 오랜 숙원이었던 수도 북경에 정착에 성공하여 1610년 숨을 거둘 때까지 계속 북경에 머물렀다. 그 사이 그는 교세의 신장과 신앙의 보급에 헌신적인 노력을 기울임과 동시에 서양 과학의 도입에 의한 중국인의 계발을 시도, 한문에 의한 다수의 번역서를 간행하여 명말 학술문화계에 큰 공헌을 했다.

마테오 리치의 선교 활동은 표면적인 성과로만 본다면 오히려 노다공소(勞多功少: 일만 많고 공은 적음)하다고 평가할 수 있다. 그가 1610년에 북경에서 숨을 거둘 당시 신도 수는 전국에서 겨우 2,500명 정도였다. 그러나 이들 신도 중에는 서광계徐光啓·이지조李之藻·양정균楊廷筠 등 경건한 신앙을 갖춘 봉교인사奉敎人士가 있었고, 이들은 그와 협동하여 뒷날 선교 번영의 기초를 구축하는 데 공헌하였다. 그 밖에 그의 진지한 신앙과 서양 과학에 대한 깊은 조예에 이끌려 그 선교 활동에 동조와 지원을 아끼지 않았던 다수의 진보적 관료인사들도 보이고 있다. 명나라 말기에 있어서 가톨릭 전도는 그 최말기最末期인 1650년(南明 永曆 4년)에는 15만 명에 달하는 신도가 신앙생활을 했다고 보고되고 있지만, 이 같은 번영은 그 개척기에 마테오 리치의 선구적인 업적 없이는 생각할 수 없다.

마테오 리치는 발리냐노의 부름을 받아 1582년 8월 마카오에 도착한 이래 중국의 언어를 꾸준히 공부하였다. 그 성취를 객관적으로 판단할 만한 근거는 쉽게 찾아볼 수 없지만, 1589년 조경肇慶을 떠날 무렵 관부를 찾아갈 때는 통역을 대동하기는 하면서도 필요한 경우 직접 대화를 하기도 하는 실력이었다.

마테오 리치는 1591년 말부터 사서四書의 라틴어 번역을 시작했다고 하는데, 아마 소주에 있는 동안 중국 고전의 학습에 몰두했던 모양이다. 1595년 남창으로 옮긴 뒤『교우론交友論』과『서국기법西國記法』을 짓고『천주실의』초고를 만들 수 있었던 것은 몇 년 간의 집중적인 학습 덕분에 가능했을 것이다. 이 책들을 짓는 데 중국인들이 글을 만들어 주기는 했겠지만, 그만한 내용을 체계적으로 구술口述해 주기 위해서라도 한문의 구조와 성격에 대한 상당한 이해가 필요했을 것이다. 북경에 정착한 뒤에 유클리드의『기하원본幾何原本』을 번역해 내는 데에도 마테오 리치의 구술을 서광계가 받아 적는 작업방식이 취해진다.

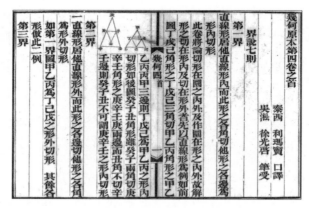

『기하원본』

2. 1차 자료 『천주실의』와 『중국지』

마테오 리치의 중국 선교를 연구하기 위한 1차 자료는 마테오 리치
의 『천주실의天主實義』와 『중국지中國誌』이다. 이 두 자료는 마테오
리치가 유럽어와 중국어로 남긴 대표적 저술로 꼽힌다.

1) 『천주실의』

『천주실의』는 기독교 신앙의 개략을 중국 지식층에게 알려주기 위
해 1590년대 초부터 작성한 것을 1603년에 출판한 것이다. 『천주실
의』의 저자는 이마두利瑪竇라고 하는 중국명으로 되어 있는데, 앞서
살펴 본 대로 이마두는 예수회(耶蘇會, Jesuit) 신부 마테오 리치이다.

　이 책은 명대풍明代風의 한문으로 쓰여 있더라도 결코 전아유려典
雅流麗한 명문이라고 말할 수는 없다. 때로는 정통적인 한문법의 틀

『천주실의』

을 벗어나 묘한 말투와 귀에 익숙지 않은 생소한 낱말도 나오고 있다. 그의 국적을 생각한다면 당연하지만, 한편으론 외국인인 그의 중국어 공부량을 짐작케 한다.

마테오 리치를 선구자로 하여 16~17세기, 즉 명말청초明末淸初 시대 중국으로 건너온 예수회 선교사(耶蘇會士) 대부분은 선교의 보급과 서양 학술의 소개를 목표로 해서 한문에 의한 다수의 번역 저서를 간행하였다.

현대의 문헌학자 서종택徐宗澤이 편찬한 『명청간야소회사역저제요明淸間耶蘇會士譯著提要』(1940)를 보면, 그곳에 채록된 211종의 책 가운데 중국인의 손으로 쓴 48종을 제외하면, 실로 163종 정도의 외국인 야소회사의 번역 저서가 보이는데, 그 내역은 성서류聖書類 56종, 진교변호류眞敎辯護類 40종, 신철학류神哲學類 16종, 교사류敎史類 12종, 역산류曆算類 11종, 과학류科學類 19종, 격언류格言類 9종이다.

위 분류에서 알 수 있듯이, 역산·과학·격언 분야에 속하는 것도 포함되지만, 전체의 대략 76%는 가톨릭 종교서적이다. 『천주실의』는 이 가운데 진교변호류眞敎辯護類로 분류되고 있는데, 이들 다수의 야소회사의 번역서적 가운데에서 가장 대표적인 책을 꼽는다면 단연 『천주실의』다.

『천주실의』를 결코 단순한 가톨릭 신학서로만 봐서는 안 된다. 물론 이 책의 주목적이 '천주天主의 실의實義'를 설하는 것에 비중을 둔 것은 의심의 여지가 없지만, 마테오 리치는 여기에 더하여 중국 사상을 중국인에게 설명하려고 시도하였다. 그러므로 이 책은 가톨릭 신학서인 동시에 마테오 리치의 입장에서 본 중국 사상론이며, 중국 고전 비판서의 성격도 갖추고 있다.

『천주실의』는 그 당시 중국인들의 깊은 관심과 흥미를 갖고 열심히 읽고 연구하여 찬성과 반대 두 흐름을 야기했을 뿐만 아니라, 뒷날 이른바 '전례논쟁(典禮論爭, Rites Controversy)'에 깊은 영향을 끼친 점에서도 유니크한 가치를 지닌다.[74]

2) 마테오 리치의 보고서: 『중국지』

마테오 리치는 자기가 얼마 못 살 것을 직감하고, 1609년부터 마지막의 심혈을 다하여 예수회 중국 선교 역사의 전말을 예수회 본부에 보고하기 위해 중국의 사정과 그곳에서 예수회의 활동연혁을 정리하여 이탈리아어로 집필했다. 이것이 바로 『*Della entrata della Compagnia di Giesù e Christianità nella Cina*』(『예수회와 천주교의 중국 진입』)라는 표제가 달린 마테오 리치의 수고手稿로 된 보고서, 곧 『중국지中國誌』이다.

마테오 리치는 보고서를 쓰기

『중국지』

---

74 後藤基巳, 『天主實義』(明德出版, 昭和 46年), pp.7~9.

시작한 동기를 다음과 같이 말한다.

예수회가 중국에 들어가 선교 활동을 하면서 얼마나 고생했으며
아름다운 지금의 모습에 얼마나 많은 피와 땀을 흘려 노력을 했
는지를 알리고, 중국과 서양의 상황은 그 차이가 매우 크고, 기록
과 정보가 주로 유럽 사람들에게 보여주는 것이기 때문에, 우리
서양과는 다른 점을 이해하면 우리 예수회가 중국에 들어가 선교
활동을 하는 과정에서 정도에서 벗어나는 일이 없도록 하기 위해
이를 집필한다.

이 수고手稿는 모두 5장章으로 이루어져 있다. 제1장에는 중국에
관한 일반적인 정보가 요약되어 있고, 이어서 1582년 중국에서의
예수회 선교 시작부터 저자(Ricci)가 북경에서 1610년 5월 11일 죽
기 몇 달 전까지의 역사가 기록되어 있다.

마테오 리치의 보고서가 처음 공개된 것은 니콜라스 트리고
(Nicolas Trigault, 金尼閣, 1577~1628)의 손을 통해서였다. 플랑드르
출신의 예수회 수사 트리고는 벨기에와 프랑스 경계지역의 드웨
(Douai) 출신으로, 이탈리아·포르투갈·스페인 출신이 아닌 북방 출
신 선교사로는 처음으로 중국에 입국한 사람이다. 그는 1610년 말
중국에 도착하여 남경·항주·북경 등지에 몇 달씩 체류한 후, 1613
년 초에 중국 선교단의 사절로서 유럽으로 향했다. 중국 선교를 위
한 인적·물적 자원을 모집하는 것, 중국 선교단의 위상을 관구로 승
격시키기 위한 교섭, 그리고 마테오 리치의 보고서를 유럽에 전하는

것 등이 그의 임무 가운데 중요한 것들이었다.

트리고가 넘겨받은 마테오 리치의 보고서는 거의 완성된 형태를 하고 있었다. 다섯 권 가운데 제1권은 중국의 제반 문물에 대한 박물지적 해설로 되어 있고, 그 뒤의 네 권은 1550년경 사비에르(F. Xavier, 1506~1552)의 중국 진입 시도에서부터 중국에서의 예수회 선교사들의 활동 연혁을 연대기적으로 서술한 것이었다.

트리고는 1613년에 마카오에서 로마로 여행하는 배 위에서 마테오 리치의 보고서를 라틴어로 번역하는 작업을 시작해서 1615년에 아우구스부르크에서 처음으로 출판하였다. 이 출판은 유럽 독자들의 열렬한 환영을 받아서 거듭(1616, 1617, 1623, 1648년) 간행되었고 다른 유럽어로 번역되어 프랑스어판(1616, 17, 18년), 독일어판(1617), 스페인어판(1621), 영어축역판(1625)이 나왔다.

이처럼 트리고판의 마테오 리치 보고서가 유럽 독자들 사이에 큰 반향을 일으킨 까닭은 당시 유럽인들이 새로운 부富의 원천으로서 동양에 큰 관심을 가지고 있었던 데 비해 중국에 관한 믿을 만한 자료가 많지 않기 때문이었다.[75]

마테오 리치의 보고서는 중국에 대한 정보의 근원이었다. 프랑스의 볼테르나 몽테스키외도 예수회 선교사를 통해 중국에 대한 정보를 얻었다. 그리스도교 선교사가 가져온 정보 중에서도 마테오 리치의 정보는 특별한 위치를 차지한다. 그것은 시기적으로 가장 빠를

---

75 김기협, 앞의 논문(1993), pp.5-7. 또한 이 책에서 인용하는 『중국지』는 김기협의 같은 논문에서 재인용하였음을 밝힌다.

뿐만 아니라 대단히 종합적이며 이해하기도 쉽기 때문이다. 마테오 리치의 보고서는 유럽에 전해진 이후 의도와 달리 유럽 내에서 중국 붐이 일어나게 되는 물꼬를 트게 된다.

증기선이 발명되기 이전 동양은 유럽에서 먼 신기한 나라였고, 그곳에서 그리스도교의 선교에 성공했다고 하는 서양인 선교사들의 활동은 정신세계의 정복자로 유럽에서 영웅시되었다. 예수회 선교사의 편지가 발췌되어 출간된 것도 신앙 선전을 위해서였고, 편집도 그러한 의도에 맞춰 이루어졌다. 그리고 그 편지를 읽고 흥분하여 교회와 교단에 돈을 기부한 사람도 많았을 것이다. 물론 그중에는 선교사가 되려는 뜻을 세운 사람도 있었을 것이다.

세계를 그리스도교화시키는 것이 바른 일이고, 이를 위해서는 백인의 우월적 의무감으로 다른 나라를 식민지로 만드는 것이 당연하다는 대의명분을 만들어 냈다. 물론 『중국지』는 선교 노선에 맞춘 마테오 리치의 행적을 기술한 보고서였기 때문에, 그 서술의 방법과 방향에 얼마간의 편향성이 없을 수는 없었다.

3. 『천주실의』개관

1) 마테오 리치의 저술 및 라틴어 번역

400여 년 전 완전히 봉쇄된 중국 지역에 들어가 서구적 학문을 바탕으로 오로지 중국문화를 배우고 또 그것에 탁월하게 적응함으로써 동서 문명 융합의 새 지평을 열 수 있었던 마테오 리치의 업적은 그의 천부적인 재능과 노력뿐만 아니라 그에게 감화된 당시 중국 지성계의 열린 마음이 함께 어우러져 성취된 것임에 틀림없지만, 이러한 대성공의 배경적 이유는 또한 ― 그 당시 세계 문명 어디에서도 찾아 볼 수 없었던 ― 당대 중국의 높은 인쇄 문화와 광범한 독서 문화층 의 존재에서도 찾을 수 있다. 사실 마테오 리치의 활동과 업적은 이 렇게 발달된 당대 중국의 높은 문화 수준과 목판 인쇄술에 의한 용 이한 서적의 간행과 보급에 의한 것이었다. 새로운 관념 및 지식의 유포에 주요한 수단이 되었던 목판 인쇄술의 뛰어난 역할은 마테오 리치를 비롯해서 그의 뒤를 이어 중국에 온 서양 선교사들에게 매 우 놀라운 사실이었으며, 그들은 그것을 최대로 이용하였다. 마테오 리치는 그의 회고록에서 인쇄된 서적 덕택에 "그리스도교의 명망이 점점 더 빨리, 그리고 점점 더 널리 전파되고 있다"고 말하고 있다. 그리고 그는 다음과 같이 쓰고 있다. "이 왕조(明朝)에서는 책읽기가 너무나 일반화되어 있기 때문에 서적에 관해서 완전히 무지한 사람 은 별로 없다. 그들의 모든 교파는 민간에 대한 설교나 연설을 통해 서가 아니라, 서적을 통해서 전파되고 발전되어 왔다. 이 점은 우리 들이 그리스도교들에게 필요한 기도문들을 가르치는 데 큰 도움이 되었다. 왜냐하면 인쇄된 그리스도교 교리서를 그들이 스스로 읽거 나, 아니면 친척이나 친구들로 하여금 그것을 낭독시킴으로써 그들 은 즉각 그 기도문들을 암기하였기 때문이며, 결코 그들 중에 읽을 줄 아는 사람들을 찾지 못하는 경우는 없었기 때문이다."

마테오 리치가 중국에 와서 활동하다 죽기까지(1582~1610) 28 년 동안 그는 사전의 편찬과 사서四書의 번역을 비롯해서 종교와 천문, 그리고 지리와 수학 등 선교에 도움이 될 만한 저술들을 한

문으로 20여 권이나 저술하였다. 이 중에서 그 유명한 건륭(乾隆, 1736~1795) 연간에 수집 정리된 방대한 양의 『사고전서존목총서四庫全書存目總書』에 수록된 마테오 리치의 저술은 다음과 같다.

『건곤체의乾坤體儀』 2권

『동문산지同文算指』 전편前篇 2권, 통편通編 8권

『기하원본幾何原本』 6권

『변학유독辨學遺牘』 1권

『이십오언二十五言』 1권

『천주실의天主實義』 2권

『기인십편畸人十編』 2권(부록 서금곡의西琴曲意 1권)

『교우론交友論』 1권

그리고 이 중에서 전통적인 중국문화권의 지식인들에게 가장 널리 읽혀졌으며, 가장 영향력이 큰 저술은 『천주실의』라고 하겠다. 이 책은 수세기에 걸쳐 중국은 물론 조선, 월남, 일본 등에서까지 광범위하게 읽혀졌다.[76]

---

76 조선에서 『천주실의』에 대해 최초로 언급한 책은 이수광(李晬光, 1563~1628)의 『지봉유설芝峯類說』과 동시대 유몽인(柳夢寅, 1559~1623)의 『어우야담於于野談』이며, 1세기가 지나 성호星湖 이익(李瀷, 1681~1763)에 이르러 『천주실의』에 대해 학문적 평가가 내려지게 된다. 성호 이익이 서학, 즉 서양과학과 천주교 교리에 대해 폭넓게 이해하고 자신이 학문의 중요과제로 다루자 그의 높은 학덕 때문에 많은 문인들이 배출되어 조선 후기에 있어서 하나의 학파를 이루

사실 마테오 리치는 1583년 중국에 도착한 이래 10년 동안 중국의 문화 풍토에 맞는 새로운 교리서를 편찬할 생각으로 우선 중국의 고전들을 연구해야 했으며, 또한 서양인으로서는 처음으로 사서오경四書五經이라는 한문 원전까지 거슬러 올라가 최초로 공자를 소개한 것을 보면, 동서사상에 통달한 비교철학자로 자리매김할 수 있는 부분도 보인다. 그는 자신의 눈으로 사서四書를 읽고, 그것을 동료 예수회 선교사들에게 통독해 들려주고, 게다가 사서(『論語』·『孟子』·『大學』·『中庸』)를 라틴어로까지 번역하였다. 그가 예수회 총장 앞으로 쓴 편지(1593년 12월 10일)에는 현실감이 묻어난다.

요 1년간은 오직 중국어 공부에 열중하여 같이 온 신부(데 페트리스)에게 중국 문관들이 반드시 배우는 사서를 강독해 들려주었습니다. 사서란 네 명의 철학자들이 쓴 책으로 윤리서로는 꽤 훌륭한 것입니다. 발리냐노 순찰사는 저에게 사서의 번역을 명했습니다. 그것을 번역하면 제가 새로운 교리문답서를 쓸 때 도움이 되

게 된다. 문인들 가운데 안정복·신후담·권철신 등이 있으며, 그 학문적 영향은 정약용에게까지 미치고 있다. 성호학파 안에서는 천주교 교리를 두고 공서파攻西派와 신서파信西派로 양분되는 현상이 나타나게 된다. 이익 사후, 신서파의 청년 유학자 사이에 천주교 신앙 활동이 일어나게 되는데, 중심인물로 권철신·권일신·이가환·홍유한과 그 후학으로 이벽·이승훈·정약전 등을 들 수 있다. 권철신은 제자들과 천진암天眞庵·주어사走魚寺에서 강학회를 열게(1777~1779) 되면서 천주교 신앙공동체가 형성된다.(김영일, 『정약용의 상제사상』, pp.20~26; 금장태, 『성호와 성호학파』, pp.121~125)

리라는 게 순찰사의 생각인 듯합니다. 중국어로 새로운 교리문답서를 만들 필요는 저희들도 절감하고 있습니다. 이전에 만든 것은 예상만큼 뛰어나지 못했으니까요. 사서의 번역 이외에도 그 안에서 논의되고 있는 내용을 이해하는 데 도움이 될 만한 짧은 주석을 붙일 필요도 있습니다. 번역은 하느님의 도움으로 벌써 세 번째 책까지 마쳤고, 이제 네 번째 책만 남았습니다. 이 번역서는 여기서는 물론 일본에서도 신부들에게 큰 도움이 되겠지요. 그리고 그곳(유럽)에 계신 여러분들의 마음에도 쏙 들 거라고 생각합니다. 제 생각으로는 사서는 윤리서로는 세네카Seneca가 다시 왔다고 할 정도이며, 서양 그리스도교 이전의 작가들 중 최상급 작가와도 어깨를 나란히 할 수 있으리라고 생각합니다.

이 과장이 없는 보고문에는 사서라는 중국 고전에 대한 마테오 리치의 칭송이 번역 사업의 진전에 따라 흥분과 뒤섞여 넘쳐나고 있다. 마테오 리치는 사서를 네 명의 철학자들이 쓴 책이라고 적고 있는데, 그들이 비록 뛰어나다고 해도 비그리스도교 현자들이므로 그리스도교 신부인 마테오 리치가 그런 철학자들을 발견했을 때 연상된 것은 그리스와 로마 시대의 현인들이었다. 특히 대중이 즐기는 금언金言이라는 표현 형식이 세네카의 이름을 환기시켰을 것이다. 로마 제정기의 스토아 철학자 세네카는 격언풍의 윤리서를 많이 남긴 작가였다.[77]

---

77 그런데 이런 비그리스도교 철학자들은 가톨릭의 입장에서 본다면 이교도들이

『천주실의』의 초고는 1596년에 완성되었고, 그 다음 해에 라틴어 번역본이 당시의 일본 주교인 체르게이라(Luis Cerqueira)에게 제시되었다. 그러나 그 초고와는 상당히 체제가 다른 최종판은 1601년에야 겨우 완성되었다. 이 최종판, 즉 『천주실의』는 풍응경(馮應京, 1555~1606)이라는 탁월한 문인에 의해 문체가 윤색되었다. 마테오 리치는 1599~1601년 사이에 그 자신이 남경이나 북경에서 많은 유학자들이나 불교 승려들과의 대화 속에서 얻은 체험들을 그 책 속에서 피력하였다.

이 저작은 인도 고아Goa의 천주교 당국으로부터 출판 허가증(가톨릭 독특의 출판물 검열제도, 즉 Imprimatur)을 취득하지 못했기 때문에 1604년(혹은 1603년 12월)에야 비로소 목판 인쇄에 부치게 되었다. 그리고 이 책은 『천주실의天主實義』라는 이름으로 그 후 여러 번에 걸쳐 재판되었다. 마테오 리치가 설명하고 있듯이 이 저작은 실제 교리서가 아니었다. 사실상 이 저작은 자연 이성(natural reasons)으로 입증될 수 있는 것에만, 예를 들면 천지의 창조주이신 하느님, 영혼의 불멸, 천당과 지옥의 존재 등에만 관계되어 있다고 마테오 리치는 말하였다. 아울러 리치는 이 책에서 공개적으로 불교와 도교

므로 지옥에 떨어져야 한다. 그러나 양심 있는 사람이라면 이런 현자들을 화갱지옥火坑地獄의 밑바닥에 떨어뜨릴 수는 없었다. 그래서 가톨릭 최고의 시인 단테는 소크라테스, 플라톤, 아리스토텔레스를 비롯한 일단의 철학자들을 지옥에 넣기는 했지만 그 세계에서는 최상위권에 속하는, 태양이 밝게 빛나는 성의 푸른 잔디 위를 산책하게 하고 있다(『신곡』 「지옥편」 제4곡). 아마 마테오 리치의 유교 철학자에 대한 심정도 그와 비슷했을 것이다.

의 관념을 비판 배격하는 데 힘을 쏟았으며, 좀 더 암시적인 방식으로 고금古今의 유교의 관념 자체까지도 비판하였다.

2)『천주실록』폐기

『천주실록』은 1584년에 나명견羅明堅에 의해 조경肇慶에서 간행되었는데 마테오 리치도 협력자로 그 편찬에 참여하였다. 『천주실록』과 『천주실의』는 단지 한 글자만 다르지만 모두 교리문답서로 불리는 것은 두 책의 내용이 서로 비슷함을 시사하는 것으로 두 책은 전혀 다른 것이 아니라 오히려 『천주실의』는 『천주실록』의 개보改補·수정修整을 시도한 것으로 보인다.[78] 그런데 마테오 리치는 왜 자기

---

78 총16장으로 구성된 『천주실록』(후에 『天主聖敎實錄』으로 개칭됨)의 요점을 다음과 같이 정리할 수 있다.

① 천주 유일신의 존재 증명(서문과 제1장), 그의 성격과 신비성(제2, 3장)

② 천지의 창조자(제4장), 천사들과 인간의 창조자(제5장)와 죽지도 없어지지도 않은 영혼의 창조자(제5, 6장과 제7장)로서의 천주

③ 인간을 창조하고 양심을 부여했을 때, 시나이 산에서 모세에게 십계명을 주었을 때, 인간으로 육화肉化하여 신약新約을 선포하였을 때(제8, 9, 10장과 제11장)의 세 시기에, 바로 인간을 훈계하신 심판관으로서의 천주

④ 십계명(제12, 13장과 제14장)

⑤ 죄인을 벌주고 의인에게 상을 주시는 천주: 도덕 수양과 천당에 오름(제15장), 그리고 죄를 씻어주는 영세성사(제16장)

물론 이 『천주실록』도 삼위일체설이나 6성사(세례성사 외)를 설명하고 있지 않다. 그러나 육화肉化, 속죄 등과 같은 계시 신학의 내용을 전해주고 있기 때문에 이 책은 분명히 천주교 교리서라고 볼 수 있다. 마테오 리치, 『交友論·二十五言·畸人十篇 - 연구와 번역』, 송영배 역(서울대학교출판부, 2000),

가 편찬하는 데 협력했던 『천주실록』을 부정하고 새로운 교리문답서 『천주실의』를 편찬하게 됐던 것일까?

『천주실록』이 1584년, 즉 루지에리와 마테오 리치가 중국 땅을 밟은 지 얼마 되지 않은 시기에 쓰여졌기에, 당시 중국의 불교와 유교의 실정에 대한 정확한 인식을 결여한 상태에서 쓰인 데 그 이유가 있다고 본다. 그 이유의 하나는 『천주실록』에서 쓰고 있는 낱말이 불교적 어휘를 사용하고 있다는 점이다. 사비에르에 의해 시작된 일본의 기독교 선교 초기에서도 같은 사례가 보이는데, 마테오 리치도 스스로 종교자로서의 입장을 중국인들에게 각인시키기 위해 처음에는 승복을 착용하고, 천축국의 승려라 자칭하였다. 『천주실록』은 바로 그 시점에 쓰였다. 이 책에는 「서축국천주실록西竺國天主實錄」·「천축국승집天竺國僧輯」·「승수생외국僧雖生外國」·「승거곤핍僧居困乏」·「천주행실天主行實, 원어천축原於天竺」 등의 글이 보이고 있다. 이런 용어의 표현을 중국인들이 본다면 『천주실록』을 불교의 새로운 종파 사람들이 교의를 보급하기 위해 쓴 것이라고 생각할 것이 틀림없었기 때문이다.

다음으로, 마테오 리치의 유교에 대한 관심은 소주韶州 시대부터 점점 깊어져서, 1594년에는 '사서'의 라틴어 번역을 완성하였다. 요컨대 마테오 리치는 오랜 경험에 의해, 중국 사상에 있어서 유교의 비중에 대한 인식을 깊이 한 결과, 자신도 그 편찬에 참여했던 『천주실록』의 결점을 반성하고, 불교색을 일소하고 유교색을 짙

---

p.484.

게 한 새로운 교리문답서의 작성을 의도하기 시작하였다. 그리하여 새로운 교리문답서, 즉 『천주실의』는 1596년에 이르러 고본(稿本, monoscritto)을 완성하고, 이와 동시에 『천주실록』의 판본을 파기하였다.

고본稿本으로 쓰인 『천주실의』는 즉각 초사抄寫되어 선교에 사용된 것으로 생각되는데, 서광계의 입신入信의 직접적 동기가 되었던 것도 아마 『천주실의』의 초본抄本을 남경에서 다른 제수이트(Jean de Rocha, 중국명 羅如望)로부터 얻은 것에서 비롯된 것으로 보인다. 결국 초본 『천주실의』의 유통도 이루어졌던 셈이다.

3) 『천주실의』의 주요 내용 구성

마테오 리치는 우선 『천주실의』의 제1편에서, 당시 서방 교회에서 통용되는 — 자연 이성에 기반하고 있는 토마스 아퀴나스(Thomas Aquinas, 1225~1274)의 신학에 나타나 있는 — 신의 존재 증명을 소개함과 동시에 중국의 고전 유교 경전(『書經』, 『詩經』, 『易經』)에 보이는 인격신, 즉 상제上帝와 천天의 개념을 확인하고서 — 그와 연관하여 — 기독교의 천주天主가 곧 중국 고대인들이 공경하고 제사를 지냈던 바로 하느님(上帝) 또는 천天 이외에 다름이 아님을 말하고 있다.

제2편은 마테오 리치가 우상론으로 분류한 불교와 도교에 대한 것으로, 불교의 공空이나 도교의 무無를 절대적 허무(emptiness)나 부재함(non-existentence/nothingness)으로 치부하여 극단적인 부정적 비판을 하고 있다. 또한 — 마테오 리치가 보기에 무신론으로밖에 보이지 않는 — 성리학의 이理와 태극太極 개념은 자립적 능동적 실

체(自立者, Substance)가 될 수 없으며, 따라서 사물들이 있고 난 뒤에 그들에 기착하여 종속하는 속성(依賴者, Accidents)으로 치부하여 비판하고 있다.

토마스 아퀴나스

제3편에서는 아리스토텔레스의 만물유혼설萬物有魂說을 원용하여, 인간의 영혼(靈魂, intelligent soul, 추리능력)은 무형적 정신체(神)로서 불멸이라고 말하고 있다. 식물의 생혼(生魂, vegetative soul)과 동물의 각혼(覺魂, sentient soul)은 물체에 종속되어서 그 물체와 함께 소멸하지만, 인간의 무형적인 영혼(immaterial soul)은 불멸한다는 것으로 인간이 금수禽獸와 다름을 설명하고 있다.

제4편에서는 육체(身形)와 결합되어 있는 인간의 영혼과 무형적인 귀신의 혼이 다름을 말하며, 창조주인 천주와 피조물인 만물은 범주가 다르다는 근거로 만물일체설을 부정한다.

제5편에서는 불교의 전생설轉生說과 윤회설輪回說 및 살생계殺生戒를 비판하고, 기독교의 재계齋戒의 참뜻을 죄의 통회와 연관하여 설명하고 있다.

제6편에서는 인간이 이성적 존재이기 때문에, 인간의 행동에는 이성적 욕구(意, rational appetite, 즉 will)가 있으며, 의지의 자유로운 선택에 의하여 비로소 선행과 악행이 판별됨을 말한다. 따라서 이에

대하여 천주로부터의 상벌이 반드시 따름을, 각각 서양 고전(토미즘)과 중국 경전을 인용하여 설명하고 있다. 그리고 영혼의 선행과 악행의 결과에 대한 공정한 심판 때문에 천당과 지옥이 반드시 있어야 한다는 천당과 지옥의 존재의 필연성을 설명하고 있다.

제7편에서는 인간의 도덕 수양론을 본격적으로 논한다. 인간의 타고난 본성의 선(性之善)은 가능태일 뿐, 인간은 이성적 존재이기 때문에 이것을 잘 닦아 계발하는 본성 수양(習性)의 필연성을 말하고 있다. 이에 통회의 필연성과 천주에 대한 기도와 예배를 통한 자기 인격의 완성을 말하고 있다.

끝으로 제8편에서는 부연하여 예수회 신부들의 독신 이유를, 천주를 공경하고 수신에 전념하기 위함에 있음을 길게 설명하고, 아주 짤막하게 기독교의 구원사(즉 천주의 천지 창조와 인간의 타락과 예수의 구원을 위한 강생과 승천의 역사 등)를 소개한다. 끝으로 간단하게 통회와 세례를 통한 입교의 형식을 언급하고 있다.

이 『천주실의』의 저술방식은, 천주교에 대해 전혀 무지하며 오직 전통적인 유교적 세계관과 도덕 이상을 가진 중국의 유교적 지식인들의 여러 가지 질문에 대하여 — 서양 선비의 입을 통하여 — 마테오 리치가 응답하는 형식으로 되어 있다. 즉 하느님(天主)의 존재의 필연성, 그에 대한 경배와 기독교적인 인간 수양, 즉 하느님을 믿고 사람을 사랑하며 그로 인해 자기 자신을 완성해 나가는 기독교 도덕론을, 중국 경전을 자유자재로 인용하면서 탁월하게 전개하고 있다고 하겠다. 그러나 전체적으로는 기독교의 본질적 내용인 계시 신학의 부분이 빠져 있기 때문에, 우리는 이 책을 일단 기독교의 내용을 가르치는 교리서(Cathecism)로서는 볼 수 없고, 유교적 문화 풍토에서 기독교 신앙을 수용하고 그것에 입문을 하게 할 수 있는 훌륭한 전교예비대화록(傳教豫備對話錄, Pre-evangelical Dialogue)이라고 평가할 수 있다.[79]

4)『천주실의』서문

일본 가고시마(鹿兒島)에 왔던 야소회(예수회)의 사비에르는 일본에서 선교를 성공하기 위해서는 먼저 중국인을 선교하여 그리스도교를 수용토록 하는 것이 가장 유효한 방법이라 생각하여 중국의 개교를 계획하였다. 그런데 그는 명明 가정嘉靖 31년(1552) 광동 근처의 상천도上川島에서 병사하여 그 계획이 좌절됐지만, 사비에르가 사망한 해에 태어난 이탈리아 사람 마테오 리치Matteo Ricci는 만력 10년(1582) 31세에 마카오에 도착하고, 만력 27년(1599)에는 같은 이탈리아 제수이트(耶蘇會士) 곽거정(郭居靜, Lazarus Cattaneo)과 함께 마침내 북경에 들어가는 데 성공하였다. 그리고 만력 29년(1601)에는 신종神宗 황제를 알현하여, 북경에서 거주하며 포교하는 허가를 득하여 마침내 회당會堂을 건립하였다. 사비에르의 염원이 50여 년 후 마테오 리치, 즉 이마두利瑪竇에 의해 달성했다고 말할 수 있다. 만력 33년(1605)에는 북경에서 천주교를 받드는 자가 2백 명을 넘었다고 전해지는데, 이마두는 관리와 학자를 포교한 결과 명유현관名儒顯官

---

79 마테오 리치, 앞의 책(송영배 역), pp.485~487.

과의 교우가 매우 많았다. 그 가운데 서광계徐光啓, 이지조李之藻, 양정균楊廷筠 3인은 그의 날개가 되어 도와준 삼걸三傑이었다. 이마두는 천주교의 선교 외에 지리·천문·기하·수학 등의 서양 과학을 소개했고, 한문으로 쓰인 많은 저술을 남겼다. 중국에 온 이후 언어 문자를 배우기 시작한 그가 중국 서적을 연구하여 유교에 통효通曉하게 되었던 것은 서광계·이지조 등의 조력이 있었고, 본인의 열정과 각고의 노력이 있었기 때문이었다. 그에게는 다방면에 걸친 많은 저작이 있다. 그 가운데 주된 저술이라 할 수 있는 것은 천주교의 교의를 논술한 『천주실의』 2권이며, 불교에 대한 비판도 또한 그 가운데서 보이고 있다.

『천주실의』에는 만력 31년(1603)의 자서自序와 만력 29년(1601)의 풍응경(馮應京, 1555~1606)의 서序와 만력 35년(1607)의 이지조李之藻의 중각서重刻序가 이어지고 있다. 이들 서문은 이 책이 의도하는 바와 주장의 요점을 보이고 있을 뿐만 아니라 천주교를 설한 이마두의 교설 가운데서 어떤 부분이 중국인의 공명을 울렸는가를 알려주는 자료로 주목해야 할 것이다. 그러므로 먼저 그 서문의 개략을 살펴보기로 한다.

맨 처음 이마두의 자서自序를 보자.

중국은 요순堯舜의 백성들이요, 주공周公과 공자孔子의 가르침을 배운 백성이니 천리(天理: 天主에 대한 이치)와 천학(天學: 천주에 관한 학문)을 연구했기 때문에 사교邪敎에 미혹되지 않을 터인데 사실에 있어서는 왕왕 미혹됨이 있었다. 그러므로 유교와 천주교가

궁극에 있어서는 일치한다고 하는 점을 논증하고 싶었는데, 지금
에 와서 20여 년 이래의 숙망을 달성하게 됐다.

불교 사상이 깊이 침윤浸潤해 있는 중국에, 이마두가 새로운 종교
를 선교함에 이르러 교묘하게 인심의 기미를 포착하여 지식계급을
먼저 신도로 확보하려고 했던 용의주도함을 알 수 있다.
다음으로 풍응경의 『천주실의』 초판 서문을 보자.

『천주실의』는 '중中으로써 중中을 교화하고, 서西로써 서西를 바
로잡는다(以中化中, 以西政西)'고 말하고 있다. '중으로써 중을 교화
한다'는 것은 천주교가 유교와 부합한다는 것을 밝힌 것이고, '서
로써 서를 바로잡는다'는 것은 천주교가 불교의 그릇됨을 지적한
다는 뜻이다. 천주교가 천天을 설하고, 성性을 논하는 학문은 인
仁을 이루는 데 귀착歸着하는 것이라고 하는 것을 중국의 경전인
육경六經을 인용하여 논증하고, 이 중국의 정통 사상과 합치하는
천주교를 중국에서 포교한다고 하는 것은 바로 이 '중으로써 중
을 교화한다'고 말한 것이다. 또 일찍이 공자가 서방西方에 성인
이 있다고 말한 것에 이어서, 그 서방 성인이란 불타佛陀로 추측
하여, 후한後漢 명제明帝 이래 불교를 고쳐하여 인민을 선동하여
왔지만, 공자가 말한 서방 성인이란 불타(佛)가 아니라 천주天主
이다. 천축天竺은 중국의 서쪽에 있더라도, 대서(大西, 서양)는 또
한 천축의 서쪽에 있기 때문에 대서의 천주교가 천축의 불교의
잘못을 밝힌 것은 '서로써 서를 바로잡는 것'이라 말할 수 있다.

불교에서는 윤회와 적멸을 설하는데, 윤회는 서양의 폐타와랄(閉他臥剌, Pythagoras의 중국명)이 어리석고 범속한 사람들을 권유하기 하기 위해 설했던 것인데, 불가佛家는 그것을 훔쳐 부연 설명하여 육도윤회설을 구성했고, 또한 노자는 '만물을 풀 강아지(芻狗)로 본다'[80]고 설하여 자연주의를 제창했던 것인데 불교의 적멸의 가르침은 노자의 이 말을 훔쳐내어 부연한 것이다. 이와 같이 불교가 설하는 교설은 남의 말을 도용한 것으로 윤회설에 의해 인류을 무시하고 외람되게 불착불염不着不染으로 윤회를 벗어날 수 있다 말하고, 적멸설에 의해 현실세계를 내던지고 스스로 초탈超脫의 교만을 과시한다. 뿐만 아니라 불타는 천축의 군사君師이지 우리들이 받들어야 할 분이 아니다. 우리들은 우리들의 군사君師가 따로 있다. 삼황三皇·오제五帝·삼왕三王·주공周公·공자孔子 및 우리 명조明朝의 태조 이래로 모두가 그러하다. 저들의 군사(君師, 부처)가 고만高慢하여 하늘을 모욕하고 그 위에 올라타고서 말하는 셈이다. 송대宋代의 유학자 정자程子는 '유교는 하늘에 바탕을 두고, 불교는 마음에 바탕을 둔다'고 했는데, 마음을 본받는 것과 하늘을 본받는 것은 내가 있다(有我)와 내가 없다(無我)의 구별과 같은 것이다. 이 두 주장이 사람의 도덕적 의지를 규정하

---

80 추구芻狗, 즉 '풀로 꼬아 만든 개'는 『노자도덕경』 제5장 "天地不仁……" 대목에 나온다. 이 추구芻狗의 의미에 대하여 『장자』 「천운」편에 보면, 제물 대용품으로 성대하게 장식되고 제주가 삼가 받들던 추구가 제사가 일단 치러지고 나면 쓰레기로 버려진다는 이 내용은, 사물은 주위와의 상관관계 속에서 영욕榮辱을 겪어 나갈 뿐 그 자체에 불변하는 '본질성'이 없다는 뜻이다.

기에 충분하겠다.

풍응경의 서문은 대략 이 같은 의미의 내용을 서술한다. 이 가운데 불교에 대한 비판은 거의 『천주실의』에 기초한 것으로 특별히 새로운 주장은 없다. 천주교를 치켜세울 목적으로 설하고 있는 이 책의 서문이 불교를 억누르는 데 중점을 두고 있는 점을 주목해야 한다. 즉 천주교는 불교 및 도교와는 양립할 수 없다는 것이다. 또한 이 서문에서 알 수 있는 것은, 중국인들이 천주교에 귀의하는 근원이 저들의 전통적 신념인 민족적 자존심, 즉 중화사상과 가족제도·봉건제도의 유지를 목표로 하는 인륜사상, 이 두 가지 뿌리 깊은 민족성에서 유래하는 것이었다고 하는 사실이다. 이 점에서 볼 때, 천주교가 유교와 일치한다는 기치를 앞세우고 선교했다고 하는 점이 이마두의 뛰어난 혜안을 느끼게 하는 대목이다.

이지조

다음으로 이지조의 중각서重刻序는, 앞의 풍응경의 서문에 비해 약간 농후한 신앙적 태도를 느낄 수 있는데 이 또한 천주교가 유교의 정통 사상과 일치하는 것에 감명 받은 점을 말하고 있는 점에서 역시 앞의 서문과 크게 차이가 없다.

이마두에 따르면, 천주교는 만물을 창

조하고 주재하는 천주를 신봉한다. 주자朱子도『주역周易』에 있
는 '제(帝, 하느님)란 하늘에 있는 주재자主宰者'라고 해석하고 있
기 때문에 천주의 설은 이(利, 마테오 리치) 선생으로부터 시작된
것이 아니다. 이미 중국 고래로부터 신앙 가운데 있는 것으로『천
주실의』에서 밝히는 이理도 또한 신기한 것이 아니다. 불로이씨
佛老二氏는 천주를 인정하지 않고 사람이 신의 경지에 드는 것을
군부君父 이상으로 존귀하게 여기는데 그것은 근본을 잊고 성현
의 가르침에 어긋난 것이다. 이에 반해 지금 이利 선생의『천주실
의』는 하늘이 하늘이 되는 이유를 설하였고, 그 설하는 요점은 사
람으로 하여금 잘못을 뉘우치고 올바른 데로 나아가게 하고 사욕
을 막고 인仁을 온전하게 함에 있다. 즉 유교의 최고 이상인 인의

애유략艾儒略

『칠극』

268

仁義로·이끄는 것이기 때문에 존심양성存心養性의 학문에 비익裨益하는 바 적지 않다. 원래 대서(大西, 서양)와 중국은 예부터 교류가 없었기 때문에 복희伏羲·문왕文王·주공·공자의 가르침이 있음을 일찍이 듣지 못하였다. 그러므로 주돈이(周敦頤: 濂), 정호程顥·정이(程頤: 洛), 장재(張載: 關), 주희(朱熹: 閩)의 해석, 즉 송유宋儒의 해석을 답습하지 않았다. 그러나 특별히 하늘을 알고(知天), 하늘을 섬긴다(事天)는 큰 뜻은 바로 유교 경전에 근거한 바와 부절符節(의 두 쪽)처럼 꼭 합치한다.

이상이 『천주실의』를 항주에서 중각재판重刻再版할 때 이지조가 쓴 서문의 대의大意다. 여기서도 또한 천주교에 의해 유교의 이상理想을 한층 더 밝혀나갈 수 있다는 해석이, 이지조로 하여금 천주교에 귀의케 하는 최대의 이유인 점을 알 수 있다.

이상 『천주실의』에 대한 이마두의 자서自序와 중국인 두 사람의 서문을 소개하였다. 이에 편의상 일괄하여 서광계의 견해를 부언해 본다. 서광계는 문연각대학사文淵閣大學士로서 국정에 참여하는 추요樞要의 지위에 올랐던 인물이며, 이마두의 천주교 선교에 초석이 되어 공헌한 신자이다. 그는 정치적으로 외호外護의 공이 많음과 함께 저술 면에서도 내조의 도움이 컸다.

『천주실의』 등 이마두의 저술을 비롯하여 애유략(艾儒略, Giulio Aleni, 1582~1649)의 『서학범西學凡』과 방적아(龐迪我, Juna de Pantoja, 1571~1618)의 『칠극七克』 등 기타 만력萬曆·천계天啓 무렵의 제수이트(야소회사)의 저술은 천주교와 자연과학에 관한 것을 모아 천계 연간에 『천학초함天學初函』이란 이름으로 간행됐는데, 이는 사실 서 광계가 중심이 되어 편찬한 것이다. 그는 만력 44년(1616) 남경에서 천주교 박해 사건이 일어났을 때, 조정에 상주上奏하여 천주교를 변호하는 데 힘썼다. 그 당시 상주했던 소疏를 살펴보기로 하자.

야소회사(耶蘇會士, 제수이트)가 수만리 동쪽(중국)으로 온 까닭은 중국 성현의 가르침이 수신修身과 사천(事天, 하늘을 섬김)에 있음이, 천주교가 설하는 바와 이치가 서로 부합한다는 것을 듣고 고생과 위험을 무릅쓰고 왔던 것이다. 천주교의 종지宗旨는 상제上帝에게 소사昭事함을 종본宗本으로 삼고, 구영救靈을 절요切要로 삼고, 충효자애忠孝慈愛를 공부工夫로 삼고, 천선개과遷善改過를 입문入門으로 삼고, 참회척제懺悔滌除를 진수進修로 삼는다고 기술하고 있다. …… 불교는 동쪽으로 온 지 1,800년에 이르지만, 세도인심世道人心을 능히 고치지 못하니, 그 말은 그럴 듯하나 사실이 아닌 것(似是而非)이다.

선종禪宗을 설하는 자는 노장老莊의 뜻을 펼쳤으니 유막幽藐하니 무당無當하고, 유가瑜伽를 행하는 자는 부록(符籙, 예언)의 법과 뒤섞여 괴류乖謬하니 무리無理하다.

또 부처를 받들어 상제 위에 두고자 하는 것, 이것은 옛 성현의 뜻에 거스르는 것으로 사람들로 하여금 적종適從하고 의거하는 데 미혹하게 하는 것이다. 그러므로 사람들로 하여금 선행善行토록 하고자 한다면 반드시 하늘을 섬기는 학문인 천주교로써 왕화王化를 보익補益하고, 유술儒術을 좌우하여 불법佛法을 구정救正해야 한다. 이처럼 천주교는 왕화王化를 도와서 불법의 폐단을 교정하는 것이기 때문에 만약 불로佛老를 숭봉崇奉하는 대신에 상제를 숭봉하고, 승중僧衆을 받아들이는 대신에 야소회사를 받아들인다면, 흥화치리興化致理하여 당우삼대(唐虞三代: 요순시대와 하·은·주 삼대)보다 뛰어나다 논하고, 경전과 변론 그리고 사적事蹟이 세 가지 방법을 갖고 천주교와 불교의 우열을 가리고 싶다고 간청하고 있다.

지금 서광계가 설한 바는, 그가 정치가로서의 지위에서 조정에 주청한 것만큼, 특히 왕화보익王化輔翼을 갖고 천주교의 효능을 역설하고 있는 점이 눈길을 끈다. 그리고 어디까지나 옛 성현의 뜻인 유술儒術을 세우고자 신종교(천주교)가 맞닥뜨리고 있는 적이 불교임을 역설하는 것은 앞의 풍응경이나 이지조와 다를 바 없다. 또한 천주교를 단순한 사상 문제로 보는 데 그치지 않고, 국가의 번영과 태평성세를 이루는 정책은 이것보다 수승한 것이 없다고 하여 현실 정치와 관련시키고 있음을 알 수 있다.

5) 마테오 리치의 유교관

마테오 리치가 이해한 중국의 문화, 특히 유교 사상은 '자연의 광명'에 의해 상당히 개명되고 발전된 것이었다. 그가 구여기(瞿汝夔, 號太素)로부터 유교의 사서와 오경을 배우면서, 그리고 동시에 그것을 라틴어로 번역하는 과정에서 유교에 대한 그의 이런 심증은 더욱 확실해졌다. 유교는 다른 이교(특히 불교, 도교 등)와는 달리 엄격한 의미의 종파가 아니라, 개인의 덕성이나 사회의 질서와 안녕을 도모하려는 지식인들의 집단이기 때문에 이런 것들은 천주교에도 허용될 수 있다고 생각하였다. 사실 유교는 기독교 교리와 대비해 볼 때 여러 면에서 애매하여 어떤 것들은 천주교 교리와 완전히 합치하는 것으로 해석할 수도 있고, 어떤 것들은 별로 상관이 없을 수도 있다고 마테오 리치는 생각하였다. 공자의 가르침 가운데 아예 제기되지 않은 문제에 대하여는 자기들에게 유리한 쪽으로 얼마든지 해석할 수 있다고 생각하였다.

마테오 리치는 "서구인들이 알고 있는 이교도들 가운데 고대의 초기 문명기에 중국 민족보다 오류를 범하지 않는 민족을 모른다"라고 말하였다. 중국 역사의 초기부터 그들의 책에는 그들이 인정하고 숭배한 최고의 유일신이 기록되어 있고, 그를 상제上帝 또는 천天이라고 불렀으며, 또한 만유를 주재하는 이 '천'은 악인에게 징벌을, 선인에게 상금을 준다고 믿었으며, 중국의 고대인들은 영혼 불멸에 대하여도 별반 회의를 하지 않았다고 설명하였다. 따라서 원시유학原始儒學에서는 이와 같이 원시적인 자연 이성에 의해 이미 천주교의 진리가 알려졌었다고 해석하였다. 그러나 후대에 서방(인도)에서 우상을 숭배하는 불교가 중국에 들어와서 유학을 오염시킴으로써 후대의 문인들이 창조설과 영혼 불멸을 부인하고 내세의 천당과 지옥의 존재를 믿지 않게 되었으며, 신을 섬기는 성직자 계층도 사라지고, 기도하는 경문도 민멸되었으며, 다만 상제에게 제사를 드리는 것만은 오직 황제의 특권으로 귀속되어 버렸다는 것이다.

마테오 리치는 고대 중국인들의 '상제' 또는 '천'의 관념에 인격적인 요소를 강조하기 위해, 그것을 천주교의 '천주' 관념과 일치시켜서 설명하였다. 마테오 리치에 의하면, 유교는 '자연 이성'에 근거하는 윤리 체계나 사회철학이거나 자연종교 이상이 아니기 때문에, 그는 천주의 관념이나 현세의 인간과 내세의 삶 등에 대한 천주교의 기본 교리는 결코 생소하고 외래적인 것이 아니라, 원래 중국 고대의 유자들에 의해 설파되어졌던 것을 다시 환기시킬 뿐이라고 중국의 문인들에게 말하고 있다. 이런 시각에서 쓰인 책이 『천주실의』이다. 또한 마테오 리치는 로마에 있는 예수회 총장이나 교황에게 중국의 초기 (유교적) 가르침과 천주교의 교리는 사실 서로 합치할 수 있는 것이요, 따라서 중국의 선교는 개별적으로 몇 사람을 천주교로 개종시키는 것이 문제인 것이 아니라, 이런 기본적 확신이 설득될 경우, 중국 전체가 하루아침에 복음화될 수 있다고 설명하였다.

그러나 실제에 있어 중국인들의 세계관에는 원래 영혼과 육체의 이원적 구분이나 우주 창조설이 없고, 실제로 영원히 변화 변동하는 우주적 실체를 초월해 있는 또 다른 초월 세계로의 이분법적 구별이 없기 때문에, 마테오 리치는 이런 후대 신유학新儒學의 일원론적 세계 원리를 불교에서 파생해 온 것으로 간주하고, 그것의 부정에 온 힘을 기울인다. 마테오 리치는 『천주실의』에서 아리스토텔레스의 4원인설과 실체(自立者)와 속성(依賴者)의 개념 구별의 도입을 통해서, 신유학에서 말하는 이理나 태극太極은 그 자체가 실제 사물을 만들어 내는 사물 밖에 있는 "독립된 운동인運動因"(초월적 존재)이 아니라, 단지 사물이 있으면 그 사물에 내재하는 것이기 때문에 단순히 사물에 종속되는 "속성(依賴者)일 뿐, 독립적인 실체(自立者)가 아

『신학대전』의 저술을 통해 토미즘을
이룩한 토마스 아퀴나스

니다"라고 논박한다. 만약 그것이 초월적인 독립적 존재라면 그것
은 서양의 신의 개념과 마찬가지라는 것이다. 그러나 사물마다에 내
재하는 이理는 결코 신神일 수 없으니, 결국 개체에 내재하는 형상
(Form)에 불과할 뿐이라고 설명한다. 그러나 이것으로 중국의 신유
학자들이 얼마나 설득될 수 있었는지는 의문이다.

　마테오 리치는 무엇보다도 먼저 토미즘Thomism[81]의 입장에서 출
발하여 자연 이성이나 도덕성에 초점을 맞추어 천주교의 교리를 중
국의 문인들이 잘 납득할 수 있게끔 설명했기 때문에 유교적 토양
에 천주교 교리의 조화적 적응, 말하자면 천주교 교리에 "중국의 옷

---

81 토미즘Thomism: 『신학대전』을 저술함으로써 스콜라 철학을 집대성한 토마스
　　아퀴나스(Thomas Aquinas, 1224/25?~1274)에 의하여 세워진 철학과 신학체계.

을 잘 입힘"으로써, 여하간 상당한 선교의 성과를 잠정적으로 크게 얻을 수 있었다고 하겠다. 그러나 계시 종교로서의 천주교의 특성은 인간의 원죄에 의한 유한한 자기 한계와, 그로 인한 하느님에 대한 절대적 귀의와 신앙을 강조한다. 따라서 이런 계시 종교로서의 천주교 교리는 결국 '자기 계발'에 의한 자기의 인격과 도덕의 완성('爲己之學')이라는 중국인들(특히 신유학)에게 고유한 자율적 학문 경향과 배치되기 때문에, 마테오 리치는 『천주실의』에서 계시 종교로서의 천주교 교리의 특성에 대하여는 별로 언급하지 않거나 타율 신앙적 성격을 상당히 변조하여 중국인들을 설득하는, 말하자면 그리스도교 신학 중심의 입장에서 볼 때, 무시될 수 없는 결정적인 자기 한계를 안고 있다.

그러나 동서 세계관의 기본적 차이에서 오는 이런 문제점은 마테오 리치와 그의 뒤를 이은 예수회 선교사들의 잠정적인 선교 노선의 문제라기보다는, 본질적으로 동양적 전통과는 다른 뿌리에서 출발한 계시 종교로서의 그리스도교의 토착화라는 근본 문제와 심각히 관련된다고 하겠다.[82]

6) 데우스(Deus, 陡斯)에서 천주天主로
한문 저술을 통해 중국 지식인들과 만나고자 했던 루지에리와 마테오 리치 등 1세대 예수회원들이 가장 크게 고민한 것 중 하나는 신의 이름을 어떻게 전달할 것인가 하는 문제였다. 사실 신의 이름은

82 마테오 리치, 앞의 책(송영배 역), pp.474~477.

구약시대로부터 역사적 전변의 과정을 거쳐 정착된 것이다.[83] 구약
성서 속 신의 명칭은 다른 언어로 번역되어 가는 과정에서 매번 새
로운 이름을 얻었다. 유대-기독교적 신의 명칭은 시대에 따라 각 지
역에 전파되는 과정에서 문화적 토착화와 적응주의 과정을 통해 그
지역과 문화에 따른 이름으로 정착되었다. 이는 히브리어 성서의 신
이 헬라어(Theos)나 라틴어(Deus), 그리고 영어(God)로 번역되는
과정에서 시작된 전통적인 문제였다. 특히 일본[84]이나 중국에서처럼
혼돈과 갈등으로 나타나기 쉬웠다.

　역사적 사명을 지고 있던 루지에리와 마테오 리치도 중국인들의
지성에 포착될 만한 새로운 명칭을 고민하지 않을 수 없었다. 그들
이 맨 처음으로 선택한 것은 '천주天主'라는 명칭이었다. 마테오 리
치는 기독교의 신을 천주로 옮기게 된 배경을 보고서에 밝히고 있
다. 때는 1583년 9월경으로, 진陳씨 성을 가진 기독교 신자 청년의
집을 방문했을 때 마테오 리치와 루지에리는 낯선 풍경을 목격한다.
청년이 방에 제단을 모셔놓고 벽 중앙에 '천주'라고 쓰인 판자를 세
워두었던 것이다. 이들은 이 장면에 강한 인상을 받았다. 그리고 이
이름을 그대로 사용하기로 결정한다.

　중국에서 최초로 '천주'라는 명칭이 사용된 것은 1583년 말부터
다음 해 초 사이에 루지에리가 간행한 『조전천주십계祖傳天主十誡』

---

83 구약성서 속에는 '엘로힘', '야훼' 등 여러 신의 이름이 등장한다.

84 일본에서는 사비에르에 의해 일본의 지고신至高神인 대일大日이 채택되었지만,
　　곧 라틴어의 데우스Deus를 발음대로 옮긴 でうす로 표기되기 시작하였다.

다. 이후 천주라는 표현은 중국 예수회 내에서 정착되어 『천주실
록』, 『천주실의』 등에서 본격적으로 사용되기 시작하였다. 중국에서
의 '천天'이 자연적 하늘이라는 의미만이 아니라 우주 만물을 아우
르는 보다 추상적이고 포괄적인 의미로 사용되었음[85]을 생각할 때,
중국인들은 유대 – 기독교적 의미의 만물 창조자, 지배자로서의 성
격을 천天에서 떠올릴 수 있었고, 예수회원들이 이를 포착한 것이다.

　문제는 이를 천天과 관련된 다른 표현이 아니라 '천주天主'라는 말
로 옮긴 데 있다. 천과 관련된 다른 용어들이 후보군에서 탈락할 수
밖에 없었던 것은 '인격성'이라는 유대 – 기독교적 신의 본질적 측면
을 전달할 수 없었기 때문일 것이다. 천도天道, 천명天命, 천제天帝 같
은 용어는 애초부터 인격성이 담겨 있지 않았다. 이런 맥락에서 예
수회원들은 자신들이 전하고자 하는 핵심을 포함하면서도 비교적
새로운 표현을 사용하지 않을 수 없었을 것이다. 중국인들에게 천,
천제, 천도, 천명 등의 용어는 유교적 맥락에서 나온 뿌리 깊은 원형
적 감각이라고 볼 수 있지만, 확실히 천주는 낯선 것이었다.[86]

　이 표현이 자연스러웠던 것은 차라리 불교 쪽이었다. 명말 불교혁
신운동을 이끌었던 고승 주굉袾宏은 그들이 말하는 천주天主란 '삼
십삼천三十三天의 주主', 곧 제석천帝釋天에 불과하며 이는 삼천대천

---

85 "(『시경』, 『서경』 중에서) (만물을) 포괄한다는 의미는 곧 천을 말한다(有一箇包涵
徧覆的意思, 則言天)."(『이정유서』 권2)

86 『천주실록』의 중국인 논자(中士)도 "이제껏 수없이 많은 책을 읽었지만 한 분
의 천주가 있어 건곤乾坤과 사람과 물건을 창조했다는 말은 들어보지 못했다
(所習有萬卷詩書, 未聞有一位天主而, 能制作乾坤人物)"고 반문한다.

세계의 '억만천주億萬天主 가운데 하나일 뿐'이라고 주장한다.

　마테오 리치는 이 세계에는 처음부터 만물을 창조하고 때에 따라
주재하는 자가 있으며 이 존재가 바로 천주이며, 자신들이 '두사(陡
斯, Deus)'라 부르는 존재라고 밝힌다.[87] 이후 그는 천주가 실제로 존
재할 뿐만 아니라 세계를 창조했음을 논증하고 나서 불교·도교의
공空·무無, 그리고 태극太極까지 반박한다. 그리고 이러한 과정을 마
무리한 뒤 획기적인 방법으로 중국인들에게 유대 - 기독교적 신을
전한다. 자신들의 천주를 중국어로는 '상제上帝'라고 선언(吾國天主卽
華言上帝)한 것이다. 고대 셈족의 언어에서 비롯된 신의 이름은 8만
리를 건너와 마테오 리치에 의해 완전히 새로운, 그러나 지극히 오
래된 이름을 얻게 되었던 것이다.

　마테오 리치는 적극적으로 고대 경전의 상제가 자신들이 말하는
천주임을 실제 경전의 구절을 근거로 논증한다. 자신들이 말하는 천
주는 '고대 경전에 기록된 상제와 같은 존재이며 이름만 다를 뿐(曆
觀古書, 而知上帝與天主, 特異以名也)'이라고 말한다. 마테오 리치는 『천
주실의』를 쓰기 훨씬 전부터 중국 경전들을 검토했고, 이를 바탕으
로 중국 전통에서 상제가 만물의 주재자이면서 인격적 존재였다는
사실을 확인한 것으로 보인다.

　마테오 리치가 데우스Deus를 천주로, 천주를 다시 상제로 바꾸었

---

87 "始制作天地萬物而時主宰之者 …… 夫卽天主, 吾西國所稱陡斯是也"(『천주실
　의』 제1편 1-3)

을 때 서광계를 비롯한 천주교 봉교인사들은 천주라는 용어에 거부감이 없었을 뿐만 아니라 마테오 리치가 말하는 천주가 고대 경전에서 말하는 유가적 전통의 상제라는 사실을 그대로 받아들여 천주에 대한 신앙을 곧 상제에 대한 신앙으로 받아들였다.

이처럼 '데우스Deus'가 '천주'로, '천주'가 다시 '상제'로 선언되는 사이, 이해의 스펙트럼은 중국 쪽으로 넘어오게 되었다. 특히 마테오 리치는 유학의 경전 속에서 상제의 존재를 부활시켰지만 동시에 그 존재가 1,600여 년 이상 사라졌던 이유를 중국인들에게 설명하지 않으면 안 되었다.[88] 마테오 리치는 신유학을 문제의 원흉으로 지목하며 과제를 해결하고자 한다.

그러나 마테오 리치에게는 더욱 어려운 숙제가 남아 있었다. 외부의 중국인들이 아니라 내부의 예수회 동료들에게 중국 용어의 차용이 단지 표현의 차원일 뿐 개념의 차원이 아니라는 점을 이해시키는 것이었다. 그의 선택과 전략에 대한 의문과 비판은 『천주실의』가 유통되기 시작한 이후 예수회 내부 그들의 보고를 받은 상부에서 꾸준히 제기되었고, 마테오 리치가 죽은 뒤에는 본격적으로 논란의 대상이 되었다.

상제를 기독교의 신의 유비類比[89]로 이해하는 마테오 리치의 전

---

88 양정균은 『서학범』에 붙인 서문에서 천학, 즉 유학이 끊긴 지 1,600여 년이라고 밝힌 바 있다.

89 유비(類比, Analogy): 두 개의 사물이 여러 면에서 비슷하다는 것을 근거로 다른 속성도 유사할 것이라고 추론하는 일. 주로 논리학과 철학에서 사용하는 개념.

략적 선택은 그가 죽은 뒤로부터 강력하게 도전받기 시작하였다.[90] 마테오 리치의 후임자였던 롱고바르디(Longobardi, 龍華民, 1559~1654)는 입교자들과 만나 조사에 착수한다. 그는 이 조사에서 "중국인들이 그들의 상제를 인격적이고 유일하며 전지전능한 창조자로 받아들이지 않으며, 대신 우주 만물에 질서와 생명을 부여하는 무명의 힘으로 이해한다"는 결론을 내린다.

이후 예수회의 선교 정책에 대한 비판과 더불어 신의 이름에 관한 첨예한 논쟁이 시작되었다. 중국에서 활동하는 각 수도회와 교황청, 그리고 청淸 조정이 개입된 100여 년이 넘는 전례논쟁典禮論爭 끝에, 마테오 리치가 선택한 신의 이름은 물론, 제사 허용 등에 관한 예수회의 방침은 대부분 철회되었다.[91] 이 가운데 가장 먼저 제기되었고, 또 그만큼 민감했던 문제가 바로 '상제'라는 신의 이름에 관한 논쟁이었다. 따라서 전례논쟁이 시작되었던 초기부터 적극적으로 상제를 천주와 분리하고자 하는 시도가 이루어졌다.

전례논쟁의 핵심 인물 중 하나는 카발레로(Caballero, 1602~1669), 즉 이안당利安當이었다. 이안당은 1664년에 『정학류석正學鏐石』을 출판함으로써 마테오 리치와 예수회의 적응주의적 전략을 적극 비

---

90 처음으로 문제를 제기한 사람은 포르투갈에서 인도까지 마테오 리치와 동행했던 동료 중 한 사람이었던 파시오(Francesco Pasio, 1544~1612)였다.

91 상제上帝 등 예수회가 적응주의적으로 채택한 용어들은 1715년 클레멘스 11세의 금지령(Ex illa die)을 통해 대부분 금지되었다. 상제(Shang-ti; Dominus supremus)는 더 이상 데우스Deus의 번역어로 사용될 수 없었으며, 뿐만 아니라 천주·천·경천 등의 용어 사용도 전면적으로 금지되었다.

판하였다. 『정학류석』은 애초부터 『성리대전』으로 대표되는 신유학을 적극 논박하는 한편 동시에 상제라는 명칭 사용이나 제사의 허용 등 예수회가 표방한 적응주의적 태도를 전면적으로 공격하기 위해 쓰인 전략적인 저술이다. 특히 이 가운데 2편인 「석천주상제지변釋天主上帝之辯」은 천주와 상제의 차이를 비교하여 천주와 상제가 서로 다름을 여러 항목에 걸쳐 밝히고 있다.

> 천학天學에서 말하는 천주天主는 지고무상至高無上한, 오로지 존귀한 존재의 호칭이지만, 유학儒學에서 말하는 상제上帝는 수백 가지 신(百神)을 혼동한 명칭이다. 오로지 존귀한 존재라면 하늘에는 두 주인이 있을 수 없으며 주인은 두 가지 호칭이 있을 수 없다.[92]

이안당(利安當, 카발레로)은 상제를 중국 경전으로 되돌려 놓고자 했다. 상제를 천주에 겹쳐 쓰는 한, 기독교의 신을 전달할 수 없다고 생각했기 때문일 것이다. 상제는 결코 유일한 행위로 무에서 만물을 창조한, 세계의 원인이자 목적으로서의 신이 될 수 없다고 보았기 때문이다. 이런 생각에는 상제의 인격성만으로는 기독교의 신을 다 포용할 수 없다는 위기감이 깔려 있다고 볼 수 있다. 이안당의 입장에서는 자연의 변화와 인간의 구조를 비인격적 원리에서 찾는 신유

---

92 "天學所稱天主者, 無上專尊之稱. 儒學所稱上帝者, 百神混同之號. 專尊則天無二主, 主無二稱."(『정학류석』「釋天主上帝之辯」)

학뿐만 아니라 인격적이고 유일하지만 계시의 능력이 없는 상제를 끌어들인 예수회적 방법도 적으로 돌리지 않을 수 없었던 것이다.[93]

7) 『천주실의』의 신학적·철학적 함의

기독교 전교의 핵심은 신론과 영혼론의 전개였다. 마테오 리치는 『천주실의』를 편찬하면서 '기독교의 하느님'을 유교의 고전에 등장하는 천天이나 상제와 동일한 존재로 보았다. 따라서 『천주실의』에서는 인격신적인 의미를 띠는 천이나 상제에 대한 제사와 숭배의 사상이 드러난 본래의 유교 사상이, 기독교의 하느님 숭배와 본질적으로 다르지 않다고 말함으로써 — 유럽인들이 그리스 고대 사회 이래 가지고 있던 유럽 중심주의(Europeanism)의 맥락에서 일탈하여 — 중국의 유교적 문화 전통을 일단 긍정적으로 평가하는 대담한 접근성을 시도하고 있다.

또한 중국에 들어온 목적은 중국인들의 '영혼'에 진리의 빛, 곧 하느님의 말씀을 전하는 것이었다. 그러나 문제는 중국인들에게 마테오 리치가 생각하는 '영혼(anima)'이 존재하지 않았다는 것이다. 중국인들에게는 마음(心) - 혼백은 있었지만, 초월자에게 부여받고 사후에도 불멸하는 '영혼'은 존재하지 않았다. 영혼이 무엇인지, 어떠한지 이해한다는 것은 초월적 실체가 있음을 전제로 초월적 실체의 창조물로서, 그리고 그의 목적을 이해하는 유일한 종으로서의 인간

---

93 김선희, 『마테오 리치와 주희, 그리고 정약용』(심산출판사, 2012), pp.117 ~150 취의 요약.

의 특성과 사명을 이해한다는 것을 의미한다. 마테오 리치는 먼저 신의 존재를 유교적 체계와 병치시키기 위해 '상제'를 동원함으로써 신의 존재에 대한 중국인들의 전통적 인식을 기독교 이해의 무대로 끌어왔다. 그러나 이것으로 모든 산을 넘은 것은 아니었다.

그들에게 중요한 것은 상제 - 천주의 존재를 인정하게 하는 것을 넘어 이를 믿도록 만드는 것이었다. 마테오 리치를 비롯한 예수회원들은 중국인들에게 당대의 서양인들이 스스로의 모습이라고 상상한 고도의 추상적 자아, 즉 '영혼(anima, soul)을 이해시켜야 한다는 사실을 잘 알고 있었다.[94] 신의 존재는 인간이 어떤 존재인가에 대한 규정 없이는 설명될 수 없다. 그것은 인간이 신을 어떻게 인식할 수 있는가의 문제일 뿐만 아니라 인간의 존재론적 구조가 신과의 유비에서 도출된 것이기 때문이기도 하다. 예수회 선교사들은 이 문제에 대해 아리스토텔레스의 이론을 바탕으로 토마스 아퀴나스가 스콜라 철학 안에서 정립한 영혼론으로 답한다.

---

[94] 마테오 리치 및 예수회 선교사들이 스콜라 철학의 형이상학 안에서 사변적으로 규정된 아니마anima를 '영혼'으로 번역한 사건은 중국인들에게 낯선 것이었다. '영혼'이란 한자어는 그들에게는 신조어나 마찬가지였다. 중국인들은 자기 사전에서 꺼낸 자기 용어를 예수회원들의 재정의를 통해 받아들여야 하는 낯선 상황에 부닥친 것이다. 『천주실의』에서 본격적으로 스콜라 철학의 영혼론을 다루는 것은 3편이지만, 관련된 논의는 1편, 그리고 3편에서 7편에 걸쳐 광범위하게 나타나고 있다. 이 같은 마테오 리치의 신론神論과 영혼론靈魂論은 인도 브라만교의 법(梵, Brahma)・아(我, Atman)의 논리구조를 연상시킨다.

(1) 『천주실의』의 인격신(天主)의 존재 증명

마테오 리치는 『천주실의』를 통하여 중국 철학사에 있어서 원시유학原始儒學과 송명이학宋明理學을 구분하였다. 마테오 리치는 인격적인 천天 개념이 등장하는 원시 유가사상, 말하자면 『논어』·『맹자』나 『중용』과 『대학』뿐만 아니라, 『상서(서경)』·『시경』·『역경』 등에 보이는 인격신의 개념이 분명히 등장하는 원시 유가사상을 진정한 유학사상으로 옹호하고 환영하였다.

그러나 천리天理를 기본 바탕으로 하여 구성된 송명이학, 즉 성리학적인 도덕 형이상학 체계에서는 천지만물의 근원을 태극 또는 이理로써 설명하고 있다. 따라서 유럽에서와 같은 천지의 창조자로서의 인격신적인 개념은 성리학적 전통에서는 쉽게 받아들여지지 않는다. 주희(朱熹, 1130~1200)는 다음과 같이 인격신의 천지만물의 지배를 명백히 부정하고 있다.

저 푸른 하늘은 운행을 계속하고 멈추지 않는 바로 그것이다. 지금 저 하늘에 인격적인 존재가 있어서 죄악을 심판한다고 말한다면 그것은 진실로 말이 안 되는 것이다. 그러나 그것을 주재하는 것이 없다고 한다면 그것 또한 말이 안 되는 것이다.(『朱子語類』권1)

주희는 이와 같이 죄악을 심판하는 인격적인 하느님의 존재를 부정한다. 그러나 그에 의하면 소가 말을 낳을 수 없고 복숭아나무에서 오얏꽃이 필 수 없으며, 오직 소가 소를, 말이 말을 낳고, 복숭아

나무에서는 오직 복숭아꽃이 필
수밖에 없는 이치를 생각해 본다
면 천지만물의 무궁한 변화 발전
에는 반드시 그것을 주재하는 개
관적인 이치, 즉 이理 또는 천리天
理 — 그것을 도道 또는 태극이라고
부름 — 가 선험적으로 존재한다
는 것이다.

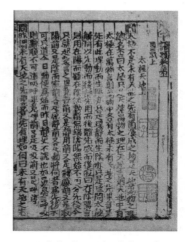

주희의 어록들을 한데 모아
편집한 『주자어류』

일단 사물이 존재하면, 그 사물
로서 존재하게 하는 이치는 각
각 그 존재의 당연한 법칙을 갖지 않는 것이 없으니 스스로 그만
둘 수는 없는 것이다. 이런 이치는 모두 하늘(天, 자연)이 부여한
것이요 인간이 만들 수 있는 것이 아니다.(『大學或問』)

주희가 말하는 이 개념은 이와 같이 ①사물의 존재론적 근거(所以
然之故)와 ②그것의 당연한 법칙(所當然之則)과 ③개체의 자의적 임
의성을 배제하는 개관적 필연성(自不容已)이라는 세 측면의 의미를
함축하고 있다. 요컨대 주희는 현실세계의 주체적인 경험적 대상(사
물)으로부터 그 사물의 존재론적 근거와 그것의 당연한 법칙 — 인
간을 포함한 모든 생물의 존재법칙 — 을 일단 추상적으로 분리시킴
으로써 그는 모든 사물(인간 및 모든 생물)을 주재하고 있는 존재론
적 근본원리를 이理로 규정하고, 그 이理의 개관적 필연성에 제1차

적인 철학적 의미를 부여하고 있는 셈이다. 따라서 주희의 이理는
— 플라톤의 '이데아' 개념과 유사한 — 관념적 실제성이라는 철학적
범주로서 이해될 수 있다. 따라서 이理는 만물의 선험적인 존재론적
근거일 뿐이므로 개체의 주체적인 감각적·경험적 내용을 가질 수가
없는 것이다.

'이理'란 (선험적으로) 하늘에 있는 것으로 소리도 없고 냄새도 없
지만, 실로 모든 변화의 핵심이요 만류의 뿌리이다.(『太極圖說解』)

이와 같이 구체적인 역사·사회·자연현상으로부터 유리되어 오직
그것의 선험적인 존재론적 근거로서의 의미를 지니는 '이'가 영원히
초자연적으로 타당한 천지 만물의 주재자로서 등장하는 것이다.
그러나 오직 아리스토텔레스와 토미즘적 세계관에만 익숙한 마

『태극도설』

테오 리치에게는 이와 같은 송명
이학의 형이상학적 체계는 전혀
정당하게 이해될 수 없었다. 오직
유일신의 천지 창조를 믿고 있는
그에게는 태극(太極, 곧 理)이 천
지 만물의 근원(天地萬物之原)이
된다는 성리학적인 형이상학적
체계는 도저히 수용될 수 없었다.
마테오 리치는 정주程朱의 성
리학性理學이든 육왕陸王의 심학

心學이든, 우주 만상의 존재론적 근거를 이理 또는 태극太極에서 찾는 송명이학의 우주론적 체계를 아리스토텔레스의 철학과 토미즘에 근거하여 철저하게 부정하고 있다.

그는 무신론적 사상이 지배하는 유교적 세계관, 특히 송명이학의 순수한 존재론적 도덕 형이상학에 맞서기 위해 당시 중국의 지식인들에게 생소한 토마스 아퀴나스Thomas Aquinas의 철학과 신학에 바탕을 두고 자기의 논지를 이끌어 가면서도, 고전 유교경전과 연관하여 하느님의 존재 증명을 시도하려 노력한다. 실제로『천주실의』의 내용을 검토해 보면 여덟 편 가운데 제일 앞의 두 편이 "만물을 창조하고 주재하시는 유일신"의 존재를 제시하는 데 바쳐져 있다.

마테오 리치는『천주실의』앞부분 두 편에서 토마스 아퀴나스의 스콜라 철학과 신학[95]에 바탕을 두고 자기 논리를 이끌어 가면서 창조주-주재자로서 유일신의 존재를 증명하는 데 노력을 집중하였다. 그는 먼저 '주재자'의 존재를 세 가지 이유를 들어 증명하였다.

첫째는 사람들의 타고난 성정誠情이 하나의 절대자를 우러러보게 되어 있어서, 어려움에 처한 사람은 어진 부모에게 바라듯 도움을 바라고 죄지은 사람은 무서운 적을 가진 듯 마음이 두렵고 괴로

---

95 스콜라 철학은 중세기에 기독교 사상가들의 철학체계로서, 그리스도교의 교리를 그리스 철학에 기초하여 합리적으로 설명하려 한 철학이다. 스콜라Scholar라는 말은 라틴어로 학교라는 뜻이다. 스콜라 철학의 가장 중요한 특징은 모든 철학의 목표인 '획득 가능한 진리 전체'에 그리스도교 신앙의 가르침을 포함시키는 것이었다. 중세의 모든 철학은 신학에 봉사하는 역할을 했기 때문에 스콜라 철학을 스콜라 신학이라고도 한다.

우니, 이것이 사람의 마음을 주재하는 절대자가 계신 증거라는 것
이다.

둘째는 혼魂도 없고 지각知覺도 없는 물체는 스스로 움직일 수 없
는 법인데, 일월성신日月星辰의 움직임과 같은 것을 보아도 주재자의
존재 없이는 불가능하다는 것이다.

셋째는 지각知覺은 있지만 영성靈性이 없는 동물들이 온갖 영리한
짓을 하는 것은 영성을 가진 존재가 도와주는 덕분이니, 이것이 바
로 주재자라는 것이다.

그리고 이어서 그 '주재자'가 바로 '창조주'임을 다시 세 가지 이유
를 들어 설명하였다.

첫째 이유는 장인이 있어야 집이 만들어지듯이 모든 존재는 누군
가에 의해 만들어질 수밖에 없다는 것이다.[96]

둘째 이유는 우주의 만물 사이에 존재하는 질서(此世間物按排布置)
가 그 제작자의 의지가 아니고서는 그토록 공교로울 수가 없다는 것
이다.[97]

---

96 마테오 리치가 활용한 집과 장인의 비유는 중국인들에게 논리적으로도 공격받
았다. 종시성(智旭)은 집이 장인의 손을 거치지 않으면 만들어지지 않듯 천지
도 스스로 이루어진 것이 아니라는 『천주실의』의 구절을 다음과 같이 논박한
다. "장인이 집을 만드는 것은 반드시 명령을 받아 만드는 것이다. 천주가 천지
를 만든 것은 누가 명령한 것인가? 장인은 집을 만들지만, 집의 주인이 될 수는
없다. 저 천지를 만드는 자 또한 어찌 천지의 주인이 되겠는가?"(鍾始聲, 「天學
再徵」)

97 스콜라 철학은 우주의 존재와 구성과 활동을 자비로운 신에 의한 '배려'로 본

셋째 이유는 생물의 출생을 그 씨앗이나 알, 태胎로 아무리 거슬러 올라가도 물체가 스스로를 만들 수는 없는 것이니 누군가가 만들어 주는 것이 아닐 수 없다는 것이다.

이렇게 창조주 – 주재자로서의 신의 존재를 세워놓은 다음, 도교나 불교에서 무無와 공空을 말하는 것은 천주天主의 도리와는 서로 크게 어긋난다 하고, 이를 근거로 도가의 허虛와 불가의 공空을 공격한다. 중국 선비가 불교와 도교가 공空과 무無를 만물의 근원으로 삼는 것은 그럴 듯해 보인다(以空無爲物之原, 似也)는 언급에 대한 서양 선비(마테오 리치)의 답변으로 다음과 같이 말한다.

"세상 사람들은 실제로 있는 것(實有)을 귀한 것으로, 허망하게 없는 것(虛無)을 천한 것으로 여깁니다. 만물의 근원은 그것보다 더 존귀한 것은 아무것도 없다고 말한다면, 어찌 텅 비어(虛) 존재하지 않는(無) 천한 것이 그런 근원에 해당된다고 하겠습니까? 하물며 (空無는) 자기 속에 없는 것을 결코 남에게 주어서 가지게 할 수 없다는 것은 명백한 이치인데, 공空이니 무無니 하는 것들은 스스로 가진 것이 하나도 없는 것들이 다른 것에게 어떻게 형상(性, form)과 질료(形, matter)를 부여하여 물체를 만든단 말입

다. 이 세계는 질서를 부여하는 이성적 존재에 의한 필연적 과정이면서 그의 호의에 의한 축복이다. 그러나 신유학자들에게 외적 힘의 개입에 의한 배치(按排)는 만물의 자연스러운 자기실현 과정을 방해하는 불필요한 외적 조작에 불과하였다. 모든 것은 각기 자기의 태극을 갖추고 있는 한 스스로 그러함(自然)의 자발성으로 활동한다는 것이다.(김선희, 위의 책, pp.182~189)

니까? 사물은 참으로 존재해야만 비로소 '사물이 있다'라고 말합니다. 참으로 있지 않으면 사물은 없는 것입니다. 가령 사물의 본원이 내용도 없고 존재하지도 않는다면 그곳에서 나온 사물도 역시 없는 것입니다. 인간이 아무리 성스럽고 신묘한 능력이 있어도 없는 것을 있게 하지는 못합니다. 그렇다면 저 공空이니 무無니 하는 것 역시 어찌 능히 그 공과 무로써 만물을 있게(有) 하고, 채울(實) 수 있겠습니까?"

"하나하나의 물체를 놓고는 처음에 없다가 나중에 있게 된다고 하는 것도 가능하지만, 전체를 놓고 말한다면 불가능한 일이다. 비유컨대 어떤 사람이 태어나기 전에는 과연 그 사람이 없다가 태어난 이후에는 있게 된다. 그러나 그 사람이 태어나기 이전에도 그의 부모가 있어서 낳아주는 것이다. 천하의 모든 존재에 이렇지 않은 것이 없으니, 물체가 하나도 없었던 혼연渾然의 시초에는 반드시 천주가 계셔서 만물의 근원을 여신 것이다."

"오상五常의 덕德은 모양이 없고 소리가 없지만, 누가 이것을 없는 것이라 하는가? 무형無形한 것과 없는 것은 하늘과 땅처럼 서로 다른 것이다. 이것(無)으로 가르침을 삼는다면 세상을 밝히기는커녕 오히려 더 어둡게 만들 것이다."

마테오 리치에 따르면 이 절대자인 천주는 피조물들과 엄격히 구별되는 존재이다. 따라서 그는 궁극적인 원리가 만물과 합일한다고

보는 당대의 성향에 대해, 하느님의 권능을 넘보다가 악마가 되어 지옥으로 쫓겨난 루시퍼에 비교한 다음,

"세상 사람들이 불교의 거짓된 경전을 금하지 않아 깨닫지 못하는 사이에 그 말의 해독에 물든 것이다. 주공, 공자의 말씀이나 중국의 옛 경서經書에 후제(后帝: 昊天上帝)를 업신여기고, 그와 자기가 '하나'라 한 자가 누가 있는가?"

라고 주장해 이런 잘못도 불교에서 말미암은 것으로 비난하고 있다.

이상과 같은 논리를 전개하는 마테오 리치의 『천주실의』가 상당한 설득력을 보이면서, 일부 진보적인 중국인들의 호기심을 이끌어낸 것은 사실이다. 그러나 마테오 리치가 창조주 – 주재자로서의 유일신의 존재를 세워놓은 다음, 도교나 불교의 형이상학을 제대로 이해하지 못한 채, 그들의 무無나 공空을 단순히 공허, 허무(즉 emptiness 또는 nothingness)로 치부하여 너무나 졸속하게 일방적인 비판과 비난을 가하는 것을 볼 때, 초월적 실체를 당연시하는 실유론적實有論的 사고에 사로잡혀 있는 마테오 리치의 인식의 한계를 여실히 드러내고 있다. 특히 천주교 선교에 방해가 되는 불교를 일방적으로 비방하는 태도에서 그의 성품을 엿볼 수 있다.

불교는 여러 가지 원인(因)과 조건(緣)의 상호의존 관계로 현상계가 생성하고 소멸한다고 보기 때문에 그 실체(自性)가 없는 가유론적假有論的 세계관을 지닌다. 불교는 현상계의 모든 것을 불연속의 연속으로 끊임없이 변화하면서 상속하는 무상한 존재로 본다. 변화

용수보살

중에 잠시 존재하는 가유假有이기 때문에 공空인 것이다. 공空이기 때문에 실유實有일 수 없는 것이다. 용수(Nāgārjuna)보살은 초월적인 불멸의 실체를 고집하는 실유론자實有論者의 사견邪見을 논파論破하면서, 공空의 이치가 있기 때문에 현상계가 성립한다는 것을 『중론中論』에서 다음과 같이 설하고 있다.

"공空의 이치가 있기 때문에 모든 존재가 성립할 수 있다. 만일 공의 이치가 없다면 어떤 존재도 성립하지 않는다./
여러 가지 인연으로 생生한 존재를 나는 공이라 말한다. 또 가명이라고도 하고 또 중도의 이치라고도 한다./
인연으로부터 발생하지 않는 존재는 단 하나도 없다. 그러므로 일체의 존재는 공 아닌 것이 없다."[98]

오늘날 자연과학의 발전에 따라 불멸의 실체를 찾고자 하는 실유론實有論은 양자역학(量子力學, Quantum Mechanics)에 의해 그 오류

---

98 以有空義故 一切法得成 若無空義者 一切則不成/ 衆因緣生法 我說卽是無 亦爲是假名 亦是中道義/未曾有一法 不從因緣生 是故一切法 無不是空者(『中論』「觀四諦品」 24-14, 18, 19)

가 밝혀졌다. 양자역학은 과학적 결정론과 기계론적 세계관으로 실체(입자)를 당연시했던 뉴턴역학을 고전물리학으로 밀어내고, 가유론적假有論的으로 세계를 보는 인식의 틀, 사고의 전환을 가져왔다. 이에 대하여 달라이 라마는 다음과 같이 언급하고 있다.

"용수(나가르주나)의 사상을 통해 알 수 있는 대승불교의 공 개념과 현대 물리학 간에는 분명한 공명이 존재한다. 만약 양자 수준에서 물질이 보이는 것보다 덜 견고하고 확정할 수 없는 것이라고 말한다면 내겐 과학이 공과 상호의존(상의상관성, 연기)이라는 불교의 심오한 통찰에 한 발짝 더 가까이 다가선 것처럼 보인다."

스콜라 철학에서도 하느님의 존재에 관하여 설명할 때, 그것이 적극적으로 이런 것(是)이다, 또는 무슨 특성을 가지고 있다(有)로는 설명될 수 없고, 단지 이러이러한 것이 아니다(非是), 또는 어떠어떠한 것이 없다(無)는 '부정적 설명법'이 요청된다. 또한 동양적 사유에서도 궁극적 실체를 무無, 공空 또는 무극이면서 태극(無極而太極)이라고 설명한다. 오직 궁극적 진실체란 언어적 규정 너머에 있기에 언어적 개념으로는 다 파악될 수 없다고 하는 '부정적 설명법'을 취한다는 차원에서는 동서양이 크게 다를 바 없다.[99]

---

99 현대의 새로운 신학 조류인 '과정신학'은 기독교적 유신론의 존재(being)를 되어 감(becoming)으로, 실체(substance)를 과정(process)으로, 독립적 창조주(an independent Creator)에서 상호의존적 협력자(an interdependent Cooperator)로 바꾸어 이해하고 있다.

(2) 『천주실의』의 영혼론

아리스토텔레스나 아퀴나스에 의하면, 생물과 비생물을 구분해 주는 기본적인 전거는 '혼(魂, anima)'이다. 어떤 존재를 살아있게끔 만들어 주는 것이 혼이기 때문에, 혼이 바로 '생명의 제일원리'라는 것이다. 생물의 발전단계에 따라서 식물, 동물과 인간의 혼은 각기 다른 능력을 가지고 있다. 식물은 단지 성장할 수 있는 능력인 생혼(生魂, vegetative soul)만을, 그리고 동물(禽獸)들은 생장할 뿐만 아니라, 또한 외부의 사물들을 지각할 수 있는 능력인 각혼(覺魂, perceptive soul)을 갖고 있는 반면에, 인간은 생장하고(生魂), 지각하며(覺魂), 또한 지각된 인식들을 추론할 수 있는 이성 능력인 영혼(靈魂, intellectual soul) 모두를 가지고 있다. 따라서 인간을 다른 존재들과 구별해 주는 인간의 본성, 또는 '본질적 형상인'이란 다름 아닌 인간의 영혼이 가지고 있는 이성적 추리 능력, 즉 시비와 선악을 변별할 수 있는 이성 능력(intellect, 靈才 또는 靈心)에 있다는 것이다.

인간은 물질적인 육체와 정신적인 영혼이 결합되어 이는 특수 존재이다. 식물의 '생혼'이 식물이라는 물체를 떠날 수 없다면, 동물이나 인간에게 고유한 '각혼'의 활동(즉 감각적 인식) 또한 감각기관이라고 하는 물리적 대상을 떠나서 실행될 수 없다는 것이다. 따라서 시각 능력은 눈을, 청각은 귀를, 후각은 코를 떠나서 독립적으로 작용할 수가 없다. 따라서 식물의 생혼과 동물과 인간의 각혼은 그것을 지니고 있는 유형한 물질적 존재가 소멸하면 동시에 그와 함께 소멸될 수밖에 없다. 그러나 인간의 추리 능력인 영혼은 무형한 정신적 존재이기 때문에 유형적인 물질로부터 독립하여 자유롭게 사유할 수 있는 것이다. 따라서 조그마한 인간의 마음속에 우리는 우주의 삼라만상을 관념화(脫形而神之)하여 수용할 수가 있는 것이다.

인간의 영혼은 정신적인 것이지만 육체와 결합에 있다는 점에서, 그것은 오직 정신으로만 이루어진 천사나 귀신들처럼 모든 사물에 대하여 언제나 "철저하게 분명한 지식(明達)"을 갖고 있는 존재가 아니다. 따라서 언제나 계발되어야 한다는 점에서 인간 이성 능력의 잠재성과 계발성은 인간 존재를 항상 완전히 물질성을 떠나 있는 '이성적 존재(예: 천사나 귀신 등)'들과 구별시켜 주고 있다. 그러나 인간의 본질적 특성이 비물질적인 정신성, 즉 천부적으로 주어진 이성 능력에 있기 때문에 얼마든지 정신적인 것(神的), 곧 하느님의 본성 자체를 이해하고 공경하는 방향으로 자신을 계발해 나갈 수 있다는 것이다. 그리고 바로 인간 영혼은 물질이 아닌 무형적 정신적 존재이기 때문에 인간의 사후, 즉 물질적 육체의 생명활동이 정지된 이후에도 영혼은 그대로 영속할 수 있다는 것이다.

마테오 리치는 여기서 개진된 위와 같은 영혼 불멸에 관한 논증 이외에도, 『천주실의』에서 한편으로는 자유자재로 중국 고전들을 인용하고, 다른 한편 유교적 인생관과 융합하는 측면에서 다음과 같은 논증을 더욱 추가하고 있다. 즉 "1) 사람들은 모두 후세에까지 이름을 남기고자 하고; 2) 영생을 누리고 죽기를 바라지 않으며; 3) 현세에서 된 일로는 사람의 마음을 다 만족시킬 수 없고; (영생을 못 얻고) 죽은 사람을 두려워하며; 이 현세에서는 사람들이 행한 선행과 악행에 대하여 공정한 상벌을 내릴 수 없다"라는 몇 가지의 논증을 추가함으로써 영혼의 불멸과 내세의 존재를 유교적 중국 지식인들

에게 더욱 설득력 있게 호소하고 있다.[100]

가. 정신과 물질의 이분법과 '이성적 존재'로서의 인간의 정의

아리스토텔레스(B.C. 384~B.C. 322)는 온 세상을 유형적 물질 (corporeal matter)과 무형한 정신(incorporeal spirit)의 이원으로 구성된 것으로 보았고, 그런 관점을 수용하여 마테오 리치는 『천주실의』의 「만물의 분류도표」(「物宗類圖」)에서 무형한 것(無形, spirits)과 유형한 것(有形, bodies)으로 구분한다. 그리고 "무형한 것에는 천신 天神들처럼 선한 것도 있고 마귀들처럼 악한 것도 있다"고 말하고, 유형한 형체를 가진 삼라만상을 생명체(生)와 무생명체(不生)로 구분하고 있다. 생명체가 무생명체와 구분되는 근본 특성은 혼(anima) 의 유무에서 보고 있다. 이에 아리스토텔레스의 분류법에 의거하여, 마테오 리치는 생명체를 혼의 3단계로 다음과 같이 구분하고 있다.

'도'를 명백히 아는 사람(明道之士)은 모두 혼에는 세 가지 종류가 있다고 말합니다.

하품下品의 이름은 생혼生魂이니, 곧 초목의 혼이 그것입니다. 이 혼은 초목을 도와 낳고 자라게 하며, 초목이 말라비틀어지면 혼 도 소멸합니다.

중품中品의 이름은 각혼覺魂이니, 곧 동물의 혼입니다. 이는 동물 에 붙어 있어서 성장과 발육을 돕고, 또한 동물들이 눈으로 보고,

---

100 마테오 리치, 앞의 책(송영배 역), pp.492~494.

귀로 듣고, 입으로 맛보고, 코
로 냄새 맡게 하며, 사지四肢와
몸체로 사물의 실정을 지각하
게 합니다. 그러나 이치를 추론
할 수는 없습니다. 죽음에 이르
게 되면 혼 역시 사라집니다.

상품上品의 이름은 영혼靈魂이
니, 곧 사람의 혼입니다. 이는
생혼과 각혼을 함께 가지고 있

생명체의 특징인 혼(anima)을
세 가지로 분류한 아리스토텔레스

습니다. 몸의 성장과 발육을 돕고, 사람으로 하여금 사물의 실상
을 지각하게 하며, 또한 사람들로 하여금 사물들을 추론하게 하
여, 이치와 의리를 명백하게 분석할 수 있게 합니다. …… 추론하
고 분명하게 따지는 일과 같은 것은 반드시 몸(肉身)에 의거하지
않으니, 그 영혼(즉 추리력)은 독자적으로 존재합니다. 몸이 비록
죽고 형체가 비록 흩어진다 하더라도 그 영혼은 그대로 다시 작
동할 수 있습니다. 그러므로 사람은 식물이나 동물과는 같지 아
니 합니다.(『천주실의』 제5편 5-4)

아리스토텔레스는 사태를 추리하는 이성 능력인 영혼을 인간의
본성으로 보았다. 마테오 리치는 『천주실의』에서 이런 관점을 소개
하고, "무릇 사람이 짐승들과 구별되는 까닭"을 바로 바로 인간의 이
성 능력(즉 靈才)에서 찾고 있다. 그리고 이런 추리력(즉 靈魂)은 시
력이나 청력 같은 지각작용과는 달리 육체에 매어 있는 것이 아니기

때문에, 육체가 죽고 나도 불멸한다. 이와 같이 '영혼', 즉 '이성 능력'이 바로 인간을 다른 삼라만상의 존재들과 구분 짓는 인간의 본질적 특성, 즉 '본성'으로 설명되고 있다. 마테오 리치는 "그러므로 이치를 추론할 수 있음(能推論理者)이 인간을 (자기) 본래의 부류로 만들어 주고 (사람이라는) 개체를 다른 개체들과 구별해 주니, 바로 '인간의 본성(人性)'이다"라고 말한다.

그러나 육체를 가진 인간이 추론을 통해서만 분명히 인식에 도달할 수 있다면, 육체를 갖고 있지 않은 다른 '무형적'인 정신적 존재들(예: 천사나 마귀 등)은 추론할 필요도 없이 모든 사태에 대하여 명백히 파악하고 있다는 것이다. 바로 이런 점에서 그들과 인간은 구분된다고 말한다.

나. 인간의 자유의지와 도덕 실천을 통한 '자아의 완성'
형체를 갖지 않는 순수한 정신체들(예: 하느님, 천사, 귀신 등)과는 다르게, 육신과 결합되어 있는 인간의 본성 안에는 물질성(形性)과 정신성(神性)이라는 양면성이 존재한다. 그러므로 우리 인간들의 마음 속에는 동물적 충동에 빠질 수 있는 짐승 같은 마음(獸心)과 인간 본연의 인간다운 마음(人心)이 공존하고 있다. 바로 이런 점에서 천부적으로 주어진 하나의 마음(一心)만을 가진 다른 생명체들(예: 생혼만을 가진 초목이나 각혼만을 가진 짐승들)과 인간은 근본적으로 구분된다. 그들에게는 본능적인 활동 이외의 추론을 통하여 자율 활동을 할 수 있는 이성 능력(靈魂)이 결여되어 있기 때문이다. 이와 같이 인간 본성의 이중성에서 오는 마음의 불안정한 유동성에 대하여 마테오 리치는 다음과 같이 말한다.

사람이 한 가지 일을 당했을 때에 또한 동시에 두 가지 생각이 함께 일어나기도 하는데, 이 둘이 서로 반대됨을 자주 느낍니다. 마치 우리들이 술이나 여색에 혹시 미혹되게 되면, 일단 그것에 미련을 두고 따르고자 하지만, 그것이 도리가 아님을 또한 다시 반성하게 됩니다. 전자를 따르는 것을 '짐승 같은 마음(獸心)'이라 하니 짐승들과 구별되지 않습니다. 후자를 따르는 것을 '사람다운 마음(人心)'이라 하니 천신天神들과 서로 같습니다. (그러나) 같은 마음으로 같은 시간에 같은 일에 대하여, 사람은 두 가지 서로 모순되는 사태를 (동시에) 함께 존립시킬 수는 없습니다.(『천주실의』 제3편 3-5)

인간은 '물질성'만을 가지고 있는 산천초목이나 짐승들과는 달리, '물질성'과 '정신성'을 동시에 가진다. 여기에서 인간은 '짐승 같은 마음(獸心)'을 좇을 것인가, 아니면 '사람의 마음(人心)'을 따를 것인가 하는 유동적인 마음의 상태에서 언제나 자기의 의지에 의한 선택을 강요받고 있다는 것이다. 말하자면 "유독 사람의 혼만이 육신의 주재자가 되어 우리 인간의 자유의지가 선택하느냐 그만두느냐에 따를 수 있다"[101]는 것이다. 여기에서 인간의 '사람다운 가치'는 바로 "비록 사사로운 욕망이 있다 하더라도" 사람이라면 "보편적인 도리

---

[101] 『천주실의』 제3편 3-5.

(公理)가 명령하는 바를 어길 수 없음"에 있다고 마테오 리치는 선언적으로 규정한다. 결국 인간의 자유의지가 바로 인간다운 자기완성을 이루어 내는 기본 전제임을 분명히 밝히고 있다. 따라서 인간의 덕과 부덕의 가능성이, 선천적으로 품수 받은 '기氣', 즉 개체의 기질의 성(氣質之性)에 의하여 근원적으로 제한을 받는다고 보는 성리학적 도덕 결정론이 정면으로 부정되고, 오직 후천적으로 자유의지의 선택을 통한 도덕 실천을 통해서만 이루어진다고 말하는 것이다.

마테오 리치는 물론 인간이나 짐승 모두에게 그들을 창조한 '천주'가 그들에게 생래적으로 부여한 잠재적인 도덕 본성, 즉 '양선良善'이 존재함을 부정하지는 않는다. 그러나 이런 천부적인 좋은 본성에 따라서 "어린아이가 자기 부모를 사랑한다면 짐승들도 역시 그 부모들을 사랑"하고 있다는 것이다. "보통 사람이면 — 어질든, 어질지 않든 — 졸지에 어린애가 우물에 빠지려는 것으로 보았다면, 곧 모두 놀라서" 측은한 사랑과 동정의 마음이 생겨난다는 것이다. 그러나 마테오 리치는 "이것 모두는 (천부적인) 양선良善일 뿐"이니, 그것들은 결코 인간들이 "스스로 배워서 쌓아올린 선(習善)"과는 엄격히 구분된다. 왜냐하면 '양선'은 천주가 우리에게 준 선물에 불과하기 때문에 "우리 인간들은 그것에 기여한 공로가 없으나" 오직 습선習善만은 우리 인간들이 스스로 배워서 쌓아올린 선이기 때문이라는 것이다.[102]

이성 능력이 없는 짐승들은 오직 천부적으로 부여된 본능만을 따

---

102 『천주실의』 제7편 7-3.

르는 "하나의 마음(一心)"밖에 없어서 도덕적 행위의 선택이 불가능하지만 인간은 마음속에 '이성 능력'과 '의지'를 동시에 가지고 있기 때문에 사려 분별을 통하여 선으로도 악으로도 나갈 수 있다는 것이다. 바로 도덕적 실천, 또는 도덕적 계발이란 일단 '의지의 자유'를 전제로 하고서야 비로소 가능하게 된다고 마테오 리치는 강조하고 있다. 따라서 '이성 능력(靈)'도 '자유의지'도 없는 존재들에게는 결과적으로 도덕적 선악을 물을 수 없다는 것이다.

8) 『천주실의』의 영향

  (1) 『천주실의』는 이미 400여 년 전에 중국의 전통 문화 속에 서양의 철학사상, 특히 아리스토텔레스의 철학과 그에 근거하는 토미즘을 체계적으로 소개한 최초의 전문 서적이다.

  (2) 중국 선비(中士)의 질문에 대하여 서양 선비(西士, 즉 마테오 리치)가 대답하는 형식으로 이루어진 『천주실의』의 서술 체계에서, 기본적으로 중국 문인들이 제기하는 질문의 대부분은 전형적으로 송명이학宋明理學의 철학적 문제의식과 떼어 놓고 생각할 수가 없는 반면에, 이에 대답하는 마테오 리치의 철학적·신학적 해설은 기본적으로 아리스토텔레스의 철학 체계와 토마스 아퀴나스의 신학 사상에 바탕을 두고서 전개되고 있다. 그렇기 때문에 『천주실의』의 텍스트 분석은 동서 형이상학의 세계관적 대립을 이해하고, 더 나아가서 그것을 지양하여 유교와 기독교 사상이 서로 융통할 수 있는 새로운 지평 모색의 근거를 찾는 데 더없이 중요하다.

  리치는 후대의 유학사상, 특히 송명이학 사상의 무신론적 특성,

특히 이기론理氣論에 기초하는 우주의 생성발전론이란 결국 이교, 특히 불교와 도교라는 우상 숭배의 나쁜 영향을 받아서 왜곡된 것이라는 점을 아리스토텔레스의 기본적인 철학적 개념의 틀과 토미즘의 신학사상에 기초하여 신랄하게 비판하고 있다. 이와 같이 마테오 리치는 인격신의 개념이 등장하는 원시 유학사상을 포용함으로써 유교와 기독교 사상 사이의 근원적인 동일성을 강조하면서도, 또 다른 한편 송명이학의 형이상학적 구도를 근본적으로 부정해 버리고 있다. 이와 같은 마테오 리치의 기독교와 유교에 대한 해석과 송명이학에 대한 비판은 1603년에 『천주실의』가 출판된 이래로 동북아시아의 여러 지역에 심대한 영향을 끼쳤다.

사실 중국 철학사의 흐름 속에서 마테오 리치는 그 누구보다도 먼저 성리학의 도통 의식을 정면으로 부정하고, 최초로 공자와 그 제자들의 원시 유학을 진정한 유학으로 규정함으로써 그것을 옹호·포용하였다. 동시에 당시 지식인들에게 정통으로 간주되던 송명이학(즉 주자학)을 불교와 도교에 오염되어 왜곡된 유학으로 반박하였다. 이러한 마테오 리치의 선언은 17세기 당시 동아시아의 지식인들에게 청천벽력과 같은 것이었기 때문에 굉장한 파문을 일으켰다. 그것은 동아시아에서 17세기 이후 송명유학을 부정하고 극복해 내려는 성리학 적대적인 지식인들에게 새로운 철학적 — 진정한 유학의 재발견, 재해석을 가능케 하는 — 지평의 제시로서 상당한 충격을 주었다. 그러나 다른 한편으로는 성리학을 정통적 학풍으로 유지하려는 도통 의식에 사로잡혀 있는 대부분의 정통 성리학자들에게는 천주학 비판의 빌미가 되었다. 요컨대 『천주실의』는 성리학에 비판적인 일부 지식인들에게 신선한 자극제가 되었다면, 또한 성리학의 형이상학적 체계를 강력하게 묵수하려는 정통적인 성리학자들에게는 비판의 표적이 되었다.[103]

9) 마테오 리치의 보유척불론적補儒斥佛論的 인식

(1) 초기 선교사들은 중국에 들어와 외래종교인 불교가 민중 가운데 광범히 보급되어 있는 것을 보고, 자신들의 종교적 입장을 중국인에게 인상적으로 심어주기 위해서 처음에는 승복僧服을 착용하고 천축국(天竺國, 인도)의 승려라고 자칭하면서 불교적 용어로 교리를 설명하였다. 루지에리(Michael Ruggieri, 羅明堅)가 1584년에 교리문답서『천주실록天主實錄』을 쓸 때, 불교적 어휘를 많이 활용한 것도 바로 이러한 입장의 반영이었던 것이다.

선교사들은 중국의 가부장적 사회구조와 유교에 의해서 지배된 사대부 중심의 중국문화의 특성을 이해해 감에 따라 중국에 있어서의 기독교 선교의 효과적인 방법을 터득한 것이다. 즉 그들은 민중 속에서 기독교의 전파보다는 먼저 중국보다 앞서 있는 서양의 과학기술로 사대부 층에 접근하여 유교적인 것과 타협하면서 자명종, 프리즘 등 신기한 물건을 황제에게 공물로 바쳐 환심을 사 선교의 편의를 확보하고자 하였다. 이러한 선교사들의 선교 태도야말로 자신들의 중세적·봉건적 성격에서 나온 것이며, 또 중국의 봉건적 사회구조와도 걸맞은 것이었다.

---

103 마테오 리치, 앞의 책(송영배 역), pp.507~508.

그러나 선교사들이 중국에서 가톨릭 선교의 진정한 목표를 달성하기 위해서는 중국 고유의 관습이나 사상과 대결하지 않으면 안 되었다. 그것은 바로 가톨릭의 종교적 고유성을 확보하는 길이기도 하였다. 왜냐하면 가톨릭적 관습이나 사상과 전혀 다른 중국의 그것들과의 대결이 없이는 그들에게 고유한 성격은 지켜질 수 없기 때문이다. 기독교는 그 원래의 성격이 원시의 유사한 제 종교와 대결하는 가운데 그의 배타적이고 수미일관한 성격을 유지해 왔던 것이고 그것이 바로 기독교가 가진 고유한 성격이다. 따라서 기독교의 중국적 전개, 즉 그 보급과 확산을 위해서는 중국의 고유한 관습이나 사상과의 대결이 불가피하였다. 그러한 대결 가운데는 중국인의 관습이나 사상이 그들 자신의 것과 어떻게 본질적으로 다른 것인가, 그리고 공유적인 성격은 무엇인가를 이해하는 것이 먼저 전제되지 않으면 안 되었다. 따라서 기독교 사상이 이교적異敎的인 중국 사상과 교섭하고 그 가운데에서 자기를 주장하기 위해서는 먼저 대자對者와의 협조에 일정한 한계점이 존재한다는 것을 알지 않으면 안 되고, 선교의 성공과 실패에 대한 평가는 이 협조의 성질 정도에 의해서 결정되어질 것이다. 그리고 이것은 이교적인 중국인에게 기독교를 어떻게 설명할 것인가 하는 문제로 연결된다.

선교사들은 중국이 비기독교국이지만 결코 야만족이 아니고 도덕, 역사, 철학을 비롯하여 미술, 공예에 이르기까지 고도의 문명을 오랜 옛날부터 지녀왔다는 것을 곧 알게 되었다. 마테오 리치를 선두로 한 선교사들은 먼저 중국의 언어를 수득修得하고 중국의 사상 문화에 대한 연구를 진행하였다. 선교사들, 특히 그 선구자였던 마테오 리치는 중국인의 정신 가운데는 유·불·도 삼교사상이 뿌리 깊게 존재한다는 것을 알게 되었다. 그리고 이를 신중히 검토·성찰한 결과 합유合儒·배불도排佛道의 입장을 확립하게 되었다. 그것은 유교가 관료 사대부의 교양의 중심으로서 불교와 도교보다도 훨씬 우위에 있다고 하는 점이 제휴의 필요성으로 무엇보다도 크게 작용하였다. 여기에 불교와 도교는 그의 다신교적·범신론적 교설이 가톨릭적 입장에서 보면 의사이단疑似異端의 종교사상으로 부정될 수밖에 없는 것으로 비쳐졌고, 이에 반해서 유교는 유교의 경건한 천명天命사상이나 성선론性善論에 입각하여 인애효제仁愛孝悌를 중시하는 도덕사상 가운데는 가톨릭적 유일신의 사상이나 애덕愛德의 윤리에 가까운 점이 포함되어 있어 제휴의 가능성이 있는 것으로 보였던 것이다.

(2) 중국에 파견된 선교사들은 마카오에서 준비를 할 때, 동료 제수이트(예수회사)들이 일본에서 겪은 경험을 참고자료로 물려받았는데, 일본 사상계에서 불교가 차지하고 있던 큰 비중으로 인해 중국에 들어가는 선교사들의 선입견 속에 불교가 크게 자리 잡고 있었다. 또 중국인들의 입장에서 보면 기독교도 불교와 같이 서방에서 전래하는 것이었고, 영혼의 불멸, 천당과 지옥 등 공유하는 것처럼 보이는 교리도 많았기 때문에 선교사들은 불교의 존재를 강렬하게 의식하지 않을 수 없었다.

그 예를 살펴보면, 마테오 리치는 후한의 명제明帝가 꿈에서 새로운 종교의 계시를 받은 다음, 그 계시에 따라 천축(인도)에 사절을 보내 불교의 경전을 얻어왔다고 하는 중국 전래의 통설을 악의적으로 왜곡해서 독단적이며 자의적인 해석을 덧붙이고 있다.

사도들이 예수님의 가르침을 전파하고 있던 그 시기에 불교가 중국에 전래되었다는 것은 역사적으로 분명한 일이다. 사도 도마가 인도 남부의 저지대에 복음을 전하고 있던 그 시기에 사도 바돌로메는 인도 북부, 곧 힌두스탄과 그 주변국들에서 설교를 하고 있었다. 따라서 이런 가능성을 생각할 수 있다. 예수의 복음이 담고 있는 진리에 대한 소문이 중국인들의 마음을 움직인 결과 그들은 이 가르침에 접하고 싶고 배우고 싶어서 서쪽으로 갔다. 그러나 사절들의 실수 때문인지, 그렇지 않으면 사절들을 맞이한 사람들이 복음을 시기한 때문인지, 중국인들이 얻어온 것은 그들이 찾아 나섰던 진리가 아니라 거짓되고 허황된 경전이었다.(『중국지』94)

처음 선교사들이 승복을 입고 나타났을 때 중국의 승려들은 선교사들을 자기네와 비슷한 교파에 속한 동료로 간주하고 우호적인 태도를 취했다. 마테오 리치와 루지에리에 뒤이어 1585년에 중국에 들어온 안토니오 알메이다(Anthony Almeida, 1556~1591)가 1585년에 유럽으로 보낸 편지에서 자신의 경험을 적은 적이 있다.

1월 5일에 우리는 고릉(高陵, Gaoling)의 마을에 도착함으로써 이 강을 따라가는 여정을 끝내고 그곳에서 미사를 드렸다. 너무나

많은 사람들이 우리를 둘러싸서 우리는 어쩔 줄 모르는 지경이
되었다. 한 우상숭배자(즉 불교 승려)가 우리에게 다가와 우리를
초청해 주었다. 우리는 커다란 신단神壇들이 갖춰져 있는 그의 집
에서 융숭한 환대를 받았다. 경을 읽으며 불공을 드리고 있던 많
은 승려들이 우리에게 정중한 환영의 인사를 하였다. 우리는 승
려들과 함께 식사를 했는데, 그들은 우리에게 각별한 호의를 보
여주었다. 우리는 우리를 초청한 승려에게 책 한 권과 몇 가지
기도문을 주었는데, 그들은 모두 우리말을 아주 잘 들어주었다.
······ 우리를 온통 둘러싸고 있는 승려들은 우리를 친절하게 대해
주고, 매일 저녁 주님에 관한 이야기를 들으러 찾아온다. 지금까
지도(오늘은 2월 8일) 우리를 찾아오는 너무나 많은 수의 사람들
을 가로막을 뾰족한 수를 찾아내지 못하고 있다. 우리는 가장 중
요한 손님들에게 우리의 제단을 보여주는데, 그러면 그들은 우리
주님의 상에 경의를 표하곤 한다. 신분이 높은 관리들과 학식 있
는 사람들이 모두 찾아왔었는데, 우리가 떠나지 못하도록 하겠다
고 하는 등 기뻐들 하는 것이 분명하다. ······ 그 관리의 어머니가
돌아가셨는데, 우리가 장례식에 참례하도록 사람을 보내 초청하
였다. 그러나 (루지에리) 신부는 천주님을 받들지 않는 사람들에
게는 우리의 기도가 효과가 없다고 대답하였다.

선교사들이 처음 일반 중국인들에게 불교의 일파를 대표하는 것
으로 인식되고 있던 모습은 조경(肇慶, 자오칭)에 도착할 당시에 대
한 마테오 리치의 기록에도 나타나 있다. 조경에서 선교사들이 크게

의지하고 있던 지부知府 왕반王泮이 선교소에 걸어놓도록 써 준 편액에도 '선화사僊花寺'와 '서래정토西來淨土'라고 되어 있어서 일반인들의 인식을 뒷받침해 주었을 것이다.

또한 마테오 리치는 불교가 기독교와 서양 고대 사상에서 여러 가지를 배워갔다고 주장했다.

불교를 만든 사람들은 서양의 우리 철학자들로부터 여러 가지 생각을 빌려간 것처럼 보인다. 예를 들어 그들은 4원소를 인식했는데, 중국인들은 어리석게도 여기다가 원소 하나를 덧붙였다. ······ 데모크리토스와 그 학파처럼 그들은 복수複數 세계의 존재를 믿는다. 영혼 윤회의 교리는 피타고라스의 주장과 비슷하게 보이지만, 거기다가 주석을 잔뜩 붙여 더 애매하고 막연하게 만들어 놓았다. 그들의 철학은 서양의 사상을 빌려갔을 뿐만 아니라 예수 복음의 빛 한 자락까지도 정말로 얻어 본 것 같다. 이 불교 교리에는 세 위位의 서로 다른 신들이 하나의 신격神格으로 융합된다고 하는 일종의 삼위일체설[104]이 들어 있다. 그리고 착한 사람이 천당에서 포상되고 악한 사람이 지옥에서 징벌된다는 이야기도 한다. 독신獨身을 대단하게 내세우는 것을 보면 결혼을 일체 배격하는 것처럼 보이기도 하고, 가정과 가족을 버리고 탁발 행각에 나서는 것이 일반적인 관습인 것처럼 보이기도 한다. 그들의 이단적인 전례 가운데도 우리 자신의 신앙의식과 비슷하게

---

104 법신, 보신, 응신의 삼신설三身說을 말한다.

보이는 것이 여러 가지 있다. 한 예로, 우리 그레고리 성가聖歌와 거의 비슷한 독경방식이 있다. 그들의 사원에는 성상聖像이 있으며, 전례에 입는 복장은 우리 법의法衣와 비슷하게 생겼다.

이처럼 유사점이 많고, 또 선교사들을 처음에 친밀하게 받아들였던 불교에 대해 극단적인 비난을 퍼붓게 된 까닭은 무엇이었을까?

그것은 궁극적으로 유일신을 인정하지 않는 것이, 많은 유사점에도 불구하고 마테오 리치가 불교를 배척 — 그것도 우상 숭배자로 몰면서 — 하는 궁극적인 이유였으며, 마테오 리치가 소주韶州에 있을 때 개종자들의 우상파괴를 묵인 내지는 조장한 결과, 주민들과의 분쟁을 일으킨 이래 새로운 신자를 거둘 때마다 그 신앙의 첫 번째 증거로 지니고 있던 우상을 선교소로 가지고 와서 불태우도록 했던 것[105]도 그런 연장선이었을 것이다.

불교 교리 가운데 마테오 리치가 가장 열심히 공격한 것은 윤회설이다. 윤회설이 이치에 맞지 않는 증거라 하면서, 만일 사람의 영혼이 다른 사람이나 동물로 옮겨간다면 마땅히 전생의 일을 기억해야 할 것인데 아무도 기억하는 사람이 없다 하고, 불가와 도가의 책에 전생을 기억한 예가 많은 것에 대해서는 마귀의 소행이라고 단정하고 있다. 『천주실의』를 비롯한 마테오 리치의 저술에 나타난 불

---

105 구태소瞿太素의 경우를 비롯해서 개종자들이 우상을 가지고 와 불태우는 일이 많이 기록되어 있는데, 자발적인 행위처럼 기록해 놓았지만 세례에 앞서는 행사로 공식화되어 있었음이 분명하다.

교 공격은 '우상숭배'라는 데 초점에 모아져 있어서 실질적인 교리 비판이라고 할 수 있는 것은 매우 빈약하다. 이를 통해 볼 때 마테오 리치의 불교 이해 수준은 매우 피상적인 데 그쳤다고 볼 수 있다.

(3) 보유척불론補儒斥佛論의 기치 아래에서 기독교의 절대성을 주장하는 마테오 리치의 입장은 다음 말로 요약되는 것 같다.

> 이치에는 옳은 것이 두 가지가 있을 수 없다. 만일 상제上帝의 교敎가 옳은 것이라면 곧 다른 교가 틀린 것이며, 만일 다른 교가 옳은 것이라면 곧 상제의 교가 틀린 것이다. 조정에 설관분직設官分職을 하여도 모두 하나의 임금을 받들며 다른 예악禮樂이 따로 없고 다른 법령이 따로 없다. 그들 두 교는 스스로도 (서로) 같지 못한데, 하물며 천주와 같다고 말할 수 있겠는가? 그 교들은 상제를 받드는 것이 아니라 자기 한 몸만을 받드는 것이며 대원大原과 대본大本에는 어두운 것이다.(『천주실의』 494단)

상제에 대한 태도를 기준으로 보유척불의 입장을 취했다는 것은 마테오 리치가 우순희虞淳熙에게 쓴 답장에서도 알아볼 수 있다.

> 멀리서 온 보잘 것 없는 사람이 공자에게 덕을 본 것이 무엇이며 부처에게 원수진 일이 무엇이겠습니까? 만약 내가 공자에게 예쁘게 굴어 사대부에게 아첨함으로써 서서히 내설을 펴려는 것이라고 한다면, 중국의 인사人士 가운데 부처를 믿는 이가 공자

를 믿는 이보다 훨씬 많으니, 부처에게도 함께 예쁘게 굴어서 모든 사대부에게 아첨하여 서서히 내설을 펴려 하지 않겠습니까? …… 요堯, 순舜, 주공(周), 공자(孔)는 모두 몸을 닦고 상제를 섬기는 것으로 교敎를 삼았으니 옳다고 하는 것이요, 불씨佛氏는 상제에게 대들고 욕하며 그 위에 올라타려 하니 그르다 하는 것입니다.(『辨學遺牘』4하)

마테오 리치가 중국 선교단장으로 임명된 것은 1597년의 일이지만, 이미 1588년 루지에리가 중국을 떠난 뒤로는 실질적인 지휘책임을 가지고 있었다. 선교단의 방침을 현장에서 결정하는 일차적인 책임을 가지게 된 후 마테오 리치가 제일 먼저 주력한 일은 유가의 경전을 학습하고 그 사상을 이해하는 일이었다. 1590년대 초, 소주韶州에 머무르는 동안 집중적인 학습을 통해 남창으로 옮겨갈 무렵까지는 '서사西士' 또는 '서유西儒'로서의 학식을 갖추게 되는데, 이와 아울러 '보유론補儒論'의 방향도 잡혀서 1596년까지 초고를 완성하는 『천주실의』의 사상적 근간이 되었다.

유가사상에 대한 이해 역시 전략목표에 의해 제약받는 면이 많았다. 유가사상에 대한 그의 인식은 자신의 보유론을 위해 필요한 '선유先儒'와 '후유後儒'를 구분하는 틀에 얽매여 도식화되었다. 그가 존중한 '선유'라 함은 한마디로 희로애락의 감정을 지닌 인격적 유일신으로서의 '상제'를 받드는 중국의 고대 사상이었으며, 이 시각에서만 유가사상을 고찰하다시피 하였다. 비인격적인 태극, 이理 등을 중심으로 하는 성리학은 모두 '후유', 즉 잘못된 학풍으로 간주되었다. 마테오 리치의 궁극적인 목표는 중국에서 불교를 배척하고, 고古유학의 정통성을 지원 사격하여 중국인들에게 인격신의 정당성을 각인시켜 천주교를 신앙함으로써 유교의 부족한 부분을 보완한다고 인식시키려고 했던 것이다.

전체적으로 보아서 마테오 리치의 척불론과 보유론은 불교와 유교를 투철히 인식한 데서 빚어진 것이 아니라 피상적인 지식만으로 먼저 얽어졌고, 구체적인 인식은 나중에 그 틀에 맞추어 형성된 것으로 볼 수 있다.

10) 이서정서以西政西, 이중화중以中化中

마테오 리치는 중국인 독자를 향해 정면으로 그리스도교를 주장하지 않고 ― 예수는 『천주실의』의 마지막 한 쪽에 등장할 뿐이다 ― 유교와 공동전선을 형성해 불교를 먼저 공격하였다. 물론 그것은 우회로였을 뿐이지만, 명말 중국의 유학자로 불교를 혐오하던 사람에게 서양에서 온 이런 선비가 있다는 것은 참으로 든든한 일이었다. 당시 강소성(江蘇省, 장쑤성)의 우시(無錫)에서 동림서원東林書院을 재흥시킨 사람들은 재야 학자나 뜻을 이루지 못한 관리들을 규합하였다. 그들은 명나라 말의 관리와 실권을 잡은 환관들이 정치적 풍속을 타락시키고 있다며, 불교의 영향에서 정통 유교를 지키기 위한 운동을 정치적 측면과 학문적 측면에서 벌이고 있었다. 마테오 리치는 부처와 노자가 말하는 공무설空無說을 비난하고 송학宋學도 비판한 사람이었으므로, 그의 『천주실의』는 당시 중국의 사상운동에 있어서도 일부 사대부로부터 대단히 환영을 받을 만한 요소를 품고 있었다.

마테오 리치는 사서오경 중에서 그리스도교의 교리와 공존이 가능한 사상을 찾고, 유교를 그리스도교와 묶어서 해석하였다. 예수회 선교사가 쓴 초기 한문 저술은 대개 애매한 해석이 가능했기 때문에, 그것을 마테오 리치의 방식으로 읽으면 그리스도교의 교리를 주장했다고 할 수 있겠으나, 중국인의 방식으로 읽으면 '천주를 흠모하고 숭상하는 것은 곧 우리 유교의 상제를 숭상하는 것이다'라고 읽을 수도 있는 것이다. 마테오 리치가 지은 『천주실의』에 붙인 이지조의 서문은, 그 양쪽의 공존성 및 나아가서는 그 동일성을 믿고 쓴 것이지, 결코 중국의 '은거 그리스도교 신자'들을 위한 교리서로 쓰인 것은 아니었던 것이다. 따라서 이 저서를 읽는 것만으로는 그리스도교 개종자를 만들어 낼 수는 없는 것이다.

다시 한 번 강조한다면, 마테오 리치가 생전에 중국에서 이룩한 성공은 서양의 유학자 내지는 자연과학자 이마두로서 환영을 받았던 것이지 결코 그리스도교 선교자로 인정받았기 때문은 아니다. 우리는 이러한 역사적 근본을 잊어서는 안 된다. 서학西學 또는 천학天學도 절반 이상은 서양 과학과 지리학에 대한 지식 등으로 존중된 것이다. 서광계가 서학을 받아들인 것은 기하학을 통해서였으며, 이지조가 천학을 받든 것은 세계지도를 통해서였던 것이다.

『천주실의』의 서문(1601)을 쓴 풍응경馮應京의 경우만 해도 마테오 리치가 유교적 가면을 썼다는 그 점에 매혹당하고 있다. 풍응경의 서序에 나오는 "이서정서以西政西, 이중화중以中化中"이란 말은 당시 중국인 입신자들의 『천주실의』에 대한 감수를 단적으로 나타낸다. "이서以西"의 서西는 기독교요, "정서政西"의 서西는 불교다. "이

양정균

중以中"의 중中은 완전히 유교화된 천주교요, "화중化中"의 중中은 유교다. 중국인에게 있어서는 불교나 기독교나 모두 서쪽에서 건너온 것이므로 모두 서西다. 그리고 천주교라는 서西는 불교라는 이단을 다스리는 데 매우 강력한 수단이 될 수 있었고, 이런 점에서 『천주실의』는 중국의 유자儒者들을 유혹할수 있었다. 이중화중以中化中, 즉 '중(中: 中道, 天)으로써 중(中: 중국)을 교화한다'란 천주교의 교설이 결국 중국 고래의 유교 사상과 일치됨으로써 중국인에게 이질적인 것이 아니라는 안도감을 주는 데 『천주실의』가 성공했다는 것을 의미한다. 그런데 이중화중以中化中이라는 마테오 리치의 방법에 제동을 걸기 시작한 것은 중국인으로부터가 아니라 1597년에 중국에 들어와 마테오 리치의 전도에 협력하였고 드디어 마테오 리치의 후임으로서 니콜라스 롱고바르디(Nicolas Longobardi, 龍華民)가 중국전도회 회장이 된 후, 중국 선교의 헤게모니를 둘러싼 가톨릭 선교사 내부의 갈등에서부터였다.[106]
이에 대해서는 뒤에서 서술하기로 한다.

11) 마테오 리치를 둘러싼 봉교사대부奉教士大夫

서광계, 이지조, 양정균 세 사람은 "중국 기독교의 3주석柱石"으

---

106 김용옥, 『동양학 어떻게 할 것인가』(통나무, 1989), p.165.

로 불려왔다. 이들에게는 몇 가지 공통점이 있었다. 우선 세 사람은 생몰 시기가 비슷하고(徐는 1562~1633, 李는 1565~1630, 楊은 1557~1627), 출신지가 서로 가까웠다(徐는 상해, 李와 楊은 杭州 부근). 세 사람 모두 활동하기 좋은 나이에 진사進士[107]에 급제했고(李는 34세, 楊은 36세 때 급제했고, 徐는 43세로 조금 늦은 편이었지만 결국은 최고의 관직까지 승진했다), 꽤 뛰어난 관운을 누렸다. 경제적으로도 안정된 배경을 가지고 있었고 학문적 성취도 뛰어난, 당시의 최정예 지식층에 속한 사람들이었다. 리치의 가장 강력한 호응자라고 할 수 있는 이 세 사람의 입장의 윤곽을 살펴보자.

서광계(徐光啓, 1562~1633)는 고향에서 여러 번 성시省試에 낙방한 후 1595(또는 1596)년 소주韶州에 가서 교학敎學을 하던 중 선교소에 들려서 카타네오(Lazzaro Cattaneo, 郭居靜, 1560~1640)를 만났다. 1597년에 1등으로 거인에 들었으나 이듬해 회시會試에 낙방하였다. 1600년 남경에서 마테오 리치를 처음으로 잠깐 만났다. 이듬해 다시 회시에 낙방하였다. 1603년 남경에 다니러 갔다가 다 로차(Da Rocha, 羅如望) 신부를 만나 『천주실의』를 받아(원고 상태로) 읽어보고는 서둘러 세례를 받았다. 이듬해 북경에 가서 마테오 리치를

---

[107] 명청明淸 시대의 과거시험은 등급별로 "원시院試, 향시鄉試, 회시會試, 전시殿試"가 있었다. 이 가운데 가장 낮은 단계의 과거시험인 '원시'에 합격한 사람을 수재秀才라고 하였다. 수재가 그 다음 단계의 과거시험인 '향시'에 응시하여 합격하면 거인擧人이 되고, 거인이 그 다음 단계인 '회시'에 응시하여 합격하면 공사貢士가 되고, 공사가 그 다음 단계인 '전시'에 응시하여 합격하면 진사進士가 된다.

만나고 진사에 들었다. 그 후로 마테오 리치의 여러 책에 서문을 써 주고『기하원본』을 함께 번역하는 등 긴밀한 관계를 유지하였다.

이지조(李之藻, 1565~1630)는 1598년에 진사에 들고, 1601년 공부工部 원외랑으로 재임하던 중 북경에 막 도착한 마테오 리치를 만났다. 그는 일찍부터 지리에 관심이 많아서 스스로 지도를 그려 본 일도 있었기 때문에 마테오 리치의 세계지도에 일차적인 관심을 가졌다. 마테오 리치의 학술에 대한 이지조의 관심은 여기서부터 넓어져서, 오랫동안 마테오 리치에게 수학을 배우고『동문산지同文算指』를 비롯한 수학서들을 함께 번역하고『기인십편畸人十篇』에 서문을 써 주기도 하였다. 가족들을 비롯해서 주변 사람들이 입교할 것을 권장하거나 허용한 것을 보면 일찍부터 기독교를 받아들일 뜻이 세워진 것 같은데도, 그가 정작 입교한 것은 1610년 봄 큰 병이 들었을 때였으니, 마테오 리치가 죽기 바로 두 달 전의 일이었다. 이지조는 자신이 죽기 전 해인 1628년에 간행한『천학초함天學初函』으로 당시까지 나온 주요한 서학서들을 집대성하여 그 보급을 원활하게 하였다.

양정균(楊廷筠, 1557~1627)은 관료이자 불교의 재가신자로 불교적 자선단체에 관여했던 과거의 전력에 대해 스스로 선을 그으며, 불교를 논박하고 기독교를 옹호하는 논쟁적인 글을 써서 불교도와 유교 내부에서도 상당한 비판을 받았다. 유교와 불교는 그의 내면에서 모순 없이 공존했지만, 불교-천주교는 모순 없이 공존할 수 없었다. 그것은 양정균이 불교가 천주교를 모방하여 훔친 것이라는 마테오 리치의 주장을 그대로 받아들였기 때문이다. 연지대사蓮池大師

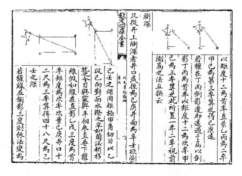

『동문산지』. 마테오 리치와 이지조 공역

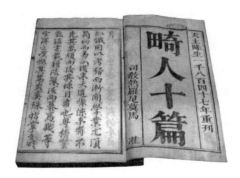

마테오 리치가 저술한 천주교 교리 해설서인
『기인십편』

주굉祩宏의 『죽창삼필竹窓三筆』에는 천주교도와 양정균을 공격한 내
용이 나온다.

따라서 양정균은 『악란불병명설鸚鸞不並鳴說』(기독교와 불교의 차
이 설명)을 지어 천주교가 백련교白蓮敎와 다르다는 점을 14항목으
로 들어 비판하였으며, 교난敎難 중 『성수기언聖水紀言』·『대의편代疑
篇』을 저술하여 불교 반박에 나섰으며, 후에 미격자彌格子란 이름을

| 연지대사 주굉 | 주굉이 지은 『죽창삼필』 |

사용하여 『변학유독辯學遺牘』[108]의 발문에서 연지화상 주굉을 비방하는 날조의 중상모략[109]을 자행했던 인물이다.

---

108 천주학을 변호하는 서한이라는 의미의 『변학유독』은 마테오 리치가 명말의 불교 신자 우순희虞順熙와 명대의 4대 고승 중 한 사람인 운서 주굉의 불교론을 비판하고 천주교의 교리를 변호하기 위해 편찬한 호교서이다.

109 그 발문에는, 주굉이 임종에 즈음하여 "내가 길을 잘못 들고, 또 사람을 그르친 일이 많았다"고 말하고, 미망迷妄의 불법佛法을 따랐던 것을 후회하고 천주교에 귀의했다고 기술하고 있다.

제6편

유가의 천주교에 대한 호교론과 파사론

1. 유교의 가면을 쓴 마테오 리치

(1) 마테오 리치가 중국인에게 기독교를 전파하기 위하여 우선적으로 중국 사상을 이해하려는 성실한 노력을 기울였다는 점은 높이 평가할 만하지만, 그의 중국 이해가 매우 아전인수격이고 또한 기독교 사상의 정당성을 주장하기 위한 부정적 맥락에서 중국 사상이 이해되었다는 사실을 명확하게 간파하지 않으면 안 된다. 그는 처음에 불교에 자신을 동일시했다가 불교가 중국 지성인에게 비정통적 위치밖에 차지하지 못한다는 사실을 깨닫고 그 아이덴티티를 유교로 옮겼다. 유교를 알아야 중국 상층계급의 마음을 사로잡을 수 있다는 생각, 즉 기독교의 전파가 중국에서는 위에서 아래로의 전략이 아니면 실패로 끝나고 말 것이라는 예측 속에서 그는 철저히 유교를 이해하려 했다. 옷도 사대부의 사모관대를 입었고 소주韶州에 있을 때부터(1589) 사서四書를 공부하였다. 그리하여 그는 1594년에

사서의 라틴어 번역을 완성한다. 그는 사서의 라틴어 번역에서 유교의 이해를 성숙시키고 난 후에야 『천주실의』의 집필에 들어갈 수 있었다. 사서의 번역 과정이 없었다면 『천주실의』와 같은 걸작은 물론 탄생될 수 없었다. 그러나 마테오 리치 자신은 궁극적으로 유교의 가면假面을 썼지 유교의 본면本面을 쓰지 않았다.[110]

그리하여 마테오 리치는 기독교의 복음화를 위하여 유교에 대한 양면전략을 펼치게 된다. 곧 고대(古) 유학에 대해서는 긍정·수용하고, 신新유학은 부정·배척하는 것이다. 또한 가톨릭 선교의 진전에 수반하여 명말 유학계의 진영은 찬성과 반대의 반향을 일으키게 된다. 즉 마테오 리치가 제시한 가톨릭 교의와 유교 비판이 그와 접촉했던 봉교인사(가톨릭 옹호인사)와 진보적 유교인사 사이에 긍정·수용적 반향을 일으킴과 동시에 보수적 유교인사 측으로부터는 부정·배척적 반향이 야기되었다.

(2) 마테오 리치는 1582년에 선교를 시작하게 되는데, 그는 우선 중국 언어의 습득부터 사상과 문화의 연구, 중국인의 정신을 이해하는 데 힘썼다. 유·불·도 3교 사상의 존재를 아는 것과 함께 이에 대하여 더욱 신중한 검토와 성찰을 가한 결과, 유교가 관료사회의 교양의 중심을 이루는 것으로, 불교와 도교 2교보다 훨씬 우위에 있다는 점을 깨닫고, 더구나 불교와 도교 2교의 다신론적·범신론적 교설은 가톨릭 입장으로서는 의사이단疑似異端의 종교사상으로 부정

---

110 김용옥, 앞의 책, P.161.

하지 않을 수 없었다.

이에 반하여 유교의 경건한 천명사상과 성선설에 입각하여 인애仁愛 효제孝悌를 강조하는 도덕사상은, 가톨릭의 유일신 신앙과 애덕愛德의 윤리에 가깝다는 점에서 제휴의 필요성과 그 가능성을 발견하였다. 마테오 리치의 이 같은 유교관 형성은 그의 선교생활 전반기, 즉 1582년부터 1601년까지 남쪽 지방의 선교 시절에 이미 완수하고 있었으며, 당시의 거주지였던 조경肇慶·소주韶州·남창南昌·남경南京의 지리적 조건을 감안한다면, 그가 유교를 파악하는 데는 명대 유교의 정통인 주자학 외에 당대 사상계를 풍미하고 있던 신흥의 양명학도 포함되고 있었겠지만, 그의 주된 관심은 불교·도교 2교와 습합적 요소가 많은 근세 유학보다는 고대 유교경전의 직접적 검토에 있었고, 여기에 노력을 기울인 것은 가톨릭 입장에서는 큰 성공이었다고 해야 할 것이다.

1601년 마테오 리치는 숙원 끝에 수도 북경에 새로운 선교기지를 획득하여 교회 번영의 기초를 닦음과 함께 이미 수 년 전에 쓰기 시작한 원고에 윤문을 더하여 『천주실의』도 1604년에 이르러 공간公刊을 보았다. 이 책은 마테오 리치 자신이 서문에서 밝혔듯이 유교와 가톨릭 교의教義의 귀일歸一을 논증하는 것을 목적으로 썼던 교의 해설서이다. 즉 우선, 천지만물의 창조 주재자인 천주의 무시무종無始無終·유일절대唯一絶對를 상세히 설파함과 함께 가톨릭 사상의 입장에서 중국의 전통적 모든 사상에 비판을 가하여, 불교·도교 2교의 '공空·무無'의 설을 천주의 이理에 어긋난 이단으로 배척하고, 나아가 유교에 있어서 불교·도교의 요소의 혼입을 부정하는 의미에서 '삼함교三函敎', 즉 3교 합일사상의 이론적 모순을 지적하고, 또한 근세 유교의 태극이기설太極理氣說과 그것에 근거한 무신론적 견해를 이단으로 단정 짓고, 후유이학後儒理學의 곡설曲說이라고 배척한 후에, 『시詩』·『서書』·『역易』·『예기禮記』를 인용하면서 유교 경전의 고의古義를 검토하여, 그곳에서 말하는 상제上帝는 결코 단순히 창창蒼蒼한 허공을 가리키는 것이 아니라, 그 가운데 존재하는 최고지선最高至善한 신격자神格者에 대한 외경존숭畏敬尊崇, 또 영혼의 불멸 및 귀신의 존재에 대한 신앙이 고대 유교에서도 인정되고 있는 사실 등을 지적하고, 그런 면에서 상제와 귀신을 숭배하는 유교와 천주의 신앙을 설하는 가톨릭 교설은 귀일한다고 결론을 맺고 있다.

이 밖에 영혼 불멸의 신앙에 의거하여 현세 행위의 응보應報가 사후에는 천당·지옥의 상벌로 드러남을 설하고, 이 점에서 현세의 수덕修德의 중요성을 인정하고 성의誠意·정심正心을 강조하는 유교적 수양론을 높이 평가하고, 나아가 성선설과 인仁·덕德의 해명을 시도하는 등 마테오 리치는 이 책에서 가톨릭 교설을 '고대 유교'에 접근시키고자 억지로 끌어다 맞췄던 것이다.

엄밀히 말하면 '고대 유교'의 사상이라 하더라도 가톨릭과 저촉되는 이교적異敎的인 흠결과 오류를 포함하고 있고, '천주즉상제天主卽上帝'라는 논증 방법은 오히려 가톨릭적 유일신의 본질적 이해를 애매하게 만들고 왜곡할 위험을 내포하고 있지만, 반면에 이 제시의 방법이 유교의 우월성에 대하여 커다란 자부와 긍지를 지니고 있던 명나라 말기의 관료 사대부들에게 어필되어 새로 들어온 미지의 가톨릭 사상에 대한 경계 위구심危懼心을 늦출 수 있을 뿐만 아니라 적극적인 친근감을 품게 하는 효과가 있었던 것이다. 이 점에서 마테오 리치의 기획된 의도는 약간의 위험을 내포하면서도 일단 성공했다고 평할 수 있다.

(3) 명말에 있어서 가톨릭 선교는 그 말기(1650)에는 15만 명에 달하는 신도가 있었다는 보고가 있지만, 이 같은 번영의 실마리를 연 마테오 리치의 개척기의 선교는 결코 쉬웠던 것은 아니다. 마테오 리치가 그 선교생활 20여 년 후, 1610년에 북경에서 사망할 당시 신도는 약 2,500여 명에 지나지 않았다. 다만 이들 신도 가운데 서광계, 이지조, 양정균 같은 쟁쟁한 조정의 관료인사를 포섭한 것은 뒷날 교세의 번영을 이루는 데 중요한 의미를 지닌다.

이들 봉교인사奉敎人士들은 가톨릭 교설을 어떻게 이해하고 있는가를, 서광계가 반교론자反敎論者의 비난에 맞서 황제에게 바친 유명한 「변학장소辨學章疏」 중에서 살펴보면,

가톨릭의 교설은 상제上帝에게 소사昭事함으로써 본종本宗으로 삼고, 신령身靈을 보구保救하는 것으로 절요切要로 삼고, 충효자애忠孝慈愛를 갖고 공부工夫로 삼고, 천선개악遷善改惡으로써 입문入門으로 삼고, 참회척제懺悔滌除로써 진수進修로 삼고, 승천昇天의 진복眞福을 갖고 작선作善의 영상榮賞으로 삼고, 지옥의 영원한 재앙으로써 악을 짓는 고보苦報로 삼고, 일체의 계훈규조誡訓規條는 천리인정天理人情의 지극함을 다 갖춘다.(『徐文定公集』 권5)

라고 기술된 요약과 불교가 괴류무리乖謬無理하여 고대의 제왕과 성현의 뜻을 거스르는 데 반하여, 가톨릭의 '사천事天의 학學'이야말로 "참으로 왕화王化를 보익補益하고, 유술儒術을 좌우左右하고, 불법佛法을 구정救正할 수 있다"고 논단論斷하고 있으며, 그 신앙의 중심이 되는 천주에 대한 이해를 살펴보면, 예컨대 "천주란 곧 유서儒書에서 칭하는 상제다"(徐光啓 「答鄕人書」), "가톨릭은 오로지 천주를 섬기는 것으로, 즉 우리 유교의 지천知天·사천事天·사상제事上帝의 설說이다"(李之藻刻 「聖水紀言序」), "무릇 천주를 흠숭欽崇함은 곧 우리 유교에서 상제에 대한 소사昭事이다"(楊廷筠 「七克序」)라는 문장에 보이듯이, 결국 『천주실의』에서 주장하고 있는 마테오 리치의 견해를 답습하고 있다.

따라서 앞에서 지적했듯이 오해와 왜곡의 위험성이 도사리고 있다. 중국인 자신의 시각에서 본다면 — 가톨릭 사상을 본질적으로 이해했다기보다는 — 오히려 그 유교적 측면·유교적 성격의 특징에 비중을 두고 생각하는 주관적 이해가 눈에 띈다. 다시 말하자면 마테오 리치가 '서유西儒'로 불리고, 그 후계자의 한 명인 알레니(Julio Alleni)가 '서방공자西方孔子'로 불린 점이 단적으로 시사하듯이, 선교사들에 의해 제시된 가톨릭의 교설은 자신들이 신봉하는 유교 사상의 하나의 변형이며, 서양 문화에 의해 수식된 '신유교新儒敎'로 생각했던 것이다.

그렇기 때문에 가톨릭에 대한 신앙은 — 자신들의 사상적 입장을 방기放棄하여 전혀 새로운 미지의 종교에 의탁하는 것을 의미하는 것이 아니고 — 오히려 유가儒家 성현의 교설이 서양이라는 토양 가운데 훌륭하게 성장 발전할 수 있었다고 하는 자신감과 만족감을 취함으로써 지극히 자연스럽게 용인됐다고 볼 수 있다.

극단적으로 말한다면, 봉교인사의 신앙의 본질에 약간의 의심을 품을 여지를 볼 수 있지만, 그렇다고 해서 멋대로 비가톨릭적이라고 논단하는 것은 삼가야 할 것이다.

다만 여기서 말하고자 하는 것은 똑같이 '천주즉상제'라고 표현하고 있더라도 마테오 리치와 봉교인사가 내용적으로 동일한 이해선상에 섰던 것은 아니라는 점이다. 그리고 봉교인사의 경우가 그렇다고 한다면, 가톨릭 신앙을 받아들이지 않았던 일반 교외인사敎外人士의 경우에는 더 한층 주관적 해석의 노선을 달리했다고 보아야 할 것이다.

동림학파의 유교혁신운동

(1) 교외인사 특히 유교 사상계에 있어서 가톨릭 사상에 대해 긍정하고 수용할 수 있을 정도의 진보적 색채가 형성된 데는 명말 유교 사상계의 어떤 동향과 관련된 것일까?

일반적으로 명말, 명대 중엽 이후의 유교 사상계의 주류를 이룬 것은 왕학(王學, 양명학)이다. 왕학이란 16세기 초 당시의 관학官學인 주자학의 형식화, 고정화를 비판하여 일어난 신新유학이며, 그 창시자인 왕양명(王陽明, 1472~1529)의 특징적인 교설은 '심즉리心卽理'의 간명직절簡明直截한 유심론적 기초에 서서, 양지良知=인간 정신의 절대적 자유존엄을 설하고, 이러한 자아의식의 각성에 기초하여 일체의 외적 권위에 대한 맹종을 부정하는 자유사상의 앙양昻揚을 추구하였다. 그런데 그 후학 가운데 좌파왕학左派王學·신양명학新陽明學으로 불리는 몇몇 사상가들은 스승의 설을 극단으로 밀고 나가 점점 더 관념론적 색채를 짙게 하여 인간의 본능적 욕망을 적극적으로 긍정하고, 이와 대립하는 외적 규범의 속박을 부정하는 입장에서 명교윤리名教倫理를 멸시하고 방기하여 마침내는 유교 사상의 테두리를 벗어나 주자학과 대립하는 지경에 이르렀다. 이른바 '왕학말류王學末流의 범람泛濫'으로 불리게 되는 현상으로 16세기 후반에는 그 풍조가 가장 두드러졌다. 그러나 이 같은 자유사상의 횡일橫溢과 공세에 대해, 전통적 유가 사상의 진영에서 진지한 자아비판과 반공호교反攻護敎 운동이 일어났다. 17세기 초기에 이 같은 반공호교 운동이 대두하게 되는데, 그 사례로 1604년 고헌성顧憲成·고반룡高攀龍 등 이른바 동림학파의 강소성江蘇省 무석無錫에서의 서원강학書院講學 운동의 개시를 들 수 있다. 이 시기에 새로운 유교주의적 반공호교 운동이 흥기하게 되는데, 특히 동림東林의 강학講學은 그 분위기의 중심을 이루었고 순식간에 강소성·절강성·강서성의 저명한 학사 문인들이 이에 호응함으로써 크게 세력을 넓히게 되었다. 동림학파 사람들은 좌파왕학左派王學의 관념론적 편향을 통렬히 비판·규탄하며 착실한 문학수위問學修爲의 공부를 중요시하고, 좌파왕학의 반유교적 방종에 대하여 배격하고 시정하는 입장에서 명교예절名教禮節의 호지護持를 강조하였으며, 나아가 경세제민經世濟民을 궁극의 목표로 하는 유교의 본래 정신으로 돌아가 정치적 관심을 높인 결과, 당초의 학문적 그룹(동림학파)에서 실천적인 정치 그룹(동림당)으로 발전하여 명말明末 정계의 혁신세력으로 대두됐던 것이다. 그 사상 형성의 과정을 말한다면, 왕학王學이 관학적 주자학의 동맥경화 현상에 대한 반성에서 출발했던 것에 대해, 이것은 왕학 그 자체 그 말류末流의 주관주의적 공소방종空疏放縱에 대한 반성에서 오히려 주자학의 객관주의적 노선으로 복귀하는 경향을 보여주고, 나아가 그것을 뛰어넘어 복고주의·실증주의의 방향에서 경사학經史學을 재검토하여 불교와 도교의 이단을 배격하고 새로운 호교 이론 전개의 방도를 구했다는 점에 그 특징적 의의가 인정되는 것이다.

(2) 동림당을 중심으로 하는 유교혁신운동은 가톨릭 선교에 대해 긍정적이며 수용적인 관심을 끌었다. 즉 반유교적 자유주의 사상의 횡일과 공세에 대해 새로운 호교 이론의 전개를 바라고 있었던 동림학파의 사람들에 의해, 불교와 도교의 이단을 배척하고 송학(주자학)도 부정하고 오로지 고대의 경전經典을 종宗으로 삼아 유교에 높은 평가를 주어서 유일최고唯一最高인 상제=천주 신앙을 설하는 가톨릭적 '신유교新儒敎'를, 새로운 자극과 매력을 지닌 유효한 사상적 무기로 생각했던 것이다. 환언하면 저들에 의해 선교자로부터 제시된 가톨릭의 교설은 봉교인사의 경우와 마찬가지로 그 가르침이 유교 성현의 본의本義를 거스르지 않고, 게다가 청신치밀淸新緻密한 논리적·사변적 설득력을 갖추고 있는 점에 긍정적으로 수용되었다고 할 것이다.

동림학 혹은 동림적 분위기에 있는 사대부는 가톨릭 전도에 적극적인 관심을 지니고 있었으며, 고대 유교와 그리스도교의 일치를 설하는 마테오 리치의 견해에 동의하는 분위기였다. 마테오 리치의 추종자 풍응경은 마테오 리치를 '서유西儒'·'박학홍유博學鴻儒'라고 하였고, 『천주실의』 서문에서는 이 책에 대해 "중中으로써 중中을 교화하고(化), 서西로써 서西를 바로잡는다(正)"라고 평가하고 있다. "중中으로써 중中을 교화한다"란, 가톨릭의 교설이 중국의 유교와 일치하고, 따라서 가톨릭의 중국 선교는 중국 고래古來의 유교 도덕에 의한 교화와 다르지 않다고 하는 의미이며, "서西로써 서西를 바로잡는다"란 똑같은 서래西來의 교설인 가톨릭의 교설은 불교의 이단異端을 광정匡正한다는 뜻을 말한 것이며, 이들의 발언을 통해 풍응경의 가톨릭 사상에 대한 긍정·수용적 견해를 단적으로 보여주고 있다.[111]

2. 유교의 파사론 전개

(1) 가톨릭 선교에 대한 명말 사상계의 반향은, 긍정·수용하는 경향과 함께 맹렬하게 부정·배척하는 경향도 보인다. 사실은 이러한 부정·배척적 경향이 훨씬 현저했는데, 그 이유는 중국인의 전통적 민족의식이라 할 중화사상·화이華夷사상을 생각하지 않을 수 없다. 중국인에게는 예부터 자기 나라를 천하(세계)의 중심＝중국이라 생각하여, 주위의 나라들을 이夷·적狄·만蠻·융戎이라 폄하하고 정치적·문화적으로 열등하여 미칠 수 없다는 자신감이 왕성하였으며, 이 의식을 갖고 화이변별華夷辨別·존화양이尊華攘夷 사상과 행동을

---

111 後藤基巳, 『明淸思想とキリスト教』(硏文出版, 1979), pp.96~104.

보였던 일은 역사상 많은 사례가 이를 실증한다. 유교적 정치사상, 왕도천하王道天下 사상의 이념도 또한 이와 관련된 것이었다. 그리고 이 의식은 명나라 말기에 있어서 이른바 서력동점西力東漸의 결과로서, 새롭게 접촉 교섭을 갖게 된 스페인·포르투갈 등 서구 여러 나라에 대해서도 지속되었다. 그렇다면 이들 서구 여러 나라의 정치적·문화적 세력을 배경으로 해서 비롯되었던 가톨릭의 선교도, 중국인의 눈에는 단순히 '좌도혹중左道惑衆의 이교夷敎'로 비춰진 것도 어쩌면 당연한 것이었다.

물론 신앙의 개척기에 가톨릭의 선교는 비가톨릭의 이교도로부터 어느 정도의 반발 저항을 받았던 사례도 있었지만, 오히려 필연적으로 불가피한 시련의 장애로 감수했을 것이다. 그러나 중국은 이교적이라 하더라도 — 선교사 스스로도 경이롭게 생각했을 정도로 — 강력한 국력에 고도의 문화를 지닌 대국이며, 중국인의 자신감과 긍지는 '중화'라고 하는 말로 표현하듯이 치열 왕성했기 때문에, 그 반발 저항의 정도도 다른 나라에 비해서 훨씬 심하였다. 따라서 선교의 개척에 임해서는 첫 번째로 우선 중국인의 그와 같은 중화사상과의 대결이 필요하였다. 마테오 리치와 선교사들은 이 문제에 대하여 가능한 한 양보와 협조를 했는데, 예컨대 선교 초기에 "자기들은 중화의 성명盛名을 흠모하여 멀리 해외로부터 건너온 자"라 자칭하면서 짐짓 겸손의 태도를 보였던 점, 혹은 세계지도를 소개할 때에도 중국을 지도의 중앙에 배치하여 중국인의 체면을 배려한 사실에서도 살펴볼 수 있다. 이와 같은 선교사들의 찬탄에도 불구하고 — 중국인의 중화의식에서 비롯된 외인멸시의 반발 저항에 의해 — '양이洋夷'·'외교外敎'의 배척을 목표로 하는 구교박해仇敎迫害의 사건은 마테오 리치의 남중국 선교 시절에도 있었다. 명말 선교의 전 기간을 통해 되풀이됐던 구교박해의 행동은 양이洋夷 외교外敎를 얕보는 화이華夷 사상의 발로라 하지 않을 수 없다. 다만 초기에는 구교박해가 맹목적이고 감정적인 배타의식의 단순한 행동적 표현에 머문 데 반해, 선교가 진행되어 가톨릭 사상이 드러남에 따라 그 반발 저항도 점차 사상적·종교적 대결의 양상을 띠게 되었다.

그런데 사상적·종교적 대결을 한 걸음 더 밀고 나간 사람은 다름 아닌 마테오 리치였다. 마테오 리치는 『천주실의』에서 고유교古儒敎에 대한 접근을 도모함과 함께 불교와 도교 2교를 이단으로 배척하여 삼함교(三函敎, 3교 합일사상)를 부정하고, 더 나아가 후유後儒인 송학宋學을 공격의 도마 위에 올려놓았다. 이것은 유교 혁신을 꾀하는 진보적 선비들로부터 커다란 공감을 받았지만, 동시에 비판 논란의 대상이 된 사람들로부터 맹렬한 부정·배척적 반향을 야기했다.

마테오 리치의 이단에 대한 공격은 특히 불교에 집중되었는데, 그것은 불교의 종교적 성격, 즉 내세사상來世思想이나 귀의심신歸依信心의 관념, 교의계율敎儀戒律의 봉행 등이다. 이것은 정통적인 유일한 종교라고 생각하고 있던 가톨릭의 입장에서 볼 때 매우 의사난진疑似亂眞의 위험을 지닌 종교로 생각했기 때문이다. 마테오 리치의 이러한 태도는 필연적으로 불교 진영에 속하는 대중들로 하여금 정면적인 대립자로 만들었고 가톨릭에 대한 부정·배척 운동의 선두에 서게 한 것이다.

또 도교가 그 허무적 세계관과 범신론적 우상교라는 이유로 마테오 리치의 논란의 대상으로 되었지만, 원래 소박한 민간종교로서 성립된 도교는 논쟁을 전개할 정도의 사상적 활력이 부족했기 때문에 불교에 비하여 별로 그 대상이 되지 못하였다.

마테오 리치가 삼교합일 사상을 부정했던 것은 불·도 2교를 배척했던 점에서 당연한 귀결이었고, 송학宋學에 대한 공격도 불·도 2교와의 습합적習合的 경향을 부인했던 것인데, 송학을 관학적官學的 권위로 신봉하고 교양의 핵심으로 생각하고 있었던 당대 보수적 유교 인사儒敎人士의 입장에서 볼 때, 마테오 리치의 이런 행태는 이미 유교의 존엄을 침해하는 일이었다. 뿐만 아니라 일단 대립을 의식한다면, 천주 숭배를 제일의第一義로 하는 가톨릭의 종교 철학과 군부君父를 최고의 권위로 삼는 유교의 도덕 철학과의 사이에 존재하는 근본적인 성격의 차이도 중대한 문제로 삼지 않을 수 없다. 그리고 이것은 필연적으로 송학을 종宗으로 삼는 보수적 유교인사들로 하여금 불교 대중들과 함께 가톨릭과의 대립각을 세우게 했던 것이다.

즉 이들 불교 대중 및 유교인사들은 엄밀히 말하면 각기 사상적 입장을 달리하면서도, 여기서는 외래의 신종교인 가톨릭의 선교의 대립자로서 공동보조를 취함으로써, '좌도혹중左道惑衆의 이교夷敎'를 부정·배척하고, 전통적인 중국 사상의 정통성을 확립한다는 뜻에서 자신들의 의론을 '파사론破邪論'이라 명명하였다.

따라서 이들 '파사론'은 중국 사상사에 있어서 반가톨릭 사상이라고도 말할 수 있다. 물론 이것은 유럽 사상사에 있어서 반가톨릭 사상과는 전혀 성격이 다르다. 왜냐하면 후자는 적어도 가톨릭 사상에 대한 이해와 체험을 전제로 하고, 그 정통성을 심각하게 의식하면서

시험하는 반발 저항인 것에 반해, 전자의 경우는 그 같은 이해와 체험 없이 '파사破邪'라는 말이 단적으로 보여주듯이 전통적 중국 사상의 정통성을 전제로 하여 가톨릭 사상을 부정·배척하는 입장이기 때문이다. 환언하면, 이들 파사론의 가톨릭 사상에 대한 이해와 인식은 거칠고 단순하였기에, 그들의 논박은 가톨릭 사상에 대한 본질적이고 치명적인 공격을 가해지 못하였다. 그럼에도 불구하고 이런 종류의 반가톨릭 사상이 명말 사조思潮의 하나를 형성하였고, 게다가 보수 반동적인 일반 중국 사대부 사이에 상당한 지지자와 공명자를 확보했으며, 때로는 선교 활동에 커다란 애로점으로 작용하였다.

이들 '파사론'의 전개는 유교 및 불교 사상의 양면에서 고찰해야 하며, 종교적 대결이라는 의미에서 불교 사상의 파사론은 별도로 취급하기로 하고, 이하에서는 유교적 파사론의 사상적 전개 과정에 대해 살펴본 다음, 유교측 파사론의 대표적 인물을 살펴보기로 한다.

(2) 마테오 리치에 의해 제시된 교설과 유교 비판이, 그와 접촉했던 봉교인사奉敎人士와 진보적 유교인사 사이에 긍정적 반향을 일으킨 것은 이미 기술했지만, 동시에 보수적 유교인사 측으로부터 부정적 반향이 야기되는 것은 당연히 예상되는 일이다.

마테오 리치의 기록에 의하면 ― 남경에서 숙유宿儒 이구신李求新·삼회화상三淮和尙과의 논란, 북경에서 태학생太學生 한회韓恢 및 보수파 조정의 신하와의 논쟁이 있었지만 ― 문헌적으로 확실한 유교적 파사론의 효시는 절강성 전당錢塘의 유사儒士 우순희(虞淳熙, 1553~1621)의 「파리이참천망세破利夷僭天罔世」(『聖朝破邪集』 권5) 논고를 들 수 있다.

우순희는 이 논고에서 '이이(利夷, 夷人利瑪竇=마테오 리치)'가 천주교를 창위倡爲하여 '참천망세(僭天罔世: 하늘을 참람하고 세상을 속인다)'라 공격하고, 천주를 대부大父·대군大君이라 하며 부모와 군주 위에 배치하여 그 숭배를 설하는 것은, 유교의 가르침인 군부지상주의君父至上主義=충효윤리忠孝倫理에도 어긋날 뿐만 아니라 본디 천자가 섬겨야 할 '사천祀天'을 일반인에게 권하는 것은 '참천(僭天: 신분을 넘어 분수에 넘치게 하늘을 섬기는 것)'의 죄를 범하는 것이라 논하고, 천주교설의 전파를 불안히 여겨 근래의 백련교白蓮敎·무위無爲의 사교邪敎에 못지않다 하고, 또한 하늘을 외경畏敬하고 소사昭事하는 일은 선유先儒의 훈계가 엄한 바인데, 어찌 오랑캐(마테오 리치)의 말을 기다릴 필요가 있는가 하며, 요컨대 화이華夷사상을 기조로 해서 유교의 도덕 철학의 입장에서 가톨릭의 천주 숭배를 비난했던 것이다.

마테오 리치 사후의 파사론

(1) 1610년 마테오 리치의 사망은 교회로서는 최대의 손실이지만, 선교 활동은 그 후에도 후계 예수회 선교사들의 노력과 마테오 리치에 의해 확보된 봉교인사의 협력에 의해 착실히 발전하였다. 그러나 동시에 이러한 선교 활동의 활발한 진전은 반대 측으로부터 더한층 위구危懼 배척排斥의 염려를 자극하는 원인이 되었다.

그런 반대 기운이 점차 높아지더니, 1616년에 이르러 남경 예부시랑 심각沈潅[112]의 주창에 의해 명말 선교사상 최대의 박해, 이른바 남경교난南京教難 사건이 일어났다. 그런데 이 사건의 도화선이 됐던 심각의 「참원이소參遠夷疏」(『성조파사집』 권1)의 논조는, 당시 보수 관료 사대부들에게 공통되는 유교적 파사론의 전형으로 주목할 가치가 있다. 그는 이 상소에서, 마테오 리치의 후계자인 제수이트회(예수회) 선교사들, 특히 남경에 거주하는 왕풍숙(王豊肅, Alfonso Vagnoni)·양마락(陽瑪諾, Emmanuel Diaz)의 활약을 적시하길 "멀리서 온 오랑캐들이 함부로 남경에 들어와 은밀히 왕의 교화력을 훼손시킨다(遠夷闌入都門. 暗傷王化)"라고 단정하고, 제왕이 세상을 통치함에 있어 유술儒術을 근본으로 하여 기강을 세우기 위해 이단을 배척하고, 오로지 풍교호지風教護持의 입장에서 가톨릭 선교의 융성이 중국의 예교적禮教的 질서를 위협하는 것을 경계하며 '이하夷夏의 방방防'을 엄격히 하기 위해 선교사들을 쫓아낼 것을 요청하고 있다. 주장의 기조는 화이변별華夷辨別의 사상이지만, 이 상소문에서 문제로 삼은 것은 예수회 측이 자칭했던 '대서양大西洋'과 '천주교天主教'의 호칭이며, '대서양大西洋'이라 칭하는 것은 우리 '대명大明'에 대해 "어찌 양대兩大의 말을 담아 서로 맞서려고?" 하는 불손不遜을 범하고,

---

112 심각(沈潅, 1565~1624)은 절강성浙江省 오정烏程 사람으로 1592년 진사進士로, 서길사庶吉士·검토檢討에 제수되었고 남경에서 예부시랑을 지냈다. 이마두利瑪竇가 남경에 머무르면서 왕풍숙王豊肅과 함께 그리스도교를 선양하자 많은 사대부들이 그를 추종했는데, 심각은 1616~1617년에 세 차례에 걸쳐 「참원이소參遠夷疏」를 올려 그리스도교를 금지시킬 것을 요구했다. 1621년에 태자태보太子太保, 문연각대학사文淵閣大學士, 무영전대학사武英殿大學士가 되었다.

천주교라 칭하는 것은 우리 중국이 경천敬天 사상, 즉 황제 스스로도 '천자天子'라 칭하는데 "그 위에 올라타 능가하려고" 하는 불경不敬을 범했으며, 다음에 그 교설이 사람의 마음을 침음浸淫한 결과, 어리석은 백성은 물론 사군자士君子도 또한 이것을 신앙하는 자가 있다고 하고, 보수적 입장에서 봉교인사에 대해서도 일침을 가했다. 예부시랑 심각이 선교를 배척했던 주된 이유는 두 가지였다.

첫째, 예수회가 갖고 온 서양 역법曆法이 조종흠정祖宗欽定·성현세수聖賢世守[113]의 대통력大統曆의 변경을 주장하는 점에서 고래古來의 성법成法을 어지럽히는 '불충不忠'을 범하는 것이고,

둘째, 선교자가 조종祖宗의 제사를 받들지 않고, 오로지 천주를 존봉尊奉하는 것에 의해 천당으로 올라가고 지옥행을 면한다고 하는 것은, 사람들에게 '불효不孝'를 가르친다는 것이다.

그 외에 그가 선교의 경제적 기반에 의혹을 품고, 선교가 장차 국가 침략의 야심을 감추고 있는 것을 위구危懼하여, 불궤(不軌: 모반을 꾀함)의 음모가 있다고 하는 것처럼, 당시 보수적 인사들에게 공통되는 심정이었을 것이다.[114]

이와 관련하여 심각이 후에는 환관 위충현魏忠賢의 여당與黨이 되어 반동림反東林 보수반동 세력의 일원으로 활약하고 있는 것은, 앞

---

113 윗대 황제가 친히 제도와 법률을 제정하는 일. 성현들이 여러 대代를 이어 지켜 옴.

114 포르투갈인들이 점유하고 있던 마카오에 성을 쌓고, 진지를 구축하는 일이 이런 의구심을 품게 했다.

서 지적했던 동림적 분위기와 가톨릭 선교의 관련성을 함께 생각하면 참으로 흥미진진한 일이다.

심각의 「참원이소」에서 발단된 남경교난 사건의 결과는 마침내 조정으로부터 금교령이 발포되어 예수회 선교사가 축출되고, 중국인 신도에 대한 체포가 행해져 조금씩 융성하여 가던 선교 활동에 적지 않은 타격을 주었지만, 다행히 서광계·이지조 등 호교의 열의와 재조봉교인사在朝奉教人士의 적극적인 후원으로 머지않아 교세 회복의 서광을 볼 수 있었다.

앞서 인용한 서광계의 『변학장소』는 이 시기에 호교론의 백미를 보이고 있다. 그 밖에도 서광계가 『벽이闢異』, 양정균이 『대의편代疑篇』·『성수기언聖水紀言』과 같은 호교서를 썼던 것도 이 시기였다고 생각된다.

그리고 1622년 다시 심각의 책동에 의해 박해가 반복됐지만, 같은 해에 금교령이 해제된 이후 가톨릭 선교는 완전히 불황의 위기를 벗어나 순조롭게 발전의 향방을 열게 된다.

(2) 1623년 「청서경담淸署經談」을 지은 유사儒士 왕계원王啓元이 천天과 상제上帝의 숭배는 중국의 고경古經에 설해져 있기에 서교西敎에서 구해야 할 것이 아니라, 오히려 공자孔子를 교주로 하여 상제를 숭배하는 '공교孔敎'를 건립해야 한다고 하는 기발한 의론을 제시했던 것 외에는 1620년대의 파사론을 살펴볼 자료가 부족하다.

그러나 이것은 반드시 파사론의 종멸을 의미하는 것은 아니다. 자존심이 강한 보수적인 중국 사대부가 양이洋夷라고 경멸하는 강렬

명나라가 원나라의 수시력을 이어받아 1368년
부터 사용한 역법인 대통력大統曆

한 배타 감정이 하루아침에 해소될 리 없고, 교세의 발전을 목격했
던 그들은 당연히 부정 배척적인 감정이 보다 강하게 자극되었을 것
이다.

그리하여 1630년에 들면 당시의 유교(宋明理學) 및 불교(禪學)의
중심지이며, 배타 감정이 왕성했던 복건성과 절강성을 중심으로
유·불 양교 사상의 진영으로부터 무성한 파사론의 총기叢起를 보
게 된 것이며, 그 직접적 원인이 됐던 것은 전부터 이 두 성省에서
열정적인 선교를 계속하고 있던 줄리오 알레니(Julio Alleni, 艾儒略,
1582~1649)의 정력적인 활동이었다. 알레니는 1620년 봉교인사 이
지조·양정균의 비호를 받으면서 그들의 향리인 절강성 항주로 들
어가 선교하였는데, 1625년에는 선교의 동정자인 진보적 관료 섭향
고葉向高의 지지를 얻어 복주(福州, 푸저우)에 들어가 복건(福建, 푸젠)
개교의 선구자가 되었다. 그의 선교 활동은 복건성에서 경이적인 성

공을 거두어, 파사론자의 말을 빌리자면 "입교하는 사람이 시정市井과 같이 많다", "풍토를 선동한다", "민성(閩省, 福建省)에서 입교한 사람이 이미 만여 명이라고 한다" 등 성황이었다고 한다.

이 같은 상황 하에서 유교적 파사론의 첫 목소리를 낸 사람은 복건성 하장霞漳의 유사儒士 황정黃貞이었다. 1633년, 그는 우선 그의 스승인 안무유顔茂猷에게 책을 보내며, 근년에 있어서 가톨릭 선교의 융성과 번창은 중국에 해독이 됨이 심각하여 그 이단 사설인 이유를 강조하고, 파사에 대한 논저야말로 오늘날의 급한 과업이며, 천하만세天下萬世의 인심학맥人心學脈을 유지하는 까닭이라 서술하고(「請顔先生闢天主教書」, 『聖朝破邪集』 권3), 뒤이어 또 스스로 「존유극경尊儒亟鏡」을 저술하여 유교의 존엄 호지를 표방하여 파사破邪의 필전筆戰을 개시하였다. 황정의 이 두 가지 논고는 오로지 유교주의의 입장에서 하는 발언이었지만, 불교 진영에서도 점차 파사론의 전개가 요망되어 1634년에는 절강성 무림武林의 승려 보윤普潤이 승·속이 쓴 파사론 여러 편을 모아 『주좌집誅左集』을 편찬하였다. 주좌誅左란 좌도필주左道筆誅의 뜻으로, 보윤 스스로도 그 『주좌집』에 서문을 써서 천주교를 지목하기를 "사인邪因의 외도이며 반상反常의 이단"이라고 격심한 공격을 가하고 있다(「誅左集緣起」, 『聖朝破邪集』 권8).

황정은 다시 1635년 「불인불언不忍不言」(同上 권7)을 써서 백의白衣의 제자(居士)의 입장에서 승문僧門의 유지有志에 호소하여, 천주교의 배격에 유교·불교 따지지 말고 서로 손잡고 공동전선을 펼칠 것을 제창하였다. 이를 계기로 민閩·절강浙江 두 성省에 있어서 유·

불 양교 진영의 파사적 기운은 졸지에 고양되어, 유사儒士로는 왕조식王朝式의 「죄언罪言」(『聖朝破邪集』권3), 왕충王忠의 「십이심개十二深慨」(同上 권6), 허대수許大受의 「성조좌벽聖朝佐闢」(同上 권4)의 발표가 있고, 불문佛門에서는 석원오(釋圓悟, 密雲)의 「변천설辯天說」(同上 권7), 거사 장광첨張廣湉의 「증망설證妄說」(同上 권7), 석통용(釋通容, 費隱)의 「원도벽사설原道闢邪說」(同上 권8), 석여순釋如純의 「천학초벽天學初闢」(同上 권8)을 비롯하여 다수의 인사가 참여하여 강력한 반대세력을 형성하였다. 이러한 파사론자의 반대 분위기의 결집에는 지방 관헌도 휩쓸리게 되는데, 1637년에는 시방요(施邦曜, 福建巡海道), 서세음(徐世蔭, 提刑按察使), 오기룡(吳起龍, 福州知府)에 의하여 천주교를 좌도혹중左道惑衆의 이단으로 단정하는 금교禁教의 고시가 발표되었고(同上 권8), 당시 복건성 내에 있던 선교사 알레니Alleni 및 제수이트들은 마카오로 추방되어 알레니가 개척한 복건성 선교는 일대 타격을 입었다.

다음 해 다시 복주福州로 잠입한 알레니의 불굴의 열의와 분투, 그리고 알레니와 절친했던 복건성 총독의 호의에 의해 이 금교 박해는 곧 종식되어 선교가 새롭게 개시됐는데, 그렇다고 해서 파사론의 사상적 세력을 결코 과소평가할 수 없다.

파사론자 입장에서 볼 때는 관헌의 금교령에 의해 바로 눈앞의 승리를 얻었을 뿐 그 후에 교세의 부활에 대항하기 위해 파사 운동은 더욱 계속할 필요가 있다고 생각하였다. 운동의 중심인물이라 할 수 있는 황정은 1639년, 이제까지 전개해 왔던 민성閩省·절강성浙江省의 파사론자와 우순희·석주굉·심각 등의 파사론을 수집하여 『파사집破邪集』이라 이름하고, 그 머리말에 "오호라! 7년 이래 심장의 끓는 피와 수심에 잠긴 얼굴, 이 몸은 불구덩이에 떨어져도 상관없다. 이『파사집』일자일혈一字一血을 어찌 소홀히 하겠는가?"(同上, 권3)라고 고심의 탄식을 토로해 보수층의 분발을 촉구했고, 이『파사집』은 다시 황정의 불교 동문인 승려 비은 통용費隱通容의 손을 거쳐, 절강성의 유사儒士 서창치徐昌治[115]에 이르러『성조파사집聖朝破邪集』8권으로 편찬 간행된다.

다음으로『파사집』의 출간보다 늦은 3년, 1642년에는 절강성의 유사儒士 종시성鐘始聲의 「천학초징天學初徵」, 「재징再徵」의 두 논문이 나타난다. 종시성은 명말 불교계의 걸출한 선지식으로 알려진 영봉 지욱靈峰智旭 스님의 속명俗名이다. 이 논문은 「성상약설聖像略說」·「서래의西來意」·「삼산론학기三山論學記」·「성교약언聖教約言」 등 가톨릭 전도서를 비판의 대상으로 삼아 유교적 입장에서 그 교설이 사이邪異한 까닭을 지적하고 있다. 그가 승려의 이름을 사용하지 않고 종시성鐘始聲의 속명을 사용했던 의도도 이와 관련된 것이다. 그는 유교와 불교 양쪽을 넘나드는 박학다식한 인물로서, 그 정교하고 세

---

115 서창치(徐昌治, 1575~?)는 절강성 해염海鹽 사람으로, 법명法名은 효렴孝廉이며, 별호別號는 무의도인無依道人이다. 『능엄경』을 읽은 후 관직을 버리고 선문禪門에 들었다. 1628년에 금속사金粟寺의 주지 원오圓悟를 만나 제자가 되었으며, 1638년에는 석통용釋通容을 따라 천동산天童山에 머물렀다. 1640년에 『파사집破邪集』을 편찬해 출간했으며, 저서로『조정지남祖庭指南』·『성세록醒世錄』·『고승적요高僧摘要』·『무의도인록無依道人錄』·『백치화상범승산록白痴和尚梵勝散錄』 등이 있다.

밀한 논조는 종전 제가諸家보다 한 걸음 뛰어났다고 평해지는데, 저자의 의도를 중시한다면 일단 유교적 파사론의 대열에 합류해도 무리가 없다. 그러나 종시성의 이 정채精彩한 논조는 동시에 또 명말 파사론의 최후의 광채였다고 하는 의미에서 그 이후에는 주목할 만한 논의의 전개가 없었다.

(3) 이상으로 명말 특히 1630년대 유교적 파사론의 경위를 살펴보았는데, 이들 파사론자는 어떤 논점과 논지로써 가톨릭 교설과 대결했을까? 또 우순희・심각 등 초기 파사론자에 비해 문제를 어떤 식으로 발전시켜 갔던 것일까?

똑같은 파사론이라 하더라도 유교적 파사론은 불교적 파사론과 반드시 그 입장이 같지 않다. 물론 그들은 함께 중화사상의 기조에 입각해 가톨릭 교설의 부정・배척을 목적으로 하기 때문에 연합제휴의 전선에서 유교적 파사론자가 사상적 계보에 있어서 현저하게 불교에 접근하고 있는 것은 사실이다. 예컨대 지금까지 거명된 인물 가운데 종시성(鐘始聲, 智旭)은 논외로 하더라도, 우순희・장광첨은 불교적 파사론의 효시를 이끈 운서 주굉雲棲袾宏에게 사사師事하고, 안무유顔茂猷・황정黃貞・허대수許大受・서창치徐昌治도 불교의 거사로서 밀운 원오密雲圓悟・비은 통용費隱通容과 법맥을 함께한다. 그럼에도 불구하고 양자의 파사론의 논점과 논지에는 분명한 차이가 있다. 왜냐하면 불교의 경우는 처음부터 가톨릭 선교자 측으로부터 직접적인 공격 대상이었고, 또한 그 내세적 종교의 성격도 정면적 대립을 예상했지만, 유교의 경우는 거꾸로 선교자 측으로부터 협조 접

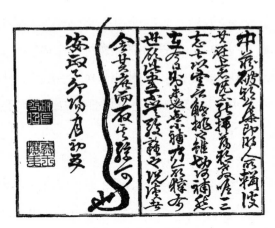

『성조파사집』 서문

근의 태도를 보였고 그 현세적 도덕의 가르침의 성격에서도 모순 대립이 근소했기 때문이다. 바꿔 말하면 유교는 가톨릭과 제휴할 기회가 주어졌던 것이다.

이 점에서 마테오 리치가 '천주즉상제설天主卽上帝說'을 제시한 것은 적절했으며, 이를 받아들인 중국 사대부 측도 '천주교는 우리 유교의 사천事天의 학문과 다름없다'고 하는 긍정·수용의 결론을 이끌어 냈던 것이다. 그러나 문제는 오히려 그곳에 있었다. 한번 대립을 의식하게 된 유교적 파사론자 측에서 볼 때, 그 같은 유교의 가면을 쓰고 접근했던 선교사들의 태도야말로 경계하고 부정·배척해야 할 것으로 생각하였다. 즉 가톨릭의 선교는 "거짓(似)으로써 진실(眞)을 어지럽히고, 불교를 폄하하고 도교를 훼손한다", "유교를 원용하여 유교를 공격한다", "도와 비슷하면서도 아닌 것이 도를 해하고, 유교에 아부하여 유교를 훔쳐 유교를 해한다(似道非道而害道, 媚儒竊儒而害儒)"(黃貞「尊儒亟鏡」)라고 하여 '원유援儒', '미유절유媚儒竊儒'라

342

는 평어評語로 문제점을 가장 단적으로 지적하고 있는데, 그 중심적인 논점은 황정이 "가장 주자朱紫의 의사疑似를 받는 것[116]은 상제上帝·천명天命, 그리고 천天의 다섯 글자이다"라고 지적한 것처럼, 가톨릭의 '천주'와 유교의 '천天'의 사상적 대결로 귀결되는 것이라 할 수 있다.

물론 이 문제점은 불교적 파사론을 먼저 주창한 운서 주굉도 「천설」 4편(『성조파사집』 권7)에서 직접 유교의 천天을 주제로 삼았지만, 그의 결론은 천·상제의 숭배가 고대 유교(古儒敎)에 갖춰져 있다면 굳이 그(천주교)의 신설新說을 내세울 필요가 없다고 하는 표면적 견해에 그쳤다.

이에 비해 파사론의 전장殿將인 종시성鍾始聲의 견해는 훨씬 명석하다.[117] 즉 그는 선교사 측의 '천주즉상제설天主卽上帝說'을 벽闢하기를,

---

116 "惡紫之奪朱也"(『논어』 陽貨 제17). 붉은 색(朱色)은 정색正色이지만 담담하고, 자주색(紫色)은 간색間色이지만 곱기 때문에 사람들은 주색보다 자색을 취하니 이것이 자주색이 붉은 색을 빼앗는다는 것이다. 정색은 섞이지 않은 색, 간색은 정색 사이에 있는 색. 잡색은 정색과 간색 혹은 간색과 간색이 섞여서 만들어지는 여러 가지 색이다.

117 유학자들의 목소리를 대변하는 종시성鍾始聲은 천주를 상제라고 소개한 『천주실의』의 구절에 대해 '유가의 학설에 대해 매우 무지하다(甚矣其不知儒理也)'라고 혹평한다. 유학의 맥락에서 천天은 '희로애락도, 조작도, 상벌도, 소리와 냄새도 없는(實無喜怒無造作無賞罰無聲臭) 거대한 천연天然의 성덕性德'이기 때문이다.

우리 유교의 이른바 천天에는 세 가지 뜻이 있다.

제1은 창천蒼天, 곧 물리적 푸른 하늘이다.

제2는 세간世間을 통어統御하여 주선벌악主善罰惡하는 하늘, 즉 『시경』·『역경』·『중용』에서 칭하는 상제上帝를 말한다. 그들(천주교자)은 이것만을 알 뿐이다. 이 상제는 다만 세상을 다스릴 뿐이지 세간을 창조하지는 않는다. 사람과 만물을 낳는 주主로 삼는 것은 커다란 오류이다.

제3은 본유영명本有靈明의 성성性을 가리킨다. 무시무종·불생불멸이기 때문에 천天이라 이름하며, 천지만물의 본원이기 때문에 명命이라 이름한다. 이 명命은 물리적 하늘도 아니고 상제의 하늘도 아닌, 인간의 도덕적 본성을 의미한다.

라고 하여, 이하 유교 철학의 모든 개념을 언급하면서 태극太極·양지良知라 하는 것도 곧 천天이라고 결론짓고 있다.(「천학재징」, 『파사집』 권상)

이러한 천天에 대한 설명을 좀 더 살펴보자. 천주의 영원성과 주재신적 성격은 겨우 통할 수 있지만, 창조신적 성격이 드러나지 않는 것은 분명하며, 또 이것을 유학의 근세적 사유의 산물인 태극·양지의 두 관념과 연관되는 것에 의해 더욱더 가톨릭적 신관으로부터 멀어져 갔던 것을 볼 수 있다. 물론 마테오 리치도 『천주실의』에서 송학宋學의 태극이기설太極理氣說과 만물일체설이 성립할 수 없는 이유를 누누이 언급하고 있지만, 결국 천天에 대한 중국적 이해의 다양함과 천주에 대한 가톨릭 신앙의 심오함은 ― 서로 깊이 이해할 수 없는 주제였기에 ― 선교사 측의 '천주즉상제설'의 제시에 대하여 유교적 파사론 측으로부터 부정·배척적 반향을 불러 일으켰던 것이다. 더구나 선교사 측의 송학적宋學的 사유에 대한 노골적인 비판적 태도가 파사론자로 하여금 한층 더 강경한 목소리를 내게 하였다. 예컨대 황정이 "천주교는 천지와 천주와 사람을 삼물三物로 구분하여 합체合體를 허용하지 않는다. 우리 중국의 만물일체설을 옳지 않다 하고, 왕양명 선생의 양지良知는 생천生天·생지生地·생만물生萬物하는 공능이 있는 것을 모두 틀린 것이라 한다. 이것은 천하 만세의 학맥을 괴란壞亂하는 짓이다"(「闢天主教書」)라고 논박하고, "도道는 천지인물天地人物을 관통하니, 오랑캐가 알 수 있는 바가 아니다", "태극太極·이理·도道·중니仲尼는 멸할 수 없다"(「尊儒亟鏡」)고 설하고, 또한 허대수許大受가 천주교의 '폄유貶儒'의 죄를 벽闢하기를 "태극인의太極仁義를 폄하하는 것은 유교의 이理를 폄하하는 것"이라 하는 논조에서도 분명하다.

천주의 창조주재자적創造主宰者的 신격에 대한 이해 부족은 신앙의 핵심인 천주 숭배의 문제를 둘러싸고 중대한 논점에 봉착한다. 마테오 리치의 제시에 따라 봉교인사들은 천주 숭배가 유교의 '지천知天·사천事天·사상제事上帝'의 설과 다르지 않은 것으로 받아들였지만, 정확하게 말하면 가톨릭의 종교로서의 '천주' 숭배와 유교의 도덕적 의미의 '천'의 신봉과는 직접적으로 연결되는 것은 아니다. 또 '나는 너의 주主이며, 나는 유일한 천주로서 예배해야 한다'고 하는 유일신관唯一神觀의 강조와 거기에 뿌리를 둔 우상숭배의 부정은 다신론적 신관에 익숙한 중국인으로서는 쉽게 다가갈 수 없을 뿐만

아니라, 유교의 도덕적 입장에서 볼 때 당연한 선조祖先 숭배와 군부
지상주의君父至上主義, 즉 충효 윤리와의 저촉을 초래했던 것이다.

이것을 다시 파사론의 입장에서 살펴보자.

첫째, 천주 숭배와 지천知天·사천事天의 차이에 대해서 황정이 '성
현의 지천·사천에 대해 오랑캐는 혼설混說해서는 안 된다'고 하는
입장에서, '우리 유학에서는 오직 존심양성存心養性하는 것이 곧 사
천事天이며, 회과천선悔過遷善이 곧 도천禱天이기에 이것을 버리고
별도로 천天으로 삼는 설, 별도로 섬기는 법은 없다'고 하여 그 도덕
적 의의를 강조하고, 경서經書에서 이른바 '상하신기上下神祇에게 기
도한다'고 하는 것도 '천신지기天神地祇가 곧 내 마음의 도다'(「尊儒
亞鏡」)라고 하고, 허대수許大受가 천주교의 '무천誣天'의 죄를 벽闢하

관음보살상

기를 '성학聖學에서 어찌 일찍이
천天을 말하지 않았겠는가? 그렇
다면 실로 오랑캐가 말하는 천天
은 아니다'라 하고, 마음 밖에서
찾는 의타적인 천주 숭배는 '그
가 말하는 존천尊天이란 실은 설
천褻天일 뿐'이라고 단언하는 것
(「聖朝佐闢」)에 의해 대강 엿볼 수
있다.

둘째, 그 다신론적 신관에 대
해서는, 위에 인용된 천신지기
天神地祇란 말도 이미 그것을 시

사했지만, 중국인의 의식에서 본다면 천天인 신神=상제上帝는 신들의 하이어라키(hierarchy, 계층)에 있어서 최고의 존재이지만 유일한 존재는 아니고, 다른 신들도 인정하고 있었다. 따라서 도교·불교에서 설하는 신들의 존재는 풍부하며, 더구나 사상적으로는 유교인사들에 의해 부정되어야 할 것으로 생각하고 있지 않았다. 이 입장에서 본다면 부처·보살·신선을 마귀(악귀)로 여겨 배척하는 가톨릭의 견해야말로 '착각 속에서 꿈꾸는 웃기는 짓'(顔茂猷,「명조파사집서」)이라 하여, 우상숭배에 대한 선교사들의 가차 없는 공격에 대해 오히려 거센 반발을 나타내지 않을 수 없었다. 그러므로 황정은 자신이 목격한, 선교사들이 그 천주교 신도들로 하여금 '관음보살觀音菩薩·관성제군關聖帝君 및 재동제군(梓童帝君: 文昌星을 인격화한 文昌帝君)·여조제군呂祖帝君 등의 상像을, 그 머리를 절단하거나 혹은 변소에 버리게 하고 혹은 불에 던지게 했다'는 사실을 들어 '교인들로 하여금 반성叛聖케 하는 잔인막심한 대죄대역大罪大逆'(「闢天主敎書」)이라고 비분강개하고 있고, 장광첨의 「벽사적요약의闢邪摘要略議」(『성조파사집』권5)에서도 지적하고 있듯이 선교사들이 신앙의 목적을 위해 신도들로 하여금 이 같은 행동을 하게끔 교사했다는 사실은 파사론자들이 볼

관성제군

재동제군(문창제군)   여조제군

때 절호의 공격 재료였다.

　조상을 숭배하는 제사도 가톨릭 입장에서 본다면 엄밀하게는 우
상숭배의 이단적 제사로 부정되지 않을 수 없다. 그러나 효를 최고
의 윤리 규범으로 삼는 유교의 입장에서 보면 사친추원思親追遠이
중요할 수밖에 없는 의례이기 때문에, 이에 대한 가톨릭의 비판은
중대하면서도 미묘한 문제를 내포하는 것이었다.

　제공祭孔, 즉 공자에 대한 제사 의례도 같은 의미에서 문제가 된
다. 마테오 리치는 이들 문제에 있어 충돌이 선교의 존립을 위협할
위험이 있는 것을 고려해, 제조祭祖·제공祭孔의 의례를 국민의 단순
한 관습적 의례로써 허용하는 태도를 취했다고 말해지는데, 이에 대
해서는 제수이트회 내부에서도 부정적 견해가 있고 마침내는 다른
그리스도교파로부터의 항의도 제기되어 선교사상 유명한 '전례논
쟁'으로까지 발전된 것은 주지의 사실이다. 그런데 명나라 말기 선

공자에 대한 제사 의례인 제공祭孔

교의 실제에 있어서는 마테오 리치의 협조적 견해가 계승되어 조
상 숭배가 정면으로 금지되어 있지 않았지만, 이것은 말할 것도 없
이 소극적인 용인에 불과했던 것이지, 교리 상으로는 적극적으로
긍정될 리 없었다. 따라서 유교적 파사론자가 비난을 집중하는 것
도 당연하다 할 수 있고, 심각이 이것을 포착하여 '조상 제사를 지내
지 않도록 권함은 불효를 가르치는 것이며, …… 부자 관계를 없애
는 것'(「參遠夷疏」)이라 비난한 것은 앞서 언급했지만, 훗날 파사론자
인 허대수가 폐사廢祀의 죄를 벽闢하고(「聖朝佐闢」), 장광첨이 '감히
그 나라(유럽)의 망친忘親의 오랑캐풍습(夷風)으로써 우리나라의 효
원孝源을 어지럽힌다'(「闢邪摘要略議」)고 논하는 등 같은 의론이 적지
않을 뿐만 아니라 관변官邊의 공적 견해라 할 수 있는 시방요施邦曜
의 「복건순해도고시福建巡海道告示」(『성조파사집』 권5)에서조차 '오로
지 천주만을 지존으로 삼아, 부모가 세상을 떠나도 우는 일 없고, 추

원追遠의 의례를 행하지 않는다. 이것이 바로 맹자가 말하는 '아버지도 임금도 부정하는 금수와 다름없는 자'라고 통렬히 배척하는 태도를 보이고 있다. 부모에 대한 효경孝敬은 가톨릭 도덕에 있어서도 중요시되는 것인데, 조상 숭배 즉 사후에 사친추원思親追遠하는 유교적 효도 관념에 어긋나게 되어 '불효'의 지탄을 초래한 점에 주목해야 할 것이다.

끝으로 천주를 지존으로 삼는 유일신관의 강조가 군부君父를 최고의 권위로 받드는 유교 윤리에 저촉하는 이유는 당연하다. 가톨릭의 입장에서는 천주는 절대의 권위이며 그 앞에서는 모든 인간도 모두 평등하다. 마테오 리치는 『천주실의』에서 천하의 대군공부大君公父인 천주에 비하면 군신·부자라 하더라도 형제로서 동등하다고 주장함으로써 인륜관계를 중시하고 군부君父를 최고의 권위로 보는 유교의 입장에서는 받아들일 수 없으므로 파사론자는 천주 존숭을 '반론'의 기회로 보았고(허대수「성조좌벽」), 특히 진후광陳侯光은 직접 마테오 리치의 주장에 대해 "오로지 천주를 존숭하여 세상 사람들의 대부大父, 우주의 공군公君으로 삼아 필히 하루 종일 천주를 그리워하고 흠숭하니, 이것은 부모를 작은 일로 여김이니 사랑이 부족하고, 임금을 사사롭게 봄이니 공경이 부족한 것이다. 천하에 불충·불효한 것은 이 같은 말이 아니겠는가?"(「辨學蒭言」『성조파사집』권5)라고 반박하였다.

유교적 파사론자는 천주의 존숭을 설하는 가톨릭 신앙을 충효의 윤리에 배반하는 무부무군無父無君의 이단 사설로 단정하는 부정·배척적 견해를 밝혔다. 신앙의 본원인 천주 존숭에 대하여 이러한 공격이 가해진 이상 나머지 교설도 또한 지척指斥되는 것은 당연하였다. 사실 예컨대 창세론·원죄론·기독론·영혼불멸론·비적론秘蹟論 등 파사의 논점은 더욱 다단多端했던 것이다.[118]

118 後藤基已, 『明淸思想とキリスト敎』(硏文出版, 1979), pp.105~120.

제7편

마테오 리치의 불교 공격과 벽사론 전개

1. 마테오 리치의 불교에 대한 공격

마테오 리치의 중국 선교를 연구하기 위한 1차 자료로는 『천주실의』와 『중국지』가 있다. 『중국지』는 마테오 리치의 말년(1608년 이후)에 예수회 본부에 보고하기 위해 중국의 사정과 중국에서의 예수회의 활동 연혁을 정리한 것이고, 『천주실의』는 기독교 신앙의 개략을 중국 지식인에게 알려주기 위해 1590년부터 작성한 것을 1603년에 출간한 것이다. 이 두 자료는 마테오 리치가 유럽어와 중국어로 남긴 대표적 저술로 꼽히는 것인데, 이 두 자료에 드러나고 있는 불교에 대한 마테오 리치의 부정적 인식을 살펴보기로 한다.

1) 『천주실의』의 불교에 대한 비판

『천주실의』는 2권 8편으로 구성됐고, 전부 중국 선비(中土)와 서양선비(西土)의 문답 형식으로 서술하고 있는데, 유교 및 불교적 관점과 관련된 내용을 살펴보면 다음과 같다.

수편首篇은 천주가 처음에 천지만물을 창조하고 그것을 길러 주재하고 있는 것을 논한 것으로, 이 가운데 천지에는 주재자가 있는 것과 창조자가 있는 것을 3가지 이유를 들어 논증하고, 천주는 무시무종으로서 유일 절대인 것을 설한다.

제2편은 세상 사람이 천주를 오인하고 있는 것을 해석한 것으로, 그 가운데 불로공무설佛老空無說과 유교의 태극설을 비판하고 천주는 곧 경서經書에서 말하는 상제인 것을 증명한다.

이상 2편은 천주교의 중심 관념인 천주에 대하여 현정顯正과 파사破邪의 두 면을 밝히고 있는 것이다.

제3편은 사람의 혼은 불멸이며 금수와 다른 점을 논하는 것이 중심이며, 여기서는 영혼의 존재와 그 불멸인 까닭을 몇 가지 증거를 들어 논증하고 있다.

제4편은 귀신과 사람의 혼에 관하여 이론異論을 밝히고, 천하 만물을 일체라고 할 수 없다고 설한다. 이 가운데 천주와 사람과 사물과의 관계가 상세히 논해지고 있다. 불교도가 설하는 유심론唯心論과 당시 유학자들 사이에 행해졌던 만물일체설에 비판을 쏟고 있다. 요컨대 이상의 2편은 신 천주天主와 사람과의 관계, 특히 사람의 독자적인 지위를 밝히는 것이 주안점이다.

제5편은 불교가 설하는 윤회육도설과 살생계가 그릇된 설임을 상세히 논하고, 재소(齋素: 齋戒와 素食)는 뜻을 바르게 하는 데 있다고 설한다.

제6편은 의지는 소멸될 수 없음을 설명하고, 아울러 사후에 반드

시 천당과 지옥의 상벌로써 세인들이 행한 선악에 응보가 있다고 주장한다.

이상 2편은 수도를 하는 데 있어 불교와 천주교의 견해 차이를 밝힌 것이다.

제7편은 수행의 근거로서의 인성을 논하여 그것이 선善임을 입증하고, 아울러 천주교도의 수양법을 설한다. 선에 선천적인 성性과 후천적인 덕德이 있어 우리들이 노력해야 할 것은 덕의 선이다. 요약하면 인仁과 의義로써 자기를 완성하는 것이다. 이것이 천주의 성지聖旨에 부합하는 것이라고 말한다. 따라서 성性, 인仁, 덕德 등 유교와 관련되는 철학적 문제를 전개하고 나아가 천주교의 수행법으로서의 참회, 애인愛人, 기도를 밝힌다. 반면에 불교의 독경·염불에 비판을 가하고, 끝내는 삼교귀일설三敎歸一說을 분쇄한다.

제8편은 천주교의 전도에 즈음하여 야소회사(耶蘇會士, 제수이트)가 결혼하지 않는 이유와 천주가 서양에 강생하여 야소(耶蘇, 예수)로서 설교를 마치고 승천한 것을 밝히고 있다. 이 가운데 결혼하지 않는 것과 관련하여 후무(後無: 후손 없음)를 불효로 삼는 맹자의 설을 변해辨解하고 있고, 사람의 원죄에 관하여 밝히고 있는 점이 주목된다.

마테오 리치에게는 천주교 교의를 설한 것으로 『천주실의』 외에 『기인십편畸人十篇』 2권이 있는데, 둘은 함께 『천학초함天學初函』에 수록되어 있다. 『천주실의』는 만력 31년(1603)에 출간됐으며, 그의 마지막 한문 저작인 『기인십편』은 5년 후인 만력 36년(1608)에 출간됐는데, 『사고전서총목四庫全書總目』에는 다음과 같은 해제가 실려 있다.

열 편 모두 문답식으로 천주교의를 전개하고 있다.

1편, 사람들은 지나간 수명이 아직 있다고 잘못 생각한다.

2편, 현세는 잠시 머물다 갈 뿐이다.

3편, 늘 죽을 때를 생각하고 좋은 일을 함이 길하다.

4편, 늘 죽을 때를 생각하고 죽음의 심판에 대비하라.

5편, 군자는 말수가 적고 무언無言하고자 한다.

6편, 재소(齋素: 齋戒와 素食)의 본뜻은 살생殺生을 금하는 것이 아
니다.

7편, 스스로 반성하고 스스로 책임을 물어 허물이 없게 하라.

8편, 선악의 보응은 죽고 난 다음(영혼이 받는 것이다).

9편, 미래를 헛되이 찾으면 갑자기 불행을 만나 죽게 된다.

10편, 부자이면서 인색한 것은 가난한 것보다 더 괴롭다.

또한 이와 관련하여 『사고전서총목』은 『천주실의』와 『기인십편』
에 대하여 다음과 같이 평설하고 있다.

먼저 『천주실의』에 대해서는 다음과 같이 말한다.

큰 취지는, 사람들로 하여금 천주를 존신尊信케 하여 그 가르침
을 행함을 위주로 한다. 유교가 공격할 수 없는 점을 알아, 곧 육
경六經에서 설하는 상제上帝에 부회(附會: 억지로 이치를 붙임)하여
천주와 합치시킨다. 그리고 특히 석씨釋氏를 공격하여 승리를 구

한다. 그렇기는 하나 천당·지옥설과 윤회설은 서로 멀어서 가까울 수 없다. 특히 석씨釋氏의 교설을 조금 바꾸면 근원은 같을 뿐이다.

또한 『기인십편』에 대해서는 다음과 같이 말한다.

그 말의 전개가 장대하며 거침없는 달변이어서 사뭇 설득력이 있다. 무릇 석씨의 생사 무상과 죄복불상설罪福不爽說을 훔쳐, 윤회와 살계殺戒와 불취不娶의 설을 취하지 않는다. 유리儒理에 부회附會하여 사람들로 하여금 급히 공격할 수 없게 한다. 지은 바 『천주실의』가 지리황탄支離荒誕을 겪은 것에 비교하면, 설설을 세우는 것이 비교적 계교가 있다. 불서佛書로써 그에 비한다면 『천주실의』는 오히려 예참禮懺과 같고, 『기인십편』은 오히려 담선談禪과 같다.

석씨釋氏의 설설을 수정하면 근원에 있어서는 두 종교가 같다는 평은 결코 타당치 않다. 『사고전서』의 발기자인 주균朱筠의 설을 믿지 않을 수 없겠지만, 두 책의 관계에 대하여 『천주실의』보다는 『기인십편』이 정비되어 있다고 평가한 점은 받아들여도 좋을 것이다.
　그러나 편목篇目에서 살펴보면 『기인십편』의 내용은 거의 『천주실의』에서 나온 것이며, 불교에 대한 비판도 『천주실의』가 상세하기 때문에 이를 바탕으로 하여 마테오 리치의 불교 비판을 살펴보기로 한다.

이지조가 한문으로 된 천주교 서적들을 모아 1628년에 간행한 『천학초함』

우선 천주는 경전에서 말하는 상제이고, 천주와 상제는 같고 이름만 다를 뿐이라고 하는 점에서부터 출발한 마테오 리치는 천주교의 교의를 설함과 동시에 그것이 유교와 일치한다는 증명을 항상 잊지 않았다. 그러므로 공자의 『춘추』와 자사(子思, 공자의 손자)가 지은 『중용』도 만세萬世의 이익을 도모한 것이며, 천당·지옥설 같은 것도 중국 고경전古經傳에 이미 존재하고 있는데 다만 명확히 말하지 않을 뿐이라고 주장하였다. 그가 송유宋儒 이래의 철학적 문제에 일가견의 식견을 지녀, 성정선악性情善惡 등에 대하여 논하고 혹은 '성선性善은 천주원화天主原化의 성명性命의 덕이다'고 말하고, 혹은 '성학聖學은 우리의 성 안(性內)에 있어 천주가 그것을 사람 마음에 새긴 것이며, 귀방(貴邦, 중국)의 유교 경전에서 말하는 명덕명명明德明命이 바로 이것이다'고 설하고, 혹은 '인仁은 사랑한다는 뜻으로 천주가 사람을 사랑하기 때문에 천주를 사랑함과 사람을 사랑함은 하나로 돌아가서 천주를 사랑함에 의해 인仁의 덕을 온전히 할 수 있다'

고 하는 등 천주교의天主教義에 기반을 두고 유교를 해석하는 데 주
력하였다.

그러나 그가 말하는 유교는 공자·맹자의 고학古學이지, 송명근학
宋明近儒의 학설은 인정하지 않았다. 그러므로 정자程子와 주자朱子
의 천天에 관한 설에 대해서도 잘못된 것이라고 대대적으로 선전하
는 데 거리낌이 없었다.

특히 주자의 무극태극설과 왕양명의 만물일체설에 대해서는 온
힘을 쏟아 공격하였다. 생각건대 태극으로 천지발생의 이理로 삼는
다면 만물의 본원으로서의 천주를 인정하는 사상과 서로 용납되지
를 않고, 만물일체라고 한다면 사물과 사람과 조물주의 구별을 혼란
케 하는 것이 되기 때문이다.

그렇다면 불교에 대한 비판은 어떠한가? 그것을 크게 본다면, 그
의 주된 비난사항은 공空과 윤회설輪廻說에 있다.

(1) 먼저 공空의 설에 대하여『천주실의』상권 제2편에서 비난하
여 말하기를,

중국 선비가 묻기를, "중국에는 예로부터 삼교三教가 있어 각각
문호를 세웠습니다. 노씨老氏는 만물은 무無에서 생겨나기에 무無
로써 도道를 삼고, 불씨佛氏는 현상(色)은 공空에서 나온다고 하여
공空을 힘써야 할 일로 삼고, 유교는 역易에 태극太極이 있다고 하
여 오직 유有를 종宗으로 삼고 성誠을 배움으로 삼는다고 합니다.
선생의 뜻은 어느 것이 옳다고 보는지요?"
서양 선비가 답하기를, "유교에서 말하는 유有나 성誠은 비록 그

해석을 다 듣지는 못했으나 도리에 가까운 듯하지만, 이씨(二氏: 노자와 석가모니)가 말하는 무無와 공空은 천주의 도리와는 크게 어긋나므로 숭상할 바 못 됩니다."

중국 선비가 말하기를, "우리나라의 군자들도 역시 이씨二氏를 통렬히 배척하고 그것들을 매우 통탄하고 있습니다."

서양 선비가 말하기를, "통탄하는 것은 말로써 (옳고 그름을) 가리는 것만 못하고, 말로 가리는 것은 이치로 분석함만 못합니다. 이씨二氏의 무리도 천주이신 대부大父께서 내셨으니 우리의 형제입니다. 비유하면 동생들이 미친병에 걸려 전도되어 괴이한 짓을 하면 형의 도리로서 불쌍히 여겨야 하겠습니까, 통탄만 하여야 하겠습니까? 이치로써 그들을 깨우쳐 주는 데 있을 뿐입니다.

내가 일찍이 널리 유교 서적을 많이 읽어 봤는데, 자주 이씨二氏를 원망·질투하고 오랑캐처럼 그들을 배척하고 이단이라 물리치고 있지만 (유교의 책 중에서) 하나의 큰 이치로 잘못을 밝혀내는 것을 보지 못했습니다. 유교가 저들을 잘못이라고 하면 저들 역시 우리가 잘못이라 하여 논쟁이 분분하여 서로 불신하였으니 1,500여 년 동안 하나로 합일될 수 없었습니다. 만일 서로 이치로써 논변하였다면 말하지 않았더라도 옳고 그름을 알게 되니, 삼가三家는 하나로 귀결되었을 것입니다.

서양 속담에 '단단한 밧줄은 쇠뿔을 묶을 수 있고, 이치 정연한 말은 사람의 마음을 감복시킬 수 있다'는 말이 있습니다. 우리(서양) 나라의 주변 나라에서도 상고시대에는 삼교三敎에 그치지 않고 수많은 종교의 지파가 얽혀 있었습니다. 후대에 우리나라의 선비들이 바른 이치로써 분석하여 이해시키고, 선행으로써 감화시켰기 때문에 지금은 오직 천주교 하나만을 따르고 있습니다."

중국 선비가 말하기를, "바른 도리는 오직 하나뿐입니다. 어찌 여러 가지가 있겠습니까? 그러나 불교와 도교의 이론은 그것들을 밑받침해 주는 이유들이 있습니다.

모든 사물은 (원래) 처음에 '비어 있다(空)'가 나중에 '채워지게(實)' 되며, 처음에는 '없다(無)'가 나중에 '있게(有)' 되므로 공空과 무無를 만물의 근원으로 삼는 것은 그럴 듯해 보입니다."

서양 선비가 말하기를, "지고한 이치에 통달하기 위해서는 기초적인 지식의 바탕이 있어야 합니다. 세상 사람들은 실유(實有: 실제로 있는 것)를 귀한 것으로, 허무(虛無: 텅 비어 존재하지 않는 것)를 천한 것으로 여깁니다. (空과 無는) 자기 속에 없는 것을 결코 다른 존재들에게 있을 수 있게끔 베풀어 줄 수 없습니다. 이 이치는 자명합니다.

이제 공空이니 무無이니 하는 것은 절대로 그 자체 속에 아무것도 갖고 있지 못한 것입니다. 그런데 어떻게 (만물에게) 형상(性, form)과 질료(形, matter)를 부여하여 물체가 되게끔 하겠습니까? 사물은 반드시 참으로 존재해야만 비로소 '사물이 있다'고 말합니다. 참으로 있지 않으면 사물은 없는 것입니다. 가령 본원本原에 실(實: 채움)과 유(有: 있음)가 없으면 그곳에서 나온 사물도 없는 것입니다. 세속의 인간이 비록 성신聖神하더라도 없는 것을 있게 하지는 못합니다. 그렇다면 저 공空이니 무無이니 하는 것 역시 어떻게 그 공과 무로써 만물을 있게(有) 하고 채울(實) 수 있겠습니까?……"

이것이 공空·무無 비판의 요점이다. 여기서 누구라도 쉽사리 알아차릴 수 있는 것은 그가 불교의 공空을 갖고 만물생기萬物生起의 본원本原으로 삼고, 발생적 해석을 내리고 있다는 점이다. 조물주 천주를 믿는 그로서는 공을 허무와 동일시하고, 그것을 만상 전개의 근본이 되는 작용력으로 보았기에, 근본적으로 생성하는 기인起因을 구하는 사고방식을 떨쳐낼 수가 없었던 것이다.

(2) 여기서 필자는 세계를 바라보는 방식을 크게 두 가지로 분류할 수 있을 것 같다. 하나는 가유론적假有論的 시각이며, 또 하나는 실유론적實有論的 시각이다.

가유론적 시각은 이 세계가 여러 가지 원인(因)과 다양한 조건(緣)의 상호 의존관계에 의해 생성되며 소멸된다고 보는 것이다. 그러므로 현상계는 상주 불멸하는 실체는 없고 단지 가유적假有的 존재, 즉 인연에 의해 잠시 존재한다는 것이다. 이에 반해 실유론적 시각은 이 세계가 불변·불멸하는 '무엇' 혹은 '어떤 것', 즉 궁극적인 실체(본질, 자성)로 형성되어 초월적으로 존재한다는 것이다.

대표적인 가유론假有論으로 불교와 양자역학(Quantum Mechanics)을 들 수 있으며, 넓은 의미에서 도가道家의 사상도 포함된다.

실유론實有論, 즉 초월적 실체론은 그리스 철학과 그 연장선인 서구 철학이며, 종교적으로는 기독교를 들 수 있고, 유교儒敎도 넓은 의미에서 실유론의 범주에 속한다고 볼 수 있다.

실유론은 불멸의 '무언가'가 있어야만 된다는 집요한 자아집착이 만들어 낸 망상의 허구물이다. 영원하고 무한하고 싶은 본능적 욕망이 빚어낸 허구적 희망이다. 현대 자연과학의 발전은 자연현상계가 가유假有의 존재에 불과함을 증명하고 있다. 입자물리학에서는 물질의 본질(실체)을 끝까지 분석해 들어갔으나, 결국 손에 잡히는 실체는 없었고 오직 '진동하는 에너지의 끈', '어떤 힘(에너지)들의 상호관계성'만을 발견했을 뿐이다.[119]

실유론에 계박繫縛된 마테오 리치는 도가의 무와 불교의 공에 대하여 이해를 하지 못한 채, 공과 무를 '허망한 무존재'로 규정하는 그릇된 견해(邪見)까지 보이고 있다. 노자의 어법에 따르면, '무無'란 자신은 구체적으로 존재하지 않으면서 다른 것이 기능할 수 있도록 해주는 영역이기 때문에 전혀 존재하지 않는다는 '절대무絕對無'의 의미가 아니라, '유有'의 존재하는 양식을 의미하는 것으로 유와 무의 대립과 긴장, 상호의존적 관계로 이 세계가 이뤄져 있다고 한다.

---

119 양자론에 따르면 진공은 아무것도 존재하지 않는 공간이 아니라, 에너지가 요동하고 있으며 진공이 가진 에너지의 요동에 의해 소립자가 여기저기 생겼다가 사라진다고 한다. 예컨대 전자나 양성자 등을 초고속으로 충돌시키는 '입자가속기'라는 실험 장치에서는 충돌에 의해 발생하는 에너지를 사용하여 다양한 소립자를 만들어 낸다. 이때 전자나 양성자 등이 분열해서 많은 소립자가 생기는 것이 아니다. 가속기에서는 충돌에 의해 발생하는 '에너지 그 자체'가 소립자의 질량으로 바뀐다는 사실이 확인되어 있다. 에너지가 바로 '물질을 만드는 재료'라는 것이다. 진공 에너지의 존재를 나타내는 것으로 '카시미르(Hendrik Casimir) 효과'라는 현상이 알려져 있다.(和田純夫, 『양자론』, 뉴턴코리아, 2015, pp.86~90)

노자는 유와 무의 상호 의존관계를 유무상생有無相生으로 표현하고
있다.[120] 또한 불교의 공空은 서양에서 말하는 어떤 실체처럼 존재하
는 객관적 대상을 지칭하는 것이 아니라, 사물의 무한한 변화와 연
관(12연기)의 관점에서 바로 그 객관적 사물의 실체(substance, 自性)
를 부정하는 사물 인식의 태도와 연관된 개념이다. 불교에서는 연
기관緣起觀으로부터 출발하여 일체 존재에 자성(自性, 본질)을 부정
하는 무자성無自性 공空에 도달하는 것이지, 공을 허무虛無와 동일시
하거나 실체시하는 것은 악취공惡取空이다. 악취공은 가장 척결해야
할 사견邪見으로서, 유일신이라는 실유론적 사고에 계박되어 있는
리치로서는 그것을 이해할 수 없었던 한계였다.

그러나 불교가 공무空無의 입장에 있고, 유교가 만리필구萬理畢具
에 있다고 보아 — 공적空寂이라는 점에서 — 불교를 배척한 것은 주
자학의 입장이기 때문에, 직접 불전佛典에 대한 연구가 없이 유가의
불교 평가를 통하여 불설佛說을 알게 된 마테오 리치로서는 위와 같
은 사고방식에서 벗어날 수 없었던 것이다.

(3) 이와 관련하여 망상의 구조물에 불과한 초월적 실체를 갈구
하고 집착하는 중생들의 실유론적 사고가 어떻게 형성하게 되는가

---

120 무無는 이 세계의 시작을 가리키고, 유有는 모든 만물을 통칭하여 가리킨
다. 언제나 무를 가지고는 세계의 오묘한 영역을 나타내려 하고, 언제나 유
를 가지고는 구체적으로 보이는 영역을 나타내려 한다(無 名天地之始, 有 名萬
物之母. 常無 欲以觀其妙, 常有 欲以觀其徼. 『도덕경』 제1장). 최진석, 『노자인문학』,
pp.107~114.

를 붓다의 십이처十二處 교설을 중심으로 살펴보도록 하자.

실체에 대하여 붓다는 경계境界가 아닌 것은 언설言說만 있을 뿐이며, 물어봐도 알지 못하고 의혹만 더한다고 하였다. 즉 경계가 아닌 것은 언어를 실체화한 사유의 허구적 산물에 지나지 않는다는 것이다. 붓다의 십이처연기설에 대한 내용을 불교철학자 이중표 교수의 글을 통해 살펴보기로 한다.[121]

붓다Buddha 당시 인도에서는 바라문교와 육사외도六師外道 등 다양한 사상이 난립하고 있었다. 창조주 브라만(Brahman, 梵)이 변해서 이 세상의 만물을 이루고, 그 속에 들어가 아트만(Ātman, 我)이 되었다고 주장하는 정통 바라문교의 범아일여梵我一如 사상과 그에 반대하여 나타난 사문이라 불리는 자유사상가들의 요소설要素說이 있었다.

바라문교의 범아일여 사상은 하나가 변해서 다양한 것을 만들었다는 주장으로 전변설轉變說이라 하고, 사문들의 요소설은 다양한 요소가 모여서 세상을 이루고 있다는 주장으로 적취설積聚說이라고 부른다. 전변설이나 적취설은 현실세계를 어떤 불멸의 실체에서 파생된 것으로 본다. 하나의 실체가 자기 전개를 통해서 다양한 존재현상을 이루고 있다는 전변설은 일원론一元論이고, 다수의 실체가 이합집산하면서 다양한 존재현상을 보이고 있다는 적취설은 다원론多元論이다. 외도들은 이와 같이 서로 모순되고 상반된 주장을 하고 있지만, 존재의 근원을 '불멸의 실체'라고 생각한 점에서는 차이

---

121 이중표, 『근본불교』(민족사, 2002), pp.108~166 취의 요약.

가 없다.

붓다는 『잡아함경』 319경에서 생문生聞이라는 바라문과 다음과
같은 대화를 나누고 있다.

"고타마(瞿曇)시여, 소위 일체一切라고 할 때 (당신은) 무엇을 일
체라고 하나이까?"
부처님께서 바라문에게 말했다.
"일체란 십이처十二處를 말한다. 보는 자(眼)와 보이는 모습(色),
듣는 자(耳)와 들리는 소리(聲), 냄새 맡는 자(鼻)와 냄새(香), 맛
보는 자(舌)와 맛(味), 만지는 자(身)와 만져지는 촉감(觸), 생각
하는 자(意)와 생각되는 사물(法), 이것을 일체라고 부른다. 만약
'이것은 일체가 아니다. 나는 이제 사문 구담이 주장하는 일체를
인정하지 않고 다른 일체를 따로 세우겠다'라고 이야기한다면 그
것은 다만 언설言說만 있을 뿐이어서 물어도 알지 못하고, 의혹만
늘어난다. 왜냐하면 그것은 경계가 아니기 때문이다."[122]

이 경에서 바라문이 묻고 있는 일체(一切, sabba)는 세계와 자아의
근원을 의미한다.
『찬도갸 우파니샤드(Chāndogya Upaniṣad)』에서는 "실로 일체는

---

[122] "瞿曇, 所謂一切者, 云何名一切, 佛告婆羅門, 一切者謂十二入處, 眼色耳聲鼻
香舌味身觸意法, 是名一切, 若復說言此非一切, 沙門瞿曇所說一切, 我今捨別
立餘一切者, 彼但有言說, 問已不知, 增其疑惑, 所以者何, 非其境界故."(『대정
장』 2, p.91ab)

브라만이다. 일체는 브라만에서 생겨나서 브라만으로 돌아가며, 브라만 속에서 살아간다. 그러므로 평안한 마음으로 그를 경배하라. 실로 인간은 욕망으로 되어 있다. 인간은 이 세상에서 가진 욕망에 따라 내세에 존재한다"라고 이야기한다. 붓다에게 질문하는 바라문은 바라문교에서 이야기하는 브라만과 같은 모든 존재의 근원에 대하여 붓다의 견해를 묻고 있다. 이러한 모든 존재의 근원에 대하여 바라문교에서는 브라만이라고 주장하였고, 사문들은 사대四大와 같은 다양한 요소라고 주장하였다. 이들은 어떤 불멸의 실체를 생성 변화하는 현실 존재의 근원으로 생각한 것이다. 그러나 붓다는 모든 존재의 근원을 불멸의 실체라고 이야기하지 않고 우리의 지각구조, 즉 십이처라고 이야기한다. 십이처가 세계와 자아의 근원이라는 것이다.

영국의 철학자 데이비드 흄은 "내 개인적 입장에서 보자면 내가 나 자신이라고 부르는 것에 가장 가깝게 갈 때 나는 항상 뜨거움 또는 차가움, 빛 또는 어두움, 사랑 또는 미움, 고통 또는 기쁨, 이러한 지각을 더듬어가고 있을 뿐이다. 나는 이러한 지각없이 나 자신을 포착한 적이 없으며, 이러한 지각 이외에는 아무것도 관찰한 것이 없다"라고 이야기한다. 비단 '자아'뿐만이 아니다. 우리가 존재의 근원을 찾아갈

연기설과 공을 깨달은 고타마 붓다

때 우리가 발견하는 것은 보이고, 들리고, 생각되는 지각일 뿐 어떤 실체도 발견되지 않는다. 붓다가 일체는 십이처라고 하면서 다른 것을 일체라고 하는 것은 경계가 아니기 때문에 말만 있을 뿐 의혹만 늘어간다고 한 말은, 외도들이 주장하는 존재의 근원은 관찰에 의해 드러난 사실이 아니기 때문에 그것을 의심하고 확실성을 추구할 때 어떤 해답도 주지 않는다는 것을 의미한다.

우리가 말하는 존재는 '인식된 것'이다. 우리가 "무엇이 있다"고 말하는 것은 "무엇이 인식되고 있다"는 것을 의미한다. 우리는 보이면 있다고 말하고, 들리면 있다고 말한다. 따라서 존재의 근원은 인식이다. 혹자는 "무엇이 있기 때문에 인식되는 것이 아닌가?"라고 반문할지도 모른다. 이러한 생각은 우리의 외부에는 인식의 대상으로서 세계가 실재하고, 내부에는 인식하는 자아가 실재한다는 신념에서 비롯된 것이다. 이러한 신념을 가지고 있는 것이 붓다가 말하는 미혹한 중생이다. 『잡아함경』294경에서 붓다는 다음과 같이 이야기한다.

어리석고 배우지 못한 범부는 무명無明에 가려지고 애욕愛慾에 묶여서 식識이 생기면 '몸 안에는 식識이 있고, 몸 밖에는 명색名色이 있다'고 분별한다. 이 두 인연으로 촉觸이 생긴다.[123]

---

123 "愚癡無聞凡夫, 無明覆愛緣繫得此識, 身內有此識, 身外有名色, 此二因緣生觸."(『대정장』2, p.83c)

이 경에서 이야기하는 식識은 '인식하는 자아'를 의미하고, 명색名色은 '인식되는 대상'을 의미한다. 우리는 실재하는 자아가 실재하는 대상을 접촉할 때 인식이 성립된다고 생각한다. 붓다는 우리의 이런 생각이 무명과 애욕에서 비롯된 것임을 깨달았다. 십이처는 바로 중생들이 무명과 애욕에 묶여서 실재한다고 믿고 있는 '인식하는 자아'와 '인식되는 대상'을 의미한다. '일체는 십이처'라는 말은 중생들의 세계(世間)가 중생들의 그릇된 신념에서 비롯된 것임을 밝힌 것이다.

『상응부 니까야』 35, 116에서는 다음과 같이 이야기한다.

세간에 세계가 존재한다는 생각과 신념이 있게 하는 것, 그것을 성법률聖法律에서는 세계라고 부른다. 무엇이 세계가 존재한다는 생각과 신념을 있게 하는가? 법우들이여, 안(眼, 보는 자아)·이耳·비鼻·설舌, 신身, 의意에 의해서 세간에 세계가 존재한다는 생각과 신념이 있다. 이것을 성법률에서는 세계라고 부른다.(S.N. vol.4, p.95)

중생들은 인식하는 자아가 실재한다고 생각한다. 육입처六入處는 바로 중생들이 실재한다고 생각하고 있는 '인식하는 자아'이다. 인식하는 자아가 실재한다고 생각하기 때문에 인식되는 대상도 실재한다고 생각하는 것이며, 중생들이 말하는 세계는 육입처의 인식대상인 것이다.

육입처는 우리의 삶의 구조를 '자아'로 착각한 것이다. 우리의 삶은 보고, 듣고, 냄새 맡고, 맛보고, 만지고, 생각하는 것이다. 이러한 삶의 구조는 모든 인간에 동일하지만 삶의 형태는 저마다 다르다. 어떻게 보고, 어떻게 생각하는가는 사람마다 다른 것이다. 이렇게 저마다 다르게 보고, 다르게 생각하기 때문에 인식되는 내용도 달라진다.

중생들이 세계라고 부르는 것은 이렇게 저마다 달리 보고 생각한 것들이다. 그래서 각기 다른 세계관과 인생관을 갖게 된다.

이때 어떻게 보고, 어떻게 생각할 것인가를 결정하는 것은 마음이다. 따라서 세계는 우리의 삶을 규정하는 마음에 의해 나타난 것이라고 할 수 있다. 우리는 세계 속에 살고 있는 것이 아니라 마음에 의해 규정된 삶을 통해 자신의 세계를 이룩하고 있다고 할 수 있다. 결국 세계는 마음에서 연기한 것이고, 십이처는 중생의 세계가 연기하는 중생의 마음인 것이다.

무명에 가려지고 애욕에 묶여 있는 상태가 십이처이다. 범부들이 십이처의 상태에서 보고, 듣고 생각하는 삶을 살아갈 때, 분별하는 의식인 식識이 발생한다. 이 식識이 발생하면 안·이·비·설·신·의로 된 몸 안에 사물을 분별하는 육식(六識: 眼識·耳識·鼻識·舌識·身識·意識)이 있고, 몸 밖에는 색·성·향·미·촉·법으로 된 이름(名)과 형태(色)를 가진 사물(名色)이 있다고 생각한다.

이러한 중생의 의식상태를 십팔계十八界라 하는데, 촉觸은 십팔계의 의식상태를 인연으로 하여 발생한다. 촉(觸, phassa)은 몸 안의 식識이 감각기관을 통해 몸 밖의 명색名色을 접촉하고 있다는 중생들의 착각이다. 이와 같이 '외부에 어떤 사물이 존재한다'는 생각은 '식

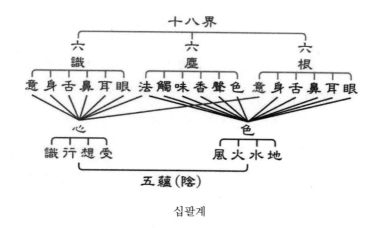

십팔계

과 명색의 접촉', 즉 '촉觸'을 의미하므로 촉觸은 '외부에 사물이 존재한다고 생각하는 중생들의 착각'이다. 이와 같이 촉觸은 중생들이 볼 때는 공간 속에서 자아와 세계가 접촉하는 것을 의미하지만, 그 실상은 무명無明에서 연기한 망념의 접촉이며 화합이다. 이런 착각은 무명에서 비롯된 것이므로 무명이 사라지면 사라진다. 그러나 자아와 세계가 공간 속에서 접촉하고 있다는 생각을 버리지 못하는 중생들의 입장에서 보면 촉觸은 엄연한 현실이다. 세계와 자아가 상주하는가, 유한한가 하는 등의 그릇된 견해(邪見)는 식(識: 자아)과 명색(名色: 세계)의 실상을 알지 못하고 촉觸을 가장 신뢰할 수 있는 현실로 인식함으로써 나타난 것이다. 붓다가 외도外道들의 모든 그릇된 견해(邪見)는 촉觸을 인연으로 하여 생긴 것이라고 한 말씀[124]은, 초월적 실체에 대한 망상(착각)을 고집하여 버리지 못하고 있는 우

---

[124] "是沙門婆羅門 皆因觸因緣 若離觸因而能說者 無有是處." (『대정장』 1, p.76a)

치무문범부愚癡無聞凡夫의 실상을 밝혀주는 메시지인 것이다.

(4) 다음으로 윤회설의 비판에 대해서는 제5편에서 많은 노력을 기울이고 있다.

마테오 리치는 윤회설을 만든 것이 피타고라스Pythagoras였으며, 그가 이 설을 만든 까닭은 사람들의 악행을 막기 위해 포악한 사람은 다시 태어나 호랑이·표범이 되고, 음탕한 사람은 개·돼지가 되고, 도둑질하는 자는 여우·이리·늑대 따위가 되는 등 보응報應을 가지고 위협한 것이라 설명하고 나서, 이것이 석가釋迦에게 흘러들어가 불교에서 윤회설이 채용된 것이라 주장하였다.

중국 선비가 묻기를, "지금 존교(尊敎: 천주교)에서는 이렇게 말합니다. '사람은 이 세상에 잠시 머묾으로써 내세에서의 영생(後世之永居)이 결정된다. 잠시 이 세상에 머무는 동안 덕을 닦고 선을 행하여(修德行善) 후세에 복락을 누리게끔 하여야 할 것이다.' …… 이렇게 보면 내세에 대한 논의는 올바른 것인데, 그렇다면 전세前世에 관한 이론 또한 주장할 연유가 있는 것 아닙니까?"
서양 선비가 답하기를, "옛날 우리 서양에 피타고라스(중국명 閉他臥剌)라는 학자가 있었는데, 그의 호걸다운 풍모는 출중했으나 그의 질박質樸함은 미진未盡하였습니다. 그는 일반인들이 거리낌 없이 악을 행하는 것을 마음 아파하여, 자기의 명성을 이용하여 기이한 이론을 지어 악행을 막기 위하여 이렇게 말했습니다. '악을 행하는 자는 반드시 내세에 다시 태어나 갚음을 받게 되니, 가

372

난하고 빈천한 집에 태어나거나
혹은 짐승의 부류로 변형된다.
포악한 자는 호랑이나 표범으
로, 교만한 자는 사자로, 음색자
淫色者는 개나 돼지로 태어난다.'
…… 군자君子들이 이 주장을 판
단하기를, '의도는 좋으나 말로
표현함에 결점을 면할 수 없다.
악을 막는 데는 정도正道가 있는

피타고라스

데 어찌 옳은 것을 버리고 그릇된 것을 좇아야 하겠는가?'라고 하
였습니다.

피타고라스가 죽은 후 그의 문인들 가운데 소수가 이 말을 계승
했는데, 그때 이 말이 국외로 새어 나가 신독(身毒, 인도)에 이르
니, 석씨釋氏가 새 교파를 세우려 함에 이 윤회의 설을 이어받아
거기에 육도설六道說을 보태었습니다. 수백 가지의 거짓말들이
책으로 묶여서 경전으로 불리게 되었습니다.

여러 해가 지난 후 한漢나라 사람들은 그 나라에 이르러 이것을
중국에 전했습니다.

인도는 미미한 나라이어서 상등국가의 반열에 들 수 없습니다.
문화나 예법의 가르침도 없고 덕을 실천하는 풍조도 없습니다.
여러 나라의 역사책에는 (인도가) '있는지', '없는지' 아직 불분명
한데 (이러한 미미한 나라의 도리가) 어찌 온 천하(만민)에 제시해
보이는 데 충족될 수 있겠습니까?"

그러고 나서는 윤회설이 이치에 맞지 않는 증거라 하여, 만약 사람의 영혼이 다른 사람이나 동물로 옮겨간다면 마땅히 전생前生의 일을 기억해야 할 것인데 아무도 기억하는 사람이 없다 하고, 불가와 도가의 서적에 전생을 기억한 예가 많은 것에 대해서는 마귀의 소행이라고 단정하였다.

그런 일이 있다고 한다면 그것은 마귀가 사람을 속여 자기 무리를 따르게 하고 싶은 뜻에서 사람이나 짐승의 몸에 붙어서 그로 하여금 어느 집 자식이라 하게 하고 그 집안일을 읊게 함으로써 그 거짓을 믿게 만드는 것이다. 기억한다는 자는 필히 불가나 도가의 무리가 아니면 불교가 중국에 들어온 뒤의 일일 것이다. 모든 곳에서 온갖 생물이 태어나고 죽어가는 숫자가 엄청나게 많은 것은 고금에 변하지 않는 일인데, 어이하여 불가를 제외하고는 여러 나라, 여러 학파의 뛰어난 인물들이 천권만구千卷萬句를 기억할 만큼 학식이 광연廣淵함에도 전세前世의 일 한 가지를 기억해 내지 못하는 것인가?
사람들이 잘 잊어버린다고 해도, 어찌 자기 부모를 잊고 또한 자기의 이름조차 잊을 수가 있겠는가? 유독 불교나 도교의 무리나 짐승의 부류만이 기억하여 말할 수 있단 말인가? 무릇 농담을 가지고 길거리의 일반 사람들을 속이려 든다면 혹 이들 중에는 그 속임수를 따르는 이도 있겠지만, 영명英明한 인재들 중에는 웃어 넘기거나 비방하지 않는 이는 드물 것이다.

그에 따르면, 윤회의 뜻은 본래 피타고라스로부터 시작됐다고 설하고, 이것이 국외로 새어 나가 인도의 석가모니가 이 윤회를 계승하였고, 여기에 육도설六道說을 보태어 더욱더 수백 가지의 거짓말(百端詼言)을 하는 결과가 됐다고 기술하고 있다.

이에 중국 선비가 말하여 묻기를, "선생께서 전한 『곤여만국전도坤興萬國全圖』를 보니, 위로 하늘의 도수度數와 상응하여 터럭만큼의 차이도 없습니다. 하물며 또한 멀리 유럽으로부터 몸소 중화中華에 들어오셨으니, 말씀하신 불씨佛氏의 나라에 대하여 듣고 본 것은 반드시 참일 것입니다. 그 나라가 고루하기가 그와 같은데, 세상 사람들이 불교 책들을 잘못 읽고서 정토淨土를 믿고 있고, 심지어는 일찍 죽어 저 나라에 다시 태어나기를 바라는 것은 참으로 가소로운 일입니다. 우리 중국인들은 멀리 이역까지 여행하는 데 익숙지 않기에 외국 사정을 상세히 알지 못합니다. 비록 인도의 영토가 협소하고, 사람들이 비루하다 해도 불교에서 말하는 것이 이치에 합당하면 그것을 따라도 무방하다고 봅니다."

이에 대해 마테오 리치는 서양 선비가 대답하는 형식을 취해, 윤회설의 오류를 다음과 같이 논증하고 있다.

첫째, 만약 사람의 영혼이 다른 몸으로 가서 다시 세상에 태어나서 혹 다른 사람이 되거나, 혹 짐승으로 되었다면 본성本性의 영靈은 반드시 사라지지 않으니 그가 전생에서 한 바를 마땅히 기억할 수 있다. 그러나 우리에게는 절대로 그러한 기억이 없고, 또 그것을 기억하고 있는 사람이 있다는 것을 들어본 일이 없다. 그렇다면 전세前世가 없는 것은 매우 명료하다.

둘째, 상제上帝는 우선 최초로 사람과 짐승을 창조할 때, 죄 있는 사람을 반드시 짐승으로 변조시키지 않았다. 또한 각각 자기 본래의 혼을 부여했을 뿐이다. 만약 지금의 짐승이 인간의 영혼을 갖고 있다면, 지금 짐승의 혼과 옛날 짐승의 혼은 다를 것이다. 당연히 지금의 것은 영특하고 옛것은 우둔할 것이다. 그러나 우리들은 차이가 있다는 것을 듣지 못하였다.

셋째, 도道에 밝은 사람은 모두 혼에 삼품三品이 있음을 설한다. 하품下品은 생혼生魂으로 초목草木의 혼이다. 중혼中品은 각혼覺魂으로 짐승의 혼이다. 상품上品은 영혼으로 사람의 혼이다. 만약 짐승의 혼과 사람의 혼을 동일하다고 하면, 이것은 혼에는 단지 두 종류만 있다는 것이니 세상의 통론通論을 어지럽히는 것이다.

넷째, 사람 몸의 생김새는 뛰어나게 준수하여 짐승과는 다르다고 한다면, 이들의 혼 또한 다를 것이다. 일단 사람 몸의 생김새가 짐승과 다르다는 것을 알았다면 사람의 혼 또한 어찌 짐승과 서로 같을 수 있겠는가? 따라서 석씨釋氏가 말하듯이 "사람의 영혼이 다른 사람의 몸에 의탁하거나, 혹은 짐승의 몸에 들어가 세간에로 회생回生한다"는 말은 참으로 허튼 소리이다. 사람의 자기 혼은 다만 자기의 몸과 합할 뿐이지, 어떻게 자기의 혼으로 남의 몸과 합해질 수 있겠는가? 또한 하물며 다른 부류의 몸과 합하겠는가?

다섯째, 사람의 혼이 짐승으로 변한다는 말은 원래 근거가 없었던 것이다. 다만 저들이 전세前世의 음행淫行이 어떤 짐승을 흉내냈기에

376

천주께서 쫓아가 저들을 벌주어 후세에 짐승이 되게 한 것이 아닌가 하고 의심할 뿐이다. 악인의 혼이 짐승으로 변하더라도 악인의 형벌로 봐서는 안 된다. …… 따라서 윤회의 거짓되고 허황된 말은 악을 막고 선을 권하기에는 무익할 뿐만 아니라 오히려 손해만 있다.

여섯째, 살생의 금지를 말하는 자들은 자기가 도살한 소와 말이 자기 부모의 후신인 것이 두려워 차마 죽일 수 없다는 것이다. 과연 그처럼 의심이 든다면, 소로 밭을 갈거나 수레를 끌고, 말에 재갈을 물려 타고 다니는 것을 어찌 참아 낼 수 있겠는가? 그렇다고 농사일을 폐할 수도 없고 가축의 사용을 없앨 수도 없다. 그렇다면 살생 금지의 계율이 황당한 것임에 무슨 의심이 있겠는가? 그래서 "사람이 짐승으로 변할 수 있다"고 하는 말은 믿을 수 없는 것이다.

지금 마테오 리치의 이 주장을 보면, 피타고라스가 윤회설을 설했다고 하는 것이 설령 사실이라고 인정하더라도 불교가 피타고라스의 설을 훔쳤다고 하는 것은 무지의 소치이거나 악의적인 선전일 뿐이다. 붓다는 불교 이전 고대부터 인도 사상 가운데 있어왔던 윤회설을 받아들이고, 그들의 유아윤회설有我輪廻說과는 달리 무아윤회설無我輪廻說을 설파했던 것이다.

(5) 인도의 전통적 바라문교의 윤회관에 의하면, 아트만(영혼)이라고 불리는 불사不死의 자아(自我: 불멸의 주체)가 낡은 육신에서 빠져나와 새로운 육신에 들어감으로써 죽음과 삶이 반복적으로 지속된다는 것이다. 아트만의 존재가 윤회 성립의 필수조건이라는 점에 이 같은 윤회는 유아윤회有我輪廻라 할 수 있다. 우리의 일상적 행동

의 근저에 아집(我執: 자아의식)이 강하게 작용하고 있다는 점을 부정할 수 없다.

　그러나 바라문교의 유아 윤회에 대해, 불교의 윤회관은 아트만과 같은 형이상학적 실체로서의 자아를 인정하지 않는다. 붓다의 깨달음은 연기緣起의 자연법칙으로 집약된다. 연기법은 만물의 인과법칙이다. 연기법의 요지는 직간접의 다수 원인들과 조건들이 상호 작용함으로써 만물이 변화의 과정에 있다는 것이다. 그것은 쉽게 말하면 만물이 무상할 수밖에 없는 인과의 이치를 지적하는 개념이다. 그러므로 신이나 영혼과 같은 불변·불멸의 영적 실체는 존재할 수 없다. 하지만 대부분의 사람들은 나의 존재를 내세에까지 확장하여 미리 보장받고 싶어 하는 강인한 자기집착에 지배되어 살아가므로, 신이나 영혼이 실재하는 양 상정하며 살아간다. 아트만이라는 고정관념은 이렇게 하여 성립된다. 붓다께서도 미혹·번뇌의 아(我, 아트만)로서 살아가는 범부의 생존을 인정했고, 바로 그들에게 그로부터 벗어나라고 설법했다. 그러므로 불교에서는 아트만의 상정을 아집의 소산으로 간주하고, 이 아집이 인간의 삶을 왜곡한다고 파악하여, 윤회는 아트만이 없이 오직 업業에 의하여 성립한다고 주장한다.

　실제로 불교에서 긍정하는 아我는 여러 가지 조건이 모여서 성립하는 자아, 즉 가아(假我, prajñapti, paññatti, 잠시 인연으로 존재하는 나)만이 있다. 가아란 양심, 욕망, 분노, 기쁨, 슬픔, 노력, 태만 등 육체와 정신의 온갖 기능, 즉 5온이 집합함으로써 성립되는 경험적 자아인 것이다. 따라서 육체와 정신의 기능에 따라 자아도 변해 간다. 끊임없이 변해 가는 것이 가아의 특징이다. 인간이 살아간다는 것은 끊임없이 변해 감을 의미하기 때문이다. 이런 의미에서 가아는 악을 행함으로써 악인이 되게 하고 선을 행함으로써 선인이 되게 하는 주체이다. 그러므로 불교가 인정하는 자아, 즉 영혼은 그와 같은 가아로서의 자아이다.

업業의 의미가 육체적인 행위와 정신적 기능을 모두 포함한다는 점을 고려하면, 가아란 곧 업의 집합이며 연속이라고 말할 수 있다. 그러므로 윤회의 실상에 관한 의문은 '업의 연속'으로 답변되는 것이며, 이 답변이 암시한 바가 무아설인 점 또한 명백하다. 그러므로 윤회의 주체는 가아인 것이며, 윤회란 가아의 상속(相續: 변화의 연속적 흐름)이다. 불교는 그 같은 불변·불멸의 주체가 없이 윤회가 진행된다고 한다. 5온의 활동이 남긴 잠세력, 잠재의식으로 간직되어 있는 경험(습관적인 힘), 곧 업(業力)의 상속에 이끌려 윤회한다고 한다.[125] 『아비달마구사론阿毘達磨俱舍論』에서는

번뇌와 업으로 형성된 것은 중유(中有, 中陰)의 상속相續에 의해 마치 등불처럼 모태로 들어간다. …… 온蘊은 찰나적으로 멸하며 윤회하는 능력이 없다. 그간 쌓아 온 번뇌와 업의 작용으로 인해 중유로 하여금 온을 상속하여 태胎로 들어가게 한다. 비유하자면, 등의 불빛은 찰나적으로 사라지지만 서로 이어져 다른 곳으로 옮겨 가는 것과 같다. 온들 역시 그러하다. 따라서 아트만은 없더라

---

125 정승석, 『윤회의 자아와 무아』(장경각, 1999), pp.257~260 참조.

도 미혹의 업으로 말미암아 온들이 상속하여 모태에 들어간다.[126]

라고 하여 "온갖 번뇌와 업에 의해 오염된 온蘊은 중유中有라는 상속을 거쳐 모태로 들어간다"고 무아윤회無我輪廻의 실상을 밝히고 있으며,『잡아함 335경』「제일의공경第一義空經」에서도 무아와 업보에 대하여 다음과 같이 설하고 있다.

"업보는 있으나 그것을 짓는 자는 없다. 이 음(陰, 5온)이 사라지면 다른 음이 상속한다."[127]

윤회설은 마테오 리치가 말하듯이 권선징악의 도구로써 채택했던 것이 아니다. 그러므로 저악권선(沮惡勸善: 악을 저지하고 선을 권함)을 위한 윤회설은 무익하며 도리어 손해라고 하는 비평은 타당하지 않다. 하물며 초목과 짐승과 인간에 따라 삼혼三魂의 차별이 있다고 하여 그 관점에서 불교의 윤회설을 비난하고 있지만, 삼혼설三魂說을 인정하지 않는 불교도의 입장에서는 전혀 논파의 대상이 되지 않는다.

불교에서는 업業의 사상을 가지고 윤회를 자기의 책임으로 귀착

---

126 煩惱業所爲. 由中有相續 入胎如燈焰. …… 蘊刹那滅於輪轉無能. 數習煩惱業所爲故. 令中有蘊相續入胎. 譬如燈焰雖刹那滅而能相續轉至餘方. 諸蘊亦然. 故雖無我而由惑業諸蘊相續入胎.(『대정장』 29, p.47c.)

127 有業報而無作者. 此陰滅已. 異陰相續.(『대정장』 2, p.92c.)

시키지만 동시에 깨달음에 의해 윤회를 해탈할 수 있다고 설한다. 근본 취지는 자유의지로써 윤회의 미계(迷界)로부터 해탈하는 데 있는 것이지, 윤회육도輪廻六道를 면할 길 없는 족쇄로 실제시하고 있는 것은 아니다. 불교의 교설에 무지했던 리치로서는 그런 불교의 심오한 교설까지는 통찰할 수 없었던 것이다.

그렇지만 사람이 윤회하여 짐승이 되고, 물고기로 전생轉生하기 때문에 현재의 우마牛馬가 일찍이 자기의 부모였을지도 모른다고 하는 사고방식은 당시 불교계에 널리 행해진 신앙이다. 그것은 『범망경梵網經』의 "육도중생은 모두 나의 부모이다"라고 하는 설과 『금광명경金光明經』「유수장자품」 등이 깊이 민중 신앙 속에 침윤되어 것으로 말미암아, 윤회사상을 통하여 생활 속에서 살생을 경계하고 방생을 장려하는 풍토를 이루었던 것이다.

기독교도의 입장에서 볼 때, 불교도들이 살생을 경계하는 모습이 가장 색다르게 눈에 띄었던 모양이다. 그러므로 마테오 리치는 윤회설에 대한 비판에서 더 나아가 살생계의 비판에까지 파고들었던 것이다.

만약 말하는 것처럼 윤회가 사실이고 소나 말이 부모의 후신이 아닌가 두려워하여 차마 죽일 수 없다면, 소를 몰아서 경작하고 수레를 끌게 하는 것이나 말에 재갈을 물려서 타고 다니는 일이 불가능하여 농사를 그만둘 수밖에 없을 뿐만 아니라, 돌아가신 어머니가 아닌가 하여 혼인도 할 수 없고, 사람을 부릴 수도 없는 것이 아닙니까? 또한 초하루와 보름(朔望)에만 육식하지 않고 나머지 28일간 살생하여 먹는다고 한다면, 그것을 금계禁戒라 할 수 있겠습니까?

저는 이미 죽은 사람의 혼이 짐승으로 변하는 이치가 없음을 명백히 증명했기에 아울러 살생의 금계가 쓸모없음을 드러내 보이는 것입니다.

천주께서 이 천지 및 만물을 창조하신 것을 생각해 본다면, 그것을 생기게 하여 사람들이 사용하게끔 하지 않은 것은 하나도 없습니다.

따라서 우리는 천주의 높으신 은혜에 감사하면서 때에 맞게끔 삼가 이것들을 써야 하는 것이며, 옛날부터 지금에 이르기까지 여러 나라의 성현들이 모두 살생하여 고기를 먹었으나 이것을 후회하지도 않았으며, 또한 계율을 어겼다고 생각하지도 않았습니다.

이와 같이 마테오 리치는 새나 짐승을 죽이는 것을 금하지 않고, 단지 그것을 이용하는 데 절제해야 한다는 견해를 피력했던 것이다.

마테오 리치의 이 주장은 천주창조설에 입각한 삼혼(三魂: 生魂·覺魂·靈魂) 차별을 전제로 하는 것이다. 따라서 윤회사상에 의해 세워진 계살생戒殺生의 신앙은 처음부터 도저히 받아들일 수 없다고 판단했을 것이지만 ─ 그가 계살생을 강하게 비난한 행태에서 ─ 윤회사상이 당시 민간불교도의 신앙 가운데 얼마나 깊이 침윤했었는지를 엿볼 수 있다.

마테오 리치의 불교비판 가운데 중요한 것은 이상의 것 외에, 또한 제3, 4, 7편에서는 불교의 거짓됨을 다음과 같이 열거하며 비난과 비방을 하고 있다.

1) 석가모니가 오래된 천주교(유대교인 듯)의 이론을 훔쳐 듣고
는, 천주와 천당과 지옥에 관한 뜻을 빌려 자기의 사사로운 뜻과
사특한 도리를 전했습니다.

2) 세상 사람들은 붓다의 거짓말(佛氏誑語: 佛經)을 금지하지 않아
서, 그 해악을 끼치는 말(毒語)에 감염된 것을 알지 못하고 있습
니다.

3) 이단의 거짓 경전들에는 공허한 낱말들과 거짓된 주장들이 다
헤아리기 어려울 만큼 많으니, 그것들은 모두 천주로 말미암아
나온 곳이 아닙니다. 예를 들어 말한다면,
"태양은 밤에 수미산須彌山 뒤에 숨는다."

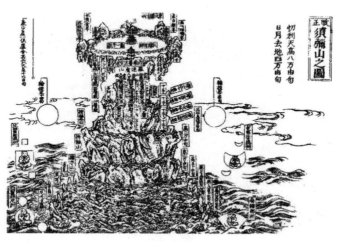

수미산

"세상에는 사대주四大洲가 있는데, 모두 바다 가운데 떠 있으며, 반쯤은 보이고 반쯤은 잠겨 있다."

"아함(阿含: 阿修羅를 誤譯한 듯)이 좌우의 손으로 해와 달을 가리면 일식과 월식이 된다."

이런 현상들은 천문지리에 관한 일들이나, 인도에서는 원래 알지 못하였기에 우리 선교사들은 이를 비웃었고 따지고 싶지도 않습니다.

4) 『대승묘법연화경大乘妙法蓮華經』이라는 불경이 있습니다. 자기 후손에게 당부하기를, "이 불경을 암송하는 이는 천당에 이르러 복을 받는다"고 하였습니다. 이런 이치대로 따져 본다면, 죄가 크고 악이 극에 달한 사람일지라도 이 불경을 펴놓고 읽어 나가는 데 힘쓸 수 있다면 하늘에 올라가서 복을 받을 수 있을 것입니다. 그러나 수덕행도修德行道하는 사람이 가난하고 궁핍하여 그 불경

사대주

을 살 형편이 못 된다면, 역시 장차 지옥에 떨어진단 말입니까?

5) '나무아미타불南無阿彌陀佛'을 헤아릴 수 없이 큰소리로 외면 이전에 지은 죄를 면하고, 죽은 후에 화평하고 행복하게 되며 재앙이 없어진다고 합니다. 이와 같이 쉽다면 바로 지옥에서도 천당에 올라갈 수 있지 않겠습니까? 누가 사욕을 좇아서 자신을 더럽히고, 상제를 모욕하고, 오륜의 도리를 어지럽혔다 해도 임종 때에 나무아미타불을 몇 차례 왼다면, 다음 세상에 신선이나 부처로 변한다고 여기지 않겠습니까?

천주께서 벌을 주거나 상을 주는 데는 이런 정도로 공정公正을 잃은 적은 없습니다. 무릇 나무아미타불 한 구절이 무슨 깊은 묘력이 있어서 곧바로 무거운 재앙에서 벗어나게 하고, 후한 상을 드러나게 할 수 있겠습니까?

덕행을 찬미하지 않고, 이전에 지은 죄를 뉘우치지 않고, 마땅히 지켜야 되는 계율을 논하지 않는다면 어디로부터 수행의 공로를 세울 수 있겠습니까?

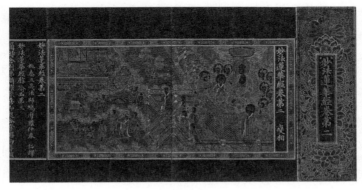

『묘법연화경』

6) 중국 선비가 묻기를, "불상에 예배하고 불경을 읽는 것은 전혀 무익합니까?"

서양 선비가 말하길, "어찌 무익에 그치겠습니까? (천주의) 정도正道를 크게 해치는 것입니다. 오직 이 이단만큼은, 제사지내고 절하며 존숭하면 할수록 죄는 그만큼 더 무거워지는 것입니다. …… 유학자들은 중국에서 이씨교(二氏教: 佛教・道教)를 폐지시키려 하면서도 지금도 두 종교의 사관寺觀을 세우고 그 상像에게 절을 합니다. 비유하면 나쁜 나무를 고사시키려 하면서도, 그 뿌리를 북돋워 주어서 이들을 도리어 번성하게 해주는 것과 같습니다.

무릇 우리 천주께서 (인간들에게) 내려주신 공부란 — 부처나 노자의 공空이나 무無의 적막지교寂寞之教가 아닌 — 모두 성誠과 실實로써 우리의 마음을 인도지묘仁道之妙로 이끌어 가려는 것입니다. …… 제가 보기에는 중국 선비들의 문제점(病)은 바로 이런 것입니다. 그들은 다만 (천명으로 부여받은) 명덕明德의 수양만을 말합니다. 그러나 사람의 의지가 쉽게 지쳐서 자기 스스로를 독려해 가면서 수양해 나갈 수 없음을 모르고 있습니다. 또한 천제天帝를 우러러보고 자부慈父의 은총을 기구祈求할 줄 모릅니다. 그래서 덕을 이룬 사람이 중국에서 별로 보이지 않는 이유인 것입니다."

7) 불상佛像・제상諸像의 기원은 옛날 우매한 사람들이 권위 있는 사람의 사후에 형상을 만들어 사우祠宇를 세운 것이 시초인데, 사람들이 혹 향을 올리고 소지燒紙를 바침으로써 저들에게 복과 도움을 기원하게 되었습니다. 이를 악용하는 사악한 사람들이 우매

한 사람들을 겁주고 잘못된 길로 유혹하여 그들로 하여금 우상을 조각하여 제사를 받들게 하는 일도 있었습니다.

지금 묘우廟宇에는 일신백비一身百臂, 삼두육비三頭六臂, 우두牛頭, 용미龍尾 등 괴이한 상을 많이 안치하여 절하고 제사지내니 슬픈 일입니다.

8) 유儒·불佛·도道 삼교三敎는 그 핵심사상에 있어서 성誠과 공空과 무無의 차별이 있고, 그 근본 계율에 있어서도 불교는 살생을 경계하고, 노자는 희생을 써서 제사지내는 차이가 있습니다.

이와 같이 천지수화天地水火의 차이가 있는 삼교三敎를 귀일歸一케 하는 것은 일신삼수一身三首의 요괴의 논론論입니다.

이 같이 불교에 대한 비난과 비방을 몇 가지 살펴보았는데, 명말 불교계의 모습이 어떤 면에서 새로 들어온 이교도의 주목을 끌었는가를 알 수 있는 점이 나타나 있다. 『천주실의』 최후의 8편에서 원죄와 아울러 예수의 강생을 설한 후, 불교 초전初傳에 관한 한漢나라 명제明帝의 구법求法 전설에 대해 미문未聞의 새로운 해석을 내리고 있는 것은 황당하면서도 기발하다.

한漢 명제가 사신을 파견하여 서쪽으로 가서 성경을 구하려 했던 것은, 실은 예수 강생의 일을 들었기 때문입니다. 그런데 사신은 중도에 잘못하여 인도에 도달하였고, 그 불경을 가져와 중국에 전하고 퍼뜨렸습니다. 때문에 오늘날에 이르기까지 귀국(중국)은 속아서 올바른 도리를 들을 수 없었던 것입니다. 그로 인하여 학술學術의 불행이 크게 되었으니 어찌 참담하지 않을 수 있습니까?

전래되어 온 지 오래된 한나라 명제의 구법설화에 대하여, 이와 같이 명제의 뜻은 원래 예수의 복음을 접하고 싶어 서쪽으로 사자使者를 보냈던 것인데, 사자의 실수 때문인지 아니면 사자를 맞이한 사람들이 복음을 시기한 때문인지 엉뚱하게 불교를 전하게 됐다고 하는 이 새로운 설은 아무래도 황당무계한 악의적 착상이 아닐 수 없다. 불교가 최초로 중국에 들어 온 시점을 명확히 하는 것은 어려운 일이며, 그에 관한 많은 설이 여러 자료에 등장하고 있다. 그 가운데 『고승전』 권1 첫머리에 나오는 불교 초전의 내용[128]에 대하여

---

128 후한後漢 영평永平 연간(58~75), 명제는 금인金人이 하늘을 날아 왕궁에 온 것을 꿈속에서 보았다. 그래서 많은 신하들을 모아 해몽을 시켰다. 박식한 부의傅毅가 답하기를 "신은 서역에 신이 있어 그 이름을 부처라고 한다는 것을 들었습니다. 폐하께서 꿈에 보신 것은 반드시 그 신神임이 분명하다고 생각됩니다"라고 아뢰었다. 명제는 그 말이 틀림없다고 여겨서 곧 낭중(郎中: 벼슬이름) 채음蔡愔과 박사제자博士弟子 진경秦景 등을 보내 불교를 찾도록 하였다. 이들은 인도에 가서 섭마등摩騰을 만나 중국으로 함께 가자고 부탁하였다. 섭마등은 불교를 포교할 강한 염원을 갖고 있었기 때문에 노고를 아끼지 않고 낙양에 도착하였다. 명제는 정중히 그를 대접하고 성의 서문 밖에 정사(精舍: 白馬寺)를 짓고 거기에 머물도록 하였다. 이것이 중국에 사문沙門이 들어온 시작이다(漢永平中. 明皇帝夜夢金人飛空而至. 乃大集群臣. 以占所夢. 通人傅毅奉答. 臣聞西域有神. 其名曰 佛. 陛下所夢將必是乎. 帝以爲然. 卽遣郎中蔡愔博士弟子秦景等. 使往天竺尋訪佛法. 愔等於彼遇見摩騰. 乃要還漢地. 騰誓志弘通不憚疲苦冒涉流沙至乎雒邑. 明帝甚加賞接. 於城西門外立精舍以處之. 漢地有沙門之始也).(『고승전』 권제1)

마테오 리치는 이를 불순한 의도로 개작하여 언급한 것으로 사료된다. 그리고 마지막에 성수聖水를 받는 것을 권하는 것으로 『천주실의』는 끝난다.[129]

2) 『중국지』에 드러나 있는 불교에 대한 비난과 비방

마테오 리치는 중국에 들어와 선교 활동을 하면서 인격적인 신의 존재를 알리려 시종일관 노력하였다. 그러기 위해서 성리학의 태극太極·이理의 개념을 파기하고 원시 유교경전인 『시경』·『서경』에 등장하는 상제上帝의 개념에 주목하였으며, 상제의 개념을 천주라는 용어로 탈바꿈시켰다. 그 과정에서 송학을 비판하고 원시 유교경전을 찬양하게 되었으며, 다른 한편 종교로서의 완벽한 이론 체계와 신행 구조를 지닌 불교의 교리를 의도적으로 비판·비난을 하고 있었음을 앞서 『천주실의』에서 살펴보았다. 다음에는 보고서에서 드러나고 있는 불교에 대한 비난과 비방을 살펴보기 전에, 먼저 마테오 리치의 대對 불교관을 살펴보기로 한다.

   (1) 마테오 리치의 보고서인 『중국지中國誌』 제1권 제10장에 있는 불교에 대한 기술을 살펴보면,

---

129 橫超慧日, 「明末佛敎と基督敎との相互批判」(上)(「大谷學報」 제29권, 昭和24), pp.9~15 참조.

유교 다음가는 종파는 석가 또는 아미타불 파로, 이것을 일본에서는 '샤카' 또는 '아미타바'라고 부르며 불법佛法이라고 쓰고 있습니다. 이 법(종교)은 천축 또는 신독이라 불리는 중국 서쪽에 있는 왕국에서 유래했습니다. 이 왕국은 우리가 현재 힌두스탄이라고 부르는 나라로 인더스 강과 갠지스 강 사이에 자리하고 있습니다. 이 불교가 인도에서 일본으로 전해진 것이 확실한데, 일본의 불교 신자들은 석가나 아미타불이 일본으로 왔거나 불교가 샴 왕국에서 전래된 것이라고 말하고 있는 듯합니다. 이것이 어떤 근거를 기초로 하고 있는지는 모르겠지만, 이 중국에서는 샴

명대불화 아미타불

이 불교 경전에서 말하는 천축과 다른 나라라고 널리 알려져 있습니다.

불교의 교의를 만든 사람들은 서양 고대 철학자들에 관해서 잘 알고 있었던 것 같습니다. 그들은 하계下界나 인간, 동식물 및 기타 혼합물이 4개의 요소로 이루어졌다고 주장하지만, 이와 같은 4대설은 그 이전 중국에서는 들어본 적조차 없는 주장이기 때문입니다. 불전佛典은 또한 세계의 다양성 등 데모크리토스와 그 밖의 철학

자의 주장도 말하고 있습니다. 특히 이 지방에 퍼진 것은, 영혼이
육체에서 육체로 다시 옮겨 태어난다는 윤회설로 이는 피타고라
스의 주장에 다시 많은 이야기를 덧붙여 만든 것입니다. 그런데
이것을 참으로 진실처럼 지어내고 있습니다. 그뿐이 아닙니다.
그들은 그리스도교에 관해서도 꽤 명확하게 알고 있는 듯한 구절
이 있습니다. 그것은 세 신이 하나가 되는 삼위일체의 존재에 관
해 말하고 있는 구절입니다. 또한 선인에게는 천국을 약속하며
악인에게는 지옥으로 위협하고 있습니다. 고통받는 것을 두려워
하지 말 것과 자신의 잘못을 고칠 것을 가르치고, 독신생활을 권
장하며 결혼을 전면적으로 금지하고 있습니다. 그리고 집을 버리
고 가난하게 보시를 구하면서 순례하는 것을 권장합니다.
불교 의식은 많은 점에서 그리스도교 의식과 관련되는 점을 가
지고 있습니다. 그들이 찬불가를 부르는 것을 들으면 마치 성당
에서 찬송가를 듣는 것과 같습니다. 또 사원에는 그림이나 상像
이나 등불이 놓여 있습니다. 그리고 승려가 두른 법의는 그리스
도교 성직자가 입는 옷과 비슷합니다. 게다가 불교에는 여기저기
달마(達磨, Tolome[130])라는 이름이 나오는데, 이것은 불경을 저술
한 사람이 아마도 성 사도(바르톨로메오[131])의 이름을 불경에서 말

---

130 불교와 도교 관련 이름이나 용어(達磨Tolome, 六祖Locu, 地藏Ti-cam, 阿羅漢
   Holochan, 許眞君Huiunsin, 眼光Hoa-quan)가 실제 발음과는 동떨어지게 표기
   된 것이 많은 것은 이들을 우상숭배로 경멸했기 때문에 표기도 무성의하게
   한 것 같다.

131 바르톨로메오Bartholomaeus: 예수의 12제자 중 한 사람. 바돌로메라고도 한

함으로써 권위를 세우려 한 것이 아닐까 합니다.

그러나 불경을 지은 사람들은 이와 함께 참으로 많은 거짓말을 하고 있으므로, 물론 우리 서양에서 진리를 훔쳤다는 사실을 스스로 인정해야 하겠지만, 진리의 빛을 흐리고 있습니다. 이는 그들이 하늘과 땅 및 천국과 지옥을 혼동하고, 영혼은 어느 것이나 영원히 머무는 것이 아니라 몇 년이 지나면 다시 태어나서 다른 세계에 몸을 두고 그곳에서 과거의 죄를 갚을 수 있다고 가르치기 때문입니다. 이와 같은 가르침은 이 불쌍한 왕국에 끝없는 해악을 가져왔습니다.

고대 불교도가 만든 것으로 지금도 볼 수 있는 것이 많은 불교 사원들입니다. 그 대부분은 매우 장엄해서, 청동이나 나무 혹은 대리석이나 석고 등으로 만든 터무니없이 큰 우상이 안에 있습니다. 이런 불교 사원에는 돌과 기와로 만든 대단히 큰 탑이 세워져 있고, 그 탑은 청동과 철로 만든 많은 종과 그 밖에 매우 가치 있는 장식으로 꾸며져 있습니다. 이 불교라는 종파에서 사제는 화상和尙으로 불립니다. 그들은 중국의 관습과 달리 머리를 삭발하며 수염도 깎습니다. 그 대부분 사람들은 산에 칩거하며 수행합니다. 숫자가 대략 이삼백 만이나 되리라 생각하는데, 이들은 앞

다. 빌립의 전도로 제자가 된 것으로 되어 있으며, 『신약성서』 공관복음서에 그 이름이 나타날 뿐, 자세한 활동 상황은 알 수 없다. 「요한복음」에는 예수의 제자들 명단에서 빠져 있고, 그 대신 나타나엘이 등장하므로, 두 사람을 동일인으로 보는 견해도 있다. 전승에 따르면 복음서를 썼고, 주로 소아시아·인도 등지에서 포교하였으며, 후에는 아르메니아까지 갔다고 한다.

서 말한 사원에 살면서 예로부터 이런 절에 들어오는 연공年貢과 희사로 생계를 꾸려가고 있습니다. 이런 연공과 희사는 지금도 이루어지고 있으며, 가끔 사원이 사업을 운영하여 그 수익으로 생계를 꾸려가는 경우도 있습니다.

이들 승려는 중국에서 가장 비천한 사람들이며, 또한 사회에서도 그들을 비천하다고 생각하고 있습니다. 이것은 그들의 출신 때문 인데, 모두 하층의 가난한 집 자손이기 때문입니다. 아이일 때 양 친에게서 버려져 나이든 화상들에게 팔린 것입니다. 그리고 이들 은 얼마 뒤 다시 화상의 수입과 직업을 이어받는 것입니다. 그들 이 저열하다고 간주되는 것은 그들의 무지함에 있기도 합니다. 다만 그들 중에는 약간의 재주가 있거나 학문에 열중하여 박식한 사람이 가끔 있을 정도입니다.

또한 가정을 꾸리지 않았다 하더라도 금욕을 지키는 사람은 아주 적습니다.

『중국지』는 중국에서 선교 활동을 하며 보고 느꼈던 점을 주관 적·자의적으로 기록한 것이기 때문에 신뢰할 수 없다 하더라도, 그 당시 예수회 소속 신부들의 심리적 내면을 엿볼 수 있는 장면이 나 타나 있는 자료로서의 가치가 있다.

(2) 마테오 리치는 중국에 들어오면서부터 불교에 대한 공격을 시작하였다. 『중국지』에서 중국의 여러 종교를 소개하는 자리에서 불교에 대해 설명하면서 "진리의 빛이 몇 가닥 그 속에 들어 있다 하

더라도 불결한 허위에 파묻혀 있어서 알아볼 수조차 없을 지경"이라며, "좋은 계율이 있어도 제대로 지키는 사람은 희귀하며, 멋대로 계율을 어기는 죄는 보시나 기도를 통해 얼마든지 속죄해서 벗어날 수 있다"고 한다고 폄하하였다.

그리고 이어서 중국 학인들의 관점을 빌려 불교에 대한 비난을 계속하였다. 불교가 처음 중국에 들어올 때 매우 호의적으로 받아들여진 까닭은 영혼의 불멸성과 내세의 행복을 가르친 때문이었으나, 당시 중국 학인들의 기록을 보면 이 종교가 진리에 대한 접근에서 다른 종교들보다 뛰어난 반면 그 허구성의 극악한 병폐는 모르는 사이에 그 못지않게 빨리 퍼져나갔다고 하였다. 불교의 발전을 가로막는 가장 큰 힘은 중국 지식인들이 이 종교에 내려준 평판이었으니 불교를 처음 받아들인 왕들이 비명에 참혹한 죽음을 맞았으며, 불교와 관계된 모든 사물이 쇠퇴하고 멸망에 이른 것은 불교 때문이라는 것이었다.

승려들에 대해서도 마테오 리치의 비난에는 여지가 없었다.

절에 사는 승려들은 직접 노동을 통해서 비용을 벌어들이기도 하지만, 신자들의 보시 또는 과거에 만들어져 있는 사찰의 수입원에 생계를 의지한다. 사찰의 하인들이라고 말할 수 있는 이 특별한 계층은 온 나라에서 가장 비천하고 경멸받는 계급으로 간주하며, 또 실제로 그런 대접이 합당하기도 하다. 그들의 출신은 사회 밑바닥의 찌꺼기이며, 어렸을 때 노예로서 절에 팔려서 온다. 하인 노릇을 하며 제자가 되고, 나중에는 자기 스승들의 신분과 수

입을 계승한다. 이런 계승 방법이 승직僧職의 보존을 위해 통용된
다. 성스러운 생활을 유지하기 위해 자기 의지로 이 더러운 중들
의 소굴에 끼어 들어올 사람은 한 사람도 있을 수 없다. 제자들은
스승들의 무지몽매를 그대로 이어받는 데다가 학문과 품행을 향
상시키려는 노력도 없으니 그들의 사악한 성향은 날이 갈수록 더
욱더 나빠지기만 할 뿐이다. 이런 생활방식에 대한 예의가 아주
없지는 않겠지만, 그런 사람들은 학문을 좋아하고 스스로의 노력
으로 무엇인가를 성취하는 희귀한 몇몇일 뿐이다.

송대宋代에 시작된 승려집단의 타락현상은 원대元代를 지나 명대
明代까지 계속되어, 명나라 후기에 이르러서는 지식인으로서 불교를
추구하는 사람들이 출가하여 승문僧門에 들기보다는 재가수행의 길
을 걷는 이른바 거사불교居士佛敎의 양상이 펼쳐지고 있던 것에 비
추어 대략은 수긍이 가는 이야기다. 1640년대에 나온 반反서학 책자
인 『벽사집』에 실린 제명際明 선사의 편지에도 "오늘날의 불제자들
은 이름만 있지 뜻이 없는 자들
이 많으니, 이 외난外難을 계기로
하여 그들을 경송警悚시킨다면
불법을 위해 다행인 일이 되지
말란 법도 없을 것"이라 하였다.
그러나 자백 달관(紫栢達觀, 1543
~1603)이나 우익 지욱(藕益智旭,
1599~1655)처럼 불교계만이 아

자백 달관

니라 당대의 사상계를 지도하는 위치에 있어 승속에 의해 존경받던 고승들에 대해서까지 심한 야유와 인신공격을 퍼붓는 것을 보면 증오심이 깔린 무차별적인 비난이라는 느낌을 받지 않을 수 없다.

"승려 달관達觀이라는 사람은 상당한 학식을 가진 약삭빠르고 영리한 자인데, 모든 종파에 대한 지식을 가지고 있어서 상황에 따라 이 편을 표방했다가 저 편을 표방했다가 한다. 그가 마테오 리치 신부를 만나고 싶어 한다고 하면서 자신의 집으로 와서 고위 관리들도 행하는 예절, 즉 자신 앞에서 무릎을 꿇는 예를 행하지 않아도 된다고 하였다. 신부는 사람을 보내 알리기를, 신부는 그에게서 배우고 싶은 것이 아무것도 없으니, 만약 달관 당신이 배우고 싶은 것이 있다면 얼마든지 찾아와서 배워 가라는 것이었다. 마테오 리치는 이 사람이 속한 비천한 계급과는 아무 관계도 가지지 않는 편이 좋다는 생각이었다. 사기꾼 중에도 이 사기꾼의 거만함은 도저히 참아낼 수 없는 것이었다. 하기야 사탄의 학교에서 가르쳐 준 것이 거만함밖에 무엇이 있었겠는가? 정직한 사람이라면 아무도 참아낼 수 없을 것이다. 실제로 그들(정직한 사람들)은 이 사람에 대한 증오심을 키워 왔으며, 그의 몰락을 바라보고 있었다."

"오래지 않아 북경에는 누가 쓴 것인지 알 수 없는 요서妖書 한 권이 나타나 황제, 황후와 그 밖의 요인들을 비판하였다. 책에서는 황제가 태자를 바꾸고 자신이 좋아하는 둘째 아들을 태자로 세우려 한다고 하였다. 황제는 크게 노하여 그 출처를 추적 조사하라고 명을 내렸다. 이에 따라 북경 전체에는 모두 동원령이 떨어졌고, 곳곳에서 수색이 실시되어 조금이라도 의심이 되는 사람들은 모두 체포되어 각종 고문과 형벌을 당하였다. 끝까지 원흉을 찾아내지 못하자 황제는 매일 관리들을 닥달하였다. …… 그런데 가장 큰 혐의를 받은 것은 북경의 승려들이었다. 따라서 주요 인물들은 모두 체포되었고, 달관도 그 중의 한 사람이었다. 그들이 사는 곳을 뒤졌지만 증거는 나오지 않았다. 하지만 그들이 저지른 그 밖의 나쁜 일들은 발각이 되었다. 어떤 승려는 친구에게 관직을 사주었고, 또 다른 승려는 다른 곳에서 한 명 이상의 첩을 두고 있었다.

달관이 친구에게 쓴 편지 한 통을 차역들이 발견했는데, 그 내용은 황제를 비판하고 황제가 부처를 공경하지 않고 어머니에게 효성이 충분치 못하다는, 중국인에게는 중요한 부덕不德의 하나를 지적한 것이었다. …… (그는) 심한 태형笞刑 끝에 그 자리에서 죽었다. 죽은 후 그의 이름은 육체의 고통에 상관하지 않는다고 허황한 장담을 하는 사람의 대명사처럼 되었는데, 그는 평소의 장담을 까맣게 잊어버리고 매질을 당하는 어느 하찮은 인간 못지않게 비명을 질렀던 것이다. 그가 무슨 법술을 부려 죽은 척했을까봐 시체를 매장했다가 다시 파내기도 하였다. "

"그 교파의 또 한 명의 괴수인 지욱智旭은 북경에서 쫓겨나 머나먼 광동성으로 추방되었는데, (그가 자리 잡은 남화사南華寺에서)

가까운 도시 소주韶州에 그를 추종하는 사람이 많다는 사실이 밝혀지자 그 성省에서도 가장 구석진 곳(해남도)으로 거듭 추방되었다. 천주님이 오직 하늘에서만 권능을 가지셨다고 감히 떠들어대던 그는 그분의 권능이 땅 위에까지 미친다는 것을 쓰라린 경험을 통해 배웠다."

우순희虞淳熙라는 사람이 마테오 리치에게 편지를 보내, 자기가 보기에는 마테오 리치의 책에 나오는 내용이 불교와 비슷한 것이 많은데, 어째서 마테오 리치는 불교 서적을 널리 읽어보지도 않고 불교를 적대敵對하는지 묻고, 불교 서적의 목록까지 적어 마테오 리치에게 읽기를 권한 일이 있었다. 이에 대해 마테오 리치는 아주 긴 답장을 써 보냈지만, 불교를 비난하는 이유는 우상을 숭배하기 때문이라고 간단히 잘라 말하였다.

결국 유일신을 인정하지 않는 것이 많은 유사점에도 불구하고 마테오 리치가 불교를 배척한 궁극적인 근거였다고 할 수 있다.[132]

(3) 『중국지』 제3권 제10장에서 마테오 리치가 남경에서 추방되어 강서로 돌아가는 배 위에서의 기록을 보면, 그의 속마음이 민낯으로 드러나는 대목을 볼 수 있다.

"그의 모든 바람은 모두 물거품이 되고, 모든 노력은 헛수고가 된

---

132 김기협, 앞의 논문, pp.91~93.

것 같았다. 생각에 생각을 거듭하다가 몸과 마음이 극도로 지쳐서 자기도 모르는 사이에 잠이 들고 말았다.

깊은 잠 속에서 마테오 리치 신부는 꿈을 꾸었다. 꿈속에서 그는 먼 길을 가는 노인을 만났다. 노인이 그에게 말하였다. '그대가 바로 중국의 이곳저곳을 돌아다니는 사람인가? 그대 생각에 옛 종교의 뿌리를 뽑아내고 새로운 종교로 대체할 수 있다고 생각하는가?' 사실 마테오 리치는 중국에 온 이후 줄곧 이 생각을 가지고 있었다. 이에 마테오 리치는 대답하였다. '어떻게 제 생각을 알고 계신가요? 그럼 노인께서는 분명히 마귀는 아니고 천주님이시군요.' 그 사람은 말하였다. '나는 절대 마귀가 아니고 천주이니라.' 마테오 리치는 이때 그가 찾고자 했던 사람을 찾아낸 것 같았다. 이에 곧 바로 바닥에 무릎을 꿇고 그 사람에게 간구하며 말하였다. '주여, 주께서는 이미 제 계획을 알고 계시면서 어째서 저를 어려움 속에서 끌어내지 않으시는지요?' 말을 마치고 그 사람 발 앞에 엎드려 눈물을 흘리며 통곡을 하였다. 노인은 '나는 장차 두 수도에서 그대를 보호할 것이다.'라고 말하였다. 이 말을 듣고 마테오 리치는 마음속에 따뜻한 물줄기가 흘러가는 것을 느끼고 위로가 되었다. 이 말은 바로 천주께서 로마에서 이그나티우스에게 말한 것과 똑같은 내용이었다. 마테오 리치는 잠에서 깨어났다. 눈에는 눈물이 그렁그렁하였다. 방금 꾸었던 꿈을 즉시 동료에게 말해주었다. 그는 확신을 가지고 있었기 때문이었다. 분명히 천주의 계시였던 것이다. 어떻든지 간에 이후의 사실은 이 꿈이 예언으로 변했다는 것을 증명해 준다. 몇 년이 지나지 않아 그가 북경에서 남쪽으로 돌아올 때에 남경에 도착을 했는데, 바로 그곳은 꿈속에서 보았던 지방이었다. 이후에도 똑같은 지방에서 자유롭게 숙소를 지었고, 성공적으로 선교 활동을 하였다. 이렇게 그의 꿈은 예언된 것이다."

(4) 『중국지』에 드러나고 있는 불교에 대한 마테오 리치의 증오감을 살펴보면, 명대의 가장 탁월한 선사 중 한 사람으로 꼽히는 감산덕청(憨山德清, 1546~1622/1623)을 마귀로 비유해서 그를 형편없는 사람으로 묘사하고 숨길 수 없는 서구적 우월의식을 내비쳤으며, 세인의 웃음거리로 만들기 위한 기술도 서슴지 않았다.

중국 광동 남화사에 모셔진
감산 덕청의 육신상

"…… 인류의 적 마귀는 잠을 자지 않는다. 마귀는 온갖 방법으로 우리의 안녕을 파괴한다. 당시 마귀는 소주韶州에 특별한 대표를 두었다. 그는 바로 대법사大法師 감산憨山이었다. 감산은 본래 북경에 살았었는데, 나중에 일이 있어 광동에서 쫓겨 왔다. 소주에서 약 20마일 떨어진 남화南華에 오게 되었는데, 명성이 매우 높아서 적지 않은 신도를 끌어들였다. 도를 듣는 사람이 하루하루 늘어났고, 동시에 그는 희희낙락하게 되었다. 집을 나설 때에는 꽤나 겉치레를 하였다. 신부들이 하는 일에 대해서 그는 일찌감치 잘 듣고 있었다. 그는 신부들이 어느 날 모든 사당을 뒤엎고 모든 우상을 타도하기를 간절히 바란다는 것을 알고 있었다. 따라서 그는 자신의 권위를 이용하여 불행한 일이 발생하는 것을 막으려 하였다. 또한 그에 대한 교회의 위협을 제거하려 하였다. 하지만 그는 롱고바르도 신부를 만나서 그가 도대체 어떤 사람이기에 그렇게 많은 사람들을 끌어들이고 매혹시켰는지를 알아볼 생각이었다. 동시에 그는 매우 교만하여 외국인들에게 머리를 숙이려 하지 않았다. 따라서 그는 외국인이 먼저 자신을 방문하기를 희망하였다. 이렇게 해야 그는 답례방문을 할 수 있고, 체면을 지킬 수가 있는 것이다. 하지만 그는 뜻을 이루지는 못하였다. 그의 초청은 신부들에게 완곡하게 거절당했다. 어휘 구사가 초청장처럼 우매했던 것이다. 천주님의 성스러운 말씀을 알리는 사람들은 원칙 없는 사람과 도덕적 책임을 지지 않는 사람과는 어떠한 교류도 해서는 안 된다고 신부들은 생각하였다. 실망한 나머지 감산법사는 먼저 능동적인 자세를 취하였다. 그가 교회당에 왔을 때에 미소 짓는 겉모습은 그의 마음속 증오를 감추고 있었고, 사람들에게 허위적인 인상만 주었다. 마치 교육을 전혀 받지 않은 야만인을 만나러 온 것처럼 행동하였다. 하지만 자연적, 초자연적, 그리고 반자연적인 것에 관한 롱고바르도 신부의 이론을 듣고 나서 자신이 롱고바르도 신부의 적수가 되지 못함을 깨닫고, 그는 자신이 들은 것과 자신이 믿는 교敎의 도리와는 아무런 차이가 없다고 말하였다. 하지만 그는 신부들이 책에서 자신의 가짜 신을 공격한 것을 참을 수 없었고, 이로 인해 기회를 잡아 보복하려 하였다. 여기에서 우리는 커다란 화를 만들지 않으신 천주님의 특별한 보살핌에 감사드려야 한다. 감산법사가 자신에게 소속된 신도들을 조직하여 죄를 물으려 할 때에 북경에서 훈령이 내려왔는데, 그 내용은 그를 다시 중국의 가장 변두리 지역인 해남도로 내쫓으라는 것이었다."

이상 살펴보았듯이 마테오 리치는 불교 교리에 대한 맹목적 비판과 함께 명나라 말기의 고승인 자백 달관, 감산 덕청, 우익 지욱 및 불교계 교단에 대한 비난과 비방을 퍼붓고 있다. 천주교를 유일무이한 최고의 종교로 자부하고 있었던 마테오 리치는 불교를 천주교의 맞수로 볼 수 없는 적개심을 품고, 위와 같은 치졸하고도 악의적 비난과 비방을 서슴지 않았던 것으로 생각된다.

2. 불교의 벽사론

마테오 리치는 『천주실의』에서 설하기를, 천주가 유교에서 말하는 상제라고 주장하고, 불로佛老는 공무空無의 설이라고 배척하여 유儒·불佛·도道 3교三敎가 하나로 귀결하는 일은 없다고 역설하고 있다. 그 의도는 유교가 중국 사대부들 사이에서 전통적인 교양의 중핵 역할을 하고 있다는 관점에서, 그것을 선교의 지주支柱로 삼고자 하여 그 때문에 삼교귀일三敎歸一의 연합세력을 타파하고자 했던 것이다.

삼교귀일 내지 삼교일치를 상징하는 도가의
삼성도三聖圖

즉 불교와 도교를 유교로부터 이간하여 새로운 종교의 발걸음을 유리하게 이끌고자 하는 전략적 방책이 그 근저에 깔려 있다고 생각한다. 그러나 한 걸음 더 나아가 생각한다면, 유교는 본래 수신·제가·치국·평천하를 이상으로 하는 현세적 윤리설이기 때문에 미래적 종교인 그리스도교와는 영역을 달리함에 따라서 그것을 섭취하고 조화시키는 것은 그다지 어렵지 않지만, 그에 반해 다른 2교, 그 가운데 불교는 그리스도교와는 도저히 양립할 수 없었던 것이다. 불교 중에서도 당시는 정토교가 가장 우세하였는데, 정토교는 기독교와 외적 형식이 비슷한 종교로서 내세 사상(정토왕생)이나 신앙 귀의(아미타불에 대한 믿음)의 관념이 기독교에 못지않게 자못 현저한 것이었다.

마테오 리치가 공격의 칼끝을 3교 가운데 특별히 불교에만 집중했던 것은 아마도 이 사정을 간파했기 때문일 것이다. 과연 그는 공·윤회·지옥·천당·살생계·염불·우상 등을 향해 대담하고 용감하게 불교를 공격하였다. 공무空無의 비난은 선종을, 윤회가 허위라는 비방은 정토교를 목표로 하였다. 선종과 정토교가 서로 결속하면서 대세를 점했던 당시, 불교계가 이것을 좌시하고 묵과할 리 없었다. 그의 교설이 점차 분명해짐에 따라 이에 궐기하여 천주교에 대한 반격, 이른바 벽사운동闢邪運動을 전개하게 됐던 것이다.

불교 측의 벽사논쟁은 대략 3단계로 나눈다.

제1은 만력 43년(1615)에 절강성 운서산의 주굉에서 비롯된 것.

제2는 숭정 10년(1637) 전후에 복건성의 승·속을 중심으로 한 것.

제3은 숭정 15~16년(1642~1643) 무렵 절서浙西 북쪽 천목산天目山의 지욱에서 연유한 것이 그것이다.

제1의 주굉은 곧바로 마테오 리치의 설을 공박했고,

제2의 복건의 것은 줄리오 알레니(艾儒略, Giulio Aleni) 등의 세력을 복주에서 구축코자 했고,

제3의 지욱은 벽사 이론을 총설 요약하여 천주교의天主敎義 전반을 비판했던 것이다.

1) 불교와 유교의 관계

다음으로 기독교에 대한 불교의 반격을 고찰하기에 앞서 유교와 불교의 관계 교섭을 개괄적으로 살펴보기로 한다.

송대宋代의 유학은 찬란한 수·당 불교의 영향과 유교 자신의 내면적 반성의 성장에 의해 훈고訓詁의 학문에서 의리義理의 학문으로 전환하여, 철학 및 수양 두 방면에서 상당한 발전을 이루었다. 이리하여 유학의 대두는 당연히 불교에 대한 대항적 학풍과 융합적 학풍 두 가지 경향을 발생시켰다.

즉 배불론이 맹렬한 동시에 다른 한편으론 조화론도 조성하게 되었다. 배불론 가운데 불교는 인륜에 어긋나는 오랑캐(夷狄)의 가르침이기 때문에 국가에 이로울 것이 없다고 하는 현실적 입장의 배불론과 천리天理를 모르고 불교의 허무적멸의 가르침이야말로 허황되게 고원高遠함을 과시하여 착실한 궁리의 공부를 결여했다고 하는 이론적 입장에 섰던 배불론이다. 구양수(歐陽脩, 1007~1072) 등은 전자의 경우이며, 주자(朱子, 1130~1200)의 경우는 후자의 대표적인 사례이다.

그리고 조화 융합을 도모한 인물로는 유교에서는 이순보(李純甫, 1177~1223), 불교에서 계숭(契嵩, 1007~1072)이 있다. 이론적 배불론과 현실적 배불론은 엄밀하게는 구별할 수 없지만, 실제로는 양자가 혼합하여 조화 융합론과 서로 대립하고, 두 파派가 함께 송·원·명으로 전승되었다. 그러나 송·원·명의 시대사조가 불교보다도 유교에 있었기 때문에, 배불론이 주류를 이뤄 조화론이 반동의 위치에 섰던 것은 당연하였고, 유교에서는 주자학에 대해 육상산陸象山의 계통에서 명대明代에 왕양명이 배출됐는데, 왕양명의 학문은 불교에서 영향을 받은 바가 적지 않았음에도 불구하고 불교를 이단으로 배척하였다. 양명학은 문인 사이에 정통파와 신양명학파로 나뉘었기 때문에, 명나라 말에는 주자학파를 추가하여 대별하면 3종의 학파가 있었던 셈이다. 그중에 신양명학파가 3교의 조화에 힘을 기울였던 이외에는 모두 불교를 배척하였다.

그리고 주자학 이래 유학자가 접촉했던 불교는 주로 선종이었으며, 불교경전으로서는 『능엄경』·『원각경』·『금강경』·『벽암록』 등 지극히 한정된 것이었고, 불교에 대한 비판도 지극히 결여된 불교지식에 입각했고, 대부분은 일상적으로 접촉하고 실생활에서 보고 들을 수 있는 선가의 언행이 기초가 됐던 것은 말할 필요도 없다.

한편 천주교가 중국에 들어와 불교를 비평하게 되는데, 마테오 리치는 불교에 관한 지식을 어떻게 얻었을까? 그는 천주교 선교를 위해서는 먼저 한인 지식계급의 이해를 확보하는 것이 선결문제라고 생각하여 유학자와 가까이하고 유학서적을 연구하였다. 이것은 미리 예비지식을 지니지 않았던 마테오 리치가 중국으로 건너온 이래 중국어를 습득하는 것에서부터 출발하여 민족의 풍속·습관·성질 등을 연구하면서 난해한 유교 경전의 학습에 몰두하여, 마침내 천주교를 이론적으로 유교에 의해 보증 받고자 했던 것이기 때문에 그 신고辛苦의 노력이 어떠했는지 짐작할 수 있다. 따라서 그는 당시의 지도적 주류인 주자학 혹은 양명학에 의해 유교를 배우고, 유학자가 보았던 불교관을 참조하여 천주교 입장에서 불교 비판을 구성했던 것이 틀림없다. 불로공무설佛老空無說을 배척하고, 윤회설은 인륜을 어지럽힌다고 책망하고, 삼교귀일론三敎歸一論을 비난한 것이 바로 이 상정을 증명하는 것이다. 다만 마테오 리치도 주자학과 양명학을 무조건 시인한 것은 아니다. 오히려 근대의 유학을 넘어 직접 주공과 공자의 유교에 일치시키려 하였다. 이 점에서 본다면, 청대 유교의 복고사상의 선구자 역할을 했다고 말할 수 있다. 천주교가 배불적 유교와 손잡고 삼교일치의 조화론에 쐐기를 박으려 했던 것은 도리어 불교도로 하여금 유교와 불교 두 교敎의 제휴를 촉진하는 결과가 되었다. 유교의 정통사상은 그가 이해하고 있는 것 같은 것이 아니고 오히려 참된 유교는 불교와 일치하는 것이라는 주장이 나타나, 마침내 지욱智旭 같은 불가佛家로서 스스로 공자와 안회의 심법心法을 깨달았다고 당당히 공언하는 인물마저 나타났던 것이다.

지욱이 육상산과 주자의 양 계통을 지양하고, 맹자뿐만 아니라 공자의 손자 자사子思조차도 알지 못했던 공자 및 그 제자 안회顔回의 전통에 정통했다고 일컬어지는 것은 흥미롭다. 본래 주자는 「대학장구서大學章句序」에서, "이단의 불교는 허무적멸을 설하는데, 그 가르침은 고원高遠함을 과시할 뿐 실實이 없다"라고 말하였다.

마테오 리치는 스스로 불전을 연구할 수 없었기에, 주자의 말을 인용해서 "불교는 공무空無를 설한다"고 말한 것으로 생각할 수 있지만, 이 같은 비판은 '소승편공小乘偏空의 말(說)이지 대승실상大乘實相의 취지는 아니다'고 황벽黃蘗의 비은 통용費隱通容도 지적하고 있다. 그런데도 주자는 『대학』의 도는 공자로부터 증자曾子로 전해지고, 증자로부터 맹자로 전해져, 맹자 이후 그 전승이 끊어졌기 때문에 주자 자신은 그 맹자 이후의 도통을 계승했다고 자임하며 이단의 불교를 배척한 것이지만, 이제는 지욱이 더욱 그 증자와 맹자조차도 순정純正치 않다고 하며 공자와 안회 이래 전승이 끊어지고 있었던 심법을 깨달았다고 말하고 있는 것이다. 그리고 이런 견지에서 지욱은 『대학』·『중용』·『논어』·『맹자』 및 『주역』 각각에 주석서를 집필함[133]으로써 독자적으로 불교적 해석을 내리고 있다. 이것은 유교와 불교의 일치조화론에 유력한 무기를 제공함으로써 마테오 리치의 유교관에 대항하는 하나의 반증으로 되었던 것이다.

2) 불교의 벽사론 전개

(1) 주굉의 천설天說

항주杭州 운서산雲棲山에 주석하고 있던 연지대사蓮池大師 주굉袾宏은 그의 수필집인 『죽창삼필竹窓三筆』 가운데 「천설天說」을 저술하여, 불가佛家로서 최초로 천주교에 대한 비판을 발표하였다. 그는 만력 43년(1615) 봄 『죽창삼필』을 저술하고 그해 7월 4일 81세를 일기로 입적했기 때문에, 이 천설은 그가 임종하기 전 불과 몇 달 전에 마친 것으로 최후의 논문이었던 셈이다.

『천주실의』는 12년 전에 저술됐는데, 그 중각본重刻本이 항주에서 출간된 것은 만력 35년(1607)이었기 때문에, 그해부터 헤아린다면 간행 후 9년째에 처음으로 천주교에 관한 불교도의 의견이 문서상에 발표한 것이 된다. 이 책이 출간되기 5년 전에 마테오 리치는 세

---

133 지욱의 사서 주석서는 『四書蕅益解』라는 이름으로 합본 출간되었으며, 『주역』은 『周易禪解』란 이름으로 출간되었다.

상을 떠났지만, 주굉은 이미 『천주실의』와 『기인십편』을 보았다.

당시 주굉은 덕망이 높아 승려들 사이에서 뿐만 아니라 일반 재가의 지식인들도 우러러보았으며, 운서산의 승당僧堂은 수많은 운수납자를 옹호하였으며 규율의 엄정함은 사람들 사이에 널리 회자되고 있었다. 더욱이 진지한 정토교의 수행자로서 학덕을 갖추고 있던 불교계의 지도자이며, 평소 호법護法의 열정에 불타고 있던 그였기에, 갓 들어온 천주교에 대해 불교도의 입장에서 비판을 하는 것은 그 스스로 자신의 책임으로 느꼈을 것이다. 또한 당시의 분위기상 불교계의 모든 대중이 주굉의 입장 표명을 간절히 원하고 있었던 것으로 생각된다.

예상한 대로 그는 이교異敎의 설을 알고 나서는 앞장서서 벽사闢邪의 효시를 쏘아 올렸다. 그는 명문 사대부들이 현혹에 빠진 것을 개탄하고, 병든 노구를 돌보지 않고 떨쳐 일어나 그들을 구하려는 기개氣槪를 품고 있었다.

주굉의 천주교에 대한 비판은 「천설天說」이라는 이름으로 발표되었다. 천주교는 사람들로 하여금 하늘을 공경케 하는 것이기 때문에 단지 하늘을 공경하는 것은 수긍할 수 있지만, 그 하늘의 내용이 정당치 않다는 견해에 기반을 두고 있다.

「천설」은 4편이 있으며, 수필인 점을 보아 처음부터 일시에 기술한 것이 아니고 시간이 나는 대로 틈틈이 쓴 것으로 보인다.

「천설 1」에서는 천주의 성격에 관해 다음과 같이 논파하고 있다.

한 노숙老宿이 내게 말하기를 "이역인異域人이 요즘 천주의 가르침이라는 것을 펴고 있는데, 스님께서는 어찌 이에 대해 밝히지 않습니까?" 하였다.

나는 "사람들에게 하늘을 공경토록 가르치는 것은 좋은 일입니다. 군이 밝히려 할 것이 있겠습니까?" 하고 귀담아 듣지 않았다.

그러나 노숙이 "저들은 이것으로 풍속을 바꾸려 하고, 더욱이 부처님과 부처님의 법을 비방하고 있습니다. 어진 선비들이나 훌륭한 벗들도 신봉하는 자가 많기 때문입니다" 하고, 그에 관한 책을 내게 보여주었다.

그리하여 그 중 한두 가지를 밝히고자 한다.

저들이 천주를 숭배하고 섬긴다고 하지만 하늘에 대해 별로 자세히 알지 못하고 있는 듯하다. 경전에 의해 이를 증명해 보리라.

저들이 말하는 천주란 곧 도리천왕忉利天王으로서, 하나의 사천하(一四天下) 삼십삼천의 주인이다. 이 하나의 사천하가 천 개인 것

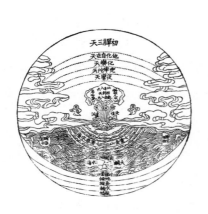

불교의 세계관과 도리천

을 소천세계小千世界라 하니 그렇다면 천 명의 천주가 있는 셈이요, 또한 소천이 천 개인 것을 중천세계中天世界라 하니 백만 명의 천주가 있는 셈이며, 또 중천이 천 개인 것을 대천세계大千世界라 하니 곧 만억 명의 천주가 있는 셈이다. 이 삼천대천세계를 다스

리는 자는 대범천왕大梵天王으로, 저들이 말하는 가장 높고 위없는 천주란 범천왕이 볼 적에는 주周나라 천자가 천팔백 제후를 보는 정도밖에 안 되니, 저들이 알고 있는 것은 겨우 만억 천주 중의 하나일 뿐이다.

이렇게 보면 나머지 욕계欲界의 여러 하늘이나, 더 위로 올라가서 색계色界, 다시 더 위로 올라가서 무색계無色界의 여러 하늘은 전혀 알지 못하고 있는 것이다.
또 "천주는 형체도 없고 색깔도 없고 소리도 없다"고 하였으나, 이것은 소위 "그 같은 하늘(天)은 결국 이理에 지나지 않을 뿐이다" 하는 뜻으로, 어찌 신하와 백성을 다스리고 정령政令을 펴고 상벌을 내릴 수 있겠는가?
저들이 총명하고 지혜로운 자들이기는 하지만 아직 불경을 읽지 못했기 때문에 이런 잘못된 말을 하는 것이니, 그다지 놀랄 일도 아니다. (……)

앞의 논파는 불교의 삼계설三界說 입장에서 비판한 것이며, 뒤의 것은 논리적 추궁이다.
「천설 2」에서는 마테오 리치로부터 가해졌던 윤회설 공격에 대하여 변박辨駁하고 있다.

이마두는 "불교도는 『범망경梵網經』에 '모든 생명 있는 것은 모두 숙세宿世에 나의 부모였다. 이것을 죽여서 먹으면 이것은 나의 부

모를 살해하여 먹는 것이다'라고 하였다. 정말 그렇다면 사람은
혼인할 수 없을 것이다. 이것은 부모를 나의 처첩으로 맞는 것이
기 때문이다. 사람은 또 종을 둘 수 없을 것이다. 이것은 나의 부
모를 부리는 것이기 때문이다. 사람은 또 노새나 말을 탈 수 없을
것이다. 이것은 나의 부모를 욕보이고 타는 것이기 때문이다. 이
말에 대해 스님이나 선비들 중에 누구 한 사람 대답하는 자가 없
었다. 어떻게 이해하면 되겠는가?"라고 하였다.

나는 이렇게 말하였다.

"『범망경』에서는 깊이 살생을 경계하기 위해 이런 말씀을 하셨
으니, '갠지스 강 모래 수만큼의 오랜 세월, 세세생생에는 반드시
부모가 있었다. 그가 어찌 나의 부모가 아니었다고 단정할 수 있

삼계도

겠는가?'라고 한 뜻이었다. 혹시
나의 부모일지도 모른다는 뜻이
었지, 나의 부모였다고 단정한
것은 아니다. 경문의 자구字句에
만 매달려 경전이 본래 의도하는
목적을 놓쳐서는 안 된다.

또한 혼인과 노예, 사역은 삶의
일상이어서 살생의 참혹함과는
비교할 바 못 된다. 그러므로 경
전에도 생명 있는 것을 죽여서는
안 된다고 말할 뿐, 혼인이나 사
역을 해서는 안 된다고 말한 것

은 아니다. 『천주실의』는 틀린 부분이 많고 근거 없는 말이 많다. 예컨대 사람이 죽어도 혼은 항상 존재하기 때문에 윤회가 없다고 말하고 있는데, 만약 혼이 언제나 존재(常存)한다면 고래古來의 우왕(禹)·탕왕(湯)·문왕(文)과 무왕(武) 등은 자손에게서 황음무도荒淫無道한 하夏의 걸桀이나 은殷의 주紂나 주周의 유幽와 여厲 등이 나왔을 때, 어째서 이들을 훈계하고 엄벌을 가하지 않았는가?

숙세의 일을 기억하고 사람이 동물이 됐다는 얘기는 유교 서적 가운데도 실려 있는 곳이 한두 군데가 아니다.

살생을 무척 싫어한 주굉祩宏으로서는 윤회계살輪廻戒殺의 비난에 대해서는 강력한 변박辨駁을 가했다. 다만 여기서는 윤회에 관한 적극적 논증이 이루어지지 않고 있으며, 유교 서적을 가지고 지원군으로 삼는 박력의 부족을 느끼지 않을 수 없지만, 『범망경』을 해석함에 이사해의以辭害意의 경고를 발하고 있는 점은 고승으로서의 식견을 보여주고 있다 하겠다.

이어 「천설 3」에서는 "하늘에 제사를 지내는 것은 중국 고래 성현의 가르침으로, 이제(二帝: 堯·舜)·삼왕(三王: 禹·湯·文武)·공자孔子·맹자孟子가 설하는 것이기 때문에 그의 신설新說은 새삼스러운 것이 아니다" 하고, 경서와 『논어』·『맹자』 등에서 논거를 대고 있다.

그리고 이상 기술한 바가 만약 시기·질투의 마음을 지니고 그의 천주교를 훼방하는 것이라면, 천주께서 위령威靈으로 어떠한 천벌을 가해도 사양치 않겠다고 하고 있다.

마테오 리치는 중국 고래의 제천祭天의 법이 천주교와 일치한다고 하는 것을 천주교 선교의 이유로 삼고 있지만, 주굉의 입장에서는 도리어 천주교 불필요론의 근거로 간주했던 것이다.

본래 중국에서 말하는 상제와 마테오 리치가 말하는 천주가 과연 같은지 아닌지의 여부는 주굉에게는 문제되지 않았다. 그가 동일하다고 말했기에 당분간 그 전제를 인정했지, 동일한 것이 아니라면 이미 나에게 완비되어 있기 때문에 새삼스레 천주교를 가지고 보족補足할 필요는 없다고 말했던 것이다. 끝으로 천벌도 마다하지 않는 그의 의기는, 교계의 장로長老로서 운서雲棲의 확고부동한 신념을 보여주고 있는 것이다.

네 번째 발표한 「천설여天說餘」는, 제2의 윤회계살輪廻戒殺의 변박辨駁에 대하여 어떤 사람이 다시 와서 묻기를, "혼인과 살생에 관해 점을 쳐서 부모가 아님을 알면 죽여도 상관없지 않겠습니까? 또 살생을 없애면 제사의 예법이 없어지지 않겠습니까?"라고 하자, 이에 대해 설명한 것이다. 「천설여」는 바로 이러한 사정에 의해 집필된 것이다. 이에 대해 주굉은 다음과 같이 말하고 있다.

고인이 말하길, "점을 치는 것은 의심스러운 점을 해결하기 위해서다. 의심스러운 것이 없다면 무엇 하러 점을 치랴"라고 하였다. 동성불혼同姓不婚은 천하 고금古今의 대경대법大經大法이기 때문에 의심이 들 때는 그것을 점쳤는데, 살생은 천하 고금의 대과대악大過大惡으로서 단연코 하지 말아야지 무엇이 의심나서 점을 쳐보기를 기다린단 말인가?

414

혼인하지 않으면 인류가 끊어진다는 말은 틀린 말이 아니다. 그
러나 살생하지 않으면 제사가 없어진다 하였으나, '두 접시 나물
로도 제사할 수 있다'고 한 것과 '소를 잡아 지내는 제사가 약제
(禴祭: 간소한 제사)만 못하다'고 한 말을 듣지 못했는가?

그렇다면 제사는 여전히 없애지 않아도 될 것이다. 그러나 정작
없애야 할 것은 육형肉刑과 순장殉葬이다. 이렇게 하면 그야말로
아름다운 정치가 이루어질 것이다.

대저 점친다고 하는 것은 잠시 눈앞의 일을 방편으로 선례를 좇
는 데 지나지 않는 것이다. 그러므로 올바르게 이해하면 다행이
지만, 어리석은 자의 귀에 들어가서 마음에 새겨두게 되면 해로
움이 적지 않기 때문에 말을 신중하게 하지 않으면 안 된다.

또 살생은 육신만을 끊을 뿐이지만
음행은 혜명慧命을 끊는 것이기에,
무거운 음행을 허락하고 가벼운 살
생을 금지함은 불합리하지 않은가
하는 비난이 있지만, 살생은 음행
에 비해 가볍다고 말할 수 없다. 왜
냐하면 죽이는 자의 일념一念은 참
독심慘毒心을 지녀 다름 아닌 자기
의 혜명을 끊기 때문이다.

이 문답은 오로지 계살생戒殺生에
대한 어리석음을 일깨운 것이다.

연지대사 계살방생문도설
蓮池大師戒殺放生文圖

살생을 금하면 제사의 예법이 사라질 수밖에 없다는 비난은 마테오 리치도『천주실의』에서 기술한 것으로, 이것은 제사의 옛 풍속을 구실로 했던 것이지 살생 그 자체의 선악은 불문에 붙이고 있기 때문에 비난하는 측에서는 가족제도의 인습이 강한 사회에서는 유력한 비난이었는지 모르지만, 결코 진솔한 의미의 논의라고는 할 수 없다.

이에 대해 주굉의 "행살行殺은 자기의 혜명慧命을 끊는 것"이라는 한마디는 엄숙한 종교적 신념을 드러낸 것으로 점치는 폐단을 지적하는 곳에서도 보이듯이, 그는 유속流俗에 영합하지 않고 단호하고 명민明敏한 식견과 근엄한 신념으로 일관하고 있다. 운서산雲棲山의 고풍高風이 당시 교계에 경앙景仰의 중심이었음을 알 수 있는 대목이다.

요컨대 주굉의「천설」은, 천주의 성격 및 천주교와 유학자와의 동이론同異論처럼 그가 접촉한 만큼의 문제에 한하여 보더라도 더욱 논구論究해야 할 많은 여지가 남아 있어, 천주교에 관한 지식과 정보를 충분히 알고 있었던 것은 아닌 것 같다. 따라서 천주교 전반에 관한 종합적 비판을 그에게 기대하는 것은 가능치 않은 일이다. 이「천설」은 수필 형식으로 쓰인 것으로 특별히 그것만을 주제로 한 저술이 아닐 뿐만 아니라 더욱이 주굉이 죽음을 앞두고 설한 것이기에, 과제는 후학들에게 남겨진 몫이라 할 수 있다. 그러나 그렇다 하더라도 신념에 입각해 전면적으로 불교도의 입장을 밝힌 그의 이 짧은「천설」은 불교계에 대단한 파문을 일으켰고, 그의 문하에서 열렬한 호법기개護法氣慨의 인사를 배출하였다. 그리고 얼마 후 다른 불교

제산諸山으로 하여금 각성분기覺醒奮起케 하여 일대 벽사운동의 전개를 여는 기원이 됐던 것이다.

주굉의 문하 중에서는, 거사 우순희와 장광첨張廣湉 두 사람이 벽사운동에 깊이 관여하고 있다. 우순희는 주굉의 감화를 받아 만강지萬工池를 바꿔 방생사放生社를 세웠다. 그때에 모인 승속은 수만 명에 이르러 가타伽陀의 음천곡音川谷을 진동시켰다고 한다. 이와 같이 독실한 거사였던 그가 채식자를 비난한『천주실의』를 알고 나서는 침묵할 수 없었다. 스스로「살생변」논문을 써서 격분을 토로했을 뿐만 아니라 직접 마테오 리치에게 서신을 보내 논란을 주고받았다. 그런데 주굉의 사후 기이한 책 한 권이 나왔다. 그 이름은『변학유독辨學遺牘』(2권)이라 칭하며, 마테오 리치의 찬술이라 하고 있다. 그 중에는 우순희와 마테오 리치의 왕복 서간과 마테오 리치가 연지대사, 즉 주굉의「천설」에 대해 변박한 복서(復書: 답장)를 수록하고 있으며, 더욱이 여기에 또 미격자彌格子라는 사람이 쓴 발문跋文도 수록하고 있다. 그 발문에는 주굉이 임종에 즈음하여 "내가 길을 잘못 들고, 또 사람을 그르친 일이 많았다"고 말하고, 미망迷妄의 불법佛法을 따랐던 것을 후회하고 천주교에 귀의했다고 기술하고 있다.

이 같은 서적의 등장으로 말미암아 주굉의 문도들은 묵묵히 좌시할 수 없었다. 거사 장광첨이 분기탱천하였다. 주굉이「천설」을 수록한『죽창삼필』을 공간公刊한 것은 만력 43년(1615)이고, 이마두는 그보다 5년 전인 만력 38년(1610)에 죽었다. 따라서「천설」에 대한 반박을 이마두가 썼다고 하는 것은 시간적으로 맞지 않는 것이며, 확고한 도심道心을 지닌 불교도 사이에 경모景慕의 대상이 되고 있던 주굉이 말년에 천주교로 개종했다는 것은 문제가 될 수밖에 없었다(천주교도들의 중상모략의 한 사례를 엿볼 수 있다). 거사 장광첨은 처음에 이 서적을 숭정 8년(1635), 즉 주굉 입적 후 23년, 천주교 회당을 방문하여 전신제(傳訊際, F. Furtado)로부터 받았다. 그곳에는 미격자의 발문은 없고 양암거사凉庵居士, 즉 이지조李之藻의 발문이 수록되어 있을 뿐이었다. 그런데 그 후 민(閩, 복건성) 지방에서 출판된『변학유독』을 입수하게 됐는데, 그곳에 위와 같은 주굉의 회심廻心을 기록한 미격자의 발문이 실려 있는 것을 발견하였다. 미격자는 양정균楊廷筠을 가리키고 천주교의 유력한 보호자이자 신자였기 때문에, 아마도 주굉 회심廻心의 설은 저들 천주교도들이 날조해 낸 얘기일 것이다.

이에 격분한 장광첨은 「증망설證妄說」 1편을 지었다. 이마두의 「천설」 반박이 시간적으로 불가능한 점, 주굉의 임종 시 승속僧俗 다수가 함께 실내에 있었는데 일찍이 회심의 말을 듣지 못했기 때문에 그것은 근거가 없는 말이라는 점, 이『변학유독』이 주굉의 사후 20여 년을 경과하여 처음 나왔음에도 미격자彌格子의 발문이 절강성 판(浙版)이 아닌 복건성 판(閩版)에만 있는 것은 괴이하다는 점 등을 논증하고, 여기에 유일唯一 보윤普潤 선사의 발문을 붙여 발표했다.

천주교도들이 이와 같이 시대를 무시하고, 근거 없는 날조의 말을 하면서까지 주굉袾宏을 목표로 하여 그의 회심廻心을 흑색선전을 하고자 했던 것은 어떤 이유였을까? 그것은 필히 불교계에서의 주굉의 위치와 비중을 고려하고, 「천설」을 불교적 시각에서 설명한 그의 영향력이 천주교를 선교하는 데 커다란 지장을 초래할 것을 염려했

기 때문이다. 주굉의 생존 시, 그의 이름으로 저술한 『선여공제禪餘
空諦』라고 하는 위서僞書가 오군吳郡에서 간행되고 있는 것을 상기한
다면, 천주교도가 선교의 수단으로 이와 같은 간계를 부리는 데 이
르렀던 까닭 또한 짐작할 수 있다.

(2) 복건성에서의 벽사운동

주굉이 「천설」을 썼던 다음 해, 즉 만력 44년(1616)에는 남경예부시
랑南京禮部侍郎 심각沈㴶의 상주上奏에 의해 남경으로부터 왕풍숙王豊
肅 및 그의 무리 종명례鍾鳴禮, 종명인鍾鳴仁 일파가 축출되는 사건이
일어났다.

당시 경사(京師: 북경)에는 방적아(龐廸我, Diego de Pantoja)와 웅삼
발(熊三拔, Sabatino de Ursis)이 있었고, 남경에는 왕풍숙(뒤에 高一志
로 개명, Alphonso de Vagnoni)과 양마락(陽瑪諾, Manoel Diaz)이 있었
고, 항주에는 곽거정(郭居靜, Lazarus Cattaneo)이 있었다. 이들은 각
각 요지를 점거하여 천주교를 전파하고 있던 신부들인데, 심각은 그
들을 유술儒術의 대적大賊으로 다루어 대명률大明律의 금지사항(禁)
을 범한 자로서, 이 일당을 남경에서 추방했던 것이다.

이에 따라 서광계의 변호도 효력이 없이 교회는 거의 치명적인
대 타격을 입었다. 당시 조야의 명사 중에는 선교사와 교류하며 깊
이 경모敬慕의 뜻을 표했던 사람도 적지 않았지만, 또한 사교로 통렬
히 매도하고 관리로서 탄압을 가했던 사람들도 드물지 않았기 때문
에 처음부터 불가만이 벽사의 선두에 섰던 것은 아니다. 이때 주창
자 심각沈㴶은 유교의 입장에 섰던 사람으로 불가가 그것에 관여한

흔적은 없지만, 후에 숭정崇禎 연간 복주福州에서 주로 불교도에 의해 일어난 벽사운동이, 이 남경 사건의 심각에게서 많은 영향을 받은 것은 사실이다.

만력 44년 남경에서 체포되고 처벌된 중국인 천주교 신자 중에는 부인 10여 명과 아동 5명도 연루되었다. 또 30세 전후의 장년층이 많았는데 금공金工, 목공木工, 인쇄공, 모자 제조공, 어부 등 서민 계급이 대다수였던 것을 보면 천주교의 선교가 최초에는 지식계급·지배계급을 대상으로 했어도, 만력 44년 당시에는 급속히 일반 서민 사이에 보급된 것을 알 수 있다.

만력 44년에 지도적 야소회(예수회) 선교사의 투옥 및 추방과 신자들의 처벌에 의해 남경의 천주교는 괴멸상태에 이르는 타격을 받았지만, 박해는 도리어 선교의 열의에 기름을 부은 결과가 되었다. 20년 정도 사이에 중국 전역에 만연하여, 남북 양 직예直隸·절강·호광湖廣·무창·산동·섬서·광동·하남·복건·복주·홍천 등의 곳에서 모두 천주교회당이 세워졌고, 아직 교회당이 없는 곳은 오직 귀주·운남·사천뿐이었다. 그 가운데 매우 융성했던 곳은 복건으로 "민성閩省에서 귀의하는 자 이미 만여 명에 이르렀다"고 말해지고 있는데, 그 선교 활동의 중심인물은 줄리오 알레니(艾儒略, Giulio Aleni)이었다.

그런데 복건성은 절강성과 함께 당시 선학禪學의 일대연총一大淵叢이었다. 이러한 형세가 풍운을 불러온 것은 필연이었다. 과연 숭정 10년(1637)에 이르러, 복건순해도福建巡海道의 시방요施邦曜와 제형안찰사提刑按察司 서세음徐世蔭과 복주福州의 지부知府 오기룡吳起龍

의 공고문을 보면, "오랑캐의 종교에 의지해 성도聖道를 어지럽히는 것은 명교죄인名敎罪人이 되고, 좌도혹중左道惑衆의 율법을 범한 것이다. 천주교의 우두머리 양마락陽瑪諾과 애유략을 구축출경驅逐出境토록 한다"고 하였다. 불교 측의 논란 배격이 여론을 움직여 이 사건이 발생한 것이다. 숭정 7년(1634)에는 무림武林의 승려 보윤普潤이 파사 논문을 수집하여 『주좌집誅左集』을 출간했고, 8년에는 이전에 유교의 입장에서 「존유극경尊儒亟鏡」을 저술하여 천주교를 배척한 하장霞漳의 황정黃貞이 이번에는 「불인불언不忍不言」을 지어 천하의 사문(沙門: 승려)들에게 분기를 촉구하였다. 이에 호응하여 나섰던 사람이 천동산天童山의 밀운 원오密雲圓悟였다.

그는 곧바로 「변천설辨天說」을 저술하여 널리 무림武林에 변론을 구하였다. 주굉의 제자 장광첨은 「변천설」을 지니고 스스로 천주교

六十七世密雲圓悟禪師

회당을 방문하여 해명을 요청하기를 왕복 두 차례, 마침내 스승 주굉의 누명을 씻어내는 「증망설證妄說」 1편을 발표하였다. 다음으로 9년에는 청장淸漳의 왕충王忠이 황정黃貞의 서문을 얻어 「십이심개十二深慨」를 출간하였고, 10년에는 무림의 승려 성용成勇이 주굉·밀운에 대한 비방과 험담에 격분하여 유·불 양교 공동의 적으로 천주교를 벽闢해야 한다는 격문을 띄웠다. 그 밖에

천동산의 밀운 원오 선사

밀운 원오의 제자인 황벽黃檗의 비은 통용費隱通容이 「원도벽사설原道闢邪說」을 짓고, 나천羅川의 승려 여순如純이 「천학초벽天學初闢」을 출간하고, 거사 허대수許大受가 「성조좌벽聖朝佐闢」을 공표한 것은 모두 이 무렵이며, 이 세 가지는 당시의 벽사논문 가운데 대표적인 것이다.

그리하여 이들 불교계의 맹렬한 운동이 주효하여, 숭정 10년 (1637) 애유략艾儒略은 복건으로부터 마카오로 추방되어 사건은 일단락된 것처럼 보였지만, 애유략은 머지않아 복주福州로 돌아왔고, 숭정 14년(1641)에는 남지교구南支敎區의 부장副長으로 취임하였다. 그리고 영력 3년(1649) 복건의 연평에서 숨을 거둘 때까지 8년을 이 지방에서 보냈다. 따라서 그렇다고 벽사운동의 필요성이 해소됐다고 할 수 없다. 유·불 양교로부터 가해지는 공격의 논리적 근거는 대체로 빠짐없이 다 나온 것 같기 때문에 그 이후에 드러난 것은 종래 승속에 의해 발표되어 왔던 벽사 논문의 집대성이라는 형태를 취하게 되었다.

숭정 12년(1639)에 황정黃貞에 의해 『명조파사집』이 편찬되고, 서창치徐昌治에 의해 『성조파사집聖朝破邪集』 8권이 나온 것이 그것이다. 해를 넘겨 3년 후에는 절서浙西 북쪽 천목산天目山의 영봉 지욱靈峯智旭이 『천학초징天學初徵』과 『천학재징天學再徵』을 간행했는데, 그의 유교에 대한 깊은 조예와 논리의 날카로운 필법으로 『천주실의』의 자기모순을 철저히 파헤쳤다. 그러나 지욱의 그 시대적 위치가 중국불교사상 최후의 불꽃이었기에, 파사 논의도 지욱의 『천학재징』 이후 볼 만한 것은 없다. 강희 3년(1664) 유가儒家 양광선楊光先

에 의한 벽사논쟁조차 불교 측으로부터 관련 맺은 바가 없었다.

앞서 제가諸家를 살펴봤듯이, 처음 불교의 주굉으로부터 발단된 벽사론은 불교에서는 원오圓悟, 유교에서는 황정黃貞이 각기 중심인물이 되어 서로 제휴하고, 최후에 지욱智旭에 이르러 유·불 양교 일치의 입장에서 파사론이 총결을 이뤘다고 말할 수 있다. 불교 측에서는 밀운 원오(密雲圓悟, 浙江 天童山)·비은 통용(費隱通容, 福建 黃蘗山)·여순(如純, 福建 羅川)·보윤(普潤, 浙江 武林)·영봉 지욱(靈峯智旭, 浙西 北 天目山)이고, 유교 측에서는 황정(黃貞, 福建 霞漳), 허대수(許大受, 浙江 德淸), 서창치(徐昌治, 浙江 鹽官) 등으로, 그들은 각각 불교와 유교의 입장에서 따로 표면상 연합의 형태를 보였다고 하더라도, 사실은 모두 불교 세력으로부터 벗어난 적이 없었다. 앞서 언급한 유학자는 거의 모두 거사居士이며 불교신자였기 때문이다. 이제 본격적으로 우익 지욱의 천주교 벽사론을 좀 더 구체적으로 살펴보자.

(3) 지욱의 천학이징天學二徵

우익 지욱의 천주교 비판을 고찰하기 위해서는 먼저 그의 자서전인 『팔불도인전八不道人傳』에 의해 사상적 경력을 살펴볼 필요가 있다. 지욱은 속성은 종鍾, 이름은 제명際明, 별명은 성성聲, 자字는 진지振之이다.[134] 모母는 김씨金氏이며, 만력 27년에 태어났다. 12세에 성학聖

---

134 지욱의 명호(名號: 성명과 별호)는 다양하게 등장하고 있는데 대랑우바새大朗優婆塞, 지욱智旭, 우익蕅益, 서유西有, 석대랑釋大朗, 제명선사際明禪師, 금창일사

우익 지욱

學을 듣고 석노(釋老: 석가모니와 노자)를 멸할 것을 맹세하고, 배불排佛에 관한 글을 수십 편 지었다. 그리고 꿈속에서 공자 및 안회와 이야기를 주고받았다고 말하는 것으로 보았을 때 당시가 지욱에게는 주유배불主儒排佛의 시대라 할 수 있다.

그러나 17세 때, 주굉袾宏의『자지록自知錄』서문과『죽창수필竹窓隨筆』을 읽고 감명 받은 후, 먼저 저술한 벽불闢佛의 논서를 불사르고 부처를 비방하는 것을 그만두었다고 한다.

『죽창수필』을 읽었기 때문에, 그 중에 있는 「천설天說」의 논문도 읽고 주굉의 천주교에 대한 견해에도 접했을 것이다. 지욱이 17세 때 주굉은 입적하였다. 이같이 배불은 철회했지만 아직 유교가 마음의 중심으로 자리하고 있었다. 그러므로 20세 때,『논어』의 주석을 쓰다가 '천하귀인天下歸仁'의 문단에 이르러 붓을 내려놓지 않은 채 잠도 자지 않고 먹을 것도 잊은 3일째 크게 공자와 안회의 심법心法을 깨쳤다고 한다. 지욱으로서는 이때가 주유객불主儒客佛의 시대였다고 말할 수 있다. 같은 해 겨울 아버지를 잃은 그는 출세의 마

金閶逸史, 방외사욱구적方外史旭求寂, 소화素華, 팔불도인八不道人 등의 10종류이다.

음을 발하였고, 23세 때 출가를 결의하였다. 그리고 다음 해 꿈속에서 감산대사憨山大師 덕청德淸을 뵙기를 3번 하였는데, 감산은 남방 조계曹溪에 있었기 때문에 그의 문인 설령雪嶺에게 체발剃髮하였다. 지욱이라는 이름은 이때 비롯된다. 여름과 가을을 운서산雲棲山에서 작무作務하면서 고덕법사古德法師의 유식론 강의를 듣고 불법 가운데 성상이종性相二宗의 분기分岐에 의문을 품었다. 마침내 경산徑山에 나아가 좌선하였고, 이듬해 25세 때 성상이종이 본래 모순이 없음을 깨달았다. 그 후 율장 연구에 정진하고 정토를 원하며 천태종을 연구하였고, 어떤 한 종파에 집착하여 화합할 수 없다는 좁은 소견을 배척했으니, 이 같은 그의 견해는 불교에서뿐만이 아니었다. 47세 때에는 『주역선해周易禪解』를 저술하고, 49세에는 『사서우익해四書藕益解』와 『유식심요唯識心要』와 『상종팔요직해相宗八要直解』를 저술하고, 『아미타경』에 대한 최고의 주석서로 평가받는 『아미타경요해阿彌陀經要解』를 저술하였다. 56세에는 『유석종전절의儒釋宗傳竊議』를 지었다. 그리고 다음 해(1655) 57세에 병이 나 침상에서 가부좌를 하고 앉아서 서방을 향하여 손을 들고서 입적하였다. 3년 뒤에 다비식을 거행하는데, 머리카락은 자라서 귀를 덮었고 얼굴은 생시와 같았으며, 의연하게 가부좌를 하고 있었고 치아는 부서지지 않았다고 한다. 지욱의 일생은 주굉의 저서를 읽고 불교로 전향한 이후로 줄곧 이론과 실천의 양면에서 불법의 대의를 밝히고 천양하는 데 쏟았다. 교학적으로 성상性相을 융통하였고, 실천적으로 선과 정토를 조화시키면서 최종적으로는 선禪·교敎·율律의 삼학三學을 정토로 귀결시켰다. 후에 이러한 지욱의 삶을 흠모하는 이들에 의해 그는 정토종 제9조로 받들어졌고, 천태학을 최대로 완성시킨 인물로 평가되어 천태종 제31조에 추존되었다.

그가 저술한 목록 가운데 『벽사집闢邪集』 2권이 기재되어 있음에도 불구하고, 그의 전기와 그의 문집인 『영봉종론靈峰宗論』에서도 천주교에 관한 문사文辭가 전혀 보이지 않지만, 그의 『벽사집』 2권이 현존하는 종시성鍾始聲의 『천학초징』 및 『천학재징』을 가리키는 것으로 보는 것은, 그 찬호撰號 및 내용면에서 미루어 보아 의심의 여지가 없다.

이 논문은 특별히 유학자인 것을 나타내기 위해 속명 종진지鍾振之로 발표하고, 더욱이 부록에는 출가자로서의 입장과 유자儒者로서의 입장을 일단 구분하기 위해 자기의 두 이름을 사용하여 종진지鍾振之와 제명선사際明禪師와의 왕복 편지의 형식을 이용하였다. 종진지 거사가 『천학초징天學初徵』을 보내어 제명선사에게 건네준 서간은 다음과 같다.

생각하건대 제가 두 사람으로, 같은 날 태어나고, 같은 스승에게 배우고, 어릴 때 뜻을 같이 했습니다. 존자尊者께서 24세에 이르러 유교를 피해 선禪에 들었는데…… 호숫가에서 와병 중 문득 천주天主의 사설邪說을 듣고 그(마테오 리치)의 창을 빌려 그의 방패를 공격했습니다. 요약하여 초징初徵을 저술했습니다. 알다시피 존자께서는 오랫동안 선학禪學에 종사하셨으니 반드시 적을 파하는 여재餘才가 있을 것입니다. 그는 오로지 불교를 공격했습니다. 존자께서 또한 묵묵히 계셔서는 안 될 것 같습니다. 졸고拙

稿를 보내오니 가르침을 주소서.

또한 『천학초징』의 머리말에서도 다음과 같이 말한다.

종자鍾子가 진택震澤의 물가에서 『역易』을 읽었다. 어떤 객이 찾
아와 묻기를, "내가 듣기에 당신은 12~3세 때 천고千古의 학맥學
脈을 스스로 짊어지고, 석노釋老를 벽闢하고 성도(聖道: 유교)를 지
켰다. 30여 년의 세월이 흐른 지금…… 또한 당신은 근래 천주교
가 있음을 듣지 못했는가? 그 사람은 대서大西로부터 와서……
운운云云.

12~13세 때 불교와 도교를 비난한 이래 30여 년의 세월이 흘렀다
하고, 천주교를 들었던 것을 진택震澤의 물가에서 『주역』을 읽을 때
의 일이라 하고 있다. 그런데 『팔불도인전八不道人傳』에서는 44세 때
호주湖州에 머물렀다 하고, 「정신당속집淨信堂續集」 서문에는 임오년
(숭정 15년, 지욱 나이 44세)에 민(閩, 복건성)에서 오흥吳興으로 왔다
고 하기 때문에, 이 『천학초징』이 숭정 15년, 지욱의 나이 44세 때
태호太湖의 호반주(湖畔州, 吳興)에서 지었던 것을 알 수 있다. 지
욱은 왜 속명을 사용해 이것을 발표했던 것일까? 이것은 이전에 주
굉이 이마두와의 서신에 속성俗姓 심씨沈氏라고 칭했던 선례도 있었
지만, 지욱에게는 다른 이유가 있었다. 즉 스스로 유학자의 입장에
서 유교의 성도聖道를 밝히고자 했기 때문이다. 어쩌면 천주교 측은
천주교가 유교와 일치한다고 자부했고 유교와 불교의 연계를 이간

질하려 하고 있었기에, 이때를 당하여 당면의 적으로 되어 있는 불가佛家가 스스로 불가를 표방하여 변박하더라도 결국은 아전인수로 되든가, 또는 이론만 내세우고 결말이 나지 않는 비난을 초래할 우려에서였을 것이다. 그에 반해 만약 그들 천주교도가 또 증거를 갖고 일치를 증명하고자 하는 유교의 입장에 선다면, 유교의 정통사상은 결코 저들이 말하는 것같이 천주교에 동조하는 것이 아니라, 도리어 저들이 배척하는 불교와 일치하는 것이라고 논하는 쪽이 논쟁의 형식에 있어서 훨씬 유효한 것으로 판단했을 것이다. 한편 유학자로서의 종진지에게 설하게 하고, 불가로서의 제명선사로 하여금 무언無言 중에 그것을 인가케 하는 것, 이것은 『유마경』에 있어서 문수와 유마의 어묵양불이語默兩不二의 형식을 모방한 것이라 말할 수 있다. 이처럼 발표의 형식에 있어서도 치밀한 준비가 있었던 것을 알 수 있다.

그런데 『초징』은 천주교 측이 썼던 『성상약설聖像略說』 1권에 대해, "이는 양(陽: 겉)으로는 불교를 배척하지만 음(陰: 속)으로는 찌꺼기를 훔쳤으며, 유교를 거짓으로 존중하면서 실제로는 그 도맥道脈을 어지럽혔다"라고 하고, 그 모순 22가지를 지적하고 있다. 또 『재징』은 그 후 지욱이 읽은 『서래의西來意』, 『삼산논학기三山論學記』, 『성교약언聖敎約言』 3부의 천주교 책 가운데 평론하고 깨뜨려야(評破) 할 28가지 모순점을 열거하고 있다. 이 경우 유자의 입장에서 입론立論한 당연한 결과이지만, 짐짓 불교의 주장을 가지고 대항하지 않고 줄곧 상대방의 주장에 담긴 모순을 지적하여 불가에 대하여 자연스레 옹호하는 논법을 취했다. 이 점이 이 책의 커다란 특색의 하나이다. 정지용程智用은 발문에서 "오직 이 『천학이징』은 조금도 스스로 일법一法에 집착하지 않고 그 모순된 점을 타고 공격하였다. 맨몸으로 적진에 들어가 창을 빼앗아 승리를 거머쥔 것과 같다"고 평가하고 있는 것은, 지욱의 신중하고 용의주도한 준비가 종래의 제가諸家보다 걸출한 점을 나타내고 있다.

『천학초징』을 살펴보면, 그 내용은 모두 천학, 즉 천주교에서 설하는 교의를 징힐徵詰하는 데 있다. 그곳에서 다루고 있는 문제는 창조주재創造主宰, 강생속죄降生贖罪, 봉사배제奉事拜祭, 영혼불멸, 천당지옥, 임종번회臨終翻悔 등이다. 그중에서도 창조주재와 강생속죄는 천주교 교의로서도 주요한 것이기 때문에 논리적으로 추구追究하였다. 그리하여 『천학초징』이 결론하는 바는, "양(陽: 겉)으로는 불교를 배척하지만 음(陰: 속)으로는 찌꺼기를 훔쳤고, 유교를 거짓으로 존중하면서 실제로는 그 도맥道脈을 어지럽혔다"고 말하고 있다. 그 가운데 속(陰)으로는 불교의 찌꺼기를 훔쳤다는 것을 단정하기 위해, 천주교가 설하는 바가 불교의 설과 다르지 않다고 지적한 것을 몇 가지 살펴보면 다음과 같다.

1. 천주가 지상에 태어난 후 그의 천당에 만약 본신本身이 없다면 천상에는 주인이 없게 되는데, 만약 본신本身이 있다면 불교의 진응이신설眞應二身說을 훔친 것이며, 또한 천백억화신千百億化身의 기환奇幻에는 미치지 못한다.
2. 오직 조물진주造物眞主가 지대지존至大至尊하여 사람의 봉사배

제봉사배제奉事拜祭를 요한다고 말하는 것은, 음(陰: 속)으로 불타가 설하는 유아독존唯我獨尊을 모방한 것이다.

3. 천당과 지옥은 모두 광대하여 나란히 받아들여야 한다면, 이와 같은 천당과 지옥은 불교의 설과 다르지 않다.

4. 임종에 임박해 천주의 교법을 청종聽從하고 또한 번회득전翻悔得轉을 말하는 것은, 불타가 말하는 임종臨終의 십념十念과 상람相濫한다.

5. 천주교가 요진要眞을 설하고 10계를 설하면, 불교도 요진要眞을 설하고 10계를 설한다.

6. 사람들로 하여금 천주의 성상聖像을 봉사배제奉事拜祭케 하는 것은 석도釋道 양 씨(二氏)와 다르지 않다.

지욱은 천주교와 불교의 일치점에 주목하였다. 둘 다 종교인 이상, 종교로써 공통사상이 있는 것은 당연하며, 유사한 공통점과 일치점이 있다 하더라도 곧바로 한 쪽이 다른 쪽으로부터 훔쳤다고 말할 수 없다. 그러므로 지욱이 일치점과 공통점을 가리켜 모두 천주교가 불타의 말씀을 훔친 것이라고 말한 것은 타당하지 않겠지만, 그럼에도 이렇게 유사한 공통점을 갖고 한 쪽이 다른 쪽으로부터 훔쳤다고 하는 것은, 앞서 불가佛家 측의 입장에서 『성조좌벽聖朝佐闢』을 저술한 허대수許大受가 언급하고 있을 뿐만 아니라 천주교 측의 이마두도 일부 그리했기 때문으로 보인다. 즉 『성조좌벽』은 모두 10장으로 구성되어 있는데, 제7장은 「벽절불가불종종죄과闢竊佛訶佛種種罪過」로서 불佛을 훔쳐 불佛을 꾸짖는 여러 가지 죄과를 벽闢하는 장으로, 천주교가 불교로부터 훔쳐 사용했다고 하는 설을 주창하였다. 허대수가 불설佛說을 훔친 예로써, 천주독존天主獨尊은 불전세존佛典世尊의 호칭을 훔쳤고, 천주가 중생을 위해 십자가에 못 박혀 죽었다고 하는 것은 불타의 인욕비원忍辱悲願의 설을 훔친 것이고, 첨사(諂邪, 不知罪從心起, 諂則心濁)는 불타의 참회의 설을 훔친 것이라 하고 있다. 석대랑釋大朗의 『천학초징』의 서문 가운데, "그동안 석씨釋氏의 벽사론 가운데 오직 『성조좌벽』만이 사악한 무리로 하여금 입을 다물게(結舌) 하는 데 충분한 글이다"라고 하고 있기 때문에, 지욱도 아마 허대수의 『성조좌벽』의 영향을 받았을 것이다. 이처럼 천주교는 불교로부터 훔친 것이라고 하는데, 그와 마찬가지로 천주교 측에서도 불교보다 앞서 '석가는 천주교로부터 훔쳤다'고 주장했던 것이다. 즉 천당·지옥설이 두 종교에 공통으로 있는 것에 대하여 『천주실의』 제3편에 다음과 같이 논하고 있다.

천주교는 오래된 종교이고 석가모니는 서방 사람이니 반드시 천주교의 이론을 훔쳐서 들었을 것이다. 무릇 사특한 도리를 전하고자 하는데, 서너 개의 바른 말을 섞어 넣지 아니하면 누가 그것을 믿겠는가? 석가모니는 천주와 천당·지옥에 관한 뜻을 (천주교로부터) 빌려 자기의 사사로운 뜻과 사특한 도리를 전하였다.[135]

---

135 "天主教古教也, 釋氏西民必竊聞其說矣. 凡欲傳私道者, 不以三四正語雜入, 其誰信之. 釋氏借天主天堂地獄之義, 以傳己私意邪道."(『천주실의』 제3편) 여기서 천주교는 유대교를 지칭하는 것 같다.

이처럼 유사 혹은 공통하는 설에 대해서는 도용했다 하고, 교설이 다른 경우에는 자설自說에 입각하여 상대방을 평가했던 것이 번번이 논쟁에서 사용했던 폐단으로, 지욱의 경우 후자의 위험성은 경계했지만, 전자에 대해서는 무시했다. 그러나 그가 이같이 두 종교의 공통점과 유사점을 주목하게 됐던 것은 그 자체가 하나의 진전이었다고 할 수 있다. 지욱은 "천주교가 불교에 대해서는 양벽음절陽闢陰竊하고, 유교에 대해서는 위존실괴僞尊實壞의 태도를 취한다"고 하고 있는데, 음양표리陰陽表裏하고 내심과 언설이 일치하지 않는다고 보는 견해는 일찍부터 유교에 관하여 누누이 설해져 왔던 것으로, 황정黃貞이 '요이妖夷는 겉(陽)으로 불교를 공격함으로써 유교를 본뜨고, 속(陰)으로 유교를 억눌러 자기를 높인다'(「不忍不言」) 하고, 석보윤釋普潤이 '겉(陽)으로 석도釋道를 배척하여 유교를 본뜨고, 속(陰)으로 유종儒宗을 폄하하면서도 심학探學한다'(「誅左集緣起」)고 말한 것이 그 예이다. 이 점에서 본다면 천주교가 유교와 일치한다고 했던 점이 일부 인사들로 하여금 천주교에 입문하는 데 촉진제 역할을 한 것은 틀림없지만, 이 때문에 이를 비난했던 측으로부터는 음험한 태도라고 지탄받았던 것이다.

다음은『천학재징』을 살펴보기로 한다.

『재징』은『초징』이후 새롭게『서래의』,『삼산논학기』,『성교약언』의 3부의 천학서를 상세히 읽고 징힐한 것이다. 지금은『초징』처럼 그가 '양陽으로는 불佛을 벽闢하고, 음陰으로는 불佛을 훔친다'고 하는 논증에는 중점을 두지 않았다. 오로지 그의 주장(其言曰: 마테

오 리치가 말하기를)에 기초하여 그(마테오 리치)를 징힐(徵詰)하는 논
법을 취하고 있으며, 의연하게 천주의 성격을 문제 삼고 있다. 즉 천
주의 창조주재創造主宰에 관하여 그 무시무종・보편무형普遍無形・전
지전능이 논의의 주제가 되어, 천주의 강생과 심판 및 태어난 사람
에게 부여된 성명性命 등도 비판의 대상으로 되었다. 다만 그가 천주
의 창조주재를 주장하기 위해 태극설을 부인했기 때문에 ─ 그 범위
에서 논급했지만 ─ 그 이상 적극적인 주장을 하려고 하지는 않았다.
이『재징』은 이론적 추급追及이 일관된 태도로 되어 있어, 유교와 불
교의 입장은 가능한 한 표면으로 드러나지 않는 점이 있다. 그러나
그 가운데 주목해야 할 점은 하늘(天)에 대한 해석이었다.

천주교에서는, "우리의 천주는 중국의 경전에서 말하는 상제이
다"라고 하여『시경』과『역』과『중용』을 인용하여 증명하고 있다.
이에 대해 지욱은 다음과 같이 논박한다.

심하도다. 그가 유학의 이치에 무지함이……. 유학에서 말하는
하늘에는 세 가지가 있다. 첫째는 창창蒼蒼한 하늘, 즉 푸른 하늘
이다. 둘째는 세상을 통어統御하여 선을 주관하고 악을 벌하는
(主善罰惡) 하늘, 즉『시경』・『역경』・『중용』에서 상제上帝라 칭하
는 것이 바로 이것이다. 천주교가 아는 바는 오직 이 하늘뿐이지
만, 이 천제는 단지 세상을 다스릴 뿐이지 세상을 창조한 것은 아
니다(天帝但治世而非生世). 비유컨대 제왕이 백성을 다스릴 뿐 백
성을 출산한 것이 아니듯이. 그런데도 그는 이것을 가지고 사람
과 물건을 만드는 주인이라 하는데 이는 크게 잘못된 것이다. 셋

째는 무시무종·불생불멸한 본유영명本有靈明의 성性을 하늘이라 이름한다. 이것이야말로 천지만물의 본원이기 때문에, 그런 의미에서 그것을 명命이라 이름한다. 『중용』의 '천명지위성天命之謂性'은 본유本有의 영성靈性을 가리키는 것으로, 공자께서 50세에 지천명知天命을 말씀하신 것도 깊이 이 본성을 증득했다는 의미이다. 이 본성을 천天이라 하고, 또한 중中·역易·양지良知라고도 하고 또한 성誠이라고도 한다. 다만 이 천연성덕天然性德 가운데 법이法爾가 구족具足하고 이기체용理氣體用을 구족했기에 '역유태극시생양의등易有太極是生兩儀等'이라 말한 것이며, 역에 태극이 있다고 말하더라도 태극과 역이 다른 것이라고 말하는 것은 아니다. 양자의 관계는 습성濕性이 물이 되고 물이 그대로 습성이듯이, 태극도 또한 그대로 전체가 역이다. 마찬가지로 태극이 양의兩儀를 생生한다 하더라도 양의는 즉 전체가 태극이다. 이와 같이 양의에서 사상四象을 생하고, 4상에서 8괘를 생하고 또는 64괘로 되어 4,096괘로 되는 것이기 때문에, 그 가운데 어떤 1괘를 취해도 그 가운데 전체가 내포된다. 그것은 마치 바다를 만지면 물 전체가 습성이기 때문에 하나의 파도라 할지라도 본질을 온전히 하지 아님이 없는 것과 같다. 그러므로 참으로 능히 일사일물一事一物 가운데 태극역리太極易理의 온전함을 보는 자라면 하늘에 있어서는 상제가 되고, 귀신에 있어서는 영명靈明이 되고, 사람에 있어서는 성인이 된다. 통치화도統治化導의 권능은 여기로 귀속한다. 천주교처럼 천지가 갈라지기 전에 먼저 하나의 최영最靈 최성最聖인 자가 천주가 된다면 다스림이 있어(有治) 혼란이 없어지

고(無亂) 선하여 악이 없는 것으로 되기 때문에 뒤늦게 신령한 성
철聖哲께서 그 재성보상裁成輔相을 할 필요는 없었으리라. 그런데
사람이 또한 천지와 더불어 덕이 일치하지 않고 하늘(天)에 앞서
고자 하여도 하늘은 어긋남이 없다는 것을 그가 어찌 알겠는가?
우리 유교가 하늘(天)을 계승하여 궁극의 참된 학맥을 세우는 바
이다.

이상이 지욱의 하늘(天)에 관한 언급이다. 지욱은 『성학개몽性學開
蒙』 중에서도 중용의 '천명지위성天命之謂性'의 구절을 해석하여 하
늘(天)이란 『열반경』에서 말하는 제일의천第一義天이라 하고 있다.
천주교가 『역』과 『중용』으로 천주와 하늘(天)의 일치를 증명하는 데
대한 통렬한 비판이었다고 하지 않을 수 없다.
 이와 같이 표면상 오로지 유학자의 견지에서 징힐반난懲詰反難을
시도한 이 글에 대해 지욱은 불가佛家로서의 견해를 어떻게 표명하
고 있는가? 『초징』과 『재징』을 살펴주기를 의뢰한 것에 대해 제명선
사際明禪師가 종진지鍾振之 거사에게 보낸 복간復柬의 형식으로 다음
과 같이 기술하고 있다.

 1. 산납山衲은 이미 세법世法을 버렸기 때문에 반드시 변론할 필
 요를 못 느낍니다. 만약 그가 불교를 공격한다 하더라도 불교는
 실로 그가 능히 파할 수 없습니다. 또한 오늘날의 불제자들은 이
 름만 있지 뜻이 없는 자들이 많으니, 이 외난外難을 계기로 하여
 그들을 경송警悚시킨다면 불법을 위해 다행인 일이 되지 말란 법

도 없습니다. 칼은 갈지 않으면 예리해지지 않고, 종은 치지 않으면 울지 않는 법, 삼무법난三武法難 후 불법은 더욱 번성하지 않았습니까?(『초징』復束)

2. 유·불儒佛 2가二家는 같으면서 또한 다르고, 다르면서 또한 같으니 오직 참된 유자儒者라야 비로소 능히 불교를 알고, 또한 불교를 배워야 비로소 능히 유교를 알 수 있습니다. 거사께서 이치를 들어 파사破邪하는 곳, 산납山衲이 한마디 더 붙일 필요가 없습니다. 오직 거사께서 지혜의 성품으로 더욱 깊이 서축西竺의 심전心傳을 궁구한다면 세世·출세出世의 도에 고르게 이익이 있을 것입니다.(『재징』復束)

앞에서는 불교가 어떠한 비판에도 감당할 수 있다고 하는 흔들리지 않는 신념이 있는 반면에 이것을 기회로 타락하고 반성이 없는 불교계를 각성·분기케 하고 싶은 염원이 보이고, 뒤에서는 유교와 불교의 관계가 불이不離이면서도 부즉不卽임을 설하여 벽사의 이론으로써는 결점을 지적하여 비난하는 바가 없지만, 오도悟道에 있어서는 유교보다는 불교로 나아가지 않으면 안 되는 것을 요구하였다. 여기 그의 시대적 반성이 보임과 함께 종합적인 그의 철학체계의 편린을 엿볼 수 있다. 이 두 가지 점에 관해서 지욱의 견해를 살펴보기로 한다.

지욱은 그 시대 불교계의 분위기에 대해 적지 않은 불만을 품고 있었다. 그는 특히 천태학을 깊이 연구했지만, 스스로 천태가문의 자손으로 처신하는 것을 떳떳하게 여기지 않았다. 그것은 당시 천태종의 사람들이 선종禪宗·현수賢首·자은慈恩 등의 종파와 더불어 각각의 문정門庭에 집착하여 화합하지 못했기 때문이다. 온 세상이 만약 제각기 유자儒者, 선자禪者, 율자律者, 교자敎者라고 한다면 이질적인 것으로 여겨지지 않을 수 없어 구수寇讐처럼 질시하게 된다. 그런데 선禪은 불심佛心이며, 교敎는 불어佛語이고, 율律은 불행佛行이다. 삼학三學이 한 근원에서 나온 것을 안다면 괴리가 있을 리 없다. 삼의일발三衣一鉢을 지율持律로 삼고, 소문첩구消文貼句를 연교演敎로 삼고, 기봉게송機鋒偈頌을 선종禪宗으로 삼고 있는 것은 온전히 심원心源을 궁구하지 않았기 때문이다. 게다가 승풍僧風의 타락부패는 어떠했는가? 오늘날의 쇠체(衰替: 쇠하여 다른 것으로 바뀜)를 눈뜨고 볼 수 없지 않은가? 지욱은 이처럼 개탄하며 다음과 같은 격렬한 언구로 불교계를 질타하였다.

광탄狂誕의 호선狐禪…… 갈양羯羊의 계자戒子…… 낭패狼狽의 연종蓮宗 …… 우창優倡의 유가瑜伽…… 독두禿頭의 상가商賈…… 운유雲遊의 적주賊住…… 농사農事의 승민僧民…….

다음으로 유교와 불교의 관계에 관해서는, 결코 오직 단지 두 종교의 일치융합을 주창하는 데 만족했던 것은 아니다. 그는 이미 언급했듯이 "참된 유학자라야 비로소 능히 불교를 알고, 또한 불교를 배워야 비로소 유교를 안다"고 말하고 있지만, 그 의미는 유교와 불교를 동일시하는 것은 아니다. 그러므로 "삼보三寶의 깊은 이치는 평범한 유자庸儒가 알 수 있는 바가 아니다"라 하고 있듯이, 절대적 입장에서는 유불동치儒佛同致이더라도 상대적으로는 유불儒佛에 천심淺深이 없다고 말할 수 없는 것으로, 그 절대적 입장이 법화法華의 개권현실開權顯實의 취지에 의해 성립하는 것은 말할 필요가 없다. 이 것은 지욱이 불교의 관점에서 『중용』을 해석함에 있어 '모름지기 원극圓極의 묘종妙宗으로 …… 유학자의 도맥道脈으로 하여금 동일하게 불해佛海로 돌아가게 해야 한다'고 기대했던 까닭이다.[136]

---

136 橫超慧日, 위의 책(下), pp.18~35.

제8편

명말 청초의 예수회 동향

1. 중국 황제와 천주교

(1) 일본에서 예수회 선교사들이 다이묘(大名: 지방의 藩主)들을 포섭함으로써 짧은 기간 동안에 적어도 겉보기에는 엄청나게 많은 수의 신자들을 획득할 수 있었던 경험이 중국 선교에서도 '위로부터의 개종' 방침을 세우는 근거가 되었다. 마테오 리치를 위시한 예수회 선교사가 한결같이 지상목표로 삼고 있는 바는 어떻게 하면 중국 황제를 가톨릭교로 개종시키느냐 하는 문제였다. 그들은 만력 황제(神宗)가 제2의 콘스탄티누스 황제가 되기를 바란 것이다.

명 왕조 최후의 황제(永明王)를 비롯하여 청 왕조의 초기 지배자인 순치제順治帝와 강희제康熙帝의 경우처럼, 예수회와 일부 선교사들은 그들의 목표(황제 개종)가 어느 정도 달성되는 양 착각했었다. 실제 중국의 현 실정을 거의 모르고, 또 먼 유럽에 있으면서도 예수회 소속 성직자 대부분은 중국 황제의 개종을 그들의 최고 목표로 삼

독일의 종교사회학자
막스 베버

고 있다고 그들의 보고서에 기록하고 있다. 아담 샬이나 페르비스트와 같은 신부들이 많은 업적을 남겼지만, 그들이 그처럼 황제 개종을 위해 혼신의 노력을 기울인 이유를 쉽게 납득하기는 어렵다. 우리는 유럽 세계에서 볼 수 있듯이 중국도 국가와 교회, 정치권력과 교회세력이라는 이중성二重性이 존재하지 않는다는 점을 지적할 수 있다. 중세 유럽의 경우, 하느님의 나라는 이 땅의 것이 아니라던 예수의 메시지로 인하여 중세 유럽에 인류사에서 보기 드문 특이한 정치구조를 만들게 된다. 즉 교황과 왕이 공존하는 세계였다. 교황은 영적인 세계를 다스렸고, 왕은 땅을 통솔하였다. 그러나 하느님이 더 높기에 왕이 교황 아래 복종하는 구조로 변하였고, 각 나라를 다스리는 왕과 유럽 전체를 다스리는 교황의 이중적 정치구조가 형성되었다.[137]

일찍이 막스 베버(Max Weber, 1864~1920)가 중국 황제를 가리켜

---

[137] "너는 베드로다. 이 반석 위에 내 교회를 세울 터인즉, 저승의 세력도 그것을 이기지 못할 것이다"(마태복음 16장). 이 구절을 바탕으로 가톨릭교회는 베드로를 '제1대 교황'으로 받아들인다. 그리고 대를 잇는 교황들마다 예수가 직접 부여한 '반석의 권위'가 있다고 믿는다. 그 위에 교회가 서 있다고 생각한다.(중앙일보, 2017. 8. 4)

'케자로 페이피스트(Caesaro-papist)[138]라 기술했듯이, 중국의 황제 야말로 '보편적 세속世俗·성직국가聖職國家'의 교황敎皇과 같은 지위 를 누리고 있었다.

중국의 황제는 천자天子로서, 천제天帝의 대행자로서 군림하고 있 기 때문에 서양 여러 나라의 성직기관이나 그 수장首長이 가지는 것 과는 비교할 수 없을 만큼 광범한 지위를 확보하고 있었다. 그러므 로 중국 황제를 어느 외국의 한 종교로 개종시키는 일이란, 마치 로 마 교황이 회교도로 개종하고도 계속 가톨릭교회의 수장직에 머물 러 앉아 있는 것과 같이 매우 이상하게 된다. 만약 중국의 국가원수 가 외래종교를 용인해서 받아들일 수 있다면, 무엇보다도 긴요한 문 제는 중국의 국가와 사회의 전통적인 구조를 근본적으로 변경하는 작업이 선행되어야 할 것이다. 이와 같이 가톨릭교 선교에도 하나의 한계점이 있다. 가령 청조의 초기 두 황제(世祖와 聖祖)가 선교사들에 게 그토록 관심을 나타낸 것은 선교사들로부터 과학적 지식을 배우 는 것이 주목적이고, 종교적인 것은 부차적인 것이었다. 이 외에 다

---

138 캐사로 파피즘(Caesaro-papism, 황제교황주의): 비잔틴 제국(동로마 제국)의 황 제는 콘스탄티노플 정교회正敎會의 총대주교(Orthodox Patriarch)를 직접 임 명할 수 있다. 또 교회(敎理) 문제에도 관여할 수 있는 권한을 가졌고, 725년 에 성상숭배금지령과 같은 명령을 내릴 수 있었다. 이와 같이 세속군주가 정 치와 종교(正敎) 양 권한을 가지고 교회를 지배하는 제도를 황제교황주의皇 帝 敎皇主義라 한다. 성상파괴령으로 인해 결국 1054년 동서 양 교회로 분리 하여 로마 교회는 로마 가톨릭교(Roman Catholic Church)로, 콘스탄티노플 교 회는 그리스 정교회(Greek Orthodox Church)로 분열되었다.

른 면이 있다면, 선교사 자신의 특유한 인간성에 호감을 느끼고 관심을 가지는 경우도 있었을 것이다. 이러한 경우 선교사의 개인적인 인간성에 관심을 두는 것이지, 결코 그가 대표하는 종교(가톨릭교) 그 자체에 흥미를 느끼지는 않았던 것이다.

(2) 서양의 종교인 천주교의 중국 전교는 1692년 기독교의 공허公許 및 1693년 성내城內 교회용지 하사에 이어 전례문제典禮問題로 박해·추방되기까지, 명말 이래 전래되어 번영을 누렸다고 하지만 청조의 입장에서 볼 때 종교에 대한 관용은 역법曆法과 조포造砲의 기예技藝 활동의 공로로써 베푼 은혜에 지나지 않는다. 서양의 학문을 가장 애호하고 서양인을 아꼈던 강희제(康熙帝, 재위 1661~1722) 조차도 역법과 조포造砲에 대한 대가로 천주교를 인정하였고, 더 나아가 러시아의 차역差役의 대가(1689년 러시아와 네르친스크 조약 체결 시 통역 역할)로 기독교를 공허하였으며, 1703년 낙성된 북당北堂도 강희제의 열병 치료에 대한 대가로 하사한 것이다.

한편 강희제가 전례문제에 개입하게 된 것이 선교사들이 이루어 놓은 현상을 그대로 유지시켜 주려는 노력에서 일어난 것이라고도 하지만, 동양의 전제

강희제

군주로서 천주교의 조직을 이해하고 납득한다는 것은 사실상 불가능하였으며, 교황이 중국인 신자들의 정신적인 지도자로서 존재한다는 점이 문제였다. 이러한 전제하에서 『실록』에서 다루고 있는 종교를 통한 문화적인 관계를 보면 모든 것은 좀 더 분명하게 파악될 수 있을 것이다.

2. 마테오 리치에 대한 비판과 전례논쟁

(1) 마테오 리치는 1583년 조경肇慶에 처음 자리 잡을 때부터 입고 지내던 승복을 1594년 말부터 유사儒士의 복장으로 바꿨다. 복장만 바꾼 것이 아니라 이때부터는 스스로의 신분을 '서사西士'로 주장하여 중국의 관리 및 학인 계층과 대등한 예를 나눌 것을 고집하였다. 이런 주장과 고집이 10년 넘게 승복을 입고 승려로 행세하던 광동성에서 통하기에는 장애가 많았겠지만, 이듬해 광동성을 떠나 남창·남경·북경으로 근거를 옮겨감에 따라 저항이 줄어들었을 것으로 생각된다.

이 융화의 방침은 한편으로는 두 문명의 상호 접근을 최대한 촉진하는 효과를 가져왔지만, 다른 한편으로는 두 문명의 이질적인 측면들이 직접 부딪히게 만들었고, 그 충돌 속에서 마테오 리치와 그의 노선을 따른 예수회 선교사들은 양쪽에서 공격받는 곤경에 처하게 되기도 하였다.

19세기 중국에서 가장 활발한 활동을 벌인 서양인 중의 한 사람인 미국 뉴욕 출신 사무엘 웰즈 윌리엄스(Samuel Wells Williams,

1812~1884)가 중국을 소개한 책『*The Middle Kingdom*』에서 마테오 리치를 극렬하게 비난한 것도 그런 맥락이 이어진 것이다.

"리치는 신학의 가장 기본적인 원리들을 무시했다. 신학보다 책략에 소질을 가진 그는 중국에서 편안하게 지내는 비결을 찾아냈다. 황제에게 있어서 그는 고분고분 말 잘 듣는 신하였다. 이교도들에게는 자기들의 미신에 영합해 주는 사제였다. 관리들에게는 궁정의 온갖 잔재주를 익힌 예의바른 동료였다. 그리고 악마에게는 충실한 하인이었으니, 악마의 지배를 배격하기는커녕 이교도들에 대한 그의 지배를 강화시켜 주었을 뿐만 아니라 심지어 기독교들에게까지 넓혀 주었다. …… 그는 꽃으로 가려지거나 거짓된 신들의 전당을 밝히는 촛대에 몰래 붙여진 십자가에 경배의 마음을 향하기만 한다면 기독교인들도 우상숭배에 참여하거나 협조해도 된다고 가르치고, 공자와 조상들에게 제물을 바쳐도 된다고 하는 등 이교도의 미신을 충실하게 섞어 넣음으로써 (기독교를) 왜곡시켰다."

위 글은 19세기 후반 유럽인들의 자신감이 극도에 달해 있고 중국의 제국 체제가 눈에 띄게 무너지고 있던 시절, 중국의 '개화'에 매진하고 있던 프로테스탄트 선교사의 전형적인 관점이라 볼 수 있다. 윌리엄스의 눈에는 ─ 중국인들의 행복한 장래를 위해서는 ─ 아무런 가치가 없는, 그래서 통째로 말살해야 마땅한 중국의 전통에 조금이라도 경의를 표한 마테오 리치의 태도가 '악마의 심부름'으로 비쳐질 수밖에 없었을 것이다. 마테오 리치가 26세의 나이에 모국을 영영 등지고, 31세 이후로는 마카오 정도의 서양인 사회에도 한 차례밖에 돌아가 보지 못하고 중국인들 사이에서만 평생을 보낸 것도 "편안히 지내기" 위한 목적밖에는 부여할 수 없었던 모양이다.

공격자의 편협한 태도는 여기서 접어두고, 공격의 실질적인 내용을 한 번 생각해 볼 때 "신학의 기본적인 원리를 무시했다"는 말은 뒤에 "기독교인들도 우상숭배에 참여하거나 협조해도 된다고 가르치고", "공자와 조상들에게 제물을 바쳐도 된다고 한 것"을 말하는 것이다. 이것은 마테오 리치가 기독교의 신을 유가의 경전에 나오는 상제上帝와 동일시한 것, 그리고 불교와 도교의 범위를 제외한, 일반

사무엘 웰즈 윌리엄스

『The Middle Kingdom』

중국인들의 제례를 원칙적으로 종교행사가 아닌 사회적 관습으로
보아 개종자들의 제례를 최대한 관용한 방침을 지적한 것이다.

이 방침들은 사실 마테오 리치 사후 기독교의 본질과 가톨릭교회
의 순수성이 저촉되는 것이 아닌가 하는 문제점을 제기했었다. 제
일 먼저 문제가 제기된 것은 중국 선교단 안에서였다. 동아순찰사
파시오[139]가 1612년 마카오에 왔을 때 마테오 리치의 후임 중국 선
교단장 롱고바르디(Longobardi, 龍華民, 1559~1654)에게 재일본 선
교사들의 우려를 전달하였다. 마테오 리치의 책들이 보여주는 신
의 모습이 중국인과 일본인들에게 잘못 받아들여질 만한 것이 아닌
가 하는 걱정이었다.[140] 롱고바르디가 선교사들과 중요한 개종자들
의 의견을 조사한 결과 개종자들은 마테오 리치의 관점을 지지하였

---

139 파시오(Francesco Pasio, 1551~1612)는 1578년에 마테오 리치와 같이 동방으
로 항해하고 1582년에 같이 발리냐노에게 불려 마카오까지 왔다. 마테오 리
치보다 앞서서 1582년 말에 루지에리와 함께 조경肇慶에 정착을 시도했다가
실패한 후 이듬해 일본으로 갔다. 그 후 일본 준准관구장, 극동순찰사를 지내
고 1611년 일본 준관구가 관구로 승격하면서 초대 관구장을 지내는 등 예수
회 극동선교의 조직과 행정에 발리냐노의 뒤를 이어 큰 역할을 맡았다. 마테
오 리치와는 같은 이탈리아인이고, 나이도 비슷해서 특별히 가까운 친구가
되었다.

140 이런 의구심이 특히 일본 선교사들에게 일어난 것은 프란치스코 사비에르
(Francisco de Xavier)가 처음 일본에서 선교 사업을 시작할 때(1549~1551) 현
지의 신앙에 대해 정확하게 알지 못한 채로 적응주의적 태도를 너무 적극적
으로 편 결과 하느님을 '다이니치(大日)'라 불러서 혼란을 일으킨 일을 기억하
기 때문이었을 것이다.

고, 선교사들은 의견이 엇갈려 있음이 드러났다. 롱고바르디는 지나친 적응주의를 비판적으로 보는 자기 의견을 조사결과에 덧붙여 1623년 「De confucio ejusque doctrina tractatus」를 발표하였는데, 이 글은 1701년에 파리외방전교회에 의해 파리에서 『Traite sur quelques points de la religion des Chinois』라는 제목으로 번역, 출판되어 예수회의 적응주의를 공격하는 근거로 널리 활용되었다.

 (2) 마테오 리치 사후의 전례논쟁(典禮論爭, Rites Controversy)이란 『천주실의』에서 주장하고 있는 '천주=상제'라고 하는 마테오 리치의 친親유교적 견해가 가톨릭교회 내부에 던진 파문을 말한다. 유교를 가톨릭 교설에 한 걸음 가까이 끌어당기기 위해 제시했던 '천주=상제'의 견해는 진보적 중국 사대부들의 가톨릭에 대한 동정과 공감을 유발시키는 데는 유용했지만, 가톨릭의 유일신 '천주'의 본질적 이해를 왜곡시킬 위험을 내포하는 것도 부정할 수 없었다.

 예수회의 선교사들이 조상과 공자를 받들어 행하는 숭배 의식이 기독교 신자의 의무에 반反하는 것이 아닌 세속적 행사일 뿐이라고 주장한 데에는 중국 문명권 속에서 어떻게든 기독교 교리를 전파해야 한다는 현실적인 고려가 들어 있었으나, 로마의 교황청은 이를 이해하지 못했다. 혹은 이해하려 하지 않았다. 예수회에 적대적인 다른 교단들은 예수회의 타협적인 태도, 즉 신앙보다는 과학을 통해 간접적으로 접근하려는 자세를 신랄하게 비판하였다. 그 예로 마닐라에서 활동 중이던 나바레트라는 신부는 "나는 우리 전도사들이 중국에서 손에 시계와 지도를 들고 있는 모습을 보는 것보다는 목에 십자가를 두르고 있는 모습을 보고 싶다"라고 말하기도 했다.

　중국 선교는 예수회가 먼저 시작했으나, 어느 정도 시간이 지나자 이 '독점 상태'에 대해 다른 교단들이 도전하고 나선 것이다. 그리하여 도미니칸회(the Dominicans)나 프란시스칸회(the Franciscans)도 중국에 선교사를 보내기 시작하였다. 이런 변화의 배후에는 포르투갈과 스페인의 갈등이 있었다. 예수회는 '위로부터' 선교하여 중국 전체를 기독교화한다는 전략을 취하였다. 가장 위로는 황제로부터 시작해서 사대부 층에 접근했고, 따라서 유교 전례와 타협하는 것은 불가피했다. 그런데 다른 교단들은 민중들에게 바로 접근했고, 그 때문에 제사와 같은 것들이 미신이라고 폭탄선언을 할 수 있었다. 그들은 중국문화를 이해하려는 노력을 하지 않았고 다만 "이교도를 개종시킨다"는 오만한 자세로 임했다. 그리고 예수회처럼 과학, 예

프란시스칸회의 창시자 아시시의
성 프란시스코

술, 문학 등에 대한 다양한 소양을 키우기보다는 오직 신학 위주의 학습을 받고 아시아로 떠났던 것이다.

　1597년 중국에 들어와 마테오 리치의 선교에 협력했던 니콜로 롱고바르디(Niccolo Longobardi, 龍華民)가 가장 크게 문제로 느끼고 있었던 것은, 과연 마테오 리치를 비롯한 선교사들의 경전 해석이 정확한 것이냐 하는 것이었다.

도미니칸회의 창시자 성 도미니코

마테오 리치 주변의 봉교인사들의 태도에 의구심을 갖고 있었던 그는 오랫동안 '천주즉상제설天主卽上帝說'에 회의를 품고 있다가, 마테오 리치가 죽은 후 선교회 회장이라는 책임자의 권한으로 하늘(天) 혹은 상제上帝라는 용어로 신을 표현하는 것을 오류로 인정하고 사용을 금지시켰다. 이 '천주즉상제설'은 마테오 리치가 기독교 신앙의 전파를 위한 중국문화적 매체로 인정한 공자숭배, 조상숭배와 함께 3대 금기의 이단적 의례로 간주되어 신도들에게 그 의례의 참가를 금지하는 방침을 내세워 그 유명한 전례논쟁을 촉발시켰다. 그러나 이 결정에 관해 예수회 선교사 내부에서조차 찬반의 의견을 일으켰다. 그래서 그는 1628년과 1635년의 2회에 걸쳐 강소성 가정嘉定에서 종교회의를 개최했으나 의견의 통일을 보지 못한 채 끝나버렸다. 나중의 '전례논쟁'의 씨앗은 이 시기에 싹텄다고 볼 수 있지만, 그때까지는 아직 예수회 자체 내부에서의 선교방침에 관한 논쟁단계에 머물고 있었다.

그런데 예수회보다 약간 늦게 중국의 선교전선宣敎戰線에 참가한 가톨릭의 도미니칸회(the Dominicans: 1631년 來華)와 프란시스칸회

(the Franciscans: 1633년 來華)의 선교사들은, 그 경건주의敬虔主義 입장에서 또한 절반은 예수회 선교의 성공에 대한 질투심에서 중국적 의례에 타협적인 예수회의 선교방침을 비난하면서 이 전례문제를 물고 늘어졌다. 1642년에 도미니칸회의 모랄레스가 이 문제를 로마 교황청으로 가지고 감으로써 문제는 커지게 되었다. 중국에서의 도미니칸-프란시스칸 대 예수회의 패싸움은 1645년(도미니칸 승리), 1656년(예수회 승리), 1669년에 발한 교서敎書의 조정에도 불구하고 해소되지 않고 악화되어 갔다. 1693년(淸 康熙 32년)에는 복건성에 있던 법왕대리사교法王代理司敎로부터 전례부인典禮否認의 훈령이 발해지고, 1699년에는 교황 이노센트 12세에 의하여 전례문제조사회典禮問題調査會가 개최되었다. 이에 대해 예수회는 1700년 교황청에 자신들의 의견을 정리하여 보냈다. 즉 경천敬天, 사군친事君親, 경사장敬師長은 미신이 아니라 천하의 통의通義라는 강희제의 견해를 전하고 자신들의 타협주의는 불가피하다고 주장하였다. 그러나 교황 클레멘스 11세(1700~1721)는 1704년에 중국 전례에 참여하는 것을 금지하는 교황칙서 「엑스 일라 디에Ex illa die」를 발표하였다.

　여기까지의 경위는 교황청을 중심으로 한 가톨릭교회 내부의 종교문제로서 볼 수 있지만, 다른 한편 피고의 궁지에 몰리게 된 예수회는 국면을 타개하기 위해 교황청 및 유럽의 종교계·학계에 그들의 입장을 열심히 호소하는 동시에 선교지인 중국의 최고 권위자인 강희대제康熙大帝의 지지를 구하여 정치적 차원에서 문제를 해결하려고 하였다. 이렇게 하여 전례논쟁은 로마 교황 대 강희제, 교황청 대 북경 조정의 정치 외교적 문제의 양상을 띠게 된다.

이 전례논쟁은 마테오 리치로부터 비롯되는 예수회 선교사들이 유교는 종교가 아니라며 그리스도교와 유교의 양립을 도모한 것에 대해 도미니칸‐프란시스칸 교단의 사람들이 반대한 것에서 발단되었다. 예수회 선교사는 조상과 공자를 받들어 행해지는 숭배의식이 그리스도교 신자의 의무에 반하는 것이 아닌 세속적 행사일 뿐

교황 클레멘스 11세

이라고 주장하였다. 그러나 로마 교황청은 그와 같은 주장을 이해하지 못했다. 베이징의 예수회 선교사들은 이 점에 관해 강희제의 해석을 물었다. 강희제는 그럴 때마다 예수회 선교사의 해석이 무조건 바르다는 교지를 내려 주었다. 이것은 중국인 학자 신부 황백록(黃伯錄, 1830~1909)이 한문으로 저술한 중국 천주교회사 『정교봉포正敎奉褒』에도 다음과 같이 열거되어 있다.

그들은 하늘을 받들고 임금과 부모를 모시며 조상을 소중히 여겼다. 어른과 상사를 존경하는 것은 제국의 원리이다. 이 청원서 중에는 한 글자도 고칠 말이 없다.

사실 강희제로 말하면 수학에 관심이 있어서 수학에 정통한 선교사들과 매일 2~3시간씩 수학을 논할 정도였지만, 이를 통해 황제

를 개종하고 더 나아가서 중국 전체를 선교하겠다는 전략은 애초에
가능성이 없었다. 강희제가 수학을 좋아하는 것과 기독교를 받아들
인다는 것은 전혀 별개의 일이었다. 강희제는『주자전서朱子全書』를
편찬할 정도로 주자학을 확고부동한 기본 신념으로 삼은 인물이었
다.[141]

　그런 강희제였기에 전례논쟁을 조사하고 이에 대한 로마 교황청
의 입장을 설명하기 위해 1705년 중국에 파견된 로마 교황청의 사
절 드 투르농(de Tournon)의 태도에 화를 냈으며, 그러고는 1706년
부터 소위 급표給票 정책을 폈다. 선교사들을 선별하여 유교 전례에
참여하는 사람들에게는 거주증명서를 주고 나머지는 추방한다는
것이다. 강희제는 마테오 리치의『천주실의』를 6개월 동안 머리맡
에 두고 탐독했다고 할 정도로 마테오 리치를 존숭하던 인물이었기
때문에, "마테오 리치의 법규(利瑪竇的規矩)"라는 법령을 만들어 이
법규를 준수하는 자에게만 중국 체류를 윤허하는 강경한 방침을 세
워 로마 교황청과 대립하였다.

　그러나 예수회에 적의를 가지고 있던 사람들에게는 로마 교황청
에서 검토 중인 사항에 관해 가톨릭 신부로서 이교도의 왕에게 호소

---

141 강희제의 서양과학에의 깊은 관심으로 신학문 전달자인 선교사들에 대한 총
애가 컸으며 페르비스트(F. Verbiest, 南懷仁)를 비롯하여 그리말디(P. Grimaldi,
閔明我), 또마(A. Thomas, 安多), 페레이라(T. Pereira, 徐日昇), 제르비용(J.
Gerbillon, 張誠), 부베(J. Bouvet, 白進), 빠라낭(D. Parrenin, 巴多明) 등은 조정봉
사朝廷奉仕의 선교사 또는 학승學僧으로 강희제의 측근에서 활동하게 하였을
뿐, 천주교를 유교에의 보조적 · 보충적인 종교로 간주하였다.

하여 결정해 달라고 한 것은 처음부터 용서할 수 없는 행위였다. 클레멘스 11세는 1715년에 전례금지의 칙령을 다시 발하여 팽팽히 대립하였다. 교황이 발표한 교서는 예수회 선교사가 옳다고 생각한, 그리고 중국 선교에서 빼놓을 수 없었던 일련의 타협적 적응정책을 분명하게 금지시켜버렸다.

강희제는 예수회 선교사와 도미니칸 – 프란시스칸 종파의 선교사 사이의 논쟁을 조정할 마지막 시도로 로마에서 베이징에 파견된 두 번째 교황청 파견 사절인 멧자발바Mezzabarba의 논의에 귀를 기울였다. 그러나 결국 참을 수 없게 되자 이렇게 선언하였다.

서양인들과 같은 소인과 어찌 중국의 큰 도리에 관해 이야기할 수 있겠는가. 의심치 않을 수 없다. …… 앞으로 서양인은 중국에서 선교할 필요가 없다.

그래도 강희제는 멧자발바를 최대한 정중하게 대우했으며, 교황에게 훌륭한 선물을 보내며 유럽에 관한 정보와 수학에 관한 최신의 책을 보내주었으면 한다는 뜻을 전달하였다. 이는 강희제가 왜 선교사들에게 흥미를 느꼈는지, 그리고 진짜 감정은 무엇이었는지를 시사하고 있다. 중국의 역대 황제는 예수회 선교사의 종교에는 별반 흥미를 가지고 있지 않았으며, 그들은 오직 천문학이나 무기 제작, 외교 고문 혹은 수학 등 실용에 도움이 되는 지식을 원하고 있었던 것이다. 그리고 선교사들이 중국 사회에서 선교에 종사하는 것을 인정한 것도 개종자 수가 거의 무시해도 좋을 만큼의 적은 숫자였고,

그리스도교가 국가에 위협이 되지 않는다는 것을 알고 있었기 때문이다.

그나마 가톨릭에 조예가 깊었던 강희제가 붕어하고 옹정제雍正帝가 등극한 1723년에는 가톨릭이 엄금되고 선교사들은 마카오로 추방되는 불행한 사태를 빚게 된다. 교황청도 계속 교황청의 절대를 주장하고 전례 부인의 태도를 굽히지 않다가, 1742년(건륭 7년)에 이르러서 교황 베네딕트 14세(1675~1758)가 「엑스 쿠오 싱구라리(Ex quo singulari)」라는 유명한 교서를 발하여 전례 부인의 태도를 재확인하고 이에 관한 모든 논의를 금지시킴으로써 이 전례논쟁은 종지부를 찍게 된다.

이 1742년의 교서 이후에는 예수회를 포함한 모든 선교사가 그 결정에 따르지 않을 수 없었다. 마테오 리치의 절충주의적 수고마저 완전 수포로 돌아가게 된 것이다. 따라서 1742년 이후에 간행된 『천주실의』의 판본에는 '천주'를 의미하는 뜻으로 상제上帝·천天으로 쓴 곳은 모두 삭제, 개정되지 않을 수 없었다.

이는 모든 미해결의 의문점에 대해 예수회 쪽에 불리한 판정을 내린 것으로, 이렇게 해서 어떤 형식으로든 선교사가 중국의 관습에 적응하는 것은 금지되었다. 1773년에 예수회는 해산되

교황 베네딕트 14세

가톨릭을 금지한 옹정제

었고,[142] 중국 선교는 라자로(Lazarist)회가 이어받았다.

이러한 문화상대주의(cultural relativism)적 당위성을 무시한 교황청의 독단적 결정은 두 세기 동안을 지속하다가 1939년 교황청의 결정에 의하여 부분적으로 다시 번복되었다. 공자숭배와 조상숭배가 종교적 의미를 띠지 않는 한 기독교도들이 참여해도 무방하다는 결정을 내린 것이다.[143] 그리고 제2차 바티칸공의회(The second

---

[142] 종교와 정치가 뒤섞인 갈등을 겪는 과정에서 예수회는 유럽 내에서 심한 공격을 받고 18세기에 큰 위기를 맞았다. 가장 큰 지지국가였던 포르투갈에서도 1758년 폼발 정권 당시 공격을 당했고, 프랑스에서도 루이 14세가 프랑스 내 모든 예수회 학교를 폐쇄시켰으며, 에스파냐의 카를로스 2세(1665~1760) 역시 예수회를 국외로 축출했다. 결국은 1769년에 교황청이 예수회를 공식적으로 해산시켰다가 1814년에 가서 교황 피우스 7세에 의해 복원되었다. 주경철, 앞의 책, p.466.

[143] 교황청은 서구 열강이 우세했던 제국주의 시대에는 아시아의 조상 숭배를 무

Vatican Council, 1962~65)에 와서야 토착적 의례를 교회의 전례로 할 수 있다는 원칙이 정식으로 수립되고 이에 따라 전례논쟁의 긴 역사는 마테오 리치의 승리로 끝나게 되었다.

중국의 사례는 기존의 문명을 완전히 부정하고 새로운 질서를 주입하는 것이 불가능하다면 결국 절충주의 외에는 길이 없다는 것을 잘 보여준다.[144]

부언한다면, 1790년에 알렉상드르 드 구베아(Alexandre de Gouvea) 주교가 보낸 두 번째 서신은 조선 교회의 기초를 흔드는 것이었다. 이 서신을 통해 처음으로 조선 천주교인들은 교황이 제사 참배를 금지한 사실을 정식으로 알게 되었다. 이것은 1791(신해)년 전라도 진산의 윤지충尹持忠이 신주분화(神主焚火, 焚主廢祭) 사건을 일으키는 계기가 되었다.

턱대고 부정했으나, 20세기에 들어와서는 다시 타협적인 태도를 취하지 않을 수 없었다. 가톨릭교회 안에서 이 문제에 대한 최종 결정이 나온 것은 교황 피우스 12세 때인 1939년이었다. "가톨릭계 학교에서 공자상을 장식하는 것은 부정하다고 생각할 만한 것이 아니다. …… 그 앞에서 머리를 숙여 인사해도 괜찮다." 그리고 "죽은 사람의 상像 앞에서나, 단지 이름이 쓰여 있을 뿐인 묘표墓標 앞에서 머리를 숙이는 등의 시민적 경의의 표명은 용인될 수 있는 적합한 행위로 간주되어야 한다." 주경철, 위의 책, p.466.

144 後藤基巳, 『天主實義』(明德出版, 昭和 46年), pp.30~34; 김용옥, 앞의 책, pp.165~166; 주경철, 앞의 책, p.466 참조.

3. 중국 사상의 서점西漸

17세기 유럽에는 벌써 아시아의 특산물이 전해지고 있었다. 차와 향신료가 동양의 특산물로 기호식품이 되었다. 유럽인들의 차 모임이나 식탁에서 동양의 사상도 화제를 제공했을 것이다. 그러나 그들이 석가와 공자를 살롱의 화젯거리로 삼긴 했지만, 그렇다고 해서 그들이 중국의 사대부를 만난 적이 있거나 불교도가 그들 앞에 나타난 것도 아니었다. 그리고 개종을 요구하는 아시아인들이 군함을 타고 서양에 밀어닥친 것도 아니었다.

유럽에서의 유교와 불교를 생각할 때, 이것이 아시아에서의 가톨릭과 프로테스탄트라는 문제와 비대칭을 이루고 있다는 사실을 잊어서는 안 된다. 가톨리시즘은 남유럽 여러 나라의 식민지 확대에 따라 아시아에 나타난 정복자의 종교이며, 프로테스탄티즘은 19세기 이후 영국의 제국주의적 발전에 따라 아시아에 나타난 선진 자본주의 국가의 종교였다. 이에 비해 유교와 불교는 아시아인 선교사에 의해 서양에 전해진 것도 아니고, 아시아인 군대에 의해 유럽 점령지에 강제로 퍼뜨려진 것도 아니었다.[145]

서양에 동양의 종교가 동양인의 손으로 소개된 것은 스즈키 다이세츠(鈴木大拙)가 영어로 선禪을 설명하기 시작한 이후이고, 그 이전에는 오직 서양 쪽의 주도로 소개된 것이었고 그 시발점에는 유럽인 선교사가 있었다. 말을 바꾸자면 석가와 공자는 그리스도교 관점에

平川祐弘, 앞의 책, p.749.

서 음미된 다음 유럽에 소개된 것이며, 그 소개 방법에는 원래 포교를 위한 의도와 요소는 없었던 것이다.

서방의 상인들과 선교사들이 그들의 무력을 배경으로 하여 식민지를 확장하고 강제적 개종을 하는 것이 서세동점西勢東漸의 목적이었다면, 중국 사상의 서점西漸 현상은 반대로 동방의 예지叡智에 감화를 받은 선교사 자신들이 스스로 서방에 그 메시지를 전하고 평화적 방법으로 중국의 철학사상을 수용하였다.

16세기 말까지 경제적 관계가 아직 크게 자라나지 않고 있던 상황에서 대단히 큰 의미를 가진 문화 교류 현상이 일어난 것은 가톨릭 선교사들의 활동을 통해서였다. 중국에서는 유럽에서 유래한 지식과 사상을 중심으로 '서학西學'이 일어났고, 유럽에서는 마테오 리치의 '보고서'가 유럽에 전해진 이후 미지의 문명을 흠모하는 '시누아즈리(Chinoiserie: 중국 취향의 바람)'가 일어났다. 학식과 조직력을 아울러 갖춘 선교사들이 효과적인 매체 역할을 맡은 덕분이었다.

1) 서방선교사의 중국통신

1663년에 외방전도회外邦傳道會가 조직되었고, 1685년에는 루이 14세에 의하여 수학과 천문학에 조예가 깊은 예수회 선교사들이 첫 사절로 중국에 파견되었다. 루이 14세가 예수회 선교사를 중국에 파견한 목적 중의 하나는 그들로 하여금 중국문화를 연구케 하는 데 있었다. 그러므로 그들은 궁정 또는 각 지방에서 선교와 서양 과학기술의 보급 임무를 수행하는 한편으로 유교의 경전을 학습하고 중국의 풍물을 깊이 연구, 그 결과를 본국의 본부와 상사 또는 친지들에게 서한 형식으로 보고하였다.

이른바 그들의 '중국통신'은 예수회 선교사의 서간집으로 출판되거나 선교사 자신이 전례문제의 해명이나 기타 용무로 귀국하는 기회에 자신의 통신을 정리하고 여기에 적당한 제호題號를 붙여 파리에서 출판하곤 하였다.

마테오 리치가 중국에 도착하여 중국의 사상을 학습하기 시작하여 10년이 지난 1593년에는 사서四書를 라틴어로 번역해 냄으로써 중국문헌을 서양어로 번역한 효시가 되었다.

마테오 리치에 이어 예수회의 선교사들은 중국문헌에 관한 연구열이 대단하여 유교경전을 비롯한 중국문화에 대하여 자국어로 번역하는 데 몰두하였고, 18세기에 들어서면서부터는 유교경전에 대한 번역작업은 사서로부터 그 범위가 오경五經까지로 확대되었으며, 부베(Joachim Bouvet)는 라이프니치(Leibniz, 1646~1716)와의 서신을 통하여 『역경』에 관한 논의를 행하였던 점으로 미루어 청 왕조의 강희제 시대의 경전 연구가 마테오 리치의 경전 이해보다 훨씬 깊이 들어갔다고 볼 수 있다.

마테오 리치 사후 트리고에 의해 중국에서 활동할 선교사를 모집하기 위해 유럽에 중국 소개가 시작된 후 중국에 대한 많은 저술이 쏟아져 나왔는데, 그 가운데 특히 바르톨리(D. Bartoli)의 『Jesuit회 역사 – 중국편』, 세메도(A. Semmedo)의 『중국제국지中國帝國誌』, 킬허(A. Kircher)의 『중국도설中國圖說』 같은 책은 중국에 대한 관심을 크게 자극하였다. 이들의 기록 가운데는 그들 예수회 선교사의 활동이나 중국의 사정을 사실 이상으로 미화시킨 경우가 있는데, 그것은 그들 활동의 합리화와 선교 활동에의 좀 더 적극적인 유치를 위한 것이었다.

이에 비해 17세기 후반 페르비스트(F. Verbiest, 南懷仁)의 요청에 의해 파견된 프랑스 예수회는 루이 14세의 정책에 의하여 그들의 문화를 중국에 소개하는 반면 이들의 보고·서간·견문 등을 소개하여 개개의 훌륭한 저술과 더불어 소위 3대 명저를 낳게 되었는데 그 가운데 『야소회사서간집耶蘇會士書簡集』은 예수회 선교사들이 중국 문화 연구자로서 일종의 연구보고를 보낸 것이다. 중국의 정치제도, 풍속, 습관, 역사, 지리, 철학, 기타의 실지 견문도 있지만 그들 자신이 우수한 학자였기에 또한 그들의 태도 역시 진지했으며 연구 제목도 광범하였다. 뒤알드(J. B. Du Halde)의 『중국제국전지中國帝國全誌』는 중국 주재 선교사들의 신信, 서書를 정리·편찬하여 역사, 지리, 연대기, 정치 등 항목 별로 묶어서 편집한 것이다. 마지막으로 『북경

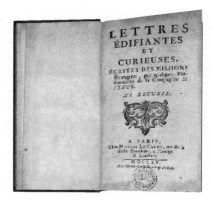

예수회 신부들이 중국의 문화와 종교에 대해
서술한 야소회사서간집

야소회사기요北京耶蘇會士紀要』가 있다.

이러한 저술과 함께 17, 18세기 프랑스에서는 중국풍이 유행할 정도로 학술·예술 면에 많은 영향을 미쳤다. 백과전서파의 말브랑슈(Malebranche)·페늘롱(Fenelon), 계몽 사상가 볼테르(Voltaire)·몽테스키외(Montesquieu)·루소(Rousseau) 등의 중국에 대한 이해의 정도와 문명관은 당시의 풍조를 보여주는 좋은 예이며, 독일의 라이프니치(Leibniz)·프랑케(Francke) 등도 영향을 받았다. 이리하여 서학의 중국 수용은 동시에 중국을 유럽, 특히 불란서(프랑스)·독일·영국 등지에 소개시키게 되었다.

이처럼 예수회 선교사들의 활발한 경전 연구와 번역 활동은 중국 선교의 수단으로만 그치는 것이 아니라, 유럽 사상계로부터의 중국 문화에 대한 관심과 요구에 응한 것이며, 유럽의 중국 연구에 결정적인 자극과 영향을 주었던 것이다.

미적분을 창시한 수학자이자 철학자 라이프니치(Leibniz)는 서구의 발전에 공자 철학이 매우 중요함을 인정한 최초의 유럽인이다. 하지만 예수회 신부들이나 18세기 철학자들과 달리, 공자 철학 연구에 본격적으로 매달리지는 못했다. 한문을 몰랐던 까닭에 공자의 경전을 직접 읽을 수 없었고, 앞선 시대를 살았기 때문에 변변한 번역본조차 제대로 접할 수 없었다. 비교적 온전한 형태의 번역본은 1716년 그가 사망할 무렵에야 나오기 시작하였다. 그는 젊은 시절부터 중국철학에 관심을 갖고 예수회 선교사들과 접촉하였다. 때로는 직접, 때로는 서신으로 자주 교류하였다. 라이프니치는 서재에 50권에 달하는 중국 관련 서적을 수집해두기도 하였다. 노년기 20

년 동안 중국에 대한 네 편의 의미 있는 글을 썼다. 그중의 하나인
『중국의 최신 소식』서문에서 "유럽에서 기독교 선교사를 중국에 파
견할 게 아니라 중국에서 공자 선교사를 유럽에 파견할 것"을 언급
하였다. 그는 중국을 '동방의 유럽'으로 간주하면서 일단 문명화된
중국의 존재와 그 발견을 인류발전의 섭리로 해석하였다.

　1721년 독일의 철학자 볼프(C. Wolff, 1679~1754)는 프로이센 제
국의 할레대학 총장 이임식에서 공자의 무신론적 도덕철학을 높이
칭송하고 그리스 철학과 비교할 수 없는 공자 철학의 우월성을 찬
양하면서 공자를 예수에 반열에 올려야 한다는 연설을 하였다. 이
로 인해 그는 조국에서 추방되었고, 추방 소식이 유럽에 퍼져나가자
마자 볼프에 대한 초빙 요청이 쇄도하기 시작하였다. 볼프의 행동은
시대정신을 반영한 것이었다. 그의 연설은 독일 계몽주의의 신호탄
이 되었고, 유럽의 지식인들은 볼프를 '이성의 대의를 위한 순교자'

프랑스의 계몽주의 작가 볼테르

로 추앙하기 시작하였다. 1740년
프리드리히 2세의 종용으로 17년
만에 볼프는 귀국하였다. 볼프의
승리였다. 그를 추종했던 그의 제
자들은 이른바 볼프주의자 그룹
으로서 독일 최초의 학파를 형성
했고, 19세기 초 칸트주의가 흥기
하기 전까지 독일 사상계를 풍미
하게 된다.

　볼테르(Voltaire, 1694~1778)는

462

그리스 철학자들을 공자와 나란히 인용하지도 않을 정도로 공자를 숭경하였다. 특히 기독교식 계시나 예언을 멀리하는 공자의 비종교적 면모에 감화되었다. 공자의 사상이 지배하는 중국을 선교 대상으로 삼는 것을 큰 실책으로 혹평하였다. 그리고 유럽의 문화적·사상적·정치적 개혁개방과 반기독교적 혁명을 향해 앞장섰다. 그 결과 볼테르는 프랑스 앙시앵 레짐(ancien régime: 1789년 프랑스 혁명 이전의 구체제)의 탄압대상으로 지목되었고, 그의 망명기한은 한없이 길어졌다. 그러나 고국과 유럽 전역에서 그의 명성과 인기는 하늘을 찌르게 된다.

나아가 볼테르는 중국의 종교가 유혈이 낭자한 종교전쟁에 의해 더렵혀지지 않았다는 점에서 서양종교보다 우월하다고 말하고, 유럽도 타종파·타종교에 대한 탄압정책을 중단하고 동아시아처럼 보편적이지는 않더라도 일정 정도 관용을 베풀 것을 촉구했다. 뿐만

독일의 유명한 철학자이자 수학자
라이프니치

독일의 계몽철학자
크리스티안 볼프

아니라 유럽의 문화적·사상적·정치적 개혁개방과 반기독교적 혁명을 주문했다. 이런 선구자적 행위는 목숨을 건 사상투쟁이었다.[146]

2) 유럽 계몽주의와 중국 사상

(1) 마테오 리치는 동양을 개조시키고자 하는 열의에 불타 아프리카의 희망봉을 돌고 인도양을 건너 중국에 들어왔다. 그러나 마테오 리치의 보고서는 예수회 선교사들의 의도와 달리 서양에 사상운동을 불러일으키고 있었다. 예수회 선교사는 그들이 믿는 '신의 보다 큰 영광'을 위해 동양으로 향했지만, 그 결과 사람들은 그리스도교 신앙과 관계없이 자립해 존재하는 도덕을 발견하였다. 예수가 태어나기 전에 공자孔子는 중국에서 이웃 사랑을 말했다.[147] 인간이 그리스도교를 몰라도 성인처럼 살 수 있고, 공자와 공자의 가르침을 충실하게 따른 사람들도 영혼을 구원받을 수 있는 것이 확실하다면, 대체 왜 중국까지 일부러 선교사를 파견해서 개종을 시도하는 것인

---

146 황태연, 『공자, 잠든 유럽을 깨우다』(김영사, 2015), pp.15~23, pp.82~84, pp.124~129.

147 "내가 원하지 않는 일은 남에게도 베풀지 말라(己所不欲勿施於人)"는 공자의 사랑의 가르침은, "네 이웃을 네 몸과 같이 사랑하라"는 예수의 가르침(명령)과 엄청난 차이가 있다. 공자의 발언은 강요하지 않는, 심리상 자연스러운 감정과 느낌이 배어나오는 인간성에 입각한 가르침이다. 그러나 기독교의 사랑은 지상명령이다. 사랑을 감정이나 느낌이 아닌 명백한 의지의 작용으로 이해하기에 가능한 명령이다. 감정은 명령이 될 수 없기에 보통 사람은 좀처럼 실행할 수 없는 가르침이다.

가 하는 의문을 품을 수밖에 없었다. 그리하여 중국이라는 다른 문명 세계를 발견한 것은 그리스도교 선교사들의 주관적 의도와는 달리 서양에서 무신론사상을 발전시킨 강력한 계기가 된다.[148]

중국과 동아시아 선교를 위한 선교사들의 공자 연구 과정에서 서양으로 유입된 공자 철학은 유럽의 철학사상을 근대화시키는 '형성적 영향'을 미친다. 그 이해의 굴절과 왜곡 속에서도 시대의 사상논쟁에 직·간접으로 깊이 개입하면서 '참고적 영향'을 넘어선 것이다. 그리하여 자기들밖에 모르던 유럽인의 기독교 중심적 세계관에 일대 타격을 가해 각국에서 계몽주의의 씨앗을 수태시키고 그 발아의 투지를 북돋웠다.

(2) 30년 종교전쟁이 끝난 17세기 중반, 유럽의 분위기는 전과 사뭇 달라졌다. 살벌했던 종교개혁과 종교전쟁으로 인해 유럽인들은 사분오열되었고 깊은 정신적 상처를 입었다. 기독교 신앙은 크게 약화되고 종교적 회의주의는 깊어졌다. 바로 이때 유럽에 소개되기 시작한 중국의 예술과 철학, 특히 공자 철학은 새로운 사상적 관심의 표적으로 부상하였다. 15~16세기가 지리상의 발견을 통해 지리지식의 확산과 함께 그리스·로마의 사상적 원천을 찾아가고 기독교 신앙을 새로이 정초한 시대였던 데 비해, 17세기는 이미 계몽주의의 준비기였다. 유럽인들은 교부 철학과 스콜라 철학의 구속으로부터 해방되어 정신적·문화적 삶을 이성의 원리에 따라 다시 세우고, 유

---

148 平川祐弘, 앞의 책, p.748.

럽 밖에 있는 민족들의 지식을 과학적으로 소화하려고 고군분투하였다. 이때 등장한 공자의 경전들은 가뭄에 단비처럼 시원하게 유럽을 적신다.

오스트레일리아의 유명한 정치학자 존 아서 패스모어(J. A. Passmore)는 17, 18세기 유럽 사상계의 변화를 유럽철학의 '공자화(Confucianisation)'라고 규정한다. 유럽의 철학자들은 공자의 가르침을 일약 시민 도덕생활의 토대가 될 수 있는 참된 자연종교로 받아들이거나, 든든한 철학적 지원군으로 여겼다. 유럽의 경험주의자들은 공자 철학의 지원을 받아 스콜라 철학과 그리스 합리주의를 분쇄하는 사상투쟁을 벌이게 되는데, 이것이 계몽주의다.

일찍이 아시아 선교 책임자 알레산드로 발리냐노(A. Valignano) 신부의 적응주의적 접근방법은 중국을 기독교화하기보다 되레 유럽을 유교화하는 뒤바뀐 결과를 낳는다. 문명수준의 격차 때문이었다.

(3) 유럽인들은 중국문화와 공자 철학을 수입해 자기들의 입맛에 맞게 굴절시키고 변형시켜 계몽주의라는 독특하고 새로운 철학사상을 창조해낸다. 계몽사상이란 근대적 휴머니즘이라고 할 수 있다. 인간중심주의라는 뜻에서는 이것은 르네상스 시대의 휴머니즘과 궤를 같이 하지만, 예술적 자연관조自然觀照로부터 자연의 지배로 그 역점을 옮긴 데에 명백한 차이를 보여주는 새로운 휴머니즘이다.

다시 말해서 과학적 자연관에 입각하여 과학과 기술에서 인간성 형성의 원동력을 찾으려는 인간주의라 할 수 있다. 그 근본적 태도는 인간의 이성理性과 선의善意에 대한 확고한 신념에서 우러나오는 비판정신이었다. 그러므로 인간의 사상과 행동의 자유를 압박하는 절대주의적 권위의 부정과 우상의 파괴, 그리고 전통의 부정을 표방하였으며, 또한 단순한 교양에 그치지 않고 역사 속에서의 실천을 지향하려는 것이 계몽사상의 특징이었으므로 어두움에 빛을 비추어 밝고 현명하게 사물을 판단하려는 계몽사상은 곧 계몽운동 그 자체를 의미하는 것이었다.[149]

특히 프랑스에서 벌어진 친親중국파 볼테르와 반反중국파 몽테스키외의 열띤 사상논쟁은 유럽철학을 근대화하고 각국에서 계몽주의의 투지를 북돋우는 역할을 하였다.

3) 유럽의 중화류中華流 바람

(1) 예수회 선교단(제수이트)에 의한 중국문화의 유럽 전래는 사상적으로 프랑스의 백과전서파, 계몽주의 사상가 및 독일의 사상가들에게 커다란 영향을 미쳤고, 예술에 있어서 소위 시누아즈리(Chinoiserie), 즉 중국풍(China Mode)을 일으켜 르네상스 시대의 우중충하고 장중한 바로크 예술을 해체하고, 밝고 맑은 빛 속에서 유유자적하는 로코코 예술(Rococo Style)을 빚어냈다. 특히 프랑스는 17세기 말부터 18세기 내내 중국 문물이 넘쳐났다. 의복·가구·기호품·장신구·건축·음식·예술 등 전문 예술계와 생활문화 전반에

---

149 계몽주의는 1688년 영국 명예혁명에서 1789년 프랑스 대혁명까지 약 100년 동안의 새로운 변혁사조를 가리킨다. 공자의 지식·도덕철학이 17·8세기 서구계몽주의의 기원과 융성에 큰 영향을 미쳤다는 것은 이제 서구 지성계에서 의심할 수 없는 정설이 되었다. 황태연, 앞의 책, p.27.

서 중국풍을 모방하며 즐겼다. 당시 프랑스는 '유럽의 중국'이었다. 동아시아의 예술 문화는 무엇보다도 자기·비단·칠기의 밝고 맑으면서도 고상한 빛깔로 유럽인의 미감을 매혹시켰다. 이 중국풍의 빛깔을 수용해 탄생한 로코코 예술은 '밝은 빛'으로 몽롱한 인간정신과 어두운 세상을 밝힌다는 뜻의 '계몽주의(프랑스어 Lumiére뤼미에르, 영어 Enlightenment)'와 환상의 조화를 이루었다.

시누아즈리가 대중화되자, 유럽에는 동아시아의 공예품과 예술품을 모방한 각종 모조품도 우후죽순처럼 등장하기 시작하였다. 가령 중국 자기瓷器가 부자들의 필수품이 되어 수요가 폭발하자, 독일 마이센 지방에서는 중국산을 흉내 낸 자기가 팔리기 시작하였다. 덕분에 마이센 자기산업은 오늘날에도 독일을 대표하는 공예산업이 되었다.

(2) 또한 유럽의 건물과 궁전에는 중국의 것을 흉내 낸 불탑과 정자가 나타나기 시작하였다. 많은 창문·누각·교각 등도 중국풍으로 바뀌었다. 특히 동아시아의 정원이 유럽에서 대대적으로 모방되기 시작하였다.

영국의 시누아즈리 정원운동도 강력히 추진되었다. 자연적 무위와 예술적 유위의 조화를 핵심이념으로 삼는 이 중국식 정원운동은 루이 14세 풍의 지나치게 기하학적이고 인위적인 구식 정원은 물론, 장 자크 루소의 자연동경 감상주의에서 비롯한 야생적 자연정원도 밀어냈다. 루소식 정원은 일체의 예술적 터치를 추방한 '야생' 그 자체였기 때문이다. 이미 1712년에 영국의 시인 조지프 에디슨

(J. Addison)은 중국 정원을 '자연적 무위 속에 유위의 예술적 손길을 숨겨놓은 천인상조天人相助의 작품'이라고 이해하였다.

(3) 동아시아 문화 예술에 대한 유럽인들의 이런 추종은 단순히 드높은 동아시아적 미감에 대한 찬미만이 아니었다. 근본적으로는 18세기까지 유럽을 압도했던 동아시아의 경제적 풍요에 대한 선망에서 비롯된 것이기도 했다.

유럽 문화와 적어도 대등한 가치를 가진 중국문화를 알게 되면서 스스로를 세계의 중심으로 여기던 유럽인들의 '유럽적 자의식'이 조금씩 흔들리기 시작하였다. 유럽 내 동아시아 문화 예술의 흥기와 더불어 공자 철학과 중국의 도덕정치에 대한 탄복 속에서 일어난 공자 연구 붐은 곧 도처에서 기독교적 세계관과 충돌하게 된다. 그리고 마침내 기독교 비판과 이신론적理神論的, 무신론적, 혁명적 철학 사조를 불러일으킨다. 이와 함께 유럽 지식인들은 점차 탈기독교화, 탈종교화되었다.

참고문헌

徐昌治,『聖朝破邪集』, 中文出版社, 1856.

橫超慧日,『明末佛敎と基督敎との相互批判』, 大谷學報, 昭和 24年.

後藤基巳,『明淸思想とキリスト敎』, 硏文出版, 1979.

後藤基巳,『天主實義』, 明德出版, 昭和 46年.

利瑪竇,『天主實義』, 송영배 외 역, 서울대학교출판문화원, 2012.

마테오 리치,『交友論・二十五言・畸人十篇 - 연구와 번역』, 송영배 역, 서울대
    학교출판부, 2000.

平川祐弘,『마테오 리치』, 노영희 역, 동아시아, 2002.

김기협,『마테오 리치의 중국관과 보유역불론』, 연세대학교 대학원 박사학위
    논문, 1993.

김선희,『마테오 리치와 주희, 그리고 정약용』, 심산출판사, 2012.

심종혁,「초기 예수회의 교육과 리치의 선교활동」,『신학과 철학』제18호,
    2011.

송영배,『동서 철학의 교섭과 동서양 사유 방식의 차이』, 논형, 2004.

楊光先 外,『不得已』, 안경덕 외 역, 일조각, 2013.

이중표,『근본불교』, 민족사, 2002.

정승석,『윤회의 자아와 무아』, 장경각, 1999.

羽田正,『동인도회사와 아시아의 바다』, 이수열 외 역, 선인, 2012.

주경철,『대항해시대』, 서울대학교출판문화원, 2015.

양승윤 외,『바다의 실크로드』, 청아출판사, 2003.

辛元歐 外,『정화의 배와 항해』, 심산출판사, 2005.

로버트 B. 마르크스,『어떻게 세계는 서양이 주도하게 되었는가』, 윤영호 역,
    사이, 2014.

오금성 외,『명말・청초 사회의 조명』, 한울, 1990.

裵永東,『明末淸初思想』, 민음사, 1992.

금장태, 『성호와 성호학파』, 서울대학교출판문화원, 2014.

김호동, 『동방 기독교와 동서 문명』, 까치글방, 2002.

황정욱, 『예루살렘에서 長安까지』, 한신대학교출판부, 2005.

翦伯贊, 『중국사강요』, 심규호 역, 중앙북스, 2015.

김원중, 『중국문화사』, 을유문화사, 2006.

차차석, 『중국의 불교문화』, 운주사, 2007.

張聖嚴, 『明末中國佛敎の硏究』, 山喜房佛書林, 昭和 50年.

김진무, 『중국불교의 거사들』, 운주사, 2013.

김진무, 『중국불교사상사』, 운주사, 2015.

김용구, 『세계관 충돌과 한말외교사』, 문학과지성사, 2001.

W. 프랑케, 『東西文化交流史』, 김원모 역, 단국대학교출판부, 1977.

崔韶子, 『東西文化交流史硏究』, 삼영사, 1987.

丸山眞男, 『日本政治思想史硏究』, 김석근 역, 한국사상사연구소, 1995.

은명, 『동양과 서양이 다른 이유 5가지』, 은명출판사, 2013.

宮崎正勝, 『하룻밤에 읽는 세계사』, 오근영 역, RHK, 2015.

황태연·김종록, 『공자, 잠든 유럽을 깨우다』, 김영사, 2015.

김용옥, 『동양학 어떻게 할 것인가』, 통나무, 1989.

최진석, 『노자인문학』, 위즈덤하우스, 2015.

유병구, 「중국의 철학사상이 18세기 불란서 계몽주의 사상에 미친 영향」(석사
　　　논문), 1982.

和田純夫, 『양자론』, 뉴턴코리아, 2010.

법제|法諦 **심장섭**沈將燮

1950년 대전에서 태어났다.

한양대학교 법정대학을 졸업하고, 동국대학교 대학원 불교학
과를 졸업하였다.

역서로『초기대승불교의 종교생활』, 논문으로『길장의 二藏三
種法輪說 연구』가 있다.

그리스도교는 어떻게 중국을 공략했는가

초판 1쇄 인쇄 2018년 4월 11일 | 초판 1쇄 발행 2018년 4월 18일
편저자 심장섭 | 펴낸이 김시열
펴낸곳 도서출판 자유문고
　　　서울시 성북구 동소문로 67-1 성심빌딩 3층
　　　전화 (02) 2637-8988 | 팩스 (02) 2676-9759
ISBN 978-89-7030-121-1 03910 　값 23,000원
http://cafe.daum.net/jayumungo